Bruno Meyer

Studien und Kritiken

Bruno Meyer

Studien und Kritiken

ISBN/EAN: 9783743339187

Hergestellt in Europa, USA, Kanada, Australien, Japan

Cover: Foto ©ninafisch / pixelio.de

Manufactured and distributed by brebook publishing software (www.brebook.com)

Bruno Meyer

Studien und Kritiken

Studien und Kritiken.

STUDIEN UND KRITIKEN

von

Bruno Meyer.

STUTTGART.
VERLAG VON W. SPEMANN.
1877.

Druck von Gebrüder Kröner in Stuttgart.

ALFRED WOLTMANN

gewidmet.

Lieber Freund!

Es ist unter uns nicht Sitte, uns mit Redensarten zu bezahlen. Daher sage ich eben so wenig, dass ich diesen Blättern durch die Voransetzung Deines Namens habe Glanz verleihen wollen, wie ich etwa die Geschmacklosigkeit haben könnte, zu glauben, dass ich Dir durch ihre Zueignung eine Ehre erweise. Die Sache ist einfach die, dass ich Dir zu eigen gebe, was Dir mit vollem Rechte gebührt; denn Du weisst, dass Du mich auf die Bahn des Kunstschriftstellers geführt hast. Es sei also vor aller Welt als Dein Verdienst bezeugt, wenn meine öffentliche Thätigkeit irgend welchen Werth gehabt und Nutzen gestiftet hat, wie Du Dich auch von der Mitverantwortung dafür nicht ganz reinigen kannst, dass ich durch meine Schriftstellerei manchen Leuten Anstoss gegeben habe.

Gestatte mir wenige Worte über das, was Du in diesen Blättern zu erwarten hast.

Habent sua fata libelli; und zwar kleine Bücher wie grosse Menschen oft, bevor sie an's Licht treten. Die erste Absicht war, *in nuce* meine Kunstschriftstellerei nach Gedanken und Zielen vorzuführen von meinem ersten Hervortreten bis zu dem Zeitpunkte, der mich auf einen akademischen Lehrstuhl führte. An der Nothwendigkeit, das Büchlein handlich und leidlich lesbar zu gestalten, scheiterte die Absicht beim Versuch; und Du findest nun eine äusserst knappe Auswahl aus meinen Arbeiten während der Jahre 1865 bis einschliesslich 1869. Damit bin ich dem vielleicht unliebsamen Verdachte entronnen, dass ich vorzugsweise zurückgewandt mich selbst in meiner ehemaligen Thätigkeit bespiegeln wolle; und wie mir stets die Sache über der Person, am meisten über meiner eigenen gestanden, so treten jetzt diese Blätter nur mit ihrem sachlichen Inhalte, ohne jede Rücksicht auf die Person ihres Urhebers hervor.

Was ich nun sachlich mit dieser Veröffentlichung will, ist leicht gesagt. Meine Ansicht über Sammelwerke überhaupt habe ich bei anderer Gelegenheit (anlässlich der Gesammtausgabe der Werke Richard Wagner's, im IX. Bande der Deutschen Warte) ausführlich erörtert. Wen dieselbe interessirt, der mag sie dort nachlesen. Speciell mit dem Vorliegenden habe ich zeigen wollen:

1) dass der zerstreuten und zerstreuenden Thätigkeit des Tagesschriftstellers doch Plan und Absicht, Grundsatz und Einheit nicht nothwendig zu mangeln braucht;

2) dass die Kritik, die kurzsichtig von allen möglichen Leuten, namentlich den Künstlern, gern gescholtene und verunglimpfte, keineswegs bloss oder auch nur vorzugsweise negirt, sondern in rechtschaffen vorbereiteter Hand selbst da, wo sie zunächst niederreissen muss, am letzten Ende und nach ihrer schliesslichen Absicht aufbaut und positiv schafft;

3) dass die Kritik neben ihrem Inhalte auch noch eine Form hat, welcher der wahrhafte Kritiker Werth beilegen und Aufmerksamkeit schenken muss, und welche derartigen Arbeiten je nach Massgabe der Veranlagung des Einzelnen auch formell eine mehr oder minder grosse selbständige Bedeutung giebt.

Ich hoffe, diese Ziele nicht ganz verfehlt zu haben und um des Strebens nach ihnen willen nicht als anmassend verschrien zu werden. Da ich von der Berechtigung der Kritik überzeugt bin, so unterwerfe ich mich bedingungslos jedem berufenen Urtheile, das mich möglicherweise sehr viel zu leicht erfinden und trotzdem anerkennen kann, dass mein Streben recht und meine Absichten beifallswerth sind. Damit erkläre ich mich von vorn herein für befriedigt: die Intensität und Extensität meines Schaffens kann ich nicht willkürlich bestimmen; wenn ich nur selbst den kleinsten brauchbaren Stein zu einem vernünftigen und schönen Bau beigesteuert habe.

Ueber das Princip der Auswahl kein Wort. Gegen jedes Princip und gegen jede Auswahl lassen sich berechtigte Einwendungen erheben. Nimm Du daher — und Dir nach der Leser — das Vorhandene ohne Seitenblicke auf nicht Vorhandenes hin. Nur eine Auslassung will ich rechtfertigen: Dir und manchem Anderen mit meiner literarischen Thätigkeit näher Bekannten, der diese Blätter einer Durchsicht würdigt, wird es vielleicht auffallen, dass ich nicht meine erste Publication, die Kritik von K. B. Stark's Hypothese über die ursprüngliche Composition der Niobegruppe (in den wiener »Recensionen über bildende Kunst«, 1865), mit aufgenommen habe. Einfach deshalb habe ich sie an ihrem Orte gelassen, weil sie keinen

Werth mehr hat. Ich wollte, dass recht viel, was ich glaube Richtiges und Brauchbares geschrieben zu haben, eben so vollständig gewirkt und sich für alle Zeiten überflüssig gemacht hätte wie jener erste Versuch. Wem specieller Beruf oder psychologisches Interesse es wünschenswerth macht, gerade an diesem Beispiele zu erfahren, welche Mühe manche Missgeburten des menschlichen Geistes haben, ihr bischen Geist aufzugeben, der muss sich schon an die Quelle zu gehen bequemen.

Somit herzlichen Gruss und auf baldiges Wiedersehen — hier!

Charlottenburg, den 28. November 1876.

Dein getreuer

B. M.

INHALT.

	Seite
Wilhelm Camphausen, der Sturm auf die Düppeler Schanze Nr. II.	1
Wilhelm Kiss, der heilige Georg auf dem berliner Schlosshofe	6
August von Klöber's Entwürfe für die beiden Wandgemälde in der berliner Börse	11
Friedrich Kaulbach, Portraits und Entwürfe	16
Die Gemälde des Polygnotos in der Lesche zu Delphi	21
Johann Friedrich Overbeck, die sieben Sacramente in Bildern	29
Reinhold Begas' Gruppe „Venus und Amor" in Marmor	59
Bei Gelegenheit der Kriegsbilder auf der berliner akademischen Kunstausstellung des Jahres 1866	61
Die Tageskunst in Frankreich	64
Der neue Vorhang im berliner Opernhause, gemalt von August von Heyden	103
Ein Ausflug nach Lauchhammer. Das Lutherdenkmal für Worms	117
Das Wesen der Kunstindustrie und ihre Bedeutung für unsere Zeit	171
Gustav Friedrich Waagen. Nekrolog	186
Die berliner akademische Kunstausstellung des Jahres 1868	206
I. Vorbetrachtungen	206
II. August von Heyden's Luther vor dem Reichstage	228
III. Die religiöse Kunst	233
IV. Die Kriegs- und Soldatenbilder	236
V. Sculptur	241
VI. Knaus und Vautier	242
Glasgemälde für den Chor des aachener Münsters	252
Noch einmal das Lutherdenkmal	272
Die neuerworbene Amazone des berliner Museums	277
Von der internationalen Kunstausstellung zu München 1869	291

	Seite
Ueber zwei epochemachende deutsche Gemälde des Jahres 1868	326
Max Lohde und die Sgraffitotechnik	354
Hildebrandtiana	376
I. Zwei Tropenlandschaften	376
II. Aquarellen von Karl Werner	385
III. Ein Landschaftsgemälde	390
IV. Eduard Hildebrandt als Aquarellist	391
V. Nekrolog	395
VI. Nachlassversteigerung	401
VII. Gedächtnissfeier	406
VIII. Ludwig Eckardt's Gedächtnissrede	409
IX. Entwickelungsgang und Kunstcharakter. (Hildebrandtausstellung 1869.)	418
X. Hildebrandtiana von der internationalen Kunstausstellung zu München 1869	463
a) Joseph Selleny	463
b) Hildebrandt's Portrait von Gustav Richter	465
XI. Bernhard Fiedler auf der berliner akademischen Kunstausstellung des Jahres 1870	467
XII. Der „Maler des Kosmos"	470
XIII. Aus der Ausstellung des berliner Künstlervereines	472
Eine Weihnachtsgabe für's deutsche Volk	473

Wilhelm Camphausen,

der Sturm auf die Düppeler Schanze Nr. II.

Spener'sche Zeitung vom 15. Juni 1865. — Die erste einer Reihe von gelegentlichen Erörterungen über die seit dem dänischen Kriege in's Kraut schiessende Gloiremalerei. Die Schlussbemerkung veranlasste den Maler H. Kretzschmer zu einer interessanten Auslassung über sein hübsches Düppelbild, den ersten namhaften Repräsentanten dieses neubelebten Genres. In demselben wurde durch Darlegung der Verhältnisse der Vorwurf zurückgewiesen, dass der Künstler in seinem Gemälde den Thatsachen Gewalt angethan habe: denn thatsächlich sei am Nachmittage des 18. April 1864 vor Düppel genau der von ihm dargestellte Moment dagewesen. Der Schluss ist hier unverändert geblieben, obgleich das Urtheil hiernach als unbegründet zu erachten ist: es war damals die allgemeine Ansicht. —

Das grosse Bild von Wilhelm Camphausen vergegenwärtigt uns mit vieler Lebendigkeit und Anschaulichkeit eine Episode des Düppelsturmes, den Moment, wo Mannschaften unseres 35. Regimentes, nachdem die Hindernisse genommen, die Wälle erstiegen sind, im inneren Raume der Schanze die dänischen Vertheidigungsmannschaften niederwerfen. Man gewinnt dem Bilde gegenüber den Eindruck, dass die unmittelbare Anschauung des Künstlers für die Composition massgebend war, und dass hier ein wirklich historisch treues Stück Schlachtenmalerei vorliegt; und darin liegt der besondere Reiz dieses Bildes. Die Vertheilung der einzelnen Gruppen ist lichtvoll und klar, nur zu manöverartig glatt. Innerhalb dieser Gruppen nun fehlt es nirgends an wirklich interessanten Erscheinungen und Scenen. Hier führt ein kühner Officier seine Truppen zum unfehlbaren Siege, dort kämpft muthig ein Einzelner Allen voran mit dem Bayonnette, dort wieder vertraut ein handfester Bursche lieber auf die grössere Zuverlässigkeit seiner natürlichen Waffen und sucht ringend seinen Gegner zu überwältigen. Hier wird der Befehlshaber in der Schanze, Lieutenant Anker, zum Gefangenen gemacht, dort wird in hitzigem Einzelkampf ein Danebrog erobert; dazwischen einzelne Scenen des Todes, im Hintergrunde auch einige der Siegesfreude. So ist das ganze Bild voll der anziehendsten Momente, so dass bei der hinzukommenden feinen Charakteristik, besonders bei den Dänen, wo alle Stadien der Empfindung durchlaufen und bei den grösseren Dimensionen der Köpfe im Vordergrunde zur Geltung gebracht sind, der Beschauer eine reiche Ausbeute für die genauere Betrachtung findet.

Aber hiermit haben wir zugleich den Mangel des Bildes bezeichnet. Es zieht eben den Beschauer sofort in die einzelnen Scenen hinein, veranlasst ihn sofort zum Eintreten in's Detail, ohne ihm zuvor ein geistig bedeutendes, künstlerisch einheitliches Ensemble zu bieten. Vergebens versucht man, den idealen Mittelpunkt der Composition in der räumlich den Mittelpunkt einnehmenden und voll und ganz aus der Menge heraustretenden Gestalt des Lieutenants von Sass-Jaworsky nebst seiner Umgebung zu finden: es convergiren hier keine Strahlen, die von anderswoher dorthin wiesen.

Woher, fragen wir, kommt dieser Mangel an Einheit? Was hat der Künstler versehen?

Zunächst möchten wir auf einen Punkt aufmerksam machen. Es sind auf dem Bilde durch den ganzen Raum zerstreut zu viel Portraits, die — alle gleichberechtigt — sämmtlich mit zu grosser Prätention dem Beschauer entgegentreten. Das Bild ist dadurch weniger eine ideale Darstellung eines grossen Momentes als vielmehr eine Verherrlichung einer Reihe von Persönlichkeiten geworden. Ueberall erkennt man, auch in dem Arrangement der einzelnen Gruppen, das Bestreben, diese Persönlichkeiten mit möglichster Selbständigkeit sich hervorstellen zu lassen. Dadurch aber zersplittert sich das Ganze, und wir bekommen eben so viele Bilder wie verherrlichte Helden, aber kein Bild. Hierbei wollen wir bemerken, dass von Vielen, denen die hervortretenden Persönlichkeiten des Bildes bekannt sind, die Portraitähnlichkeit als keine besonders glückliche und schlagende bezeichnet wird, worüber wir allerdings uns bescheiden müssen, nicht urtheilen zu können. Dass der dänische Lieutenant Anker in der Darstellung verfehlt ist, scheint uns mit Evidenz aus einem Portrait desselben, das wir auf der internationalen photographischen Ausstellung — 1865 zu Berlin — gesehen, hervorzugehen; demzufolge wäre derselbe viel jünger, als er in dem Bilde erscheint, und sein Gesicht ausdrucksvoller und prägnanter als hier.

Der Hauptmangel aber ist der, dass dem Bilde Camphausen's dasjenige abgeht, was jenem Fehler hätte die Wage halten können: ein geistiger Mittelpunkt; ja, wir sprechen es sofort aus, es ist der, dass dieser geistige Mittel- und Schwerpunkt verkannt und zu einer Episode gleich allen übrigen gemacht worden ist. Die zweite Düppeler Schanze wurde von einem Manne befehligt, dessen Name schon früh während der Belagerung mit ehrenvollem Klange durch die Welt ging, einem Manne, dessen geistige Eigenschaften und dessen fester, energischer Charakter ihm im höchsten Grade die Achtung seiner Gegner erworben hatten. Seiner Umsicht und Thatkraft allein war der hartnäckige Widerstand beizumessen, den gerade diese Schanze den Belagerern bot, und so war der wahre, natürliche Höhepunkt der Action der Moment, wo dieser Mann der überlegenen Stärke seiner Gegner erlag. Dies war weitaus der bedeutendste und hervorragendste Moment bei der Eroberung dieses Werkes, und alle anderen an sich noch so tüchtigen, noch so muthigen, noch so erfolgreichen Vorgänge traten dagegen zurück. Da sehen wir den Mann, dem man zutrauen durfte, dass er noch im letzten Momente mit Aufopferung seines Lebens dem Feinde den Sieg vertheuern würde, dem preussischen Officier mit tiefer Bewegung seinen Degen übergeben. Das ist ein Augenblick, so schwer, so gewaltig, dass die ganze Kunst des Malers sich daran hätte versuchen müssen und ein dankbareres Motiv im ganzen Umfange dieses Vorwurfes sicher nicht gefunden hätte. Gerade diese Scene aber ist mehr als irgend eine andere zu kurz gekommen. Der Schatten des Blockhauses hüllt den dänischen Officier in Dunkel ein, und auch die Reflexe, welche die Personen seiner Umgebung deutlicher erkennen lassen, werfen keinen Schein auf seine Züge. Nur in der geballten rechten Faust drückt sich die stumme Resignation, das unfreiwillige Weichen vor der Nothwendigkeit aus. Die Stellung ist unsicher, das Gesicht verräth nichts von dem, was in ihm vorgeht. — Und sein Gegner, der Lieutenant Schneider? Wir müssten lügen, wenn wir uns durch seine Erscheinung im Geringsten befriedigt fühlten. Es fehlt in Stellung und Gesichtsausdruck alles dasjenige, was den Herren der Situation, den Meister einer wichtigen Handlung kennzeichnet. Er zeigt etwas Aengstliches und Ueberraschtes, was mit dem Momente nicht übereinstimmt.

Auch unter den übrigen Figuren des Bildes finden sich viele gerade der hervorragendsten, deren Stellung und

Ausdruck theaterhaft und gespreizt ist. Die grösste künstlerische Schönheit zeigt unbedingt die Seite der Dänen, wo jeder einzelne Kopf seine individuelle Färbung hat, und doch das Ganze der Massen zu einer harmonischen Wirkung sich zusammenschliesst. Vielleicht lag dies in der Natur der Sache: die unterliegende Partei zeigt eben mehr Mannichfaltigkeit in der Einheit als die siegende. Nicht ganz zufällig ist indessen wohl hier die auffallende Uebereinstimmung einiger der hervorragendsten Motive mit einem der grossen Gloirebilder von Yvon im historischen Museum zu Versailles, der Erstürmung des Malakoff.

Auf eine Scene wollen wir noch aufmerksam machen, weil sie uns jedesmal besonders aufgefallen ist. Der zur Rechten mitten im Gewühle sichtbare Danebrog ist nämlich so energisch in der Farbe gehalten gegenüber dem matten Blau und Grau der preussischen und der dänischen Uniformen, dass das Auge des Beschauers unwillkürlich auf ihm haftet und so zu der ihn umgebenden Gruppe hingezogen wird. Um dieses Feldzeichen ist gerade der Kampf entbrannt. Ein preussischer Feldwebel hat den Stock desselben mit der Linken gefasst, und holt mit der Rechten weit aus zu einem kräftigen Hiebe, um seinen schon strauchelnden Gegner zu treffen und ihm das Heiligthum der Fahne zu entreissen. Der rechte Arm aber, der den Säbel führt, ist so lang und unnatürlich gerathen, dass man sich schwer dazu entschliessen kann, ihn jenem Körper zuzuweisen; und doch kann weder er zu einer anderen Person, noch ein anderer Arm zu diesem Körper gehören. Auch die Art, den Säbel zu fassen, ist nicht so sicher und fest, wie man sie im Kampfe erwartet, sondern sehr zimperlich und geziert.

Erfreulich war uns der frische kräftige Farbenton, der im Gegensatze zu Camphausen's letzten Arbeiten trotz der monotonen Uniformen dieses Bild — mit Ausnahme etwa der Fernen — überzieht, und interessant ist es als eine neue Vorstudie unserer Künstler zu dem grossen Bilde des Düppeler Sturmes für die Nationalgalerie, dessen Ausführung dem Meister unseres Bildes definitiv übertragen ist.*) Die Aufgabe selbst halten wir für eine sehr schwere, und uns scheint sie fast nur in der Art lösbar zu sein, wie Kretzschmer in seinem Bilde auf der vorigen Kunstausstellung (von 1864) es versucht hat, in dessen Bilde nur die der Geschichte angethane Gewalt und die geleckte kleinliche Ausführung bei einem solchen Gegenstande missfallen musste.

Wilhelm Kiss,
der heilige Georg auf dem Berliner Schlosshofe.

Spener'sche Zeitung vom 1. September 1865. —

Die Gruppe von Kiss — der heilige Georg, den Drachen bekämpfend —, die nach der letztwilligen Bestimmung des Künstlers von der hinterbliebenen Gattin desselben Sr. M. dem Könige als Geschenk dargeboten ist, hat auf Allerhöchste Anordnung ihre Aufstellung auf dem Schlosshofe gefunden. Die Gruppe steht gerade im Mittelpunkte desselben, also von allen Seiten frei, auf einem etwa drei Meter hohen Postamente aus geschliffenem Granit.

---

*) Jetzt in der Nationalgalerie, Nr. 52 des officiellen Kataloges (von M. Jordan).

Wir haben es hier mit einem Werke zu thun, das sein Meister ohne äussere Veranlassung, ohne jede Bestellung oder Aussicht auf Verkauf, aus reiner Lust am Schaffen ausgeführt und mit bedeutenden Opfern vollendet hat, mit einem Werke zugleich, das dem Künstler während seines Lebens wenig Freude eingetragen hat. Dass auch jetzt die Satire der Witzblätter und der mitunter nur allzu treffende Humor des Volksmundes sich des neuen Geschenkes bereits bemächtigt haben, könnte vollkommen unbeachtet bleiben, wenn nur nicht zugleich die allgemeine Stimme sich entschieden ungünstig über das Werk vernehmen liesse, und die eigene Ueberzeugung der nach bewussten Gründen urtheilenden Kritik ihr in wesentlichen Punkten beizutreten sich gezwungen sähe. — Betrachten wir das Werk näher.

Auf einem felsigen Terrain, unmittelbar an das erinnernd, auf dem desselben Künstlers Amazone sich bewegt, — wie man sich denn überhaupt eines vergleichenden Blickes auf dieses ältere Werk schwer erwehren kann, da ja dem Künstler selber der Wunsch und die Hoffnung vorgeschwebt hat, diese Gruppe die zweite Treppenwange vor dem Museum einnehmen zu sehen, als christliches Pendant zu jenem heidnischen Vorwurfe — ist der Heilige im Kampfe mit dem Drachen begriffen. Der Letztere — eine wunderbar phantastische Composition an verschiedene Thiere erinnernder Körpertheile, vierfüssig mit Löwenklauen, mit in Krallen ausgehenden Fledermaus-Flügeln, einem langen schlangenartig beweglichen Schwanz und einem unbeschreiblich fürchterlichen, grässlich bewehrten Rachen, ganz und gar mit einem untadeligen Schuppenpanzer überzogen — hat mit dem Schweife das linke Hinterbein des Rosses umwunden und auf den Hinterfüssen halb aufgerichtet, halb zurückfallend die linke Vordertatze dem Pferde in die Brust geschlagen, so dass es sich hoch emporbäumt, während er mit der rechten Tatze, also von der linken Seite des Pferdes her, den ihn bekämpfenden Heiligen bedroht. Dieser auf dem nur mit einem Gurte geschirrten Pferde etwas zurücksitzend — wie die Amazone —, in voller glänzender Waffenrüstung, das Kreuz auf dem zierlichen runden Helme, holt mit dem Schwerte weit aus zu einem kräftigen Hiebe, indem er dem Feinde mit dem linken Arme hoch erhoben das an einem Lanzenschafte befindliche Banner mit dem Monogramme des Namens Christi, überragt von einem grossen Kreuze, entgegenhält. — Dies die äussere Erscheinung.

Es mag schwer sein — doch beweisen classische Beispiele, dass es möglich ist —, in der Gestalt des Drachens die geistige Bedeutung, die sittliche Idee desselben deutlich ausgesprochen erscheinen zu lassen. Keinesfalls ist hier die Schwierigkeit gelöst: Man gebe dem Reiter das Malteserkreuz und einige Doggen zur Begleitung, und man wird mit viel mehr Befriedigung den Ritter aus Schiller's »Kampf mit dem Drachen« dargestellt erkennen, dem nicht »der Lügner von Anfang«, sondern ein ganz natürliches Ungeheuer, wenn gleich ungewöhnlicher Art, gegenüberstand. Doch davon abgesehen; man thut dem Künstler gern und leicht den Gefallen, das hier Erforderliche aus dem Eigenen zu ergänzen. Etwas Anderes aber müssen wir durchaus von einem solchen Werke verlangen: das Gefühl der Sicherheit des Sieges über den Feind, die unmittelbare Empfindung der Ueberlegenheit des Kämpfers Christi. Diese fehlt jedoch. Es wäre uns interessant, zu wissen, welche Idee den Künstler dabei geleitet hat, den Drachen mit instinctiver Taktik, wie einen gut geschulten Krieger, den Reiter von der linken, seiner schwachen Seite angreifen zu lassen. Sollte vielleicht die in diesem Falle allzu bewusste Absicht, ein Pendant zu der Amazone zu schaffen, deren Gegner bekanntlich auf der rechten Seite des Pferdes befindlich ist, die Veranlassung sein? Genug, es geschieht hier. Das von dem Heiligen mit der Linken erhobene Kreuz hat nur eine moralische Wirkung, dient nicht als Waffe, und sein Anblick scheint den Drachen vielmehr zu reizen als zu schrecken. Es kommt also Alles auf den Erfolg der wirklichen Waffe, des Schwertes, an. Dass dieses aber überhaupt für den vorliegenden Fall eine sehr missliche Waffe ist, leuchtet von selbst ein, zumal wenn, wie hier geschieht, der Streich zuversichtlich nicht den Gegner, sondern den Hals des verwundeten und hoch emporsteigenden Pferdes trifft. Damit ist dem Künstler aber zugleich noch etwas sehr Wesentliches verloren gegangen. Wäre nämlich der Reiter nach seiner rechten Seite hin in Thätigkeit gesetzt, so würde sich die ganze Gruppe besser auseinandergelegt, das Ganze übersichtlicher und allseitiger aufgeschlossen haben. So aber ist der Anblick von allen Standpunkten, ausgenommen gegenüber den beiden vorderen Ecken des Postamentes etwa in der Verlängerung seiner Diagonalen, kahl und unverständlich; kein schönes Linienspiel, keine Mannichfaltigkeit immer wechselnder Aspecte. In richtiger Würdigung dieses Mangels des Werkes wäre auch eine andere Aufstellung, die dasselbe weniger von hinten her den Blicken aussetzte, wünschenswerth gewesen: in der Ansicht durch den Triumphbogen an der Schlossfreiheit stellt sich die Gruppe unentwirrbar, fast ungeheuerlich dar; ja, es weist schon der Gegenstand unserem Gefühle nach auf eine andere Umgebung, auf einen landschaftlichen Hintergrund, nicht auf eine eintönige Reihe von Fenstern in einer grauen Wand hin. Das Helldunkel hoher Baumpartien würde der Wirkung des Werkes erstaunlich zu Hülfe gekommen sein, während hier die alltägliche Umgebung den hausbackenen Verstand zum Urtheil herausfordert.

Man sage nicht, dass dies auch in den vorstehend geäusserten Bedenken allzusehr der Fall gewesen. In dem in unseren Tagen auf allen geistigen Gebieten sich vollziehenden Kampfe, der in der Kunst speciell die Schlagwörter Idealismus und Realismus auf die Fahnen der gegenüberstehenden Parteien geschrieben hat, handelt es sich nicht sowohl um ein unbedingtes Verdrängen der einen Seite zu Gunsten eines unbedingten Triumphes der anderen; sondern nachdem die übergrosse Hitze der Parteien verraucht, die Einseitigkeit und Uebertreibung abgestreift sein wird, muss nur die Realität als ein **gleich berechtigter** Factor überall und in allen Beziehungen anerkannt werden; und wenn in früheren Perioden der Kunst eine naive Nichtachtung der natürlichen Bedingungen als Mittel dienen konnte und durfte, einer herrlichen, tiefen Idee einen sittlichen Ausdruck zu leihen, sie in die Erscheinung treten zu lassen, so besteht die Aufgabe der neueren Kunst darin, sich so mit den Erfordernissen der realen Wirklichkeit auseinander zu setzen, dass beide Factoren des Kunstwerkes in schöner Wechselwirkung und harmonischer Uebereinstimmung sich gegenseitig unterstützen und befördern. Insofern wird immer der Massstab, der an das Werk eines modernen Künstlers gelegt wird, ein strengerer sein als derjenige, mit dem man ein älteres Werk zu messen befugt ist: der moderne Künstler muss eben seine ideale Composition ganz in das Reale hineinarbeiten; so erst schafft er wahrhaft Befriedigendes.

Nach den vorher vorzugsweise aufgedeckten Mängeln des Werkes, bei denen wir ausführlicher gewesen sind, weil sie zwar ziemlich allgemein empfunden, selten aber klar und deutlich erkannt werden, müssen wir aber, um gerecht zu sein, auch seine guten, ja vorzüglichen Eigenschaften in's Licht setzen, die es hinreichend erklären können, dass das Werk in weitem Kreise doch als ein sehr ausgezeichnetes angesehen wird. Es besitzt eine grosse Lebendigkeit, einen schönen natürlichen Schwung, der ihm für alle Zeit seine Wirkung sichert. Ein seltenes Studium, namentlich der Pferdeformen, auch in den schwierigsten Situationen, eine unübertreffliche Correctheit und selbst Schönheit in den Formen des Heiligen, wovon wir nur den Rücken ausnehmen, sowie eine reiche, schöpferische Phantasie in der Gestaltung des Drachens, und zu alle diesem ein unsäglicher Fleiss in der Ausführung des Kleinsten wie des Grössten, wie er namentlich in dem schuppigen Theile des Ungeheuers und in dem Waffenrocke des Heiligen hervortritt, — das Alles sind gewiss vortreffliche und von uns auch mit inniger Freude anerkannte und hervorgehobene Eigenschaften des Werkes; nur schade, dass sie gänzlich über die Fehler hinwegzuhelfen nicht vermögend sind.

August von Klöber's
Entwürfe für die beiden Wandgemälde in der Berliner Börse.

> Spener'sche Zeitung vom 27. October 1865. — Aus einem Berichte über eine Klöber-Ausstellung im Berliner Akademiegebäude. Da es später schwer sein dürfte, die Entwickelung der beiden grossen Compositionen, der monumentalen Hauptwerke des Meisters, wieder nachzuweisen, hat diese gegenüber allen erforderlichen Materialien verfasste Darlegung unzweifelhaft einen gewissen bleibenden Werth. —

Im Jahre 1863 vollendete Klöber zwei Werke, die ihn schon seit dem Jahre 1860 vielfach beschäftigt hatten, die grossen Wandgemälde in der neuen Börse zu Berlin, das eine in der Fonds-, das andere in der Producten-Börse. Die Form derselben ist die eines langgestreckten, flach überwölbten Streifens, der dadurch schon auf eine die Einheit des Momentes aufgebende und mehr cyklische

Behandlung hinweist. Wer den arbeitenden, denkenden Künstler in seiner innersten Werkstatt belauschen will, der hat hier eine vortreffliche Gelegenheit dazu. Der Gedanke, in der Producten-Börse die Hervorbringung der Erzeugnisse, in der Fonds-Börse die Verbreitung und den Austausch derselben durch den Handel darzustellen, bot sich wohl unmittelbar dar, und diese Idee war das Gegebene.

Diesen Stoff ergriff Klöber nun zunächst in zwei farbigen Entwürfen in seiner ganzen, vollen objectiven Wahrheit und gestaltete ihn zu zwei durchaus realistischen Bildern. Holz-Cultur und Bergbau nehmen an den Enden einen bescheidenen Raum in Anspruch, jener schliesst sich Fischerei und Schafzucht an, und die Ernte des Getreides, über der man auch die Weinlese erblickt, verbindet die beiden Seiten. Auf dem anderen Bilde nimmt das Ende links der Kleinhandel, natürlich etwas untergeordnet, ein, während die übrige linke Hälfte des Bildes für den Seehandel, die rechte für den Landhandel verwendet wird. Zwischen beiden bleibt eine weite Aussicht auf das mit Schiffen aller Art bedeckte Meer frei. Beide Entwürfe haben trotz der verhältnissmässig grossen Armut an Motiven etwas recht Ansprechendes. Ob jenem Mangel nicht durch etwas Anderes als durch gänzliche Verwerfung und neue Arbeit abzuhelfen, und ob nicht gerade diese natürliche Auffassung recht empfehlenswerth gewesen wäre, scheint uns ein der Erwägung wohl werther Gedanke. Aus den vorliegenden ferneren Skizzen ergiebt sich, dass diese ersten Entwürfe nicht beliebt wurden, und dass man das Kind mit dem Bade ausschüttete; d. h. statt die einmal aufgefasste Idee in sich zu entwickeln, wurde sie durch eine neue, die allerdings der reichsten Entwickelung fähig war, ersetzt: man ging in die Allegorie über. Dass Klöber seiner ganzen Kunstrichtung zufolge eine derartige Aufgabe mit Freuden ergriff, leuchtet sofort ein, und der Fleiss, mit dem er ihrer Lösung nachging, ist durch die vielen Wandelungen, welche die Ausführung des neuen Planes erfuhr, documentirt.

Am glücklichsten war Klöber in der Ausführung des Bildes für die Productenbörse. Hier wurden einfach die bisherigen Motive etwas im Raume beschränkt und an die Seite geschoben, und die so frei gewordene Mitte nahm Rhea auf ihrem mit Löwen bespannten Wagen mit ihrem Zuge ein: Bacchus schritt voran, Ceres folgte, ein fröhliches, charakteristisches Getümmel begleitete sie. Die mythologischen Bedenken hiergegen unterdrücken wir gern. Zu dem Kreise der Beschäftigungen ist auf diesem Entwurfe noch die Jagd hinzugekommen. Diese Skizze hat dann nur wenig Veränderungen erlitten. Auf der Bleistiftzeichnung von 1863 und in dem grösseren Entwurfe in Farben aus demselben Jahre ist nur noch neben dem Bacchus ein Pan hinzugekommen, der die süsse Gabe jenes zu würdigen versteht, und neben der Weinlese sieht man im Hintergrunde auch noch den Kartoffelbau angedeutet.

Mehr Schwierigkeiten machte die andere Seite. Die zunächst zu Grunde gelegte Idee war diese: Mercur, der Gott des Handels, führt Preussen die Fortuna zu, indem er es Handelsverbindungen mit den ihm gegenüber dargestellten fünf Welttheilen anknüpfen lässt. Dieser Gedanke ist in drei farbigen Entwürfen variirt, um doch endlich verworfen zu werden. Sie zeigen übereinstimmend links den Heros Preussens, umgeben von den acht Provinzen, im Vordergrunde der Gruppe die Stadt Berlin, zu ihren Füssen das Modell der neuen Börse. Rechts kommen auf Schiffen, Sänften, Elephanten, Kamelen die Bewohner aller Welttheile daher, Europa merkwürdiger Weise durch ein weisses, feuriges, von der goldgerüsteten Minerva gebändigtes Ross symbolisirt, wie auch bei der gegenüberstehenden Gruppe ein von einem Genius geleitetes dunkles Pferd von unverständlicher Bedeutung im Hintergrunde erscheint. Der mittlere Raum bleibt frei und öffnet eine Fernsicht über das Meer. In der verschiedenen Art seiner Ausfüllung liegt der wesentliche Unterschied der drei Entwürfe. Der erste (1861) zeigt Mercur und Fortuna in der Luft, Preussen zuschwebend, während unten auf einem Boote die Ruhmesgöttin in ihre mächtige Trompete stösst. An jenem Fliegen wurde, wohl nicht ohne Grund, Anstoss genommen, und die segnenden Gottheiten betraten den festen Boden. Von der Friedensgöttin geführt, die passend die Ruhmesgöttin ersetzt hatte, schreiten sie auf dem zweiten Entwurfe (auch 1861) Preussen zu; die Gruppe rechts und links wird durch Stufen von dem an das Meer stossenden Boden getrennt, auf dem die Götter sich bewegen. Dieser Entwurf verdient nach unserer Ansicht vor allen anderen den Vorzug durch Klarheit und Feinheit in der Vertheilung der Massen und gute Linien der gesammten Composition, wie er auch die bezeichnete Idee am sichersten und treffendsten zur Anschauung bringt. Kaum sieht man, was zu der Aenderung desselben das Motiv gewesen sein kann, die der dritte verwandte Entwurf (1862) zeigt. Die wesentliche Eigenthümlichkeit desselben ist die, dass die fünf Welttheile mehr Raum einnehmen, und alle Gruppen sich auf einer Ebene bewegen. Dadurch ist das Gleichgewicht der Seiten aufgehoben, und der Gedanke der Vermittelung der Nationen durch den Handel jedenfalls in abgeschwächter Weise ausgedrückt.

Schliesslich aber behagte überhaupt der ganze Gedanke nicht, und wohl mit Recht: er hatte sich eben zu weit von dem realen Boden entfernt, auf dem das gegenüberstehende Bild sehr zu seinem Vortheile wenigstens noch theilweise stehen geblieben war. Deshalb ging man auch hier gewissermassen auf den ersten Entwurf zurück und schaffte nur in der Mitte Platz für eine grössere allegorische Gruppe (1862). Gnomen bringen in der linken Ecke das

Metall hervor, so diese Composition gleich geschickt als Fortsetzung an die gegenüberstehende anreihend. Daneben wird eine Eisenbahn angelegt, darüber sieht man eine Münze. Das geprägte Gold wird von Kyklopen dem Vulcan gebracht, der es dem Mercur mittheilt; ihm stehen die Göttinnen der Gerechtigkeit, des Friedens und des Glückes zur Seite. Ueber ihm ist aus den beiden früheren Pferdemotiven ein neues geworden mit allegorischer Bedeutung, ein feuerschnaubendes Ross, die Dampfkraft, von Minerva gezähmt. An diese Gruppe schliesst sich die nichts weniger als lobenswerthe Allegorie des Handelsgesetzes, mit Gerechtigkeit und Geschichte in ihrer Nähe. (Die Gerechtigkeit ist also zweimal auf dem Bilde, das eine Mal allerdings als Themis bezeichnet.) Ueber ihr sieht man einen Hafen mit Schiffen, daneben eine Druckerei von Werthpapieren. Rechts beendigt der Eingang eines Börsengebäudes die Darstellung, vor dem die Speculation ihr Lager aufgeschlagen hat. So dem anderen gebilligten Entwurfe assimilirt, hat auch dieser nur geringe Abweichungen erfahren. In der Bleistiftzeichnung und der grossen Farbenskizze (beide 1863) ist nur noch eine allegorische Gruppe von würfelnden Knaben verschiedener Racen auf der Freitreppe der Börse hinzugekommen, so wie seitwärts von der Speculation in sitzender Stellung Klöber's Selbstportrait und an der Treppenwange als Reliefmedaillon das Portrait Hitzig's, des Erbauers der Berliner Börse. Mannichfache Veränderungen im Einzelnen entziehen sich hier der Betrachtung; namentlich auffallend sind sie an dem die Mitte einnehmenden Mercur, der besonders auf dem grossen farbigen Entwurfe eine höchst unangenehme, tanzmeisterartige Stellung bekommen hat, aber glücklicherweise in der ruhigeren der Bleistiftzeichnung in die Ausführung übergegangen ist.

Friedrich Kaulbach,
Portraits und Entwürfe.

Spener'sche Zeitung vom 16. November 1865. —

Friedrich Kaulbach, dieser im Portraitfache unter den Ersten rangirende Künstler, hat zwei lebensgrosse Kniestücke, Pendants, einen Herren und eine Dame — wie es scheint, Ehegatten — und sein Selbstportrait als lebensgrosses Brustbild ausgestellt.

Das Portrait, wenn es über den Umfang des Brustbildes hinausgeht, bedarf naturgemäss in den meisten Fällen einer Scenerie, durch welche die Stellung der Personen motivirt, und eine bestimmte Idee in das Bild hineingelegt wird. Mit einer solchen Anordnung aber wird eine die reine Geltung des Portrait-Charakters jedenfalls stark alterirende Annäherung an das Genrehafte vollzogen; denn nur eine bestimmte Seite des Charakters, in welcher derselbe doch nicht ganz aufgeht, nur ein momentaner Ausdruck der Züge, zu dem sie wohl im Allgemeinen geneigt, aber doch nicht immer ausschliesslich gestimmt sind, tritt in einem solchen Bilde hervor; und es ist ein Glück, wenn das recht ausgesprochenermassen stattfindet. Denn ist die darzustellende Persönlichkeit einmal in eine Umgebung versetzt, die als eine constante oder als eine gleichgültige gleich wenig gedacht werden kann, so erfordert nunmehr die Einheit der Idee die vollkommenste Zusammenstimmung aller Theile; mit einem Worte, wir haben die Darstellung eines vielleicht recht glücklichen Momentes, wie sie dem Genre aller Arten, also auch dem genrehaften Portrait eigen ist. Die künstlerische Berechtigung dieser Gattung ist unzweifelhaft, aber das wirkliche Portrait im höchsten Sinne hat doch eine andere, ungleich bedeutendere Aufgabe.

Es liegt unserer Natur fern, durch Redensarten Unmögliches als möglich erscheinen zu lassen und Widersprechendes zur Einheit zusammenzuschweissen; deshalb halten wir uns von jenen häufig gehörten und gelesenen Phrasen fern, nach denen das Portrait alle Seiten des Charakters voll und ganz zur Anschauung bringen, den ganzen in- und auswendigen Menschen in die Erscheinung treten lassen soll. Das ist einfach praktisch unausführbar, als wirklich ausgeführt undenkbar. Die Aufgabe des wahrhaften, vollendeten Portraits muss anders bestimmt werden: Es soll den Menschen in einem künstlerischen und prägnanten Gleichgewicht aller charakteristischen Eigenthümlichkeiten darstellen, es soll, wenn wir uns so ausdrücken dürfen, jene ruhige Physiognomie zeigen, die nicht mit dem langweiligen Alltagsgesichte zu verwechseln ist, sondern der man es ansieht, dass aus ihr sich je nach Umständen und Gelegenheit, wie aus der Fläche des Meeres, die verschiedensten zeitweiligen Zustände entwickeln können; es muss das Portrait, um Alles kurz zusammenzufassen, die Harmonie des Charakters zeigen, zu welcher in jeder Natur auch das scheinbar Widersprechendste verknüpft ist, und die doch Harmonie bleibt und als solche empfunden wird, wenn es gelingt, sie einmal rein und klar aufzufassen und objectiv zu gestalten.

Diese Gedanken uns zu vergegenwärtigen, wurden wir angeregt, als wir die oben angeführten drei Bilder Friedrich Kaulbach's neben einander betrachteten. Das grosse männliche Bildniss kann man als eines der gelungensten aus der eben bezeichneten Kategorie der genrehaften Portraits ansprechen. Der waldige Hintergrund mit dem dicken Buchenstamme in der Mitte, der der anmuthig und bequem angelehnten Gestalt des mit Büchse und Jagdtasche ausgerüsteten Herren zur Stütze dient, die graciöse Haltung ohne Zwang, der offene freie Gesichtsausdruck, Alles stimmt prächtig zusammen, und die Gesammtwirkung wird von einer Technik unterstützt, die, gleich weit von wilder Bravour wie von ängstlicher Peinlichkeit entfernt, die elegante Gestalt mit Eleganz und nicht ohne Kraft hervortreten lässt. Aber das Bild giebt eben nur den leidenschaftlichen Verehrer des heiligen Hubertus, wie es auch nichts Anderes geben will und kann, nicht aber den ganzen Menschen, den Charakter in seiner Totalität. —

Ganz anders das Selbst-Portrait des Künstlers. Das bedeutende, von dunkelbraunem Haar und zweispitzigem vollem Bart umschlossene Antlitz hebt sich mit seinem ernsten, kräftigen Colorit und seinen plastisch herausmodellirten Formen von dem einfachen Grunde gewaltig ab. Das ist jene der ruhigen Meeresfläche vergleichbare, gleichsam in labilem Gleichgewichte festgebannte Harmonie aller Seelenkräfte und Neigungen, von der wir vorher sprachen. Es ist ein Kopf, in den man sich versenken, dem man im Geiste durch die mannichfachsten Wandelungen seines Ausdruckes folgen kann, und der in verklärter Ruhe selbst über dem Gewoge der Leidenschaften zu schweben scheint. So angenehm das grössere Bild ist, und so schwer es sein dürfte, der blossen äusseren Erscheinung nach (abgesehen von dem geistigen Gewichte der Köpfe) einem oder dem anderen den Vorzug zu geben, — selbst den Laien wird die grössere Tiefe in dem Brustbilde erfassen, und der Künstler und Kundige unbedingt ihm den Preis vor jenem zuertheilen: es ist eben ein ganzes, ein wahres, ein vortreffliches, wir stehen nicht an, es auszusprechen, ein unübertreffliches Portrait.

Es ist etwas Eigenthümliches um die Selbst-Portraits der Künstler! So weit wir uns in der Portraitkunst umschauen, und so viele der ausgezeichnetesten Werke wir uns vergegenwärtigen, — mit wenigen verschwindenden Ausnahmen sind die Selbst-Portraits die gelungensten Bildnisse der Künstler. Und in welchen anderen Charakter gelänge es auch, so sich zu vertiefen und hineinzudenken wie in den eigenen, an dessen fast instinctiver richtiger Erfassung nicht einmal Eigenliebe und Eitelkeit hindern können, da sie sich zumeist, wenn auch wohl nicht immer nur auf die guten, so doch auf die wesentlichen, die Eigenart des Charakters bestimmenden Eigenthümlichkeiten richten. —

Hinter den beiden bisher besprochenen steht das weibliche Bildniss unglaublich zurück. In der Auffassung nähert es sich der in dem Pendant herschenden Genrehaftigkeit, ohne doch in ihr zu prägnanter Bezeichnung und Motivirung des Momentes zu gelangen, und es ist auch wieder zu sehr in jener Art und Weise gehalten, um als der höheren Aufgabe des Portraits entsprechend zu gelten. Für uns fehlt dem Bilde die rechte künstlerische Einheit, die höhere Weihe, die sonst Friedrich Kaulbach's Portraits ihren hohen Reiz verleiht. Auffallend ist es, aber doch wohl bezeichnend, dass hier auch die Technik weniger vollendet ist. Die Zeichnung ist unbewegt, die Fleischtöne haben etwas Kaltes, auch sonst ist die Farbengebung nicht so warm und saftig, wie man sie bei dem Künstler gewohnt ist. Ausserdem bezeichnen diese Bilder gerade auch in der Farbe einen merklichen Fortschritt über frühere Bilder, namentlich z. B. über das uns in besonders kräftiger Erinnerung lebende herrliche Portrait der Bildhauerin Elisabeth Ney, dessen Colorit etwas an einem der richtigen lebendigen Frische feindlichen metallischen Glanz und Tone litt. Dieser ist in unseren beiden männlichen Bildnissen vollkommen verschwunden und durch ein kräftiges gesundes Incarnat ersetzt. —

In zwei Bleistift-Zeichnungen zeigt sich Friedrich Kaulbach auch als vortrefflichen Zeichner. Die eine ist eine Studie zu einem grösseren Bilde, ein Madonnen-Kopf von sittsamem, holdseligem Ausdruck, aber von etwas gar zu modernem Schnitt und mit einem Zuge um den Mund, der weniger die innige Wonne himmlischen Berufes als das tief verborgene Glück still verstohlenen Genusses zu bekunden scheint. Die andere Zeichnung stellt in lieblicher naiver Gruppirung eine junge Mutter mit zwei Kindern beschäftigt dar, gewiss Portraits. Die sehr langen und stark ausgeprägten Wimpern, welche die Köpfe hier mit der Madonna gemein haben, sind wohl zum grossen Theil auf Rechnung einer besonderen Vorliebe des Künstlers für dieselben zu setzen. Dass sie überall schön wären, könnte man nicht sagen. — Eine Oelfarbenskizze zeigt den Künstler auf einem Gebiete, das er aus freier Wahl wohl nicht betreten hätte, und vor dem man ihn auch warnen muss, wofern es ihm nicht gelingt, dem Stoff eine seiner Art und Kunst zusagende Seite abzugewinnen und ihm den Stempel seines Geistes aufzudrücken. Es ist der Entwurf zu einem grösseren Bilde, ein Christabend, auf Befehl des Königs von Hannover gemalt. Der aufgebotene Apparat von Engeln steht zu der Trivialität der unteren Scene in gar keinem Verhältniss. Wir fürchten, dass die Armut an Ideen sich in grösserem Massstabe noch empfindlicher fühlbar machen wird, zumal auch die Farbengebung, soweit die Skizze ein Urtheil gestattet, dem Ganzen kein erhöhtes Interesse wird verleihen können[*]).

---

[*]) Ob das Bild ausgeführt worden, und wo es sich jetzt etwa befindet, ist dem Verfasser nicht bekannt.

Die Gemälde des Polygnotos
in der Lesche zu Delphoi.

1865. Bisher ungedruckt. —

Es liegt in der Natur der Sache, dass gewisse Fragen aus der Geschichte der alten Kunst immer von Zeit zu Zeit wieder einmal auftauchen; denn obgleich ihre Gegenstände gewissermassen die Säulen bilden, auf denen das Gebäude der Wissenschaft von der alten Kunst aufgeführt werden muss, so verhindert doch die Mangelhaftigkeit der Ueberlieferung, in jenen gleich von Anfang an feste Punkte zu gewinnen, so dass nichts übrig bleibt, als getrost fortzubauen, bis gelegentlich aus dem Zusammenhange des allmählich geförderten Ganzen heraus eine sicherere Begründung jener Anfänge nothwendig und möglich erscheint.

So ist denn auch seit dem Anfange des Jahrhunderts die Kunst des Polygnotos, besonders in seinen Hauptwerken, den beiden grossen Compositionen in der Lesche der Knidier zu Delphoi, wiederholt eingehend behandelt worden, ohne dass nur annähernd ein allseitig befriedigendes Ergebniss zu Tage gefördert wäre. Zwar dass Polygnotos zuerst zur Durchbildung eines eigenthümlichen Stiles in der historischen Malerei gelangte, dass ihm eine bis dahin ungeahnte, lange nicht übertroffene Grossheit in der Auffassung der Charaktere und der Darstellung der Seelenstimmungen beiwohnte, dass bei ihm die Zeichnung sich von drückenden Fesseln loswand, und auch die Farbe bereits eine selbständige Bedeutung sich anzueignen strebte, das ergeben die unzweideutigen Zeugnisse der Alten. Aber gerade das Bedeutendste, das Wissenswertheste, die Art, wie der grosse Künstler von Thasos seine Gebilde gestaltete, wie er seine gewaltigen Stoffe ordnend bewältigte, wie er in seinen vielumfassenden Vorwürfen die Mannichfaltigkeit zur Einheit verschmolz, das zu erkennen bietet bei der eigenthümlichen Beschaffenheit unserer Quellen unglaubliche Schwierigkeiten dar, da in diesen durchaus nicht das künstlerische, sondern das antiquarische und so zu sagen dogmatische Interesse bei den gegebenen Berichten vorwaltend ist. Zwar giebt von den erwähnten grössten Werken des Meisters, die auch gewiss nicht, wie C. F. Hermann aus unzureichenden Gründen darzuthun versucht hat, aus seiner Entwickelungszeit stammen, Pausanias in sieben langen Capiteln eine detaillirte Beschreibung, die auf den ersten Anblick als Anhalt zu einer Wiederherstellung zu genügen scheint; aber die Bedenken häufen sich, je weiter man kommt.

Weil ihn unter solchen Umständen die Wiederherstellungsversuche seiner Vorgänger Jahn, Welcker, Hermann, und gewiss mit Recht, nicht befriedigten, hat nun gegen das Ende seines Lebens Ch. Lenormant*) die Gemälde der Lesche einer abermaligen genauen Betrachtung unterzogen, deren überraschende Ergebnisse in dem unten citirten *opus postumum* niedergelegt sind. Er macht, wie bisher nur Hermann, Ernst mit der aus dem Texte des Pausanias, wenn auch unausgesprochen, deutlichen Voraussetzung, dass die beiden Gemälde, rechts die Zerstörung Troja's und die Abfahrt der Hellenen, links die Unterwelt mit dem Besuche des Odysseus, einander räumlich genau entsprochen haben, über welche Forderung sich die übrigen Bearbeiter zu leicht hinweggesetzt haben, statt sich mit ihr auseinanderzusetzen.

Um den von den Bildern eingenommenen Raum kennen

---

*) Mémoire sur les peintures que Polygnote avait exécutées dans la lesché de Delphes; par feu Charles Lenormant. Bruxelles, M. Hayez. 1864. 4°. 134 p.

zu lernen, beginnt er, wie auch schon Hermann *), mit der Frage, welches die Form der Lesche gewesen sei. Wenn man dieser Untersuchung folgt, schwebt einem unwillkürlich das Bild eines Menschen vor, der, die Blicke auf ein Wolkengebilde gerichtet, auf einem kurzen Stege dahinschreitet, einige sichere Tritte thut, um dann für immer den Boden unter den Füssen zu verlieren.

Leschen sind öffentliche Gebäude, wo man sich zu ernster oder leichter Unterhaltung zusammenfand, wo auch in der rauhen Jahreszeit der Arme Schutz vor Wind und Kälte fand. In dieser Beziehung stehen sie bei Homeros und Hesiodos mit den Werkstätten der Feuerarbeiter zusammen. In ähnlicher Weise findet man später bei Plutarchos Hemikyklien mit Arbeitsräumen vereinigt. Also (?!), sagt Lenormant, setze ich Lesche und Hemikyklion synonym; jenes bezeichnet die Gebäude nach ihrem Zweck als Conversationshallen, dieses nach ihrer Form als halbkreisförmige Räume. Solche Leschen erkennt Lenormant in einigen offenen Hallen der Gräberstrasse zu Pompeji, von denen eine bedeckte mit Spuren von Gemälden den Grundriss durch geradlinige Fortsetzungen des Halbkreises erweitert zeigt.

Von all diesen Leschen war aber die delphische verschieden. Sie hatte ja der gewöhnlichen Definition zuwider Thüren, und bot ausser den beiden umfangreichen Gemälden jedenfalls noch einigen Statuen und, wenn Wieseler's sehr probabler Vorschlag, die Gemäldesammlung mit der

---

*) Die erwähnten beiden Berührungspunkte mit diesem seinem jüngsten Vorgänger sind das einzige Wesentliche, was Lenormant von den früheren Bearbeitern der Frage angenommen hat. Wie damit seine Behauptung harmonirt, dass nach Jahn mehr geschadet als genützt sei, ist nicht leicht ersichtlich. Auch in der Willkürlichkeit der Anordnung selbst stimmt er am meisten mit Hermann.

Lesche für identisch zu halten, angenommen wird, einer Reihe von weiteren Gemälden Raum. Mit der für die Nüchternheit seiner Forschung charakteristischen Wendung *„pour sortir de la difficulté"* nimmt also Lenormant zu folgendem Auswege seine Zuflucht: er setzt zwei solche Gebäude wie die pompejanische »Lesche« mit den offenen Seiten zusammen, so dass ein oblonger Raum auf den Schmalseiten durch halbkreisförmige, absidenartige Nischen abgeschlossen wird, eine neue Form, für die er den neuen Namen Amphilesche erfindet. Die Thüre ist in der Mitte einer Langseite, die obere Hälfte der geraden Wände wird zunächst den Halbkreisen von Fenstern durchbrochen. Die polygnotischen Gemälde, die nach seiner wohl richtigen Ansicht nur in zwei Streifen über einander angeordnet zu denken wären, sollen nun in zwei Reihen die halbrunde Wand der Nischen einnehmen, während die untere Reihe sich auch noch zu beiden Seiten auf den geraden Wänden unter den Fenstern fortsetzt. —

Ist hierin schon die Identificirung von Lesche und Hemikyklion jedenfalls gewagt, so ist es vollends unbegreiflich, wie Lenormant das Vorbild der delphischen Lesche in einem römischen Bau mit vollkommenster Keilschnittwölbung suchen konnte, dem der Name Lesche von ihm ohne Gewähr, lediglich nach der Analogie einer hypothetischen Form angeheftet wird. Ueber die Form der Decke schweigt Lenormant freilich, aber es liegt auf der Hand, dass sie über einem solchen Grundrisse und bei solchem Vorbilde nicht anders als gewölbt sein könnte. Ein solcher Bau ist aber in Griechenland so früh (doch jedenfalls vor 468, dem Todesjahre des Simonides, von dem ein Epigramm auf dem einen Bilde stand,) platterdings unmöglich, da die Wölbung in Griechenland nie durchgriff und erst von Demokritos, der 404 starb, eingeführt wurde. Ein so bedeutendes Monument des Innenbaues ist an sich auch schon so auffallend, dass es der unwiderleglichsten Beweise bedurft hätte, um eine solche Annahme glaubhaft zu machen. Und nun genügen alle Vorbilder und alle Zeugnisse nicht einmal! Ein Gebäude aber, das durch Thüren von der gewöhnlichen Construction der Leschen abweicht, das rundum geschlossen die spärlichen Sonnenstrahlen des Winters nicht auffängt, um dem Armen eine warme Stätte zu bereiten, ist keine Lesche mehr, sicher nicht mehr, als ein viereckiges Gebäude, wie es Hermann annahm, das aus irgend einem Grunde, den wir nicht wissen, vielleicht, weil das neue Gebäude an der Stelle einer alten Lesche errichtet wurde, den Namen Lesche erhielt; was um so mehr Wahrscheinlichkeit erhält, als auch Pausanias von einem Hause spricht, das von den Delphiern Lesche »genannt« wird. —

Hat sich so diese neue Lesche als ein Phantasiegebilde ergeben, das für die Wissenschaft ohne Werth ist, so fragt sich's, wie Lenormant auf diese Idee verfallen ist. Dass er den Weg nicht gegangen, den er uns führt, steht wohl fest. Hermann hat vermuthet, dass Caylus, der die Lesche für einen mit einer Säulenhalle umgebenen Hof hielt, und die ihm folgten, durch die Analogie des Campo santo zu Pisa zu jener Annahme gekommen seien; sollte auf Lenormant's Vorstellung vielleicht die Anschauung von Paul Delaroche's berühmtem Hémicycle in der Académie des Beaux-Arts zu Paris nicht ohne bestimmenden Einfluss gewesen sein?

Da mit der Form der Lesche natürlich auch der für die polygnotischen Bilder vorausgesetzte Raum unannehmbar wird, so hat auch die von Lenormant getroffene Anordnung des Einzelnen kein Interesse; um so mehr aber der Inhalt seines letzten Capitels über den Sinn und die Absicht der Compositionen des Polygnotos; denn die Ergebnisse dieses Theiles sind ja unabhängig von allem Vorhergehenden.

Nachdem er constatirt hat, dass die Bilder ein zusammenhängendes Ganze ausmachen, fragt er, ob dieses Ganze als eine poetische, eine historische oder eine religiöse Composition aufzufassen sei. Die beiden ersten Auffassungen weist er ab, um den Schlüssel für das Ganze in den Mysterien zu finden, worüber man sich bei demjenigen nicht wundern wird, der einst den genialen Spottvogel Aristophanes im platonischen Gastmahle zum Träger mystischer Ideen gestempelt hat. Freilich erinnern zunächst nur die beiden uneingeweihten Frauen und die mystische Cista in den Händen der Kleoboia an die eleusinischen Weihen; aber dem Suchenden wird Alles bedeutsam. Wie Kleoboia die Mysterien von Paros nach Thasos gebracht hat, muss sie Tellis von Athen nach Paros verpflanzt haben, um „*une filiation capitale au point de vue de la religion*" herzustellen. Nur diese Beiden können vom Charon übergesetzt werden, — um es unerklärlich zu lassen, wie sich der ganze Hades bereits gefüllt hat. Denn wie der Cultus der Götter über dem der Heroen steht, so die Lehre der Mysterien über der Volksreligion, sagt Pausanias; da hier aber nur Heroen erscheinen, so haben wir eine Darstellung der geringeren Religion, die nicht durch die sichere Aussicht auf ewiges Fortleben von Trübsal und Todesfurcht befreit. Allerdings entsteht dadurch das wunderliche Verhältniss, dass die ganze herrliche Reihe der Heroengestalten jenen beiden obscuren Geweihten als matte Folie dienen muss. Die Schaukel der Phaidra, die nach Pausanias decent auf ihre Todesart hindeutet, soll zugleich wie der Strick des Oknos, das Halsband der Eriphyle, ja die nur angenommene Epheubekränzung der Ariadne, die Ungewissheit des zukünftigen Seins, die Schaukel dann auch wieder die Bewegung der Luft bezeichnen. Der Strick des Oknos und die Strafe des Tityos deuten die nutzlose Arbeit des Lebens des Ungeweihten an (also dort thätig, hier leidend), aber

Tityos ist gleichzeitig auch mit Sisyphos, Tantalos, Theseus, ja gelegentlich auch Orpheus ein abschreckendes Beispiel für diejenigen, die über die mystischen Lehren hinaus Offenbarungen von der Gottheit fordern. Passenden Ortes repräsentirt nämlich die ganze Gesellschaft auch wieder das Leben der Mysten: wie Alle hier gleich sind (Heroen), so wurde auch in den Mysterien eine allgemeine unterschiedslose Apotheose gelehrt.

Man sieht schon aus diesen wenigen Beispielen: die Phantasie, die dies ausgebrütet hat, ist etwas ungezügelter Natur und hat mit der wissenschaftlichen Forschung nichts gemein. Die Unterwelt soll das Complement und Gegenbild zu der Zerstörung Troja's sein, sie erscheint aber als das Gegenbild des Gegenbildes, um sich unvermuthet noch einmal in das Gegentheil umzusetzen. Man fragt, wie kann so etwas überhaupt verstanden werden? —

Aus der musterhaften Selbstvergötterung des Schlusses, müssen wir drei Sätze ausheben, p. 131: „*Vous ne pouvions rétablir le fil des idées exprimées par le peintre qu'en retrouvant celui des explications de son interprète. Polygnote n'avait voulu laisser comprendre qu'aux initiés seuls l'arrangement de sa composition. Et Pausanias, à son tour, en agissant en conscience ou par une affectation de rhéteur* (anderwärts redet er auch von einer *réticence évidemment étudiée!*), *a parlé, sous l'empire de la même retenue, de manière à ne faire entrevoir sa véritable pensée qu'à ceux pour qui la doctrine des mystères n'aurait pas été une énigme indéchiffrable.*"

Wenn der erste Satz überhaupt Sinn hat, so bezeichnet er den Grundfehler der Methode Lenormant's, denn dieser hat durchaus die Beschreibung des Periegeten für das Gemälde des Künstlers substituirt, auch und besonders in den Theilen, welche einzuflechten jener von dem Bilde nur die Gelegenheit nimmt. Der zweite muthet einem verständigen Künstler

Unglaubliches zu. Auf Vasen, die bei den mystischen Feiern oder in den Häusern der Geweihten gebraucht wurden, liesse sich eine offene oder versteckte Hindeutung auf mystische Lehren denken; aber in einem der besuchtesten Orte Griechenlands solche Preisräthsel aufzustellen, ist geradezu unerhört. Der dritte geht über die erlaubten Gränzen der Kühnheit in der Auslegung oder besser Unterlegung hinaus. Pausanias ist ein Perieget, und hat als solcher lediglich die Absicht, zu erklären, welchem Zwecke auch all der eingefügte gelehrte Kram ausschliesslich dient; und wie er sich mit seiner Scheu vor den Mysterien auf den schlüpfrigen Pfad habe begeben können, Enthüllungen zu geben, die doch nur bis zu einer sehr zarten Gränze verständlich sein dürfen, ist vollends unerklärlich. Wie aber endlich die von Zweien zusammengeheimnisste Sache heute noch einfach aus sich selbst klar werden soll, ist erst gar nicht ersichtlich.

Wie viel unbefangeneren Sinnes haben die früheren, besonders Welcker, die Compositionen aus den Ueberlieferungen der epischen Poesie erklärt! Dass schon Pausanias viele Namen aus den Epikern nicht belegen konnte, fällt gar nicht in's Gewicht, denn mannichfache Umstände, z. B. schon die Nothwendigkeit, Gegenstücke zu haben, konnte den Maler zur Einführung ungewöhnlicher Personen bewegen. Dass der Perieget sich aber überhaupt die Mühe giebt, das Vorhandene nachzuweisen, zeigt, dass ihn das Ganze und das Einzelne wie ein farbiger Reflex der epischen Traditionen gemahnte. So gut wie jeder Dichter die in stäter Umbildung begriffenen Mythen variirte, stand dieses Recht, fortzuführen und zu entwickeln, auch dem bildenden Künstler zu, der hier z. B. einige Personen aus der phokischen Localsage aufnahm, wie man in der Poesie nicht Anstand nahm, die homerischen und andere Gedichte in solchem Sinne zu interpoliren. Von einem Künstler, wie

Polygnotos war, wird man in dem Werke, durch das er seine schöpferische Kraft in der glänzendsten Weise bethätigte, nicht ohne fade Geschmacklosigkeit pure Illustrationen zu bekannten Dichterstellen erwarten und verlangen; und z. B. den Zusammenhang mit der homerischen Poesie auch deshalb zu leugnen, weil die Odyssee alle Schatten sich um die Grube des Odysseus drängen lässt, während sich bei Polygnotos nur drei Schatten um ihn bekümmern, ist hundert Jahre, nachdem der Laokoon geschrieben ist, selbst einem Franzosen (oder Belgier) nicht mehr gestattet.

Das Gesammturtheil über das Werk fällt demnach sehr ungünstig aus: es hat Nichts gefördert. Es gehört zu den sogenannten geistreichen Büchern, die sich unter beständigem Kopfschütteln nicht ohne Interesse lesen lassen. Einige wenige brauchbare Bemerkungen finden sich natürlich hie und da zerstreut.

Johann Friedrich Overbeck,
die sieben Sacramente in Bildern.

Spener'sche Zeitung vom 24. Januar — 3. Februar 1866. —

Die Kunstwelt Berlins ist durch eine seltene, ja in ihrer Art einzige Gabe überrascht worden, die »sieben Sacramente« von Fr. Overbeck, das letztvollendete, eine noch ungeschwächte geistige Kraft bekundende Werk des greisen Meisters. — Die Eigenart des Künstlers, die in consequentester Entwickelung in dieser neuesten Schöpfung sich bewährt, und die ungemeine Bedeutung der

Werke selbst, an die kein äusserlicher Massstab herangebracht werden darf, sondern die mehr als irgend andere aus der künstlerischen Stellung ihres Urhebers betrachtet und beurtheilt werden müssen, lässt es wünschenswerth erscheinen, auf Overbeck's Verhältniss zu der modernen, namentlich der deutschen Kunstentwickelung und seine Merkpunkte in der Geschichte der Kunst des neunzehnten Jahrhunderts bezeichnenden Arbeiten einen, wenn auch nur flüchtigen Rückblick zu thun.

Overbeck's Jugend fällt in eine von den durchgreifendsten weltumgestaltenden Ideen und Ereignissen tief bewegte Zeit: er ist geboren im Jahre der französischen Revolution (zu Lübeck am 29. Juni). Weniger jedoch waren die gewaltigen politischen Umwälzungen von Einfluss auf ihn, als die mannichfachen einander entgegengesetzten geistigen Strömungen ihn in ihren Kreis zogen und für seine Denkart und Auffassungsweise bestimmend wurden. In der deutschen Literatur hatte ein begeistertes Studium und wirkliches Verständniss der besten Vorbilder, namentlich der alten, der trockenen Pedanterie und dem steifen Formalismus ein Ende gemacht. Die classischen Dichter der Nation standen auf ihrem Höhepunkte, und das Wehen des Geistes, das durch die Poesie sich fühlbar machte, wird auch für Overbeck an seinem Vater, der mit bescheidenem, aber liebenswürdigem Talente — Christian Adolph Overbeck ist u. A. Verfasser des Liedes: »Warum sind der Thränen unter'm Mond so viel« —, wenn auch entfernt von den grossen Dichterkreisen, in den poetischen Chor einstimmte, einen würdigen Interpreten gefunden haben. Je mehr aber die brennenden Tagesfragen und die Erfordernisse des praktischen Lebens in einer so wichtigen Zeit sich geltend machten, um so mehr wurde ein Gegensatz zwischen den äusseren Zuständen und den idealen Reichen der dichterischen Phantasie bemerkbar. Die classischen Heroen- und Göttergestalten des Alterthums und die strenge Plastik seiner Formen standen dem durch eigene Grösse und Erniedrigung geweckten Nationalgefühle zu fern. Man suchte daher die Einheit von Poesie und Leben herbeizuführen, und gerieth so auf natürlichem Wege auf eine überschätzende Verehrung derjenigen Zeiten und Zustände, in erster Reihe des eigenen deutschen Volkes — denn in diesem vollzog sich jene geistige Bewegung —, die — so meinte man wenigstens — jene volle Durchdringung von Poesie und Wirklichkeit am vollkommensten darzustellen schienen. Das Mittelalter mit allen seinen Eigenthümlichkeiten, mit seiner hohen Phantasie und seinem tiefen Gemüthe, seiner ritterlichen Denkart und seiner hingebenden Religiosität, wurde das Ideal, dem man in Stoffen und Formen, in Anschauungen und Darstellungen, in Gesinnung und Handlungsweise, in Staat und Kirche sich anzunähern strebte, und so entstand die Romantik, die in Einseitigkeit übertrieben und ausschliessend bald in offenen Kampf und principiellen Streit mit dem Universalismus und der freien Humanität der classischen Richtung trat, die kaum gewonnene Einsicht in das Wesen des Schönen und der Dichtkunst in Frage stellte und dadurch eben so kräftigen wie gehaltreichen Widerspruch hervorrief.

Ganz ähnliche Verhältnisse zeigten sich in der bildenden Kunst. Auch hier herschte noch auf den Akademien der pedantischeste Regelzwang, der zopfigste Schematismus, ausserhalb dessen kein Heil in der Kunst sein sollte. Der »grosse Stil« war an der Tagesordnung, den man aus den übertriebenen Stellungen und den künstlich berechneten Gruppirungen, den kräftigen Farbencontrasten und dem schwärmerischen Ausdruck in den Bildern der bolognesischen und verwandter Schulen zu erlernen trachtete. Eine mehr kühne als correcte Zeichnung ohne Sicherheit und Schärfe wurde als besondere Schönheit gelehrt und gepriesen; und man sah und studirte die Natur weniger direct als durch das Medium der Antike — oder vielmehr durch die gefärbte Brille, durch welche die Maler besonders jener Schulen Natur und Antike angesehen hatten. Nicht von Nutzen für eine Regeneration dieser Pflanzstätten der künstlerischen Bildung, wenn auch für die Kunst selbst von hohem Gewinne war es, dass einzelne selbständige Geister, wie Asmus Carstens, Bertel Thorwaldsen und Andere, durch eine unbefangene Naturbeobachtung und ein einsichtiges Studium der Antike sich neue Bahnen eröffneten. Obwohl einige dieser Vorkämpfer der modernen Kunst selbst an Akademien als Directoren und Lehrer thätig waren, wurde der Missstand doch nicht beseitigt, ja als die antikisirende Richtung häufig einseitig und frostig, mehr durch Formenschönheit als durch Kraft und Grösse der Ideen ausgezeichnet erschien, forderte das vorher geschilderte, hier gänzlich unbefriedigte Bedürfniss der Zeit, Leben und Kunst versöhnt zu sehen, lauter als je Beachtung, und es erzeugte sich eine zweite, noch ungleich kräftigere Reaction im romantischen Sinne, die wie dem alten Schlendrian der Akademien sich auch der antikisirenden Kunst mit allem Nachdruck entgegensetzte. Diese Extremität und Exclusivität war jedoch nur ein kurzer Uebergang; man hat zum Heile der Kunst auf diese Stimmung die uneingeschränkte Liebe des Wahren und Schönen und das vertiefte Studium der Natur, die Vereinigung antiker Formenschönheit mit romantischer Gefühlsinnigkeit folgen sehen, so dass der durch die romantische Schule gegebene Impuls als ein äusserst gesundes Vehikel zur Entwickelung der Kunst sich bewährt hat. Einer der ersten Führer dieser neuen Richtung, der Mittelpunkt der Schule ist Overbeck.

Begeistert durch die Anschauung des schönen Altargemäldes von Hans Memling in dem Dome seiner Vaterstadt, eines der umfangreichsten und bedeutendsten Werke des Meisters, das nebst manchen Nachbildungen der Werke älterer Meister die Richtung seiner Phantasie und seinen Geschmack für altdeutsche Vorbilder bestimmte, fasste er mit Uebereinstimmung seines Vaters den Entschluss, sich der Kunst zu weihen. Er ging also 1808 nach Wien, dessen Akademie sich damals eines vorleuchtendes Rufes erfreute; denn sie stand unter Friedrich Heinrich Füger's Leitung, der in Stuttgart von Guibal, einem Schüler des Raphael Mengs, gebildet worden war; doch fühlte Overbeck sich dort sehr enttäuscht. Der trockenen Methode konnte sich das künstlerische Genie nicht bequemen, die aufgedrängten Vorbilder standen mit seiner Neigung im Widerspruch, doch hatte er, um sich seiner Individualität gemäss dennoch frei entwickeln zu können, das Glück, gleichgestimmte Genossen und vor Allem einen erfahrenen Berather zu finden. Eberhard von Wächter hatte in einem bewegten Leben in Stuttgart, Paris und Rom, besonders auch durch Asmus Carstens, geläuterte Ansichten über Kunst und Kunstbildung gewonnen, hatte, um nicht das schon übergrosse Kunstelend noch zu vermehren«, seine Mitwirkung zur Gründung einer Kunstakademie zu Stuttgart in der Stellung als Director versagt und war nach Wien gekommen. An ihn schlossen sich Overbeck und seine Freunde auf's Innigste an; von ihm empfingen sie die Lehre, dass alle Malerei nur Seelenmalerei sein müsse, der menschliche Geist sei das Höchste auf Erden, und zur Befriedigung des inneren geistigen Auges habe die Kunst zu schaffen; alle äusseren Mittel der Darstellung seien verächtlich ohne eine grosse, das Werk durchdringende und tragende Idee, ohne Geist, Erfindung und Gefühl. Diese Anschauungen wurden natürlich mit Begeisterung aufgenommen, und als auch ein Lehrer der Akademie, der Professor Joseph Fischer, erklärte, der Klassenzwang müsse aufhören, die Kunst sei frei, und Jeder müsse treiben können, wozu er sich getrieben fühle, — da kannte die Freude der jungen genialen Männer keine Gränze, und sie feierten dem verehrten Lehrer zum Dank ein Jubelfest. Die natürliche Folge dieser Demonstration war die Verweisung von der Akademie (1810), die vier seiner Freunde mit Overbeck theilten: es war die Los- und Mündigsprechung seines Talentes, und nur sein weiches Gemüth und sein mildes, anspruchsloses Wesen konnte den Eclat eines solchen Ereignisses schmerzlich empfinden, das er unter den gegebenen Verhältnissen eigentlich als einen Beweis der Richtigkeit seines Strebens ansehen musste. Eine ungemeine künstlerische Begabung, eine so fertige Ausbildung des Könnens, dass er, wie man sagt, einen Act frei nach der Natur correct und glatt mit der Feder hinzuzeichnen im Stande war, und ein angefangenes Erstlingswerk, das aber erst nach vielen Jahren fertig werden sollte, »der Einzug Christi in Jerusalem«, begleiteten ihn, als er mit seinem Leidensgefährten Franz Pforr aus Frankfurt a. M. den Weg nach der ewigen Stadt einschlug, um dort, frei von akademischen Geboten und Verboten, ganz der Kunst zu leben.

Am 20. Juni trafen sie in Rom ein, und ein günstiges Geschick führte ihnen ohne Verabredung eine Reihe von gleichstrebenden Genossen zu, mit denen sie bei einfachstem Leben in den leeren Zellen des Klosters S. Isidoro eifrig künstlerisch thätig waren. Jeder zeichnete und componirte in seiner Zelle frei aus dem Kopf, um die Fülle der Idee nicht in der Zufälligkeit und Unzulänglichkeit eines Modelles untergehen zu lassen, Abends zeichneten Alle im Refectorium gemeinschaftlich nach dem Act oder standen sich gegenseitig mit Gewändern Modell. Wie in Deutschland die alten deutschen Meister Vorbild und Muster gewesen waren, so wurden es in Italien die älteren Italiäner aus dem XIV. und XV. Jahrhundert. Die Tiefe des Gemüthes und die Naivität und Innigkeit des religiösen Sinnes sprachen darin an, und die Hoheit und Lieblichkeit der Ideen liess die Mangelhaftigkeit der technischen Herstellung übersehen, ja man glaubte durch letztere die Wirkung noch gesteigert. Denn allerdings zieht das Machwerk, wenn es mit vorzüglicher Vollendung auftritt, die Aufmerksamkeit des Beschauers auf sich und lenkt sie wenigstens theilweise von der Idee ab; diese sollte aber ganz ungeschmälert mit höchster Kraft in die Erscheinung treten. Und so entwickelte sich die eigenthümliche Weise jener Künstler, die, zumal bei Overbeck, ganz streng bis in's Extrem durchgeführt und beibehalten ist. Man zeichnete demzufolge in scharfem, sicherem Contour und legte grossen Werth auf das Gleichgewicht und die Geschlossenheit der Composition. Alles aber, was der Illusion dient, die Rundung und das Relief in den Formen, feine Carnation, energische Licht- und Schattenwirkungen, war von ihren Bestrebungen ausgeschlossen. Es fehlte deshalb den Gemälden Overbeck's und seiner Freunde an Wirkung, Farbe und Bewegung, und die Skizzen der Gefährten befriedigten in der Regel weit mehr als die ausgeführten Sachen. Dagegen war schon in Overbeck's ersten Werken eine so bewundernswerthe Composition, solche Innigkeit und Wärme der Empfindung, solch zartes Schönheitsgefühl und solcher Adel der Idee, dass sie die Mängel hätten vergessen machen können. Doch die gleichzeitigen Beurtheiler ermangelten des unparteiischen Massstabes. Es nahm schon viele — selbst katholische — Künstler und Kritiker gegen die deutschen Neuerer der Umstand ein, dass ein grosser Theil derselben zum Katholicismus übergetreten war, ein wahrhaft mönchisches Leben führte und sich in seinen Darstellungen mit ausgesprochener Verachtung alles Anderen (die Mythologie wurde als »Abgötterei« verpönt) durchaus an Stoffe der christlichen Religion und Legende hielt, denen

Overbeck unverbrüchlich treu geblieben ist, so dass es selbst als eine auffallende Erscheinung angemerkt zu werden verdient, dass er sich entschloss, Thorwaldsen's Alexanderzug für die von Amsler ausgeführten Stiche zu zeichnen. Und doch lag auch jenes mit einer gewissen Nothwendigkeit in der Richtung gegeben, die, wie alles oppositionell Neue, nicht ohne Uebermass auftrat. Hatte für die Erhebung der Kunst im XV. Jahrhundert die Religion das Wesentlichste gethan, so musste auch für die neue Kunst sie, und nicht irgend welche Nachahmung wieder das Princip der grössten Schönheit werden; darauf liefen auch die ästhetischen Deductionen der Häupter der Romantik, vor allen Fr. Schlegel's hinaus, der die Kunst geradezu für ein Symbol der göttlichen Geheimnisse erklärte. Einmal auf diesem Wege, glaubten nun aber consequenter Weise diejenigen unter den Künstlern, die protestantisch waren, an den nüchternen Lehren und Gebräuchen ihrer Kirche und den Regeln, die der Glaube ihrer Väter ihnen vorschrieb, nicht genug zu haben. Die ausgedehnteren Manifestationen der Katholiken, die feierlichen Formen und die Disciplin ihrer Kirche, die Einheit einer obersten Autorität, die altehrwürdigen Erinnerungen, der Glanz, die Geheimnisse, die Wunder genügten der Einbildungskraft mehr und regten sie fruchtbarer an. In dem katholischen Rom, wo die himmlische Wahrheit das Mittel des Sinnenzaubers nicht verschmäht, um in die Herzen Eingang zu finden, mussten so vorbereitete Gemüther leicht durch ihre eigene Erregung sich der älteren Kirche nähern. Daher jene zahlreichen Uebertritte, unter denen zumal die Beispiele von Fritz Stolberg und Friedrich Schlegel zur Nachfolge aufforderten.

Auch Overbeck zog diese letzte Consequenz seiner Richtung und trat zu Pfingsten 1813 mit mehreren Genossen in den Schoss der »alleinseligmachenden« Kirche zurück, der er in Kunst und Leben, in Bild und Wort ein hingebend und begeistert treuer Diener verblieben ist.

Die klosterhafte, lebensfeindliche, asketische Tendenz dieser Kunstübung musste natürlich im Vereine mit ihrer befremdlichen äusseren Erscheinung den Widerspruch, ja selbst den Spott heraufbeschwören. In Rom hiessen die Bewohner von S. Isidoro „*maestri della maniera secca*" (Meister der trockenen Manier); man nannte sie ihrer kopfhängerischen Muse wegen »Nazarener«, oder um ihrer bei den Vorgängern Raphael's gefundenen Vorbilder willen »Präraphaeliten«, und man sprach von den »neu-alt-deutschitaliänischen« Malern. Goethe bezeichnete die Richtung als »geistige Selbstschwächung«, und sein classisch gebildeter Freund Heinrich Meyer als eine »Rückkehr zur Geschmacklosigkeit«. Die verhöhnten Künstler liessen sich aber nicht beirren, und bald fand ihre Kraft Gelegenheit, sich in einer Weise zu bewähren, dass den Lästerzungen das Wort abgeschnitten wurde.

Seit dem Herbste 1811 war Peter Cornelius in Rom. Er war sechs Jahre älter als Overbeck, und wenn dieser mit einer ziemlich ausgeprägten Richtung nach Italien kam, so brachte Cornelius bereits einen fest begründeten Ruf als Künstler mit herüber; und er hatte das Glück gehabt, noch in der Heimat im nationalen Boden Wurzel zu fassen. So schuf er auch in Rom zunächst an seinem Faust und seinen Nibelungen; aber er war der religiösen Malerei keineswegs abgeneigt, das gleiche Ringen nach Befreiung der Kunst gesellte ihn dem römischen Künstlerkreise, und so wurde er bald das Haupt desselben. Ein inniges Freundschaftsverhältniss knüpfte sich zwischen ihm und Overbeck an; sie ergänzten sich ähnlich wie Schiller und Goethe, ohne sich auszuschliessen wie Raphael und Michel Angelo, mit denen sie oft unpassend verglichen worden sind. Neben ihnen standen bald als die Hervorragendsten: Philipp Veit, Wilhelm Schadow, und später Julius Schnorr.

Es war zu einer unwandelbaren Ueberzeugung Aller geworden, dass nur darin Heil zu finden sei, wenn man wieder eine monumentale Kunst begründete, wie die der grossen Meister gewesen. Aber wie dazu gelangen? Es fehlte an einer Gelegenheit für sie, ja selbst die Tradition der Technik — *al fresco* — war abgerissen.

Da unterhandelte im Jahre 1815 der preussische General-Consul Bartholdy in Rom, der den Palazzo dei Zuccheri auf dem Monte Pincio gekauft hatte, mit Cornelius um die Verzierung eines Zimmers im dritten Stock desselben mit Arabesken. Die disponible Summe war geringfügig; aber wer dachte daran? Cornelius bestimmte den würdigen Mann, ihm und seinen Freunden die Ausmalung des Raumes mit historischen Fresken zu gestatten, und bedang als Honorar nur Erstattung der Kosten und Gewährung des Unterhaltes. Die Freunde jubelten; die Gegner lachten und zuckten die Achseln. Seit Raphael Mengs war in Rom nicht *al fresco* gemalt worden, es galt, die Technik ganz von Frischem zu erfinden; aber das Genie schreckt vor der Schwierigkeit nicht zurück. Das Werk gelang trotz der mühevollen Versuche so schnell und so glänzend, dass der Hohn sich in Bewunderung verkehrte.

Die Geschichte des Joseph war zum Gegenstande ersehen. Overbeck hatte eines der sechs viereckigen Bilder gemalt, den Verkauf des Joseph, und eine der in breitem, flachbogig überspanntem Felde an den Schildwänden angebrachten allegorischen Darstellungen, die sieben mageren Jahre. Die klare Composition und die schöne Zeichnung in dem ersten sowie der überwältigend treffende Ausdruck in der letzteren darf vollendet genannt werden. Die Italiäner selbst staunten. Canova veranlasste, dass einigen der deutschen Künstler die Ausmalung des neu erbauten *braccio nuovo* im Vatican übertragen werde; 1817 aber engagirte der Marchese Massimi die Bedeutendsten unter ihnen, einige Säle seiner Villa mit Fresken nach den grossen italiänischen Dichtern zu schmücken. Was hätte Overbeck natürlicher wählen können als Tasso's befreites Jerusalem? Die romantische Natur und die religiöse Begeisterung des Dichters stimmte zu sehr mit seiner Neigung und Gesinnung überein. So gehört denn besonders die Deckencomposition, das personificirte befreite Jerusalem, und das Bild, wo Gildippe neben ihrem Gatten zu Ross kämpfend von Argant die tödtliche Wunde empfängt, zu seinen schönsten Arbeiten. Die übrigen Compositionen sind etwas dürftig.

Die gemeinsame Thätigkeit des römischen Kreises fand in zwei oft erwähnten epochemachenden Begebenheiten des Jahres 1819 ihren Abschluss: die erste war die Ausstellung im Palazzo Caffarelli, welche in achtunggebietender Weise von den Arbeiten und Studien der Freunde Zeugniss ablegte, die zweite das Abschiedsfest für den Kronprinzen Ludwig von Bayern, der mit den Künstlern in aufmunterndem Verkehre gestanden, in der Villa Schultheiss. Die gemalten Transparente bei diesem Feste sprachen deutlich aus, was die Künstler wollten, und wie sie sich fühlten: zwischen die alte und die neue Welt stellten sie sich als bahnbrechende Vermittler; sie hatten Recht.

Unmittelbar darauf zerstob der Kreis. Das Vaterland forderte seine Söhne wieder, und willig folgten sie Alle. Nur Overbeck blieb in Rom; er hatte mit dem Glauben der Väter auch sein Vaterland eingebüsst; nur einmal noch — 1831 — überstieg er mit seinem Freunde Cornelius die Alpen, aber die Begeisterung des Empfanges in der Heimat rührte ihn nicht; er ging zurück nach Rom, um nie wiederzukehren. Die Verleugnung des heimischen Bodens und der wahrhaft deutschen, d. h. protestantischen Gesinnung hat sich an ihm gerächt. War es für die deutsche Malerei eine Nothwendigkeit, fern fliehend, wie die Lichtgottheiten des Alterthums, eine friedliche Geburtsstätte zu suchen, so gehörte doch ihr Beruf, ihr Leben dem Vaterlande: nur hier konnte sie weiter gedeihen und Früchte tragen. Overbeck hat sich selbst dieses Bodens entäussert, und so schliesst der Theil seines Lebens und seiner Thätigkeit, in dem er mitgesessen hat am sausenden Webstuhle der Zeit, in dem Momente, der die Anderen alle in die höhere Bahn, in die eigene Meisterthätigkeit berief.

Aus der Entwickelungsgeschichte der Romantik und besonders Overbeck's geht die Würdigung dieser Erscheinung der modernen Kunstgeschichte von selbst hervor. Noch niemals in den beiläufig drei Jahrtausenden, durch die wir die geistige Fortbildung des Menschengeschlechtes verfolgen können, ist etwas Grosses und Herrliches dadurch entstanden, dass man den Faden der geschichtlichen Entwickelung einfach durchschnitt und auf ein früheres Stadium zurückgreifend, mit Umgehung alles Zwischenliegenden gleichsam eine Correctur der Geschichte eintreten liess. Der Fortschritt in allen Zweigen menschlicher Thätigkeit vollzieht sich auf Grund aller Errungenschaften, die bereits gemacht sind, und selbst das Unscheinbarste, ja was als Rückschritt oder Verwirrung erscheint, wird ein brauchbares, fördersames Glied in einer continuirlichen Kette. Es war also ein vergebliches, falsches Bestreben, im XIX. Jahrhundert wieder mit den Augen des XIV. sehen, mit der Stimmung des XIV. empfinden zu lernen, und dieser Weg, mit Starrheit verfolgt, musste vom höchsten Ziele der Kunst ablenken. Wie viel aber selbst darin gesundes Entwicklungsmotiv lag, beweisen die Kunstschulen von München, Düsseldorf und Berlin, die von Rom aus Leben und Lehre empfingen und jetzt die Central- und Glanzpunkte der deutschen Kunstthätigkeit sind. Uebrigens war jene zurückschraubende Tendenz, jene Negation des Bestehenden und Gewordenen keineswegs neu: sie äussert sich eben so, nur noch extravaganter, in Rousseau's Staats- und Erziehungslehre, sie ist die treibende Idee in der Sturm- und Drangperiode unserer Literatur, sie war das charakteristische Merkmal aller Philosophie, namentlich aller Religions-Philosophie. Und zumal das Letztere, das Aufkommen und Umsichgreifen rationalistischer Ideen führte zugleich mit innerer Nothwendigkeit jenen Rückschlag herbei, der sich bis in die katholisirende Mystik der Romantiker steigerte. Da war es denn ganz natürlich, dass die mit krankhafter Reizbarkeit auftretende religiöse Stimmung sich den ganzen Menschen mit allen seinen Anlagen und Fähigkeiten dienstbar machte, dass so auch das künstlerische Schaffen, wie alle Kunst ursprünglich aus dem Bedürfnisse des Cultus entstanden ist, sich freiwillig in die vollkommene Botmässigkeit des religiösen Gedankens zurückbegab, und dass die religiöse Idee des Kunstwerkes mit der künstlerischen nicht sowohl identificirt, als ihr in ausschliessender Geltung gegenübergestellt wurde. Soll das religiöse Kunstwerk, wie Overbeck bei seiner Grablegung (in der Marienkirche zu Lübeck) wünschte, nur das Gefühl der Andacht, der religiösen Versenkung erzeugen, dann genügt allerdings diesem Zwecke der einfachste unschöne Umriss, der durch seine Bedeutung den religiösen Betrachtungen Anknüpfung und Richtung giebt, während gerade die »sogenannte Kunstvollendung« ihrerseits auch eine Andacht, auch eine Versenkung des Beschauers bewirkt, aber eine ästhetische, die gar leicht zu der religiösen in aufhebenden Gegensatz treten kann; denn sie führt zur Apotheose der schönen Menschlichkeit, die der Feind des dogmatischen Begriffes ist, und die man sehr fein als das innerste Wesen des Protestantismus gegenüber dem Katholicismus definirt und als die Seele aller derjenigen Bestrebungen auch in der Kunst in

Anspruch genommen hat, in denen man von jeher das Höchste menschlichen Schaffens, die Blüthe genialer That zu sehen gewohnt ist *). So hat sich dieses Ziel auch bei den meisten anderen Romantikern wieder zur Geltung gebracht, und die deutsche Kunst ist dessen froh.

Nur Overbeck ist mit allerdings grossartiger Einseitigkeit in der Romantik und deren erstgezogenen übertriebenen Consequenzen hängen geblieben. Das musste ihn allmählich vom wahren Ziele der Kunst ablenken; er hat die Kunst immer mehr in den Dienst und die Botmässigkeit des kirchlichen Gedankens gegeben, und wo er das mit Pinsel und Stift noch nicht genügend zum Ausdrucke bringen konnte, da griff er zum Worte, um es zu bezeugen, dass er die »sogenannte Kunstvollendung« verachte und für seine edelsten Schöpfungen als höchsten Preis die bussfertigen Thränen des Beschauers verlange. Seine zarte, knospenhafte Schönheit, die liebevolle Ausführung, das warme, tiefe Gefühl blieb seinen Gebilden unverkürzt, ja ist seinem letzten Werke in ausserordentlich hohem Grade eigen. Aber die kirchliche, ja confessionelle Tendenz beherrscht ihn immer mehr, und da er sich so dem Fortschritte des Gedankens und der reiferen Entfaltung der Form principiell verschloss, so ist er Jahrzehnte hinter seinen Mitstrebenden zurückgeblieben. Es mangelt der Jetztzeit fast das Verständniss für seine Absichten, und die Werke des noch Lebenden gemahnten schon längst wie ein Ruf lange vergangener Zeiten mit lange verschwundenen Ideen. So nahmen sich denn wohl seine Bilder in Ausstellungen moderner Kunsterzeugnisse wunderbar genug aus. Er selbst fühlte das, als er ein Bild — die Vermählung der h. Jungfrau (bei dem Grafen Raczynski in Berlin)

---

*) Vergl. die treffliche Brochure von Richard Fischer: Ueber Katholicismus und Protestantismus in der Kunst. Berlin, E. H. Schroeder. 1853.

— dem Besteller mit der Bedingung übersandte, es nicht auf die Berliner Ausstellung zu geben. Er wurde »vor dem Tod den Todten gleich«, und wir sind nur schwer im Stande, uns die Bedeutung seines Schaffens seit den zwanziger Jahren für die Kunst deutlich zu machen. Deswegen wird man es gerechtfertigt finden, wenn wir in schneller Aufzählung über die Arbeiten dieser Zeit hinweggehen.

Von dem inneren Zwiespalte seines Wesens in dem Momente, wo er sich entschied, in Rom zu bleiben, hat er in seinem einzigen nicht religiösen Werke »Italia und Germania« — in der Münchener neuen Pinakothek — rührende Rechenschaft gegeben. Eine blonde Jungfrau scheint der brünetten vertraulich zuzureden, aber ein rechter Herzensbund scheint nicht möglich. — Es folgt eine »Auferweckung des Lazarus«, von grosser dramatischer Bestimmtheit. — Sein früh begonnener »Einzug Christi in Jerusalem«, von feierlich gehobener Stimmung, kam in die Marienkirche seiner Vaterstadt, eben dahin 1837 die »Grablegung Christi«, in allen Beziehungen eins der bedeutendsten und schönsten Werke der modernen Kunst. — Eine »heilige Familie« mit fast lebensgrossen Gestalten — in der Münchener neuen Pinakothek — nähert sich im Charakter der Anmuth und Schönheit Raphaelischer Jugendwerke. — In einer »Himmelfahrt des Elias« (1827) ist die Phantasie ausnahmsweise bis zur höchsten Kühnheit gesteigert; später gesellte sich dazu als Pendant ein »Elisa«.

Das Hauptwerk des Decenniums wurde 1829 »das Wunder der Rosen« in Sta. Maria degli Angeli zu Assisi an der Vorderseite der Betcapelle des h. Franciscus *al fresco* ausgeführt. Fast wie durch ein Wunder ist dieses grossartig concipirte und in den eigenthümlich zugeschnittenen Raum meisterhaft hineincomponirte Bild bei dem Erdbeben von 1832 der Gefahr der Vernichtung entgangen.

In die dreissiger Jahre schon fallen Zeichnungen zur

biblischen Geschichte, in denen bei grosser Schönheit die confessionelle Stellung des Künstlers immer schärfer und einseitiger hervortritt. — Von besonders wahrem und gefühltem Ausdruck ist der »Tod des h. Joseph«, der im Schosse Christi ruhend verscheidet, als Illustration zu dem Spruche »Selig sind die Todten, die in dem Herrn sterben.« — 1835 vollendete er einen »Christus am Oelberge« mit colossalen Figuren, 1836 die schon 1819 bestellte oben erwähnte »Vermählung der Jungfrau Maria« für den Grafen Raczynski in Berlin; das Ereigniss ist lediglich als eine Freude für die himmlischen Chöre dargestellt, ohne Kraft und wahres Interesse, ganz in der weich zerflossenen Sentimentalität mittelalterlicher Marienschwärmerei.

In den Schluss der dreissiger Jahre fällt das riesige Bild des städel'schen Institutes in Frankfurt a. M.: der Triumph der Religion in den Künsten«, den Entwicklungsgang der Künste unter dem Einflusse des Christenthums nach den Ideen Overbeck's darstellend. In lichtvoller Anordnung und klarer Gruppirung unübertrefflich, starrt das Bild von den wunderlichsten Schiefheiten und Verkehrtheiten. Es ist eine gemalte Hieroglyphe, in die selbst durch die ausführliche Beschreibung des Künstlers kein genügendes Licht kommt; eine frostige, didaktische Composition, in der sich die Kunst ganz zur Dienerin des dogmatischen Begriffes erniedrigt. — Etwas Aehnliches, wenn gleich mit mehr ächt künstlerischen Vorzügen gepaart, findet sich in den vierzig Zeichnungen zu den Evangelien, welche die ganz exceptionelle Erscheinung des fleischgewordenen Logos als solche zur Anschauung zu bringen suchen. — Ziemlich dasselbe gilt von den für Buntdruck gefertigten Zeichnungen der »vierzehn Stationen des Leidens Christi«.

1854 stiftete ein Hamburger Kaufmann in die Katharinen-Kirche ein Glasfenster, zu dem Overbeck den Entwurf gemacht hatte: »Christus lehrt seine Jünger das Vaterunser beten«; es ist in grossem Stil ansprechend componirt und von sehr mannichfaltigem Ausdruck in den Apostelköpfen. — Eine grosse »Himmelfahrt der Maria« für den Kölner Dom und »die Ueberführung des ungläubigen Thomas« blieben beide unter den gehegten Erwartungen. — Die äusserste abschreckende Consequenz seiner Richtung trat zu Tage in einem Temperabilde, das, vom Papste bestellt, mit naheliegender Anspielung seinen Platz an der Decke des Zimmers im Quirinal erhalten hat, aus dem Pius IX. 1848 seine Flucht bewerkstelligte: »Christus entzieht sich seinen Verfolgern«, indem er von der äussersten jähen Spitze eines Felsens in die Luft tritt, um seinen Fuss auf herbeigeeilte Engel zu setzen. Das ist das natürliche Extrem der nicht mehr künstlerischen Richtung.

Indem er noch einmal die immer noch rüstige Greisenhand zur Verherrlichung seiner Kirche an's Werk legte, gab ihm der Genius der Kunst ein Werk ein, das, weit über die Absicht hinausgehend, eine herrliche Bekrönung seiner langen Künstler-Laufbahn geworden ist. Freilich erfordern auch »die sieben Sacramente« zu ihrer richtigen Würdigung eine nicht gewöhnliche Abstraction, zu der wir uns durch die vorangehenden Betrachtungen fähig und bereit zu machen gesucht haben. Treten wir also nun an die Bilder heran.

Die sieben Sacramente der katholischen Kirche haben Overbeck, da er trotz seiner eminenten Sicherheit im Technischen ziemlich langsam arbeitet, eine ganze Reihe von Jahren beschäftigt. Die sieben Bilder sind als Teppiche in der Weise der Raphaelischen Arazzi gedacht, und bestehen jedes aus einem grossen Mittelbilde, das rundum von bezüglichen Darstellungen umgeben wird. Ursprünglich zur Ausführung im Grossen, sei es *in tempera* oder *al fresco* bestimmt, waren sie blosse Umrisszeichnungen, bis der Meister, ohne Aussicht, eine Verwendung für sein Werk zu finden, und wohl ohne die Hoffnung, in seinem hohen Alter ein so gewaltiges Werk noch durchführen zu können, zugleich, um die durch seine Arbeit beabsichtigte Wirkung nicht zu verfehlen, zur Vervielfältigung durch den Holzschnitt, den August Gaber in Dresden mit mehreren Platten genau in den verschiedenen Tönen der Originale zu besorgen übernommen, die Zeichnungen mehr ausführte. Nur ein Sacrament, die Busse, ist bereits in das Stadium der Farbenskizze hinübergetreten und entspricht ganz der Art, wie man gewohnt ist, von Overbeck die Farbe behandelt zu sehen: es ist mehr colorirt, als gemalt. Ausserdem liegen uns jetzt die Bilder auf feine Malerleinwand mit der Feder gezeichnet, alsdann mit Oelfarbe schattirt vor. Die Hauptbilder sind in bräunlichem, die Randverzierungen in Neutralton gehalten, die abtheilenden Streifen auf den einzelnen Bildern verschieden gefärbt. Auch diese Anwendung der Farbe will uns nicht günstig erscheinen, ein einheitlicher Ton würde ungleich vortheilhafter sein, wovon man sich leicht überzeugen kann, wenn man die von Albert in München gefertigten Photographien vergleicht, deren Wirkung bei durchweg gleichem Tone (die Ränder sind eben nur etwas heller) harmonischer und ruhiger ist als die der Originale. Leider haben sich der Vollendung dieser Photographien Hindernisse in den Weg gestellt, die sie nicht zu dem haben werden lassen, was man gewünscht und erwartet hätte. Erstlich markirt sich sehr häufig das Korn der Leinwand; zweitens ist die in den Originalen überall deutlich und scharf erkennbare Unterzeichnung oft ganz verloren gegangen, wodurch allerdings eine liebenswürdige Weichheit in die Formen gekommen, aber das Charakteristische und Interessante der Machart verwischt ist; endlich hat nicht selten die Farbe auch nach ihrer plastischen Substanz gewirkt, und dadurch sind viele Feinheiten nicht herausgekommen. —

Wir haben die Richtung kennen gelernt, in der Overbeck's letzte Arbeiten, neben denen die Sacramente entstanden sind, den Geist des Künstlers befangen zeigten. Dass Overbeck inzwischen kein Anderer geworden ist, lässt sich vermuthen, und wird schon durch den Stoff des neuesten Werkes bestätigt. Aber die ungemeine Bedeutung dieser Zeichnungen liegt in dem Schritte, den Overbeck durch dieselben über sich selbst hinaus gemacht hat. Können wir nämlich Overbeck, den genialen Apostel malerischer Schönheit, und Overbeck, den befangenen Vertreter der katholisirenden Romantik, sehr wohl unterscheiden, und liess sich bisher beobachten, wie erst jener einen kühnen Schritt auf der Bahn der modernen Kunstentwickelung, Viele mit sich fortreissend, vorwärts that, um bald je mehr und mehr, endlich fast ganz hinter diesen zurückzutreten, so sehen wir jetzt plötzlich Beide, in höchster Kraft entwickelt, sich vollständig mit einander vereinigen. Der katholische Romantiker versteigt sich bis zu einer gemalten Dogmatik des Katholicismus, und dem Künstler gelingt es, das fast gelehrte, jedenfalls ganz verstandesmässig ausgeklügelte Werk mit dem Zauber einer Schönheit zu umkleiden, die wenn auch fast nirgends von einer gewissen Herbigkeit und Sprödigkeit frei, den liebevoll eingehenden Betrachter gewinnt und befriedigt, erfreut und erquickt, ja ihm sogar über die ihm vielleicht unangenehmen dogmatischen Ideen zu reinem Genusse hinweghilft. Freilich ist hier nicht von der weichen, graciösen Schönheit die Rede, sondern von der erhabenen und grossartigen, welche die Empfindung imponirender macht und kräftig, doch nicht ohne tiefes Wohlgefallen erregt.

Die Compositionen sind durch die reich gegliederten Einfassungen sehr complicirt geworden, und der Künstler hat daher wohl gethan, eine Erklärung nebenher gehen zu lassen. Das Vorhandensein einer solchen erregt zwar im Allgemeinen, und mit Recht, ein ungünstiges Vorurtheil, denn das Kunstwerk soll sich selbst interpretiren. Aber es giebt vielgefeierte cyklische Werke, von denen man sich heutzutage wegen grosser Bekanntschaft mit den wenigstens indirect von dem Künstler herrührenden Erklärungen lediglich einbildet, dass sie an sich verständlich sind. Wäre es auch nur zur Erleichterung des Genusses, so wäre eine solche Erklärung schon dankenswerth. Dennoch wünschten wir, dass unsere Overbeck'sche nicht existirte, denn sie bezeugt die vollkommene Unfreiheit des Künstlers, der sich unbedingt zum Herolde des katholischen Dogmatismus macht und die Kunst in die Knechtschaft eines ihr aufgedrungenen Zweckes erniedrigt. Diese Idee und ihre Bethätigung in den Werken selbst zeigt uns eben den katholischen Romantiker auf seiner Höhe. Es ist zwar sehr schön und poetisch, wenn er bekennt, »ihm ist die Kunst gleichsam eine Harfe David's, auf der er allezeit Psalmen möchte ertönen lassen zum Lobe des Herrn«, und wenn er als solche Psalmen die sieben Bilder von den Sacramenten angesehen wissen möchte. Wenn er aber als sein Ziel und die Absicht seiner Bilder angiebt, »dass Jedermann leicht erkennen mag, wie übereinstimmend mit der heiligen Schrift die Lehre der Kirche in Beziehung auf die Sacramente sei, und welcher Schätze diejenigen beraubt sind, die sich vom Verbande der Kirche losgesagt haben«, — so erkennt man an und schätzt die kindlich fromme, ihn jedenfalls beseligende Gesinnung, aber man leugnet, dass eine solche Absicht künstlerisch sei. Glücklicherweise hat sich in ihm etwas von dem Geiste des alten Psalmisten geregt, dem auch die Ehre Gottes über Alles ging, der aber in freier, zweckentbundener Poesie die Empfindungen der Brust im Gesange ausströmte. Und so lassen wir denn die lehrhaftige breite Erklärung auf sich beruhen, nachdem wir zum Verständnisse der Bilder noch den Wink aus derselben entnommen: Die Erbarmungen Gottes sind der eigentliche Gegenstand dieser sieben Bilder, — nicht sowohl eine Darstellung der in der Kirche bei Spendung der Sacramente üblichen Gebräuche, — als vielmehr eine Verherrlichung der Gnaden, die mittelst derselben uns zu Theil werden, wie es durch Zusammenstellung der Vorbilder des Alten Testamentes mit deren Erfüllung im Neuen sich klar herausstellt.«

Hierin liegt eben das Neue, hierin liegt die selbständige künstlerische That, dass nicht das ewig wiederkehrende Einerlei des Gebrauches der Sacramente zum Vorwurfe genommen ist, sondern dass dieselben in den Fluss der geschichtlichen Entstehung der christlichen Kirche hineingezogen sind und als eben so viele Hauptmomente in dem Leben der ersten Jüngerschaften und Gemeinden erscheinen, während sie andererseits in der von dem Künstler angenommenen, von der herkömmlichen erheblich abweichenden Reihenfolge zugleich ein vollständiges Bild der christlichen Heilsordnung geben und das Leben des Menschen von der Wiege bis zum Grabe in den weihevollsten Punkten umfassen. Diese so recht künstlerische Wahl des Vorwurfes ist aber ganz unabhängig von der dogmatischen Absicht; sie ist die Rebellion des zum blossen Diener einer confessionellen Tendenz herabgedrückten Künstlers gegen jene Unterdrückung, der Triumph der ästhetischen Freiheit.

Das Hauptbild der Taufe zeigt die erste grosse Bekehrung am Tage der Pfingsten nach der Rede des Apostels Petrus. Die Wirkung des Pfingstwunders ist im Hintergrunde an den Gruppen der heiligen Männer und Frauen zu sehen, im Vordergrunde werden um ein grosses Taufbecken drei Gruppen — Semiten, Chamiten, Japhetiten — getauft, darüber die Taufe Christi, zu beiden Seiten die lechzenden Hirsche aus dem bekannten Gleichnisse des Psalmes. Den Sockel bilden der Eingang Noah's und seiner Familie in die Arche (das Sinnbild der Kirche) und der Durchgang der Israeliten durch das rothe Meer, namentlich Letzterer von einer Grossheit und Macht, dass man ihm eine Ausführung im grössten Massstabe wünschen möchte. Die Seitenverzierungen bieten die Schlange am Baume der Erkenntniss und die eherne Schlange, das Vorbild Christi, verbunden jene Darstellung mit der Vertreibung der Urältern aus dem Paradiese, diese mit der nächtlichen Unterredung zwischen Jesus und Nikodemos, bemerkenswerth wegen des glücklichen Anlaufes zu wirkungsvoller Behandlung einer künstlichen Beleuchtung.

Für das Mittelbild der Firmung hat eine Scene der Apostelgeschichte den Stoff hergegeben: Petrus und Johannes ertheilen den vom Diakon Philippos Getauften durch Handauflegen den heiligen Geist, das treffendste Vorbild für das Sacrament der Befestigung im Glauben. Der Blick schweift in eine streng gehaltene Landschaft. Bei der Sonderung der Geschlechter fällt es besonders auf, dass den Künstler auf der weiblichen Seite die Zartheit und Lieblichkeit, jene nicht sinnliche, aber anmuthige Schönheit verlassen hat, die sonst seinem Talente, zumal in Frauengestalten, eigenthümlichen Reiz verleiht. Darüber erscheinen als sieben Engelgestalten die Gaben des heiligen Geistes. Den Sockel nimmt eine gewaltige Scene, die Uebergabe der Gesetzestafeln an Moses auf dem Sinai, und in gemachter Beziehung Moses am Haderwasser in der Wüste ein. Ein hoher Candelaber, am Fusse Christus und die Jünger (»Ich bin gekommen, ein Feuer anzuzünden« u. s. w.) und ein Springbrunnen, am Fusse Christus und die Samariterin, verzieren die Seiten.

Im Johannesevangelium ertheilt der Auferstandene den Jüngern die Gewalt, zu lösen und zu binden. Diese Scene stellt das dritte Bild, die Busse, dar; denn die Busse und das Bekenntniss der Schuld ist die nothwendige Voraussetzung der Vergebung. Die zehn Jünger (Thomas war bei dieser Apparition des Herrn nicht anwesend, knien vor dem sie mit seinem Geiste ausrüstenden, auf einer leichten Wolke in lichtem Gewande ihnen gegenüberstehenden Meister. Darüber Christus am Kreuze. Die beiden Seiten zeigen den Ungehorsam der ersten Aeltern, den Ursprung der Sünde, und die Auferweckung des Lazarus, das Vorbild der Erweckung auch vom geistigen Tode durch die Busse. Daraus entwickeln sich auf der einen Seite in Blumenumrankung die sieben Todsünden, auf der anderen zwischen Dornenwindungen zwölf Tugenden als Früchte der Busse. Die Predella enthält die Reue Adam's und Eva's, denen Gott die Verheissung giebt, sodann in drei zu einem Bilde vereinigten Gruppen die Behandlung des Aussätzigen nach dem jüdischen Gesetze, in welcher sich leiblicherweise die verschiedenen Momente des Sacramentes der Busse vorgebildet finden.

Die Einsetzung des heiligen Abendmahles beim Genusse des letzten Passahmahles bietet natürlich den Hauptinhalt des vierten Bildes, der Eucharistie. Die Jünger knien um den Tisch. Einige haben das Brod bereits empfangen und beten oder geben sich den Friedenskuss, die anderen harren in gläubiger Andacht der Mittheilung. Es ist ein unaussprechlicher Friede und eine seltene Weihe in dieser Versammlung, und eine Stimmung weht aus dem Bilde, die das Gemüth in sympathische Schwingungen versetzt. Höchst interessant ist es, zu sehen, dass und wie Overbeck hier zum ersten Male den Verräther gebildet hat. Bisher hat er immer Umgang von ihm genommen. Dass die Darstellung der Kraft und Energie eines selbständig ausgeprägten Charakters seiner Natur ganz fern liegt, kann nicht besser erkannt werden als aus dem Mangel an Be-

zeichnung und Charakterisirung in dieser Figur. Wir hielten
es, wenn der von ihm geführte Seckel ihn nicht kennzeichnete, für fast unmöglich, ohne die Andeutung der Erklärung
in dieser Figur den Judas Ischarioth zu erkennen, so wohl
stimmt er, wenn auch in individueller Weise, in den Tenor
der Gesammtheit ein. — Darüber ist der Genuss der verbotenen Frucht dargestellt. Der Sockel giebt das Passahlamm, das von den Juden in Aegypten geschlachtet und
genossen wird, nebst dem Würgengel, der alle Erstgeburt
schlägt, und den Mannaregen, durch den das Volk Israel
in der Wüste genährt wurde. Unten in den Seitenverzierungen erblicken wir die wunderbare Weinverwandlung
auf der Hochzeit zu Kana und die Brodvermehrung in der
Wüste. Darüber ist mit einer bei Overbeck auf's Höchste
überraschenden Naivität und Frische durch reizende, prächtige Gruppen von nackten Kindern das Weinkeltern und
das Brodbacken zwischen üppigen Weinranken und Korngarben vorgeführt.

Das fünfte Sacrament, die Priesterweihe, findet
seine neutestamentliche Beglaubigung in der Abordnung
des Paulus und Barnabas durch Petrus zu Antiocheia, die
demgemäss die Mitte einnimmt. Die zu Weihenden knien
vor dem Apostelfürsten, ein Theil der Gemeinde schaut
andächtig zu. Die offene Halle gewährt eine markig gezeichnete und doch liebliche Aussicht auf den Hafen und
das Meer und lässt das schon zur Abfahrt fertige Schiff
erkennen, das die Sendboten des Evangeliums unter die
Heiden tragen soll. Nur der sitzende Petrus hat, ganz im
Gegensatze gegen die Absicht, durch diese Stellung, die
ihn ehrend auszeichnen soll, etwas Schwächliches; sonst ist
die lichtvolle Composition herrlich. Darüber Christus bei
der Himmelfahrt den versammelten eilf Aposteln den Befehl ertheilend, alle Völker zu lehren und zu taufen. Die
linke Seite zeigt die Einsetzung des Abendmahles, mit dem

Befehle der Wiederholung des eucharistischen Opfers, das an die Stelle der alttestamentlichen treten soll, als deren charakteristischestes das Opfer des Isaak mit seinen Folgen in drei kleinen Bildchen vergegenwärtigt ist; die rechte Seite die Ertheilung der Macht zur Sündenvergebung nebst den beiden Parabeln vom guten Hirten und vom verlorenen Sohne. Den Sockel bilden die Geschichten Melchisedek's und Aaron's.

Für die Ehe hat der Künstler sich einen Moment construirt, der in den Evangelien nicht gefunden wird und sich auch mit der evangelischen Geschichte nicht verträgt, der aber künstlerisch und ideell von der höchsten Kraft und Trefflichkeit ist: Christus, mit den Seinigen eintretend, segnet das vor ihm niederkniende Paar zu Kana ein. Die ganze Scene, besonders auch die im Hintergrunde sich öffnende Landschaft, übertrifft wohl an Lieblichkeit ohne Weichlichkeit und an Kraft ohne Härte Alles, was Overbeck bisher geschaffen hat. In der oberen Randverzierung Christus mit der Kirche als seiner Braut von lobsingenden Engelchören umgeben. Links und rechts unter einem blumen- und einem dornenstreuenden Engel werden die Freuden und die Leiden des Ehestandes, über der Erschaffung des Weibes und der Trauer der jungfräulichen Mutter vor dem göttlichen Sohne gezeichnet. Den Sockel füllt in friesartiger Gliederung die Geschichte des jungen Tobias.

Auf dem siebenten Hauptbilde ertheilt der Apostel Jacobus, aus dessen Brief eine missverstandene Stelle als Begründung des letzten Sacramentes angesehen wird, unter Assistenz der Aeltesten der Gemeinde und in Gegenwart der trauernden Angehörigen einem Sterbenden die letzte Oelung. Rund um diese wunderbar ergreifende und erhebende Scene entfalten sich gleichsam als die Illustration der letzten Gedanken des scheidenden Christen die Schrecken des Weltgerichtes. Oben sitzt Christus mit den zwölf Aposteln (wie schon früher einmal, Paulus als der zwölfte) zu Gericht, im Sockelbilde öffnen sich die Gräber, und die Scheidung der Seligen und der Unseligen beginnt. Links befindet sich in der Ecke die enge Pforte, durch welche die geretteten Seelen, mit dem Kleide der Gerechtigkeit angethan, von ihrem Schutzengel begleitet, aufwärts schweben (linke Seitenverzierung); rechts sieht man durch das weite Thor das ewige Feuer, in das die Verdammten stürzen, wie auch die ganze rechte Seitenverzierung solche »haufenweise« der Verdammniss Ueberantwortete in jähem, schauerlichem Falle vorführt. —

Was den Stil der Composition anbetrifft, so nähert sich derselbe neben Manchem, was an ältere italiänische Schulen erinnert, sehr der Weise Raphael's in seiner früheren Zeit. Die Gränzen, innerhalb deren die vorschwebenden Vorbilder gewählt sind, lassen sich durch zwei Figuren genau bestimmen: der auferstandene Lazarus in seiner steifen Einwickelung und seiner leblosen, spukhaften Erscheinung auf dem Bilde der Busse ist ganz einem Bilde Giotto's in der Madonna dell' Arena zu Padua nachgebildet, und ein frappanter Nachklang frühraphaelischer Kunst ist der im Aerger seinen blüthelosen Stab zerbrechende Mann in der Wahl Aaron's zum Priester des Herren auf dem Bilde der Priesterweihe, der mit Veränderung des Alters und des Costümes ganz genau dem lieblichen Jünglinge aus Raphael's Sposalizio in gleicher Motivirung entspricht. Die Tendenz des Ganzen, der dogmatische Zwang, hat allerdings die künstlerische, freie Schönheit selten rein durchbrechen lassen, und es zeigt sich deshalb eine Hinneigung zu den strengen typischen Formen älterer Kunstübung, aber durch einen Anhauch der Grazie und der Schönheit verklärt, der dieses letzte Werk des Künstlers weit über seine früheren erhebt.

Man hat nicht mit Unrecht die Kunst Overbeck's eine solche genannt, deren Schönheit absichtlich im Knospenzustande erhalten werde, und die feine Bemerkung hinzugefügt, dass, wenn auch die Knospe mitunter schöner sei, als die aufgeblühte Rose, man doch unangenehm berührt werde, wenn man den Faden bemerke, der sie am Aufbrechen verhindert. Damit war die Kunst Overbeck's bis auf die Sacramente charakterisirt. Aber das ist deren Bedeutung, dass der hemmende Faden nicht mehr den Genuss beeinträchtigt, sondern die Blüthe des Kunstwerkes im schönsten Momente des Knospenzustandes natürlich entwickelt erscheint. Freilich Knospe bleibt es, und die volle Rose des ganz freien Kunstwerkes wird uns Overbeck nie darreichen, daran hindert ihn seine Individualität, dahin lässt ihn die dogmatische Gebundenheit seines Talentes nicht durchdringen; und so zeigt es sich auch in den Sacramenten an vielen Orten, dass die unkünstlerische Absicht ein Hemmschuh für die rein künstlerische Gestaltung geworden ist. Es ist allerdings abgeschmackt und ein Zeichen von zum Urtheile nicht berufener Einseitigkeit, wenn man Overbeck's Erfindungsgabe dürftig, seine Motive oft geradezu gesucht genannt hat. Beides ist der Fall, wenn und so weit ein tendenciöses Interesse ihn gefangen hält, wie denn auch, wo das didaktische Element vorwiegt, der freie kühne Aufschwung fehlt, ohne dass man daraus urtheilen dürfte, er habe von Phantasie fast keine Spur: viele auch seiner früheren Werke hätten diese Vorwürfe verstummen machen sollen, die Sacramente thun es sicher.

Richtig aber ist es, dass die Tendenzmalerei der künstlerischen Entfaltung häufig gefährlich wird und auch in den Sacramenten geworden ist. Der immer beschränkte Kreis, in dem sich die theologischen Demonstrationen in ewigem Cirkel bewegen, hat in den Sacramenten mehrfache Wiederholungen desselben Gegenstandes veranlasst, die, so mannichfaltig sie auch gestaltet sind, dennoch das Gefühl der Eintönigkeit hinterlassen, und ohne den Zwang der eben nicht künstlerischen, sondern dogmatischen Idee niemals Platz gegriffen haben würden. Das Essen der verbotenen Frucht nebst der Bestrafung kommt viermal, auf einem Bilde allein zweimal vor; Christus zwischen den Aposteln nimmt zweimal denselben Platz in der Composition ein. Die Ertheilung der Gewalt, zu lösen und zu binden, die schon den ohne Erklärung nicht ganz verständlichen Hauptgegenstand eines Bildes ausmacht, muss dennoch in sehr ähnlicher Weise auf einem anderen wiederholt werden, und dieselbe Gruppe, nur in verschiedener Ansicht, ist Mittelbild im Abendmahl und Seitenverzierung in der Priesterweihe; ja die Weinverwandlung auf der Hochzeit zu Kana, die einmal links beim Abendmahle direct Gegenstand der Darstellung war, muss auf dem Hauptbilde der Ehe, wo die Idee gar nichts zu suchen hat, durch die grossen, unschön im Vordergrunde aufmarschirten Weinkrüge angedeutet werden. Ohne diesen ganz fremdartigen Beisatz würde das Mittelbild der Ehe unzweifelhaft das schönste von allen sieben, ja ein absolut vollendetes Kunstwerk sein. — Auch in anderer Weise hat die dogmatische Tendenz die künstlerische Wirkung verkürzt. Wenn der Hauch Christi (in der Priesterweihe rechts) als ein sichtbarer Strahl auf die Jünger übergeht, so passt das allenfalls in die Randzeichnung eines katholischen Andachtsbuches, aber nicht in ein monumentales Kunstwerk. Ebenso wenn auf der Firmung links Christus zur Bezeichnung seiner Rede eine ansehnliche Flamme in der Hand hält, so ist das ebenso unkünstlerisch wie in der That nicht einmal zweckentsprechend; denn Niemand versteht das ohne Erklärung. Wenn aber gar auf dem Bilde der Ehe rechts über der wunderbar innigen und rührenden Gruppe um den auf seinem Kreuze sterbenden Gatten ein Engel das Seelchen in Gestalt eines Kindes entführt, während ein Teufel in abenteuerlicher Drachengestalt enttäuscht davon fliegt, indem er mit scheelem Auge auf den Engel hinüberblickt, so ist das ein Zurückgreifen auf so unkünstlerische Motive, dass sie als zu befangen längst zu den abgethanen gehören oder doch gehören sollten. Heutzutage gränzt solche Naivität selbst bei Overbeck an die Komik. Dogmatische Vorstellungen, die einer umfänglichen lebendigen Entfaltung widerstanden, ohne jedoch den zu gleichmässiger Wiederholung erforderlichen Mangel an individueller Bestimmtheit zu haben, wie die lechzenden Hirsche in der Taufe, die betrübten und zerschlagenen Herzen in der Busse, schwanken unsicher zwischen Bild und Ornament, ohne auf gleich genügende Weise ihre Bedeutung auszusprechen und die Stelle im Bilde auszufüllen. In der letzten Oelung hat dann auch der dogmatische Gedanke, dass Wenige durch die enge Pforte zum Leben aufschweben, während Viele auf dem breiten Wege zur Hölle hinabfahren, das Gleichgewicht zwischen Rechts und Links aufgehoben, das sonst überall wohlthuend gewahrt, ja selbst zwischen den an Zahl sehr ungleichen Todsünden und Tugenden in der Busse sehr geschickt, wenigstens scheinbar, hergestellt ist.

Diese Mängel, welche sich eben nur der tiefer eingehenden und den Sinn sorgfältig durchdringenden Betrachtung zu erkennen geben, möchten aber auch die einzigen wirklichen Schwächen der Sacramente sein. Bis in die saubersten Details hinein dringt das Gefühl für schöne Linien der Composition, und eine zart ausgeführte, wohlverstandene Zeichnung erfreut und überrascht selbst in den unbedeutendsten und kleinsten Theilen. Man muss staunen über diese untrügliche Sicherheit der Hand und des Auges bei einem Greise und über diese nichts gering achtende Sorgfalt bei solcher Fülle der Ideen. Eine Schranke fand der Künstler in seiner Eigenthümlichkeit, der die Auffassung eines kräftigen Lebens, wahrer Leidenschaft, gewaltiger oder gar böser Naturen nicht zu Gebote steht, in diesem Stoffe voll christlichen Trostes, voll göttlicher Liebe, voll himmlischer Milde nur bei der Darstellung des Verräthers und der Verworfenen, welche Letzteren trotz aller Kühnheit der Zeichnung und der himmelhohen Tiefe ihres Sturzes (man weiss nur wie gewöhnlich nicht recht, woher sie fallen,) kein energisches Pathos verrathen. Aber Barmherzigkeit und Huld, Frömmigkeit und Hingebung, gläubiger Sinn und hoffendes Vertrauen sind die Grundzüge, die mit nimmer ermüdetem Griffel und nimmer erschöpfter Phantasie in alle Darstellungen hinein gebildet werden; und in Grösse des Planes, Trefflichkeit der Gliederung, gleichmässiger Vollendung der Durchführung werden wenige und nur die vollendetesten Kunstwerke älterer und neuerer Zeit mit den sieben Sacramenten sich messen können.

Eng ist der Kreis der Ideen, in dem sich Overbeck's Phantasie ergeht, und die Art und Kunst des Meisters erscheint fast wie ein Anachronismus; aber er herscht in diesem Kreise als ein König, er gestaltet ihn als ein wahrer, grosser Künstler. Man wird hinfort nicht mehr sagen, dass Overbeck im Alter die Anerkennung entzogen worden, dass die Spätgeborenen nicht mehr mit Liebe und Verehrung zu ihm aufgeblickt, sondern weit über den Kreis der religiös ihm Gleichgesinnten hinaus wird die Macht einer in ihrer einförmigen Richtung abgerundeten, grossen Künstler-Individualität ihren Einfluss üben, und die Geister der wahren Freunde und Kenner der Kunst in ihren Zauberbann schlagen; und bewundernd werden noch späte Geschlechter vor diesem Borne der Schönheit stehen, und die von der Freude des Anschauens gefesselte Lippe wird die Worte murmeln, die der Freund schon lange über ihn gesprochen: »Selig der Mann, der eine solche Einförmigkeit besitzt!«

Reinhold Begas'
Gruppe „Venus und Amor" in Marmor.

Kunstchronik vom 17. Mai 1866. — Als Beleg einer rechtzeitigen Warnung. Selbst das überschätzende (oder durch die unerwartet schlechte Ausführung unrichtig gemachte) Urtheil über das berliner Schillerdenkmal ist stehen geblieben. —

Ein wohlhabender Privatmann in Berlin hat sich so für die auf der vorigen Kunstausstellung (von 1864) mit ungemeinem Beifall aufgenommene lebensgrosse Gruppe von Reinhold Begas, Venus und Amor darstellend, begeistert, dass er dieselbe hat in Marmor ausführen lassen. Es wäre sehr *post festum*, wollte ich jetzt über die Composition als solche sprechen. Der kräftige Naturalismus und die köstliche Naivität des Werkes sind allgemein und mit Recht rühmend anerkannt; und wenn ich mit allen wahrhaft Urtheilsfähigen die schlechte, gemeine Natur, die besonders in den Körperformen zum Vorbilde gedient hat, für des Gegenstandes unwürdig erklärte, so würde ich zwar den Grundfehler des Werkes bezeichnen, aber, wollte ich auf dessen Beseitigung dringen, eine wesentliche Eigenthümlichkeit der Gruppe, ein Hauptingrediens gerade ihrer Wirkung aufheben. Ich habe es hier nur mit der Ausführung in Stein zu thun. Es ist noch in Aller Erinnerung, wie wenig die auch in der Composition nicht tadellose Borussia auf der neuen Börse rücksichtlich ihrer Ausarbeitung genügte; war dies bei einem mehr decorativen Sandsteinwerke der Fall, an dessen Feinheit ohnehin keine zu hohen Anforderungen gestellt werden, wie sollte es erst bei dem in Marmor darzustellenden Schillerdenkmale werden? Ohne den genialen Wurf zu verkennen und zu unterschätzen, den der ungewöhnlich begabte Künstler in dem Entwurfe jenes Denkmales gethan hat, und in dessen Schätzung wohl alle Stimmen sich der rühmenden Schilderung im ersten Hefte der Zeitschrift für bildende Kunst (1866) anschliessen werden, hat doch schon Mancher im Hinblick auf die Grösse des Vorwurfes zweifelnde Fragen über das endliche Gelingen nicht unterdrücken können. Nun sehen wir ein ausgeführtes Marmorwerk des Künstlers vor uns, ein Werk, das nicht durch vieles Dreinreden dem Meister verleidet worden, das ihm durch den damit eingeernteten Ruhm gewiss besonders lieb geworden ist. Muss es uns nicht präjudicirlich scheinen für das, was wir von dem grösseren Werke zu erwarten haben werden? Wenn man das Werk nicht öffentlich ausgestellt sähe, würde man es, das Gesicht der Venus etwa ausgenommen, für unfertig halten. Dies trifft schon die welken Fleischmassen des Körpers, mehr noch Haare und Gewand. Die Haare sind selbst in den gelockten Theilen ungegliedert, in unfeinen, harten Formen behandelt; die Gewandmassen aber bestehen aus lauter in scharfen Kanten auf einander treffenden Plänen, eckigen Bauschen, steifen Falten. Häufig sieht man noch die Bohrlöcher, zwischen denen roh und eckig ausgemeisselte Canäle an Stelle der verlaufenden Linien schöngefalteten Stoffes sich hinziehen. Ich zweifle nicht entfernt an der Fähigkeit des Künstlers, den Werken seines Meissels eine feinere Durchführung zu geben, aber das Streben nach einer falschen Genialität lässt ihm eine solche als untergeordnet erscheinen, und das muss gerügt werden.

Bei Gelegenheit der Kriegsbilder
auf der Berliner akademischen Kunstausstellung des Jahres 1866.

Spener'sche Zeitung vom 18. October 1866. —

Die ruhmvollen und erfolgreichen Thaten unserer Armee im schleswig-holsteinischen Kriege haben zu einer Reihe von Bildern den Stoff hergegeben. Alle diese Bilder haben etwas sehr Gleichförmiges, man möchte sagen, sie sind identisch bis auf die Achselklappen der Soldaten. In dem einen ist das Gesichtsfeld ein bischen freier als in dem anderen, in einem wiegt noch die Masse vor, während in dem anderen Alles sich schon in Einzelgefechte aufgelöst hat; in diesem neigt sich bereits die Entscheidung zum vollständigen Siege, in jenem halten sich momentan die Wagen das Gleichgewicht. Aber die Sachen erregen kaum so viel (ästhetisches) Interesse, dass man näher darauf einzugehen sich entschliesst; thut man es, dann zieht die stoffliche Theilnahme gleich in die Einzelbetrachtung und zerpflückt das geschlossene Werk. Dies ist das natürliche Resultat eines gleichfalls natürlich entstandenen inneren Widerspruches, einer Art von Antinomie. Die Uniform schablonisirt die Erscheinungen unserer Krieger; dadurch schwindet ein malerischer Hauptreiz, auf den das Schlachtenbild angewiesen ist. Unsere moderne Bewaffnung ist durchaus praktisch, die Zweckmässigkeit bestimmt Form und Farbe; und es dürfte nicht als gewagt erscheinen, wenn wir behaupten, dass gerade dasjenige, was über die Zweckmässigkeit und Nothwendigkeit hinausgeht, der (jetzt fast ganz verpönte) Schmuck, die früheren Kriegertrachten, wie die bürgerlichen, malerisch gemacht hat. In ihrer selbständigen, individuellen Tracht galt aber die Person für nichts. Bei uns hat sich dies Verhältniss gerade umgekehrt. Unter der Alles gleich machenden Hülle wird dem einzelnen Mann ein persönlicher, individueller Werth beigelegt, den sogar die moderne Taktik anerkannt und zu ihrem Princip erhoben hat: beim Schützendienste, bei Schwärmattaquen u. s. w. hört der Soldat auf, eine blosse Ziffer in der Reihe zu sein, er agirt für sich selber, und zwar noch in ganz anderer Weise, als dies der Fall war, bevor das Schiesspulver die Masse an die Stelle der Einzelperson setzte, — er ist als Einzelner ein taktisches Glied und handelt nach taktischen Gesetzen. Das würde jedoch an und für sich noch dem Künstler keine Verlegenheiten bereiten, wenn nicht die eigenthümliche, ohne Gleichen dastehende Eigenschaft unseres Heeres als eines Volkes in Waffen auf den Krieger das allgemein menschliche und zugleich das persönliche Interesse im vollsten Umfange übertrüge: in keinem Heere wird die Leistung und das Ergehen des Einzelnen so sorgfältig beobachtet und verfolgt wie in dem unserigen. Namentlich bei dem in bescheidenen Dimensionen gehaltenen Dänenkriege und speciell bei dem Düppelsturme traten eine solche Anzahl von Helden persönlich hervor, dass sie die Masse zurückdrängten und vergessen machten; nicht durch den aussergewöhnlichen Glanz ihrer Thaten: denn was sie, mit geringfügigen Ausnahmen, gethan, das kommt bei jeder ähnlichen, selbst kleineren Affaire vor, — sondern weil die Spur jedes einzelnen theuren Staatsangehörigen von Hause mit dem Auge der Liebe im dichtesten Kampfgewühle verfolgt, und das Andenken seiner Leistungen für die Gesammtheit von dieser in dankbarem Gedächtniss aufbewahrt wurde. Diesem charakteristischen Zuge unserer Kämpfe und Siege gerecht zu werden (er muss es, um das Bild auszuprägen, das von ihnen im allgemeinen Bewusstsein ruht), bleibt dem darstellenden Künstler nichts übrig, als die **Portraitbildung**. So wenig aber ein Drama mit lauter Heldenrollen gedacht werden kann, weil es keine Einheit in der Unterordnung seiner Glieder hätte, eben so wenig kann ein Schlachtstück mit einheitlichem, geschlossenem, historischem Charakter auf dem eben bezeichneten Wege geschaffen werden. Von Unterordnung ist bei einer solchen portraitgetreuen Detailauffassung gar keine Rede, denn mehr als »sterben oder siegen« kann keiner, er mag Gemeiner oder Officier sein; daher erweckt factisch auch jeder Einzelkampf dieselbe Theilnahme. Als Erinnerungsblätter für die betheiligt gewesenen Regimenter haben diese Bilder natürlich grossen Werth, um so mehr, als sie von tüchtigen Malern künstlerisch durchgebildet und auf's Feinste ausgearbeitet sind. Aber für historische Bilder darf man sie nicht ausgeben wollen. Aesthetisch, nicht stofflich betrachtet, sind sie nicht Fisch, nicht Fleisch, und wenn mit den Darstellungen der Kämpfe selbst eine wirklich ästhetische Wirkung erreicht werden soll, dann muss ein Einzelkampf, nicht eine grosse Action, zum Vorwurfe genommen werden, so dass der beschränkte Umfang des Gegenstandes jene Zersplitterung unmöglich macht. Wer das nicht glaubt, der sehe all die in ihrer Art sehr guten Düppelstürme hinter einander an und erinnere sich auch früher gesehener, und trete dann vor Emil Hünten's »Reitergefecht«. Ob der Künstler ein solches Gefecht gesehen, ja ob es überhaupt vorgekommen, kann zweifelhaft sein und dahingestellt bleiben; einen Ausschlag, eine Entscheidung hat es sicher nicht herbeigeführt; aber der erste Anblick der Darstellung genügt, den Beschauer zu gewinnen, an dem Vorgange lebhaft zu betheiligen; die genauere Betrachtung führt ihn in geschlossenem Kreise herum und gar bald und immer wieder auf den geistigen Mittelpunkt zurück, von dem die belebenden Strahlen nach allen Seiten ausgehen. Uebrigens hat sich hier Hünten selbst übertroffen. Pferde und Menschen sind von einer überraschenden Wahrheit und Lebendigkeit in Bewegung und Ausdruck. Was ist der auf dem braunen Pferde daher sprengende Däne rechts für eine vortreffliche Figur! wie scheint das Pferd aus dem Bilde herauszuspringen! Schade, dass die Farbe allzu düsseldorfisch ist. Es unterliegt keinem Zweifel, dass ästhetisch dies eine Bild alle Düppelstürme insgesammt aufwiegt.

Die Tageskunst in Frankreich.

<small>Ergänzungsblätter zur Kenntniss der Gegenwart. Bd. IV. (1869), Heft 4. S. 222 ff. und Heft 5, S. 278 ff. — Ein im Februar 1868 zu Berlin öffentlich gehaltener Vortrag, der trotz des späteren Datums seiner Veröffentlichung und einiger nicht unerheblichen auf künstlerische Ereignisse des Jahres 1868 bezüglichen Zusätze an dieser Stelle eingereiht wird. — Der Eingang und verwandte Bemerkungen im weiteren Verlaufe erscheinen gänzlich unverändert. —</small>

Nationen sind Völkerindividuen. Wie der Einzelne, so machen auch Nationen Entwickelungsstufen durch; wie den Einzelnen, treffen auch Nationen Schicksale der mannichfachsten Art; selbst die Krankheit, die den Einzelnen so lange anfällt, bis sie endlich der Natur ihren »letzten schauderhaften Zoll« von ihm eintreibt, ist den Nationen nicht erlassen. Das Schauspiel einer kranken Nation ist nun nicht gerade ein erhebendes; im Gegentheil, es ist ungleich trauriger als der Anblick eines leidenden Einzelnen, aber es ist von dem allergrössten Interesse, weil es in der Lebensgeschichte der Menschheit stets einen hochwichtigen Abschnitt ausmacht. Wir haben jetzt Gelegenheit, eine der grössten Nationen Europa's in tiefer, trauriger Krankheit darniederliegen zu sehen, und noch ist der Retter nicht zu erspähen, der sie vor gänzlichem Versinken bewahren, ihr aus ihrem tiefen Verfalle wieder emporhelfen könnte.

So berechtigt wir Deutschen sind, auf unsere geistige Arbeit im achtzehnten Jahrhundert mit Stolz zurückzublicken, wie sehr wir durch sie die gewaltigen Umwälzungen der neuesten Zeit vorbereitet und eingeleitet haben, doch muss der französischen Nation von der dankbaren Menschheit das Verdienst zuerkannt werden, die Ideen der neuen Zeit über die Trümmer der alten hinweg in das Leben hineingeführt zu haben. Denn »es galt noch ein grässliches Wagen, Leben und Blut in die Schanze zu schlagen«. Diese Blutarbeit hat das französische Volk mit anerkennenswerther Festigkeit und Unerschrockenheit über sich genommen. Und dem Grossen und Unvergänglichen gegenüber, das durch seine Erhebung errungen worden, gilt selbst von schweren Verirrungen, die Mangel an Verständniss für die wahre Bedeutung der Aufgabe im Gefolge jener gewaltigen Erschütterungen hat zum Lichte geboren werden lassen, das Wort des Dichters: »Auch grosser Irrthum ist ein grosser Segen.«

Aber die Zeiten, wo die modernen Ideen eines Prügeljungen bedürfen — wenn der Ausdruck gestattet ist —, gehen vorüber, und wenn derjenige, der, so lange es nöthig war, jene Rolle mit Geduld und sogar mit Leidenschaft ausgefüllt hat, nie das eigentliche Wesen dessen, wofür er duldete und litt, verstanden, noch weniger unter seinen Leiden sich zur Uebernahme einer höheren, würdigeren Rolle fähig zu machen gewusst hat, dann tritt unwiderruflich ein Zeitpunkt ein, wo der Sieg der modernen Principien, so weit es durch äussere Kräfte nöthig und möglich war, sicher gestellt, und seine Mission erfüllt ist; und wie ein Organ, das, nur zu temporärem Dienst aus dem

Organismus hervorgewachsen, in das Nichts zurücktritt, sobald es seinem Berufe genügt hat, stirbt auch die Nation ab, die sich in solcher vorübergehenden Aufgabe erschöpft hat, und verkümmert. Wie es den Anschein hat, ist dies der Fall, in dem sich gegenwärtig die französische Nation befindet. Alle Zeichen der äussersten Erschöpfung, die Spuren zersetzender Krankheit treten in ihrem Leben zu Tage. Alle Schwächen sind krankhaft gesteigert, alle Vorzüge durch jene mehr oder minder paralysirt, die Grundvesten der nationalen Kraft erschüttert, ein eitles äusseres Gepränge, zu dem der trotz seiner Lobredner stets oberflächliche Charakter der Franzosen schon von je her neigte, ist immer mehr an die Stelle innerer gediegener Wesenheit getreten, die sittlichen Grundlagen des nationalen Lebens sind in vollkommener Auflösung begriffen.

In traurigster Weise drängte die historische Entwickelung der Gesammtheit und das egoistische Interesse eines Einzelnen gleichmässig nach demselben Punkte. Als Louis Napoleon durch die aus keinem allgemeinen nationalen Bedürfniss hervorgegangene, ihrer Absichten sich nur unklar bewusste Revolution von 1848 auf die Höhe der Situation gehoben wurde, da war und blieb die unzeitgemässe Idee einer napoleonischen Dynastie Norm und Ziel seiner Pläne und Handlungen. Er schaffte sich freie Hand durch eine mächtige, jede Selbständigkeit lahm legende Centralisation der Verwaltung, durch systematische Ertödtung des Interesses und des Verständnisses für die grossen Bewegungen der Zeit bei der Nation, durch Erschaffung einer ihm ergebenen grossen und starken Partei in dem durch gleissende Danaergeschenke gekirrten »vierten Stande«, in der äusserlich vornehm gemachten neuen Welt zweideutiger Parvenus, in dem durch sichere Befehlshaber, reichliche Belohnungen, glorreiche Kämpfe ihm blindlings ergebenen Heere. Nicht lange dauerte es, so schien der

Moment zu dem entscheidenden Schritt dem Ziele näher gekommen: „*Il faut produire une impression forte*", war die einfache Parole; und über Leichen, wie sie nicht mehr die mörderische Schlacht von Solferino auf die blutgetränkte Wahlstatt gestreckt, schritten die Zettelträger durch die verödeten Strassen von Paris, wo bald mächtige Affichen verkündigten, dass die Republik gestorben, das Kaiserreich aus ihrer Asche erstanden sei; das zweite Kaiserreich, ein Wort schon jetzt von eigenthümlich ominösem Klange.

Das aber muss man dem neuen Regimente lassen: von scharf ausgeprägtem Charakter und entschieden, wie sein Begründer, zeigt es sich in allen seinen Lebensäusserungen. Eine durchaus fest geschlossene Erscheinung steht es vor uns da, der, um bewundernswerth zu sein, nur Eins zu fehlen scheint, leider das Wichtigste, der solide Kern.

Leicht wäre es, die Consequenz des imperialistischen Gedankens auf allen verschiedenen Gebieten aufzuweisen, doch liegt das unserer diesmaligen Aufgabe fern; wir wollen uns einzig klar zu machen versuchen, wie uns die Kunst des zweiten Kaiserreiches, die Tageskunst in Frankreich entgegentritt, in wiefern auch sie als ein Ausdruck jenes Gedankens gelten kann, und was wir durch sie von jenem Gedanken selber erkennen.

Durch die Natur der Kunst wird unsere Untersuchung schon in gewisser Weise präjudicirt. Wir wissen von vorn herein, dass die Kunst überall als die Spitze der geistigen Entwickelung einer Nation erscheint, dass in ihr deren Ideen und Anschauungen am schlagendsten an den Tag kommen, dass die Kunst der empfindlichste Gradmesser für alle geistigen Strömungen ist; und wir haben um so mehr Grund, von der französischen Kunst unserer Tage ein genaues Zusammengehen mit der allgemeinen Art des Denkens und Empfindens zu erwarten, als die französische Kunst — zumal die Malerei, denn Architektur und Sculptur

5*

sind in Frankreich eigentlich nicht zu selbständigen Gestaltungen gelangt — in unserem Jahrhundert deutlicher und gründlicher als die irgend eines anderen Volkes das nationale Leben und die allgemeine Anschauung und Gesittung der modernen Zeit wiederspiegelt. Sie hat dreist die Aufgaben der modernen Weltanschauung in's Auge gefasst und ist mit Zuversicht und häufig mit grossem Erfolg auf ihre Lösung zugeschritten. Sie hat so ziemlich für jede Phase der nationalen Entwickelung das bezeichnende Wort gefunden; wie sollte sie sich unter dem Kaiserreich auf einmal von der Gesammtströmung des Zeitgeistes isoliren? Und wenn wir nach gründlicher Umschau Zerfahrenheit und Verwilderung, Abfall und Verirrung in ihr finden, so werden wir berechtigt sein, mit apriorischer Sicherheit nach den gleichen Erscheinungen im bürgerlichen und gesellschaftlichen Leben zu fragen. —

Es wäre wohl vorzuziehen, das, was ich hier zu betrachten habe, in systematischer Ordnung vorzuführen. Indessen muss ich bei der Fülle des Stoffes, der ja nicht allen Lesern, auch nur zum geringeren Theil, aus eigener, mittelbarer oder unmittelbarer Anschauung geläufig sein kann, befürchten, meinen ersten Zweck, den Gegenstand mit anschaulicher Lebendigkeit vorzutragen, zu verfehlen, wenn ich jenen Weg der Darstellung wählte, der freilich allein die Garantie einer wenigstens relativen Vollständigkeit in sich trägt; und ich bitte den geneigten Leser daher, mir gefälligst auf demselben Wege zu folgen, auf dem mir der Genuss des Studiums dieser modernsten Kunstblüthe Frankreichs vergönnt war, und mit mir von der Einzelanschauung zu den Kategorien und den letzten zusammenfassenden Schlüssen aufzusteigen. —

Als ich im Mai 1867 Paris betrat, machte die Weltausstellung ihre letzte Toilette, und ihre Glanzperiode sollte eben beginnen. Dagegen gingen zwei andere Ausstellungen bereits ihrem Ende entgegen, so verschieden, wie sie nur gedacht werden konnten: der Salon, die alljährliche Ausstellung in dem alten Industriepalaste der Champs-Elysées, und die Ingres-Ausstellung, die Vereinigung fast aller Werke des im Januar desselben Jahres verstorbenen hochbetagten und hochbedeutenden Meisters in den Räumen der Ecole des Beaux-Arts.

Allmählich waren seit dem zweiten Kaiserreiche, nachdem sie längst ihren Stern hatten erbleichen, eine neue schwächere Generation hatten zu Ansehen kommen sehen, die Koryphäen der grossen Kunstrichtungen des Jahrhunderts vor 1848 vom Schauplatze des Lebens abgetreten. Delaroche hatte den Todtenreigen eröffnet, der Meister des modernen Geschichtsbildes; ihm folgte Ary Scheffer, der vielgewandte Vertreter einer weich gestimmten Romantik, dann Decamps und Delacroix, die Helden der Farbe, jener im Genre, dieser in der Historie, Horace Vernet, der Matador des Soldatenbildes, endlich Hippolyte Flandrin, wohl der bedeutendste religiöse Maler Frankreichs. Nur Robert-Fleury, der Meister des romantischen Geschichtsbildes, ragte aus der alten schönen Zeit noch eine Weile in die neue hinein, und Jean-Auguste-Dominique Ingres, das Haupt des Idealismus in der französischen Kunst. Auch dieser war jetzt in das Grab gestiegen, nachdem er durch seine energische Persönlichkeit das ideale Princip viele Decennien unter allen Wechseln feindlicher und vermittelnder Strömungen mit unerschütterlicher Treue aufrecht erhalten. Die Pietät der Nation hatte sein Andenken zu ehren sich bestrebt, indem sie in seinen auf einem Punkte versammelten Werken ein Gesammtbild seiner Thätigkeit und seines Strebens vor der ersten Generation der Nachwelt entrollte. Als ein wahrer Künstler von hohem Ernst erschien er hier, als eine zwar nicht vielseitig und gewaltig, aber reich begabte Natur, als ein Idealist von reinem Schönheitsgefühl und tiefem Verständniss für die Natur. Aber seine Zeit ist vorbei, vorbei für die französische Kunst auf immer. Konnte dieser Gedanke schon mitten zwischen den Schöpfungen des Meisters selber entstehen, die Vergleichung der gegenüber ausgestellten neuesten französischen Meisterstücke musste ihn bekräftigen.

Doch nicht so leicht ist es für einen Deutschen, in einer französischen Kunstausstellung beim ersten Besuche zu objectivem und ruhigem Urtheile zu gelangen. Der äussere Eindruck einer solchen weicht von dem der unserigen in vielen Stücken so vortheilhaft ab, dass die erste Wirkung nur die einer freudigen Ueberraschung sein kann. Grosse, lichte Räume, eine erstaunliche Fülle von Werken jedes Genres und jeder Grösse und eine den flüchtig sich orientirenden Blick blendende Sicherheit der künstlerischen Technik überall nehmen den unvorbereiteten Beschauer gefangen. Und wer in der Courage, mit dem einfachsten Gegenstande die grösste Leinwand zu bemalen, in der Sicherheit der Zeichnung, die sich mit wahrer Wollust in den verrenktesten Stellungen und den ungeheuerlichsten Verkürzungen ergeht, in der Virtuosität der Pinselführung, die, sei es in breitem, sei es in verschmolzenem Vortrage, eine bestimmte Farbenscala und Lichtwirkung vollkommen beherscht, — wer mit einem Worte in den Aeusserlichkeiten der Kunst die höchste Manifestation künstlerischen Schaffens erblickt, der hat auch bei näherer Untersuchung alle Veranlassung, zu staunen und zu bewundern, der wird eitel Glanz und Schimmer wahrnehmen und die Zeit und die Nation glücklich preisen, die so Grosses hervorgebracht.

Freilich, wer gewöhnt ist und sich berechtigt glaubt, bei jeder Kunstschöpfung nach der innewohnenden Idee zu fragen, wer der Ueberzeugung ist, dass nicht jede Idee sich malerisch oder plastisch darstellen lässt, und wer nur da eine bedeutende Kunstleistung erblickt, wo eine tüchtige

Idee eine würdige Verkörperung gefunden hat, der muss allmählich doch kopfschüttelnd fragen, wie es möglich ist, dass eine so hohle Kunstrichtung so vollständig das Terrain hat erobern können. Allen diesen Malern sieht man es an, dass es ihnen mit ihren Gegenständen kein Ernst ist, dass nicht eigenes, wirklich empfundenes Interesse diesen oder jenen Stoff ergreifen, diese oder jene Behandlungsweise wählen liess, sondern dass Alles, Stoff und Vortrag, mit bewusster und kühler Reflexion auf die Wirkung hin ergriffen ist. Nicht sich selbst suchen diese Künstler zu genügen, sondern das Gefallen irgend eines Publicums zu erregen, und zwar nicht eines bestimmten, dessen Empfänglichkeit für den Gegenstand ihnen bekannt ist, sondern des ersten besten, das sie erst für ihre Leistung gewinnen wollen. Denn bei der unendlichen Production und bei dem grossen Gewichte, welches auf jede Art von erlangter Anerkennung in Künstler- und Liebhaberkreisen gelegt wird, ist es eine Lebensfrage für Jeden, der in die Arena eintritt, die Blicke auf sich zu lenken; und die Aufmerksamkeit zu erregen, dazu wird denn kein Mittel, mag es an sich noch so wunderlich und selbst verwerflich sein, verschmäht und unversucht gelassen, wenn es nur Erfolg verspricht. Der Eine wirkt durch grosse Masse, der Andere durch grosse Massen, Dieser durch sinnlichen Reiz, Jener durch Räthselhaftigkeit seiner Darstellungen, Einer durch glühendes, ein Zweiter durch duftiges Colorit, hier Einer durch ganz ungeschminkte Natur, dort ein Anderer durch frappante, blendende Unnatur; u. s. w. Und von allen diesen mannichfachen Kraftanstrengungen, um nur einen Blick des werthgeschätzten Bilder liebenden und kaufenden Publicums zu erringen, nöthigenfalls zu erzwingen, gilt dann das ewig wahre Wort: »Man fühlt die Absicht, und man wird verstimmt.« Und da durch das beständige Wettrennen und Hetzjagen die Möglichkeiten beinahe erschöpft, Geschmack und Phantasie desjenigen Publicums, das bei der

Production in Rechnung gezogen wird, überreizt sind, so wimmelt Alles für den harmlosen Beschauer von Ungeheuerlichkeiten und Unmöglichkeiten, von denen man es sich kaum hätte träumen lassen, dass sie in ein Künstlerhirn kommen könnten.

Es wäre indessen schwer und dürfte leicht ungerecht sein, wollte man nach dem allgemeinen Eindruck einer Ausstellung, wie sie alljährlich stattfindet, über die Kunst eines Volkes und eines Zeitalters aburtheilen, zumal wenn zu derselben Zeit dieselbe Kunst in den Wettkampf aller Nationen auf dem grössten jemals dargebotenen Kampfplatze der Art eingetreten ist. Selbstredend musste man also in jenem Jahre die Elite der französischen Kunst auf dem Champ-de-Mars vermuthen, und wenn man die fragenden Blicke dorthin richtete, wurde man auch in der Erwartung nicht betrogen. Diese Hauptausstellung aber war ganz vortrefflich dazu geeignet, ein sicheres Urtheil über die moderne französische Kunst zu ermöglichen. Wie in der ganzen Ausstellung hatte auch in der Kunstabtheilung Frankreich fast die Hälfte des Raumes für sich vorbehalten. Man hätte denken sollen, dass dabei die Masse zu Ungunsten des Werthes und der Wirkung zur Geltung gekommen wäre. Allein der Tact, der Patriotismus und der Geschmack der Franzosen hatte es möglich gemacht, diese Klippe glücklich zu umschiffen. Der Tact hatte Masshalten geboten, der Patriotismus alles Vorhandene willig überallher beigesteuert, der Geschmack eine mustergültige Auslese veranstaltet. Nicht zwar als ob nicht viel Unbedeutendes und Mittelgut sich unter den ausgestellten Werken gefunden hätte, aber im Ganzen war die französische Kunstabtheilung der Weltausstellung allen anderen dadurch unendlich überlegen, dass man sie zu einem vollständigen Repertorium der gesammten französischen Kunst der Jetztzeit, aller ihrer Richtungen und Strebungen, ihrer Meister und Werke gemacht hatte, wo dann auch alles Mittelmässige sich in seinen historischen Zusammenhang stellte und in dem nöthigen Lichte erschien.

Wer nun aus der Ingres-Ausstellung in diese Prunksäle der neuesten Kunst seinen Fuss setzte, wer erfüllt mit den Idealbildungen vergangener Decennien den modernen Meistern gegenübertrat, der war geneigt, sie nach ihren Idealen zu fragen.

In sofern man aber gewohnt ist, unter Ideal dasjenige zu verstehen, was als Inbegriff höchster Vollkommenheit dem Geiste der Künstler vorschwebt, und von dem für uns noch zu Recht bestehenden Grundsatze ausgeht, dass wahrhaft ästhetisch nur das wahrhaft Sittliche ist, das Ideal also auch irgend welche nahe Beziehung zum sittlich Vollkommenen haben muss, so geräth man in die grösste Verlegenheit, die Ideale des zweiten Kaiserreiches aufzufinden. Seine Maler haben wohl ein Idol, aber kein Ideal. Das Idol aber, das sie anbeten, das ist ihr Ruhm und ihr Erfolg, allenfalls erjagt unter dem Titel des Ruhmes der »grossen Nation«, für den ja jeder Franzose am Ende etwas thun möchte und häufig zu thun sich einbildet. Dass Lust und Liebe die Fittige zu grossen Thaten sind, kommt ihnen nicht in den Sinn, und bei der Gesellschaft, mit der sie zu rechnen haben, kommen sie freilich mit den Klügeleien ihres selbstsüchtigen Verstandes zu ihrer Rechnung. Bei dem unglaublichen Mangel an eigentlichem Inhalte, der diese Kunst charakterisirt, erkennt man keine wahre Liebe der Künstler zu einem der Begeisterung werthen Gegenstande, keine Hingabe an eine höhere Idee, keinen Glauben an irgend etwas ausser ihnen, und nicht einmal an sich selbst; denn sie nehmen nicht den mindesten Anstand, sich selbst aufzugeben, wenn ihre Berechnung einmal fehlgeschlagen ist, und Kunstart und Stoff zu wechseln, wie man einen anderen Hut aufsetzt. Statt auf die Darstellung von Ideen arbeitet man auf den Effect, ja auf den Kitzel hin. Gegenstände von einer Scheusslichkeit, dass einem die Haut schaudert, wenn man nur daran denkt, und deren Andenken man, wenn es möglich wäre, aus den ehernen Tafeln der Geschichte auslöschen möchte, werden in lebensgrossem Massstabe, wie in dem Salon von 1867 eine empörende Folterscene von Théodule Ribot, oder mit einschmeichelnder Glätte und eleganter Freundlichkeit behandelt, wie z. B. Antonius und Kleopatra auf üppigem Lager sich an den Todeszuckungen vergifteter Sklaven ergötzend, von Antoine van Hammée; oder die gemeinste Sinnlichkeit wird stimulirt durch raffinirte Schaustellung nackter, besonders weiblicher Körper, an deren Benennung als Bacchantin, Kleopatra, Baigneuse, Odaliske u. s. w. nichts gelegen ist, sondern in deren Attituden und Geberden sich nur glühende, verlockende Begehrlichkeit in ewiger Monotonie in höchst unästhetischer Weise ausspricht; in dieser Kategorie war eine sich auf schwellendem Lager wälzende Kleopatra — man kann nicht anders sagen — von Etienne Leroy ein wahres Monstrum; oder in langweiligen Haupt- und Staatsactionen wird das Capitel von der »grossen Nation« unerschöpflich in der unerfreulichsten Weise breitgetreten, denn ihr Ruhm besteht selten in etwas Anderem als Mord und Blutvergiessen, mit beleidigender Treue abconterfeit, während die historische Bedeutung der Ereignisse natürlich unverständlich bleibt; so z. B. bei der Schilderung des Sturmes auf Puebla von Jean-Adolphe Beaucé, die sich künstlerisch fast nur durch die naturwahrere Zeichnung von den bekannten Darstellungen ähnlicher Heldenthaten auf ägyptischen Reliefs oder Wandgemälden unterschied.

Das zweite Kaiserreich hat kein Ideal als sich selbst, und es selbst besteht in der totalen Negation alles Idealen, wie die Selbstsucht jeder edlen Regung feind ist; und aus Selbstsucht ist es geboren, durch Selbstsucht ist es gross geworden, d. h. nicht wahrhaft gross, wie die

Geschichte ausweisen wird, denn an der eignen Selbstsucht wird und muss es zu Grunde gehen. *)

Das Kaiserreich hat nichts gewollt als sich selbst, und es hat alle edleren Güter der Nation, die es schon in der Gefahr, verloren zu gehen, vorfand, und die seine Aufgabe gewesen wäre zu erhalten, seinem Bestehen vollends geopfert. Die Bildung des Volkes hat sich kaum nennenswerth gehoben, von politischem Verständniss ist keine Spur vorhanden, die sittlichen Begriffe sind durch die Gewohnheit unsittlicher Verhältnisse verwirrt und verkehrt. Jetzt fängt naturgemäss auch das sonst untrügliche Selbstbewusstsein, die nationale Eitelkeit und Selbstgefälligkeit an zu wanken. Wir fragen billig: worauf gedenkt sich dies Régime zu stützen, wenn die eigene straffe Disciplin durch irgend ein inneres oder äusseres Ereigniss unversehens gebrochen wird?

Gehen wir aber auf die Kunst zurück. Der eigentliche Maler der Ideale des Kaiserreiches, sofern von solchen die Rede sein kann, ist Alexandre Cabanel. Das Bild, mit dem er nach einigen weniger beachteten Werken von idealer Grundstimmung und einer in's Poetische spielenden Elegie die Höhe eines gefeierten Meisters des Tages erklomm, war eine Venus Anadyomene im Salon von 1863. Schon zwei Jahre vorher hatte er das Gebiet betreten, welches für ihn so dankbar wurde, die Darstellung der nackten menschlichen Gestalt mit einem starken sinnlichen Beigeschmack. Eine Nymphe, durch einen Faun entführt, sträubt sich gegen dessen Umarmung und entfaltet dabei auf das Anmuthigste alle Reize ihres wirklich sehr schönen Körpers. Dies Bild ist recht lebendig in der Bewegung und auch in der Farbe ziemlich kräftig, wenigstens natürlich. Nicht dasselbe lässt sich von jener Venus sagen, die

---

*) NB. wörtlich so im ersten Manuscript!

mit einer anderen desselben Salons von Paul Baudry, einem talentvolleren, aber weniger glücklichen Nebenbuhler Cabanel's, sich in die allgemeine Bewunderung theilte und mit ihr die Ehre genoss, für den Kaiser angekauft zu werden. In ihr ist das Colorit süsslich fade, das Fleisch von einer nüchternen Kühlung angeweht. Die Gestalt aber als solche zeigt die vollkommene Ausbildung jener Malerei, deren ganzes Wollen und Können auf die Erregung sinnlichen Kitzels hinzielt. Von der Göttin ist in dieser schon in die Geheimnisse des Lebens eingeweihten Gestalt, die liebebedürftig mit den halbgeöffneten Augen unter dem erhobenen Arm herausblinzelt, nichts mehr zu spüren. Es ist nur das Weib übrig geblieben, und zwar das Weib in seiner rein sinnlichen Schönheit der leiblichen Erscheinung, wie es das Centrum der modernen französischen Gesellschaft ausmacht. Und nur dadurch ist der grosse Erfolg dieses Bildes, der eine wahre Meute von Nacheiferern wachgerufen hat und jetzt jeden Salon, jede Ausstellung mit Dutzenden lebensgrosser nackter Frauengestalten in allen möglichen und denkbaren Stellungen und unter allen irgend aufzutreibenden Namen anfüllt, zu erklären.

Als das Kaiserreich, das die Controle einer wachsamen öffentlichen Meinung nicht gebrauchen konnte, durch schlechte, aber geschickte Mittel, wie die Depravation der Presse u. s. w., die Theilnahme der Nation von den politischen Ereignissen abgelenkt hatte, da warf sich das leichtlebige Volk dem Rausche der Zerstreuungen in die Arme, und das Régime beförderte nach Kräften diese ungefährliche Richtung. Jeder suchte schnell und viel zu gewinnen, um reichlich und voll zu geniessen, und so in der Jagd nach Erwerb und Genuss vergeudete die Nation ihre Kraft. Reichthümer und Ehren kamen über Nacht, man wusste nicht woher, eine ganz neue Welt, das Geschöpf und die

Stütze des Kaiserreiches, entstand scheinbar aus dem Nichts und baute sich der alten immerhin ehrlicheren Welt des Bürgerkönigthums in's Gesicht. Von Genusssucht regiert, von keinen Rücksichten gebunden und um keine Zukunft besorgt — denn sie durfte wohl annehmen, keine zu haben —, spottete diese neue Welt aller jener Schranken, die frühere Geschlechter respectirt und heilig gehalten hatten, und aus Abenteurern und Courtisanen entstand eine bunt zusammengewürfelte Masse ausserhalb des Gesetzes der Sitte, ausserhalb der gesitteten Gesellschaft, aber durch Gewohnheit anerkannt und, weil sie sich ohne Scheu der eigenen Schande überall laut an das Licht vordrängte und es im Gefühle der Uebereinstimmung mit den Intentionen der regierenden Gewalten wagen durfte, tonangebend und das ganze Leben dominirend. Denn »so fest hat sich diese schwebende Schicht in die öffentliche Sitte eingebürgert und, kann man hinzusetzen, so eng hängt sie mit den lenkenden Mächten des Staates selbst zusammen, dass die Kunst, welche ein Bild der Gegenwart zu geben sucht, nicht nur der Roman, sondern auch das Theater, dieser neuen Welt ganz im Vordergrunde des Lebens einen bedeutenden Spielraum hat anweisen müssen«*). Und natürlich hat sie diesen selben hervorragenden Platz dann auch bald in der bil-

---

*) Dies Citat, wie auch manches Andere, ist dem wahrhaft classischen Buche von Julius Meyer: „Geschichte der modernen französischen Malerei seit 1789" (Leipzig, E. A. Seemann, 1867) entnommen, dem der Verfasser hiermit öffentlich für reiche Belehrung und neu gewonnene fruchtbare Gesichtspunkte zu danken sich gedrungen fühlt. Jedem, der sich über die französische Kunst und Gesittung unseres Jahrhunderts klar werden will, die mehr, als man sich gemeiniglich bewusst und zuzugestehen geneigt ist, auf deutsche Kunst und deutsches Wesen vielfach den tiefgreifendsten Einfluss geübt hat, kann die Lecture oder vielmehr das Studium des ausgezeichneten Werkes vor allem Anderen und nicht dringend genug anempfohlen werden.

denden Kunst eingenommen, die uns hier besonders beschäftigt.

In dieser Welt ist natürlich die entfesselte Sinnlichkeit unverbrüchliches Gesetz. Bemäntelung derselben wäre Frevel, wäre Verrath an der Sache. Daher gewöhnte man sich allmählich, die Verhältnisse derselben ernsthaft zu nehmen, ihnen Berechtigung zuzugestehen, ja sie den altfränkischen Einrichtungen der sogenannten gesitteten Welt den Krieg erklären zu lassen. Dass die Grundlage jedes sittlich wohlgeordneten Staates, die Ehe, unter solchen Verhältnissen zuerst und am meisten leidet, dass sie zu einem äusserlichen Vehikel des Anstandes oder gar zum Deckmantel der Unanständigkeit herabgewürdigt wird, ist selbstverständlich. Diese Lebensphilosophie erregt kaum noch Anstoss, und ein junger Künstler durfte es getrost wagen, sie in einem geradezu ekelhaften Genrebilde mit grossen Figuren auf dem siebenundsechziger Salon im Gemälde zu feiern: Stephane Baron in seiner »Vernunftheirat«; ein junges Weib wird von einem alten Manne zum Altare geführt, und während er ihr die Hände küsst, blickt sie zusagend und verheissend zu ihrem mit unglücklichem Ausdrucke sich ihr präsentirenden jungen Liebhaber. Eben derselbe hat auch in seiner Weise »Faust und Gretchen« geschildert und neuerdings die Erfindung einer »modernen Susanna« gemacht, die unschlüssig zwischen zwei Alten steht, von denen der eine Gold, der andere einen Schmuck je in eine ihrer Hände hat gleiten lassen, und die zu schwanken scheint, ob sie sich gegen baar oder gegen Naturalleistung verkaufen soll, aber in ihrem listigen Lächeln schon nicht undeutlich erkennen lässt, dass ihre Wahl wohl schliesslich — auf Beides fallen wird.

Bei solchen Anschauungen aber wird von demjenigen Gefühle, das der Ehe seine Weihe giebt, und das zu allen Zeiten als das schönste des Menschen verherrlicht und in

Ehren gehalten ist, der Liebe, mit unreinen Händen der heilige Zauber abgestreift. Es giebt nur noch sinnlichen Genuss; es versteht sich von selber, dass er gemeint wird, wo von »Liebe« die Rede ist, und keinem vernünftigen Menschen kann es einfallen, etwas Anderes für Liebe zu halten oder so zu nennen. Dieser Liebe fröhnen Männer und Frauen der Halbwelt mit liebenswürdiger Unbefangenheit, man möchte sagen, es ist der einzige Cultus, den sie noch anerkennen; und so ist denn in diese ungeordneten, wüsten Verhältnisse sogar endlich System gekommen. Auch in diese Welt hat man Conflicte und Lösungen aufgenommen und hat sich durch einen schwächlichen Tribut an die moralische Weltordnung von der Verantwortung, sie auf's Tiefste verletzt zu haben, loszukaufen gesucht, immer mit dem Bestreben, diesen Demi-Monde als eine wohlgeordnete und vollkommen existenzberechtigte Erscheinung darzustellen. Ja bis zu tragischem Pathos haben sich die Helden und Heldinnen dieser »schwebenden Schicht« auf den Brettern, die die Welt bedeuten und jetzt in Frankreich fast nur noch die Halbwelt tragen, künstlich hinaufzuschwindeln gewusst, und sie fallen, die Märtyrer einer vernünftigen und natürlichen Moral, im Kampfe mit der Beschränktheit einer philisterhaft moralischen Weltordnung.

Konnten Roman und Drama sich in Motiven aus der Halbwelt bis zu tragischen Conflicten künstlich hinaufschrauben, was Wunder, dass die bildende Kunst dieselben Motive monumental fasste. Die moderne Sinnlichkeit erkannte sich als so gross, dass sie jede schwächliche Verhüllung, welche die heimliche Lascivität früherer Zeiten für ihre galanten und coquetten Schönen nöthig gefunden hatte, kühn von sich weisen durfte. Sie liebt es nicht, sich durch versteckte Reize lüstern machen zu lassen, und sie glaubt, der weiblichen Schönheit, deren Einfluss auf die heutige pariser Art zu leben so gewaltig und unwiderstehlich ist, diese Vergötterung ihres Zaubers in monumentaler Verkörperung schuldig zu sein. Leider gelingt es ihr nicht, was allein diesen Darstellungen künstlerisch das Recht zur Existenz geben könnte, das unheimliche Feuer sinnlicher Gluth in diesen Gestalten auszulöschen und dadurch zu dem Cultus der schönen Form zurückzuführen. Im Gegentheil, die verführerischeste Sinnlichkeit und gränzenlose Begehrlichkeit machen den hervorstechenden Charakter dieser mangelhaft bekleideten Schönheiten aus, und in dieser Beziehung wird der Meister des Faches von seinen Getreuen natürlich noch überboten, und der überreizte Geschmack dieser selbst und ihres Publicums führt sie über die natürliche Darstellung noch hinaus, wo dann ein Incarnat von übertriebener, unwahrer Zartheit und Weisse, welches das Feuer lügen zu strafen scheint, das aus den lüsternen Augen und auf den üppigen Lippen lodert, dem Reize noch einen künstlichen Stachel hinzufügen muss. Das Hauptunglück aber ist, dass selbst dieses Feuer erheuchelt ist, wie es in einer Welt von Buhlerinnen unvermeidlich ist. Keinem Maler und keinem Geschöpfe seines Pinsels ist es mit seinen Empfindungen Ernst, keiner empfindet wirklich, was er zeigt und schildert, und die Darstellung ist so äusserlich auf den Beschauer berechnet wie der Griff in die Seite eines Menschen, um ihn zu kitzeln. —

Neuerdings hat der Meister selbst, zum Zeichen, wie gleichgültig ihm seine Gegenstände sind, auch einen biblischen Stoff behandelt, das verlorene Paradies. Der König von Bayern hatte das Bild bei Flandrin für das Maximilianeum bestellt, dieser aber den Auftrag abgelehnt, worauf der Baumeister Leo von Klenze es Cabanel zu malen übergab. Dieser hat sich nun mit grosser Geschicklichkeit aus der Affaire gezogen, auch hier gewusst, seinen Charakter nicht zu verleugnen, und das Entgötterungsgeschäft, das ihm von seinen nackten heidnischen Göttinnen her in der Uebung ist, auch auf den Gott der Juden, den Teufel und die Engel mit gleichem Erfolge ausgedehnt. Mit realistischerer Unmittelbarkeit hat wohl noch kein Maler diese Scene aufgefasst, und schwerlich dürfte einem Anderen als einem Franzosen dieser Richtung eine solche absolute Stillosigkeit möglich sein. Die Hauptsache ist die nackt hingebreitete Gestalt der Eva im Mittelpunkte des Bildes. Sie weint, wohl nicht, weil sie gesündigt hat, sondern weil sie dabei ertappt ist. Neben ihr sitzt Adam, mürrisch und störrisch im Ausdruck, aber nicht etwa reuig und zerknirscht. Von einigen Engeln getragen fährt der Gott des Himmels und der Erde herab und macht ein Gesicht, wie wenn es ihm unangenehm wäre, dass seine Kinder ihn in der Mittagsruhe gestört haben, während links im Vordergrunde der Teufel sich durch Dickicht und Gestrüpp davon schleicht, als wenn er zwar ein schlechtes Gewissen hätte, aber doch noch ein Bischen heimlich die Vorgänge beobachten wollte. Zu einer Erfassung des Gedankens, der dem Momente der heiligen Fabel zu Grunde liegt, ist hier, wie man sieht, nicht einmal der bescheidenste Anlauf genommen, sondern der Stoff recht äusserlich plump erfasst, und seine Seele gemordet. Wie konnte auch ein deutscher Fürst und ein deutscher Künstler eine solche Aufgabe in solche Hände legen!

In der Historie können in Frankreich Ideale nicht gesucht werden, da historische Darstellungen überhaupt nicht existiren. Zwar giebt es dort mehr und grössere Bilder, die nach historischen Ereignissen benannt sind, als bei uns zu Lande, aber sie erheben sich nicht über die Höhe des Sittenbildes und erhalten durch ihre lebensgrossen Figuren einen portraitartigen Charakter. Das ist z. B. der Fall mit dem Bilde einer Gräuelscene aus der letzten polnischen Insurrection von Tony Robert-Fleury, dem Sohne, das dem Künstler eine begeisterte Dankadresse der in freiwilligem Exile lebenden Polen eingetragen hat. Auf dem Schlossplatze von Warschau wird die versammelte Menge durch russische Infanterie niedergeschossen. Das Bild könnte nach einer Photographie gemalt sein, mit so kalter Treue bringt es das Entsetzliche vor Augen, ohne den Gegenstand und seine Erscheinung irgend einer Art von ästhetischer Läuterung unterworfen zu haben. — Nicht minder trifft dies die neuesten sogenannten Schlachtenbilder, die aber weiter nichts sind als Soldatenbilder. Sie quälen sich mit der Verherrlichung der jüngsten Gloire der »grossen Nation« und bilden würdige Zierden für das historische Museum in Versailles: wo anders wären sie eben nicht zu brauchen. Die beiden Hauptmeister dieses Genre's sind Auguste Pils und Adolphe Yvon. Das Hauptbild des Ersteren ist eine Episode aus der Schlacht an der Alma, der Letztere ist durch drei Bilder aus dem Sturme des Malakoff und zwei Darstellungen aus dem italiänischen Feldzuge bekannt. Alle diese Bilder sind nichts als mit grösster Treue und bei dem lebensgrossen Massstabe erschütternder Wahrheit geschilderte Momente des Kampfes ohne tiefere Belebung und feinere Beseelung. Es wird verwundet und gemordet auf alle erdenkliche Weise, aber kaum kommt man dazu, nachzudenken, wozu das Morden gut ist, und wozu es wohl führen könnte. Edouard Armand-Dumaresq verdient neben ihnen erwähnt zu werden mit seiner Episode aus der Schlacht von Solferino, in der die greifbare Deutlichkeit der Scene zum Ueberraschen ist, während die Anordnung des Bildes — Chasseurs, die, an der Erde liegend, die Füsse dem Beschauer zugekehrt, eine vorübersprengende fliehende Batterie der Oesterreicher erwarten, — so ziemlich Allem, was sonst in der Kunst als Regel gilt, in's Gesicht schlägt. Desselben Künstlers »Garde bei Waterloo« bewegt sich auf einem anderen Gebiete, hält aber den Vergleich mit der Gestaltung desselben Gegenstandes durch einen

Hippolyte Bellangé nicht aus. — Ein Künstler dieses Kreises ist noch besonders beachtenswerth, der, indem er in lebendigster Unmittelbarkeit seine Scenen vorführt, doch vor allen Dingen die Stimmung des Momentes zum Ausdrucke bringt; das ist Alexandre Protais, besonders in seinem »Morgen vor dem Angriff« und seinem »Abend nach dem Kampfe«.

Dem historischen Sittenbilde gehört nun auch ein anderer Maler an, dessen Ruhm in Frankreich jetzt von Wenigen erreicht, von Keinem übertroffen wird, und dessen Bilder ungesehen, ungeboren zu Preisen erkauft werden, die man bei ausgesuchten Meisterwerken alter Kunst für exorbitant halten würde, Jean-Léon Gérôme. Nachdem er einige Zeit geschwankt und gesucht, mit dem Passepartout des Effectes in verschiedenen Sorten sich die Eingangspforte beim Publicum zu öffnen versucht, auch mehrere Male sich mit entschiedenem Unglück an lebensgrosse Figuren gewagt hatte, fand er bald das Genre, das ihm und dem Publicum ganz zusagte: Auf dem Salon von 1857 erschien sein berühmtes »Duell nach dem Maskenballe«. Pierrot und Harlequin haben sich entzweit und sind auf frischer That noch im Maskenanzuge in's Bois de Boulogne gefahren, ihren Strauss auszufechten. Der Erstere, tödtlich verwundet, gleitet in den Armen seiner Freunde zur Erde nieder, dieser, auch nicht unverletzt, sucht mit seinem Secundanten den im Hintergrunde stehenden Wagen zu erreichen und wirft noch einen scheuen, unheimlichen Blick auf seinen unglücklichen Gegner. Die leichte Schneedecke des Bodens mit den frischen Fussstapfen und anderen Spuren des stattgehabten Kampfes, das dämmernde Winterfrühlicht, die Einfachheit der Situation, die schlichte, deutliche Wahrheit der Darstellung, der durch das Costüm in die Vorstellung gerufene Contrast zwischen dem gegenwärtigen Momente und dem nächsten vorher, alles das wirkt mächtig und nachhaltig und prägt das ausserordentliche Bild Jedem dauernd ein, der es auch nur einmal gesehen: Gérôme hat sich nie wieder übertroffen. — Und doch wie viel Bedenkliches war schon in diesem Bilde vorhanden! In welchen Abgrund von Frivolität lässt dieses unselige Rencontre im stillen Gehölz hineinblicken! Da entfaltet sich als nächster Hintergrund der Maskenball der grossen Oper, das Eldorado unerlaubter, ausschweifender Freuden; und wer waren diejenigen, die sich dort fanden und vielleicht über den Besitz irgend einer feilen Schönheit auf Tod und Leben aneinander geriethen? — Gern lassen wir den Vorhang wieder sinken, den wir kaum gelüftet, und schaudern bei dem Gedanken, auf welchen Voraussetzungen sich der ergreifende Moment aufbaut, dessen Darstellung uns so mächtig angezogen. Und doch soll künstlerisch der dargestellte Moment durch seine Fruchtbarkeit, durch die Einsicht, die er in das Vorher und Nachher eröffnet, hauptsächlich wirken.

Die späteren Bilder Gérôme's bewiesen, dass es keine Unterschiebung war, wenn man den Künstler im Verdacht hatte, in einer unlauteren Lebensanschauung befangen zu sein. Kein Bild, mit verschwindenden Ausnahmen, wie etwa seine »orientalischen Schachspieler«, liess er wieder ausgehen, das nicht in irgend einer Weise das sittliche und menschliche Gefühl beleidigt hätte. Es musste immer etwas ganz absonderlich Scheussliches, etwas raffinirt Nichtsnutziges dabei sein, wenn nicht schon im Stoffe, so doch gewiss in der Auffassung desselben, am liebsten in Beidem, sonst war ihm nicht wohl. Eine Ermordung Cäsar's, ganz genrehaft aufgefasst; die Begrüssung des Vitellius im Circus durch die zum Kampf antretenden Gladiatoren, während die Opfer des vorigen Ganges mit Haken aus dem Raume geschleppt, und die Blutlachen mit Sand gestreut werden; die Gemahlin des Kandaules, vom Gyges belauscht; die entblösste Phryne vor ihren geilen Richtern; Alkibiades bei der Aspasia, vom Sokrates besucht; Kleopatra's erstes Erscheinen vor Cäsar; dann aus einer anderen Stoffregion, dem Orient: der Transport eines vornehmen Gefangenen auf dem Nil, dem der Führer des Bootes höhnend süsse Melodien mit Begleitung der Cither zuzusingen scheint; ein türkischer Schlächter; eine halbnackte orientalische Tänzerin vor ihren gierigen Zuschauern; eine Moscheethür in Kairo, vor der die abgeschlagenen Häupter von hingerichteten Bey's aufgeschichtet und aufgehängt sind, und die Wächter in gleichgültigen Gesprächen ihre Pfeifen schmauchen, und andere mehr; das sind die hauptsächlichsten Gegenstände, in deren Darstellung sich Gérôme's Kunst gefällt. Bei welchem anderen Künstler wäre eine ähnliche Blüthenlese von Abscheulichkeiten zusammenzubringen?

Was nun aber diese an sich schon abschreckenden Gegenstände in Gérôme's Behandlungsweise doppelt widerlich erscheinen lässt, das ist der Mangel an innerer Wahrheit und die Lust und Befriediguug, die man ihm bei der Bearbeitung abmerkt. Bei den antiken Darstellungen vermisst man vollkommen die antike Art der Empfindung, er schildert ganz moderne Menschen im antiken Costüm, und benutzt dieses, das ja häufig in gänzlichem Mangel besteht, bloss zum Mittel und Vorwand, um auf möglichst unverfängliche Weise Nacktheiten vorzuführen. Und alle diese Gegenstände sind nun mit einer Liebe, einer eingehenden Sorgfalt, einer Glätte der Vollendung gemalt, die kein Stäubchen der Mühe zu unwerth achtet; mit einer wahren Wollust wühlt der Maler in dem Koth und Abfall der Menschheit, und wo er den tiefsten Schlamm aufgefunden, da nistet er sich am heimlichsten ein.

Oder sind ihm die Stoffe gleichgültig, und kommt es ihm nur auf seine technische Vollendung an? Nicht doch! — Die Stoffe sind für einen Künstler so charakteristisch wie die Vortragsweise, und das Verhältniss beider zu einander ist es fast noch mehr. Und wenn das selbst nicht der Fall wäre, so ist es unerlaubt, die tiefste Erniedrigung der Menschheit zum Vorwurfe zu nehmen, um daran zu zeigen, dass man manches Nebensächliche gut zeichnen und hübsch malen kann; denn, damit müssen wir doch auch endlich heraus, in dem Hauptsächlichen, in der Belebung der Köpfe, im geistigen, individuellen und momentanen Ausdrucke der Gesichter befriedigt Gérôme im entferntesten nicht; Alles ist flach, steif und todt wie die Pflanzen im Herbarium, es sei denn, dass ihm einmal eine rechte Gauner- und Galgen-Physiognomie in peinlich auffallendem Grade glückt.

Ausserordentlich charakteristisch war dafür das Bild auf dem Salon von 1867, das nebst dem gleich zu besprechenden auch auf der berliner Kunstausstellung von 1868 zu sehen war und leider seinen Weg in die Sammlung eines deutschen Privatmannes gefunden hat: In einem hofartigen Raume — man könnte an ein Karavanserai denken — tritt uns eine Gruppe entgegen, deren Mittelpunkt eine junge Sklavin bildet. Der hinter ihr stehende Händler hat ihr das weisse umhüllende Tuch abgenommen, um dem Kauflustigen die ganze Schönheit ihres nackten Leibes zur Prüfung darzubieten, und schaut, der tadellosen Vorzüglichkeit der »Waare« sicher, mit ruhigem, aber beobachtendem Blicke auf das Opfer. Der Käufer ist ein reichgekleideter Orientale, so eine Sorte Serailmakler oder dergleichen, der mit zwei Fingern der Sklavin in den Mund fährt, wie man einem Pferde die Zähne untersucht. Einige Umstehende, seine Begleiter, schauen mit den gleichgültigsten, stumpfsinnigsten Gesichtern drein. Die Sklavin steht ganz gerade und ruhig aufrecht, nur in den halbgeschlossenen Augen, wie man sie etwa einem Zahnarzte gegenüber macht, zeigt sich eine Spur von einem Eindrucke des Vorganges. Rund umher, mehr rückwärts, bezeugen mehrere Gruppen, dass wir uns inmitten eines Sklavenmarktes befinden.

Alles, was wir vor uns sehen, ist mit vorwurfsfreier Sicherheit und anmuthiger Correctheit gezeichnet, selbst manche etwas naturalistische Einzelheiten, dem Vorbilde des nicht tadellosen Modelles nachgebildet, berühren nicht unangenehm und wirken nicht störend. Einzelnes, z. B. die neben einander stehenden Füsse der Sklavin, ist dafür um so schöner. Die Färbung ist nicht eminent coloristisch, auch sie hat etwas Zufälliges, wie die Composition, die, beiläufig bemerkt, hier so geschlossen und abgerundet ist wie selten in Gérôme'schen Bildern. Doch ist jene Zufälligkeit nur eine scheinbare, denn in Wirklichkeit ist die Wahl und Zusammenstellung der Farben sehr berechnet, und man kann dreist behaupten, dass selten eine glücklichere Entscheidung für die Colorirung getroffen werden könnte, als sie Gérôme in seinen Bildern selber trifft. Aber er legt kein Gewicht darauf, die Farbe durch Ton und Stimmung zu beleben, sie an sich reizvoll und beseelt zu machen, worin das Verdienst des wahren Coloristen besteht.

Oder, um an einem vollkommen analogen Beispiel aus einer anderen Kunst diese vielleicht nicht Jedem deutliche und geläufige Unterscheidung verständlicher zu machen: ist es nicht möglich, auf dem Clavier eine gefühlte Weise ausdrucksvoll vorzutragen, so dass jeder Ton sein richtiges Gewicht, die musikalische Phrase ihren wohlgeordneten Fall hat? Und doch, zu wie viel energischerem, tieferem Leben entfaltet sich der musikalische Gedanke, wenn der ausdrucksvolle Vortrag durch den seelenvollen, wunderbarer Abstufungen in sich fähigen Ton einer Geige oder Flöte unterstützt und gehoben wird! Jenes entspricht der verständigen Colorirung, dies dem empfundenen Colorit.

Das Erstere finden wir bei Gérôme; nicht das Höchste, was in Beziehung auf Farbe überhaupt zu leisten möglich ist, aber innerhalb einer gewissen Beschränkung das Vollkommene. Die Malerei ist von einer mitunter peinlichen Sorgfalt und Glätte: oft ist der Vortrag so verschmolzen, dass die Arbeit des Pinsels sich der Wahrnehmung entzieht. Ob das an sich ein Vorzug ist oder nicht, wollen wir unerörtert lassen: in Verbindung mit der eben charakterisirten Colorirung erinnert es uns in Gérôme'schen Bildern (in diesem übrigens noch am wenigsten) an lackirte Präsentirteller.

Dass der Gedanke einer solchen Vergleichung aber beim Betrachten eines Kunstwerkes überhaupt möglich ist, liegt sicherlich nicht bloss in einer äusserlichen Aehnlichkeit des Ansehens. Friedrich Eduard Meyerheim malt noch verschmolzener und steht im Colorit sicherlich nicht über Gérôme, und wir fragen: wem wäre wohl schon bei ihm etwas Aehnliches in den Sinn gekommen? Das macht, wir sind bei Gérôme eben so vollständig mit Werth und Wesen fertig, sobald wir so weit, wie bisher geschehen, seine äusserlichen Eigenschaften, das Geschick seiner Mache gewürdigt haben, wie bei lackirter Blechwaare; ja, was an Interesse darüber hinaus noch vorhanden ist, das ist häufig der Art, dass man es sich mit ästhetischem und moralischem Widerstreben vom Leibe halten möchte.

Man sehe die satanische Gleichgültigkeit auf allen Gesichtern! Kein Mensch im Bilde findet den Vorgang empörend, wie er es ist, und auch der Künstler nicht, denn sonst hätte er seine Erregung wenigstens irgend einem Zuschauer in die Mienen gelegt oder auf andere Weise in der Darstellung erkennbar gemacht. Er freut sich eben der tiefsten Erniedrigung der menschlichen Natur und Würde und missbraucht sein herrliches Talent dazu, ihre Verhöhnung zu feiern. »Der Menschheit Würde ist in eure Hand gegeben, bewahret sie; sie sinkt mit euch, mit euch wird sie sich heben,« ruft Schiller den Künstlern zu. Was soll man von einem Künstler denken, der solchen Abfalles fähig ist? was von einer Kunst, in der ein solcher Künstler eine der ersten Spitzen bildet?

Man sollte glauben, hiermit an die Gränzen des Möglichen gerührt zu haben. Leider ist dem nicht so. Derselbe Künstler hat uns auf dem pariser Salon und der berliner Kunstausstellung vom Jahre 1868 zu unserem Schrecken belehrt, dass er noch tieferen Schlamm aufzurühren weiss. Ueber den Anstoss in jenem Bilde könnte allenfalls das »ländlich, sittlich« hinweghelfen; aber es giebt Gräuel und Schandthaten, die gegen die Gewohnheit des Lebens, gegen Recht und Gewissen, gegen Ehre und Vernunft geschehen, Frevel, die uns räumlich und zeitlich nicht in solche Entfernung gerückt sind, um bei ihrem Anblicke nicht noch das Gefühl unmittelbar zu erregen. Diese kann man malen, in ihnen die nackte Gemeinheit, die bestialische Roheit ausschliesslich malen; dann kann man sicher sein, das Gefühl so empfindlich und abscheulich zu verletzen, dass nichts mehr darüber gehen kann. Wohlan! der Lorbeer winkt! Ein Gérôme schreckt, wo es den Effect gilt, vor dem Aeussersten nicht zurück: er malt — »die Erschiessung des Marschalls Ney«, oder vielmehr nicht die Erschiessung, sondern den erschossenen, verlassen im Kothe der Strasse liegenden, während die Handlanger der legitimen Mörder Uebelthätern gleich ohne Geräusch im Morgennebel verschwinden.

Nach den hundert Tagen debutirte die Restauration der Bourbons auf gut sullaisch mit Proscriptionen und Hinrichtungen. Unter den Opfern dieser gewaltsamen Correctur eines vermeintlichen Fehlers der Weltgeschichte befand sich auch der ruhmgekrönte Marschall Ney, der unter Napoleon Frankreich's Heere auf der Bahn der Ehre geführt hatte. Die Pairskammer, als Gerichtshof, lud sich den Schandfleck auf, sein Todesurtheil auszusprechen, und Tags darauf, am 7. December 1815, früh 9 Uhr, hinter dem Garten des Luxembourg, da, wo jetzt seine (recht elende) Statue von Rude steht, starb der Marschall von Frankreich den Tod durch französische Gewehre, die er sonst heldenmüthig gegen den Feind geführt, und deren Feuer er jetzt mit militärischem Geiste und seltener Grossartigkeit gegen die eigene Brust commandirte.

Es ist ein ungesundes und unkünstlerisches Interesse, welches sich an Hinrichtungen und Meuchelmorde knüpft; doch war schon Gérôme's Lehrer Delaroche ihm in der Ausbeutung desselben in der historischen Malerei vorangegangen. Indessen hatte er dramatischen Sinn dabei bewiesen und eine der Tragik solcher Gegenstände gewachsene Darstellungskraft bewährt; kürzer: er hatte seine Stoffe als Künstler aufgefasst mit lebendigem Gefühle für die wirksamen, Empfindung und Gedanken fruchtbar und anregend beschäftigenden Momente. In seinen »Söhnen Eduard's« fühlen wir das Grausen des heimlich schleichenden Meuchelmordes; in seinem »Lord Strafford« begegnen wir dem Schlachtopfer, mit dem ein König sich die Zufriedenheit seines Volkes erkaufen will, auf dem Gange zum Blutgerüste, das durch so edles Blut nur für edleres noch geweiht werden soll; in seiner »Jane Gray« wagt er es, bis an den letzten Moment zu gehen, der noch interessant ist, weil er noch Leben zeigt, unmittelbar vor dem tödtlichen Streich, und uns ist, als sollte eine Lilie geknickt werden.

Ueberall in diesen und ähnlichen Bildern, man mag wollen oder nicht, wird man in das Interesse für die tragischen Personen hineingezogen und veranlasst, rückwärts und vorwärts sich den Vorgang zu ergänzen. Ueberall auch sind es in dem Momente ihres Falles noch bedeutende Opfer, die der Sünde ihrer Darbringung werth erscheinen.

Und nun Gérôme's Ney! — Er ist von der Bühne der Oeffentlichkeit abgetreten; das bürgerliche Kleid des

Privatmannes umgiebt ihn, Werkzeug und Diener einer abgetretenen Grösse steht er der neuen nicht feindlich, nicht gefährlich gegenüber; nur ihre Kleinheit findet ein Odium in seiner grossen Vergangenheit. Für die Mit- und Nachwelt ist der Bürger Ney ohne Interesse. Der Mann wird zwecklos gemordet; dahinter steht nichts als ein gefügiger Gerichtshof, in der Zukunft liegt nichts als ein jämmerliches Régime: welche traurigen Perspectiven!

Und der Moment? O ja, der könnte eine gewisse Grösse zeigen. Der fiel, das war ein Held, und er fiel als ein Held. Ney's Tod ist Theilnahme, selbst Begeisterung erweckend, der todte Ney aber ist unendlich langweilig. Todtgeschossen im Schmutze liegen kann jeder Strauchdieb, mit Grösse und Heroismus sterben, dazu gehört ein Ney. Wer das nicht fühlt, der kann vielleicht recht gut zeichnen und malen, aber zum Künstler fehlt ihm gerade so viel, wie dem Quartaner, der kalligraphisch und orthographisch nach Dictat ein Schiller'sches Gedicht schreibt, zum Dichter.

Es ist derselbe unbegreifliche Fehler, der bei dem verdorbenen Geschmacke des heutigen pariser Publicums auch denselben unbegreiflichen Beifall gefunden hat wie auf der pariser Weltausstellung 1867 des Italiäners Vincenzio Vela sterbender Napoleon, an dem auch nichts von Grösse, nichts von letztem Aufflackern eines gewaltigen Geistes, sondern nur die einfache, widerliche Agonie zu sehen war. Nach dem Erlöschen des eigenartigen Lebens eine Persönlichkeit zum Mittelpunkte künstlerischen Interesses zu machen, hat immer sein Bedenkliches und mag nur, wie in Louis Gallait's Grafen van Egmont und van Hoorn, verstattet sein, wenn ein vernehmliches „*exoriare aliquis nostris ex ossibus ultor*" aus dem Sarge hervortönt.

Mag man mir Anhängerschaft der idealistischen Aesthetik vorwerfen; ich glaube aber und halte vorläufig daran fest, dass diese für die anerkannt und unumstösslich grossartigen Kunstperioden den richtigen Massstab besitzt, und ich halte Niemanden für befugt, um bloss technische Leistungen über die Gebühr anerkennen zu können, die früher neben menschenwerthem Inhalte dagewesen sind, den einzigen bewährten Massstab aufzugeben, um mit unserem Urtheile wie ein Rohr im Winde der Willkür des ersten besten routinirten Pinselhelden zu schwanken.

Was hilft es unserem Gefühle, dass man den Körper im Strassenkoth im Hinschlagen klatschen zu hören, die schmutzige Lache aufspritzen zu sehen glauben möchte? Wer nicht Anstand nimmt, einem sorgfältig gekleideten Bürger dergleichen Unarten zuzumuthen und etwa die Kugelwunde (ganz ohne Blutung!) in der Wange, was unschwer geschehen kann, übersieht, könnte den Mann ganz leicht für einen Trunkenbold halten, der am frühen Morgen schon in der Gosse liegt; allenfalls den Humor vermissen, aber gar nicht darauf verfallen, dass er seine historischen Kenntnisse zusammennehmen muss, in dem Hingestreckten eine weltgeschichtliche Grösse zu erkennen.

Wir haben Alles in Allem genommen in dem Bilde den politischen Mord in seiner ganzen Roheit, ohne diejenige Läuterung, die den Künstler über sein Object und dessen gerichtete Urheber stellte. Gerade die Roheit hat ihn an dem Vorwurfe angezogen — gewiss die äusserste Verirrung eines in vielfacher Beziehung bedeutend veranlagten Künstlers!

Eine ganz eben so traurige Erscheinung ist ein anderer Künstler, dessen Ruhm, schnell entstanden, seinen Kopf verblendet und in überbotener Schöpfungskraft seine Phantasie zu krampfhaften Anstrengungen gemartert hat: Gustave Doré, der bekannte Illustrator, dessen schwächstes Werk, die Bibel, auch uns Deutschen aufgedrungen und, weil es aus Frankreich kommt, pflichtschuldigst bewundert worden ist. Es ist wahr, Doré hat eine fruchtbare Phantasie, aber sie ist einseitig und nicht biegsam, der grösste Vorwurf für einen Illustrator, namentlich einen solchen, der die ersten Geistesproducte der Welt-Literatur in seiner Illustrationswuth nicht verschont. Ein relatives Verdienst hat er sich dadurch erworben, dass er den Holzschnitt nach einer gewissen Richtung in einer bis dahin für unerreichbar gehaltenen Weise entwickelt hat. Der Holzschnitt ist unter den Händen der an seinen Zeichnungen gebildeten Holzschneider zur Wiedergabe ganz malerischer Effecte fähig geworden, er bringt selbst tonische Stimmungen mit Kraft und Sicherheit zum Ausdruck. Freilich hat der Holzschnitt dies Ziel, das jenseits seiner Sphäre liegt, nur durch Aufopferung seines specifischen Charakters, durch Verleugnung seines stilistischen Stempels erreichen können. Die Doré'sche Holzschneiderschule ist daher dem äussersten Grade von Manier verfallen, was man schon rein äusserlich an der Strichführung ihrer Holzschnitte sieht. Diese geht vorwiegend horizontal oder vertical parallel über die ganze Bildfläche und bezeichnet Lichter und Schatten nur durch entsprechende Verstärkung und Verdünnung des Striches, wie es auch im Kupferstich in der sogenannten parallelschraffirten Manier nach dem Vorgange Marco Pitteri's, am Ende des vorigen und am Anfange dieses Jahrhunderts, besonders in England, beliebt wurde. Diese Manier, im Holzschnitte fast noch widernatürlicher als im Kupferstiche, hat für das Laienauge den bestechenden Vorzug einer frappanten Glätte und Klarheit, aber sie ist das Geistloseste, Maschinenmässigste, was gedacht werden kann. Die Schraffirungen schmiegen sich hier nicht der Form an, sondern durchbrechen sie je nach der Laune des Zufalles, und die Zeichnung kann nicht solide durchgebildet werden, selbst wenn sie ursprünglich klar und scharf gedacht wäre. Das ist aber so wie so nicht Doré's Sache, und in Wechselwirkung mit dieser Holzschnitttechnik hat nun seine ohnehin schon charakterlose Zeichnung noch mehr gelitten. Seine Köpfe sind schwach, seine fügürlichen Compositionen lahme Nachbildungen besserer, zum Theil missverstandener Vorbilder. — Doré hat sich übrigens auch in Oelbildern und in lebensgrossem Massstabe versucht; da reichen aber seine Kräfte nicht im mindesten aus. Seine Schlacht bei Balaclava in Versailles ist allenfalls eine Scene aus Dante's Hölle, sein Spielsaal von Baden-Baden auf dem Salon von 1867 eine geistlose Copie der Natur ohne jeden Reiz. In einige Einzelfiguren hat er mit Glück ein phantastisches Element zu legen versucht, das aber besser zur Illustration steht.

In der Kunstweise seiner grossen Bilder erinnert Doré an einen interessanten Maler des heutigen Frankreich, der, obgleich isolirt stehend und von den französischen Collegen gewissermassen perhorrescirt, so dass er sich mit sichtbarem Wohlgefallen in die deutsche ›Künstler-Kneipe‹ in Paris flüchtete, wo er wenigstens wie ein Mensch behandelt wurde, dennoch mit der französischen Gesittung unserer Tage in engerer Beziehung steht, als es den Anschein hat, an Gustave Courbet. Die realistische Anschauung liegt tief nicht bloss im französischen Wesen, sondern in der allgemeinen Sinnesweise der modernen Welt begründet. Sie fasst nun aber die Wirklichkeit immer bestimmter und beschränkter auf, bis sie an dem Punkte anlangt, Allem, was ist, nicht nur das Recht zur Existenz, sondern auch das Recht zu künstlerischer Gestaltung zuzuerkennen, und zwar ganz in der Form, wie es sich den Sinnen darstellt, ohne Zugabe und Abnahme. Das ist der künstlerische Standpunkt Courbet's, der mit seinem ersten Bilde, dem »Begräbniss zu Ornans«, seiner Vaterstadt, einen förmlichen Sturm in der Kunstkritik heraufbeschwor. In der That, ist es ein wunderbarer Anblick, diese hausbackenen

Menschen, die ewig und immer dieselben bleiben und nie irgend eines höheren Interesses fähig werden, so in voller Lebensgrösse und sorgfältiger Naturtreue, ganz in der zufälligen Anordnung des wirklichen Vorganges neben einander aufgereiht zu sehen, mit den stumpfen Gesichtern und der schlotterigen Haltung, ohne Ausdruck, das Urbild der Langweiligkeit und Armseligkeit. Aber gemacht ist das mit einer Sicherheit und Festigkeit, die den Beschauer nicht nur frappirt, sondern fesselt und eine bedeutende Gabe der Beobachtung und der Darstellung bekundet. Noch mehr ist dies der Fall bei den ‚Steinklopfern‘, einem Bilde, in dem man ein Stück Leben unmittelbar aus der Wirklichkeit herausgeschnitten zu sehen glaubt. Und wenn sich diese Behandlung einmal zufällig mit einem ansprechenden Gegenstande vereinigt, wie in dem Bilde ein Sonntag Nachmittag zu Ornans‘ im Museum zu Lille, da gelangt die Manier zu fast durchaus erfreulichen Gebilden. Leider ist diese Gelegenheit nicht häufig, während dagegen der abschreckenden Vorwürfe und Bilder sich noch eine erkleckliche Anzahl anführen liesse. Auch der modernen Sinnlichkeit hat Courbet in einer nackten Frau mit einem Papagei, sogar bis auf einige echt naturalistische Wunderlichkeiten einem recht guten Bilde, jedenfalls einem der besten in dieser ungesunden Gattung, seinen Tribut gezahlt. Die ganze Richtung Courbet's aber, der übrigens in der Landschaft, wo sein grosses coloristisches Talent und sein Gefühl für Stimmung in der Natur zur Geltung gelangt, keinen untergeordneten Platz einnimmt, ist nur erklärlich aus einer ganz zerfahrenen Weltanschauung; denn bei einiger Klarheit und Vernunft sind solche Verirrungen unmöglich. Bei ihm ist es die täppische Sinnlichkeit, die überall mit den Händen zugreift, und für die nur existirt, was sie mit den Händen gegriffen hat, während es bei Cabanel und Gérôme die raffinirte Sinnlichkeit ist, die ihre Richtungen erzeugte und erhielt. Viel Glauben an Edleres ist bei Beiden nicht zu finden, aber gesunder ist doch offenbar Courbet in seinem bäurisch linkischen Wesen.

Hiernach scheint es ja, als wäre in der ganzen französischen Kunst nicht ein einziger Ton von gesundem Klange mehr übrig geblieben. Damit thäte man ihr aber schweres Unrecht. Zwei Künstler weist sie wenigstens noch auf von ganz ungewöhnlicher Begabung, die sich durch die Strömung des Zeitgeistes nicht haben vom rechten Wege der Kunst abwendig machen lassen. Der erste ist Louis-Ernest Meissonnier. Er steht im Preise bei den französischen Kennern und Liebhabern dem Gérôme gleich, ist aber des grossen Rufes, den er geniesst, auch im höchsten Grade werth und repräsentirt eine eigenthümliche, sehr interessante Kunstgattung, nämlich das kleine Cabinetsbild. Für lebhafte Affecte ist er nicht angelegt, wie denn sein »Streit« schwerlich zu seinen gelungenen Arbeiten gehört. Dagegen hat er ein unendlich feines Gefühl für die Einzelexistenz in ihren subtilsten Lebensäusserungen, ihren delicatesten Empfindungsmomenten. Auch grössere Gruppen, in Ruhe oder in nicht leidenschaftlicher Bewegung vereinigt, gelingen ihm meisterhaft, wie z. B. seine »Conversation bei Diderot« oder seine »Rast vor dem Wirthshause«. Was ihn besonders charakterisirt, ist die eminente Feinheit der Detaillirung. Die unbedeutendsten Kleinigkeiten führt er mit der grössten Sorgfalt aus, und doch ist etwas in seiner Behandlung, was man nicht anders denn als freien Zug und gewissermassen breite Pinselführung bezeichnen kann. Nur dadurch ist die grosse Wirkung zu erklären, die diese im Einzelnen so eingehend behandelten Bilder im Ganzen und trotz ihrer Kleinheit selbst noch in der Entfernung hervorbringen. Zwar sieht man, es ist dem Maler wie in der Regel seinen Figuren »kühl bis an's Herz hinan«, aber in seinem Verstande, mit dem er vorwiegend schafft, reden Empfindungen und Stimmungen auch ein Wort mit, ja er weiss ihre Färbung und kennt ihre Tonleiter sehr genau. — Bei seinen in neuerer Zeit ausgeführten historischen Bildchen aus der Geschichte des ersten und des zweiten Kaiserreiches ist er weniger glücklich gewesen, obwohl ihm z. B. der Rückzug Napoleon's in dem Feldzuge von 1814 trefflich gelungen ist. Wie er mit einem schon längere Zeit in der Arbeit befindlichen grösseren historischen Bilde, einer Schlacht, fahren wird, muss die Zeit lehren.*) In seiner freien und breiten Behandlung liegt die Möglichkeit zu wirkungsvoller Bearbeitung auch grösserer Verhältnisse wohl; aber heftige Bewegung und starker Affect liegen einmal ausserhalb seines Naturells, und an dieser Beschränkung dürften doch schliesslich die saubersten historischen Compositionen scheitern.

Der zweite der hervorragenden Künstler ist Jules-Adolphe Breton, dessen Bilder ohne Frage zu den gediegensten und erfreulichsten Leistungen der gesammten modernen französischen Kunst gehören. Sein Gegenstand ist das Bauernvolk, besonders bei der Arbeit, und meist zwar führt er uns den mühseligen Beruf der Landfrauen vor. Die Motive entnimmt er seiner engeren Heimat, dem Artois, aber nur der äusserliche Apparat ist dorther entlehnt; innerlich herscht das allgemein Menschliche in grosser Klarheit und edler Wärme vor. Es kommt ihm immer in erster Linie auf die Stimmung an, und in dieser ist er Meister wie kein französischer Maler der Gegenwart ausser ihm. Wie eine innige Musik weht es uns aus seinen Gestalten an, namentlich den einzelnen, die auf weitem Plane ihre Gedanken schweifen lassen und »trunken in Versunkenheit« uns als ein süsses Geheimniss gegenüberstehen.

---

*) „1807" blieb unter den Erwartungen.

Aber auch in grösseren arbeitenden Gruppen ruft theils die Emsigkeit der Arbeiterinnen, theils die über das Ganze gebreitete Lichtstimmung, in der Breton gleichsfalls Meister ist, unsere Theilnahme wach; nicht minder packend in ihrer schlichten, wahren und einfachen Grösse sind die Processionen der Landleute, die er in einigen ziemlich umfangreichen Bildern dargestellt hat. Aller seiner Bilder Krone aber bleibt das kleine skizzenhaft hingeworfene Bild des Tages Ende«. In diesem hat die weibliche Gestalt, die nach vollbrachter Arbeit, auf ihren Rechen gestützt, mit träumerischer Ermüdung in die Ferne schaut, eine Ruhe und Anmuth, einen Rhythmus der Erscheinung, der in seiner Art classisch ist, ohne dass er die Wirklichkeit überschritte. Namentlich aber schwebt über ihr, deren Jugend und Schönheit in dem einförmigen Verlauf harter Werkeltage dahin zu gehen scheint, eine unbestimmte Wehmuth, die auch über den Beschauer kommt und ihm das Gefühl erweckt, wie wenn unter der rauhen Hülle eine tiefere Seele sich verzehre. Dieser Eindruck wird noch durch die Lichtstimmung des warmen Abends erhöht, die mit merkwürdiger Wahrheit wiedergegeben ist.« (Julius Meyer.) Alle umgebenden Figuren in schlichteren Empfindungen und Thätigkeiten bilden eine wunderbar abgestufte Tonleiter bis zu der Hauptfigur hinan. Die Behandlung ist hier wie in allen seinen Bildern breit und solide, selbst von einer gewissen Sprödigkeit, die zu dem sittlichen Ernste seiner künstlerischen Erscheinung eigenthümlich schön stimmt.

Es ist gewiss nicht ohne tiefere Bedeutung, dass dieser einzige Zug wahrer Herzenspoesie in der modernen französischen Kunst — denn hier ist die Empfindung nicht verständig erklügelt, wie selbst bei Meissonnier trotz alles sonstigen Verdienstes — bei einem Künstler sich offenbart, der sich aus dem grossen Getriebe der modernen Welt still hinein flüchtet in die Unschuld seiner heimischen Fluren und der vornehmen Welt den Rücken wendet, um Menschen zu finden, wo es noch welche giebt.

Auch zwei andere Künstler von achtbarem Charakter und nicht unbeträchtlichem Können, Gustave Brion und Charles Marchal, entnehmen ihre Motive meistens dem bäuerischen Leben, speciell dem Elsass. Der Letztere hat freilich in dem Salon von 1868 mit zwei Bildern überrascht, die nicht dazu angethan sind, seine Nennung unter den ruhmwürdigen Ausnahmen inmitten der französischen Kunst zu rechtfertigen. »Penelope« und »Phryne« nannten sich zwei weibliche Gestalten, die, in die Modegewandung des Tages gekleidet, in Beschäftigung und Ausdruck ihrer nominellen Rolle angemessen, es durchaus auf den Beschauer und auf den Erfolg über ein leicht geblendetes, aber eben so leicht übersättigtes Publicum abgesehen hatten. Dagegen hat Brion auf demselben Salon die grosse Ehrenmedaille verdientermassen davongetragen mit dem Bilde, welches »das Vorlesen aus der Bibel in einer protestantischen elsässer Familie« darstellte und die ernste Richtung des Künstlers, der auch in grossartig, wenn auch phantastisch aufgefassten biblischen Sujets nicht ohne achtungswerthe Kraft sich versucht hat, in würdiger Weise krönte.

Endlich muss ich noch von einem Maler sprechen, der sich gleichfalls mit seinen Gegenständen herausgerettet hat aus der engen dumpfen Schwüle der sittlich verpesteten Hauptstadt, und dem es gelungen ist, dort, wohin er geflohen, nicht sich selbst wieder zu finden, wie dies Gérôme gethan: Eugène Fromentin. Er ist im Orient zu Hause, aber nicht, um Schlechtes und Faules zu finden, woran er zu Hause genug verlassen, sondern um sich an der gesunden, kräftigen Ursprünglichkeit der Race zu erfreuen. Mann und Ross sind seine Freude, und in immer neuen Modulationen führt er sie uns vor, wie sie dahin sausen über die weite Ebene; aber auch ruhigere Scenen schildert er mit gleicher Meisterschaft. Bewundernswerth ist dabei, wie die Landschaft mit seinen Gegenständen zusammengeht, und mit welcher unfehlbaren Sicherheit er den Luftton in seinen Bildern zu treffen weiss. Jede Tages- und Jahreszeit, jedes besondere Wetter hat seinen charakteristischen Ton, der immer überzeugend wahr und fein, stets geschickt angepasst und meisterhaft behandelt ist.

Möchte, wie seine Reiter über die kahle Ebene dahinstürmen, der frische, freie Geist, der in seinen und der letzterwähnten Künstler Werken weht, reinigend dahin brausen durch die Miasmen der französischen Kunstatmosphäre!

Was ist aber dasjenige, was trotz aller schlechten Elemente nicht bloss bei den Franzosen, sondern auch bei Ausländern der französischen Kunst so grossen Erfolg erwirbt, wie sie ihn thatsächlich erntet? Es ist mit einem Worte schon Eingangs angedeutet: die seltene Vollendung im Technischen. Da ist von einer Unvollkommenheit der Zeichnung, von einer Ungeschicklichkeit der Pinselführung keine Rede. Composition und Farbenwirkung, wenn schon nach feststehenden Regeln geschult, aber doch wirkungsvoll und praktisch für den Effect berechnet, stehen jedem zu Gebote, und der Sinn des Beschauers wird daher nie gleich von vorn herein abgestossen durch die Nothwendigkeit von Abstractionen hier von der schlechten Form, dort von der mangelhaften Farbe u. s. w. Man kennt die beständigen und nur zu wohl begründeten Klagen unserer Kritik über den Mangel soliden Könnens bei sehr vielen unserer Künstler und über die Nachlässigkeit, die selbst bei solchen leider häufig vorkommt, die es besser können und folglich besser machen sollten. Freilich dürfen wir uns eines idealeren Strebens und eines sittlich reineren Wollens getrösten, aber doch dürfen wir den grossen Vorsprung uns nicht verhehlen, den die französische Kunst durch die vollkommene Bewältigung des Machwerkes gewonnen hat.

Mit Recht durfte vor längerer Zeit schon einer der geachtetesten pariser Kritiker über die Künstler der neuesten Aera ausrufen: »Wenn der Kopf unsicher ist, so ist die Hand um so fester; die Gewandtheit ist Allen als Erbe zugefallen; ein Ungeschickter ist eine Seltenheit, und wenn alle diese Leute etwas auszudrücken hätten, wie gut würden sie es ausdrücken. Gewiss, wenn diese Leute Ideale hätten, wie ihre grösseren Vorgänger sie hatten, sie würden sie besser und wirkungsvoller verkörpern, als diese gethan. Die Zeit kann kommen, wo die Ideale wieder aufblühen in frischer, jugendlicher Kraft, und dann werden die französischen Künstler schnell die höchste Höhe erklimmen. Daher sollen wir von ihnen lernen, was zu lernen ist, so lange es Zeit ist, um uns nicht einmal über Nacht weit, uneinholbar weit überflügeln zu lassen. —

Bei den Werken der Sculptur, auf die ich mir nur einen flüchtigen Blick gestatte, ist es selbst den französischen Kritikern aufgefallen, dass die Mode anfängt, auch diese Kunst mit sich fortzureissen, und sie haben erkannt und ausgesprochen, dass die Plastik das nicht verträgt, ohne in den Lebensbedingungen ihres Wesens angegriffen zu werden. Die Plastik wagt zu viel in Concurrenz mit der Kunst des Scheines, sie unternimmt es, ganz malerische Vorwürfe zu behandeln und auf einen exclusiv malerischen Effect hinzuarbeiten. Man gefällt sich darin, Schwierigkeiten zu überwinden, die entweder nur als solche erscheinen, oder deren Bewältigung durch keinen ästhetischen Gewinn gedankt wird. Tödtlich für das gesunde ästhetische Gefühl wird nun gar ihren Werken das Eindringen eines sinnlichen Elementes, das Hinarbeiten auf einen Effect durch die Nacktheit als solche, nicht durch die schöne Form. Es würde indess unrecht sein, wollte man sich gegen das durchaus Schöne und Gute, das auch in dieser Kunst hie und da geleistet worden, verschliessen. Doch gehören alle achtbaren Werke kleineren Genres an, sie sind mehr Nippesfiguren als statuarische Werke; so, um bloss ein Beispiel zu nennen, der mit Recht viel gepriesene Lautenschläger von Paul Dubois, eine häufig in kleinem Massstabe reproducirte graciöse Figur.

Eines Factums muss noch Erwähnung geschehen, das beweisst, dass die Plastik in Frankreich in unaufhaltsamem Verfalle begriffen ist: das ist die Wiederaufnahme der Manier, Statuen aus verschiedenen Steinen und Metallen, Email u. s. w. derart zusammenzusetzen, dass annähernd die Farbenwirkung des Lebendigen sich daraus ergiebt. Charles Cordier hatte mehrere derartige Werke auf der Weltausstellung, die von Seiten des Technischen ungemeines Geschick bezeugten. Aber die Manier an sich ist durchaus unkünstlerisch und kann nur in einer Verfallperiode auftreten, wie die spätere römische Kaiserzeit war, und das „*second empire*" jetzt auch ist. Natürlich hat dieser Vorgang auch in der Kunstindustrie schon eifrige Nachfolge gefunden, und lebensgrosse Candelaberfiguren in vollem Scheine des Lebens aus verschiedenen Stoffen zusammengesetzt, waren auf der grossen Ausstellung des Jahres 1867 nichts Seltenes. Wenn die hohe Kunst vorangeht, kann man sich freilich nicht wundern, dass ihr die gewerbliche Kunst nachläuft, aber entschuldigt wird dadurch weder das Eine, noch das Andere. —

Blicken wir zurück, so erkennen wir bei den Künstlern des zweiten Kaiserreiches wie bei dessen Begründer die Selbstsucht als die Quelle alles Uebels für sie. Wenn die französischen Künstler Selbstverleugnung genug hätten, sich selbst an die Verwirklichung wahrer und würdiger Ideale zu wagen, sie würden eine grosse Kunst erschaffen und dadurch den persönlichen Erfolg von selbst erlangen, um den sie jetzt mit niedriger Entweihung ihrer göttlichen Gabe buhlen müssen.

Der neue Vorhang im Berliner Opernhause,

gemalt von August von Heyden.

Zeitschrift für bildende Kunst, Bd. III. (1868), S. 129 ff. — Der hier niedergelegten Ansicht, welcher damals noch selbst von berufener Seite mit kaum tactvoll zu nennenden Verwahrungen gegenübergetreten wurde, haben die inzwischen verflossenen Jahre Recht gegeben. Nach Heyden's „Thierkreis" in dem Kuppelraume der berliner Nationalgalerie wird das Niemand mehr zu bestreiten wagen.

Wenig mehr als ein Jahr ist es her, dass Schreiber dieses, wenn das Gedächtniss ihn nicht betrügt, zum ersten Male in der Kunstchronik den Namen eines Künstlers erwähnte, von dem es ihm damals noch zweifelhaft sein durfte, ob seine eigenthümliche Art sich zu glücklicher oder unglücklicher Originalität ausgestalten würde.

August von Heyden, aus Schlesien stammend, hatte sich dem Bergfache gewidmet, und erst in reiferem Alter, vor jetzt (1868) etwa acht Jahren, war er mit Weib und Kind nach Berlin gekommen, um seinen früheren Beruf mit dem des Künstlers zu vertauschen, zu dem er sich von jeher gewaltig hingezogen gefühlt hatte. Das erste Bild, mit dem er sich bekannt machte, gehörte zu den Spitzen der berliner Kunstausstellung von 1864 und erregte auch anderwärts, ja selbst in Paris Aufsehen. Es war eine Art von Valet und Huldigung seinem früheren Stande, indem es die Schutzpatronin der Bergleute, die heilige Barbara, darstellte, wie sie einem im Schachte verunglückten Bergmanne die Sterbesacramente bringt. Die Figuren waren colossal, der schwer Verletzte von imposanter Grossartigkeit und ergreifender Wahrheit. In der Heiligen vermisste man etwas den Ausdruck der Milde in Haltung und Geberde, doch war die hohe Erscheinung von ächt jungfräulicher Sprödigkeit, dabei von edler Würde und reiner Schönheit. Die Farbe war realistisch und fast trocken, wenigstens strenge, und etwas warmes, kräftiges Helldunkel hätte dem Gefühle wohl gethan. Ein gleichzeitig ausgestelltes kleineres Bild unter der Benennung »Verlorene Liebesmüh« (ein Page, dessen Liebeswerbungen von einer Dame abgewiesen sind, und der nun den Hohn seiner lauschenden Cumpane ertragen muss,) konnte damals nicht beanspruchen, als das gewürdigt zu werden, was es in der That war, nämlich als erste, noch unsichere und einseitige Probe derjenigen Richtung, in der es den Künstler trieb, die Eigenart seines Talentes zu entwickeln. Er wollte die farbenfrohe Welt des XV. und besonders des XVI. Jahrhunderts mit voller Treue in Bildern des Lebens und der Sitte schildern und zu dem Zwecke sich vor allen Dingen zum Herren der coloristischen Mittel machen. Ein längerer Aufenthalt in Paris war in dieser Hinsicht für ihn von den besten Folgen: er eignete sich die technischen und coloristischen Vorzüge der französischen Malerei an, ohne das gesunde deutsche Gefühl darüber einzubüssen.

Die Kunstausstellung von 1866 brachte als Frucht dieses Strebens das schöne Bild einer **betenden Nürnbergerin** im Costüm aus der Zeit Albrecht Dürer's, mit einem herrlichen blonden Knaben neben sich. Das Bild mit lebensgrossen Halbfiguren wurde an vielen Orten Deutschlands ausgestellt und erntete überall wegen der Schönheit der Formen, der Innigkeit und Wahrheit des Ausdruckes und der Treue des Zeitcostümes verdienten Beifall.

Bald darauf trat jenes umfangreiche Bild an das Licht der Oeffentlichkeit, welches die oben erwähnte Besprechung veranlasste: »**Luther's Zusammentreffen mit dem Feldhauptmann Frundsberg vor seinem Eintritt in den**

Wormser Reichstag, am 17. April 1521 *). Dieses Werk, die erste grosse Probe einer noch ungewöhnlichen Art von historischer Darstellung, machte einen befremdlichen Eindruck, weniger indess durch seine Auffassung als durch seine äussere Erscheinung. Was der Künstler mit dem Bilde zu geben beabsichtigte, das war vollkommen klar zu erkennen: er ging von dem gewiss richtigen Gedanken aus, dass unsere historische Vorstellung wie in der Geschichte selbst, so auch in den geschichtlichen Bildern bisher in der Regel viel zu abstract und pathetisch ist; dass wir viel zu sehr das, was wir rückwärts in die grossen Momente der Geschichte hinein legen, in diesen selbst als bewussten Inhalt voraussetzen und suchen zu dürfen geneigt sind; und dass wir so, sehr zu Ungunsten des menschlichen Interesses und der inneren Wahrheit, die grossen historischen Actionen von dem gesunden Boden der sie umgebenden Welt und Gesittung, dem sie naturgemäss entsprangen, und in dem allein sie naturwüchsige Wurzeln hatten, trennen und ablösen. Einen grossen Mann an dem notorischen Wendepunkte seines Schicksales, dem er sich erwiesener- und ganz natürlichermassen mit Beklommenheit näherte, wollte der Künstler hier nun im Gegensatze zu jener falschen und dem realistischen Sinne unserer Zeit widerstrebenden Auffassungsweise in einem von der geschichtlichen Ueberlieferung festgehaltenen, so recht natürlichen und menschlich wahren Momente in der Art vergegenwärtigen, wie man sich den Hergang, von allem trügerischen Pomp entkleidet, wohl vorstellen könnte. So entstand denn in der That eine sittenbildliche Darstellung von seltener Kraft, in der die unanfechtbare Treue in der Wiedergabe des Zeitcharakters im Kleinen wie im Grossen

---

*) S. Kunstchronik 1867. Nr. 3.

das Interesse dauernd fesselt. Die wogende drängende Volksmenge am Fusse und an der Seite der Treppe mit den mannichfachen Charakteren und der frischen Unmittelbarkeit der Auffassung, die Gruppe der beiden einander Begegnenden auf dem Treppenabsatze, die verschiedenartigen Erscheinungen der Fürsten, Herolde, Geistlichen, Bediensteten aller Art oben vor der Saalthüre, der geheimnissvoll hervorquellende Lichterschein im Contraste mit der sonnigen Tageshelle, die auf Dingen und Menschen draussen im Freien freundlich ruht. das reiht sich so überzeugend an einander und verflicht sich so natürlich mit einander, dass man die Natur selber zu sehen glauben möchte. Und das alles getaucht in die erfreuliche und erquickende Farbenpracht, die das geschmack- und stilvolle Zeitcostüm aufwies und zu benutzen erlaubte; was Wunder, dass man das Bild lange betrachten konnte, ohne übersättigt zu werden und ohne den Reichthum der anziehenden Einzelheiten zu erschöpfen.

Und doch wehrte Zweierlei, zu rechter Befriedigung zu gelangen: die beiden Hauptpersonen waren die unbefriedigendsten in dem ganzen Bilde, und das Colorit hatte in der Gesammthaltung etwas Beunruhigendes. Diese Ausstellungen, die damals von mehreren Seiten gemacht wurden, sind für den Künstler so überzeugend gewesen, dass er unter Beibehaltung der Composition das ganze Bild vollkommen übermalt hat, so dass jetzt die beiden Mängel als im Wesentlichen beseitigt gelten können: der Frundsberg ist im Ausdruck etwas gemildert, Luther in seiner Erscheinung kräftiger und völliger, in der Haltung fester und energischer geworden; in dem Colorit aber ist die frühere fast fade Transparenz einer zwar glänzenden, aber gesunden und kräftigen Tönung gewichen, in der mit Consequenz das Princip der kleinen Farbenflecke durchgeführt ist. So verändert und jetzt zu einem entschieden bedeutenden Werke durchgebildet ist der Luther vor dem Reichstage soeben nach Paris auf den Salon gegangen.*)

Ein ähnliches Werk, in dem gleichfalls der Charakter der Zeit in ihrer äusseren Erscheinung »so recht ächt wiedergegeben, das aber als Entwurf in kleinem Massstabe gehalten ist, hat gleichfalls kürzlich das Atelier des Meisters verlassen: Vor der Schlosskirche zu Wittenberg am 31. Oktober 1517«. Die Ansicht der alten Stadt mit ihren Giebeln und Thürmen, die bunten Menschengruppen auf dem freien Platze, die man von dem zündenden Worte der Thesen ergriffen sieht, alles Charakteristische des Momentes tritt hier dem Beschauer mit überzeugender Wahrheit, eben so entfernt von gesuchtem Pomp wie von geistloser naturalistischer Treue entgegen.

Im März 1867 erschien sodann auf der permanenten Gemälde-Ausstellung von Sachse und Comp. in Berlin ein lebensgrosses Portrait von Heyden, welches bewies, wie sehr er befähigt ist, auch der in sich beschlossenen Einzelexistenz im Bilde gerecht zu werden und in ihr den Charakter der Zeit zur Anschauung zu bringen. Es war das Bildniss des Valentin Trotzendorf, Kniestück, bestimmt für den Hörsaal einer Berliner Privatschule. So sicher dieses Portrait aber in der Charakteristik und so gediegen es in der Durchführung war, so wird es doch in jeder Hinsicht in Schatten gestellt durch zwei jetzt erst vollendete lebensgrosse Portraits in ganzer Figur, Holbein und Rubens, für das Versammlungslocal des berliner Künstlervereines.

---

*) Das Bild erschien weiter 1868 auf der berliner akademischen, 1869 auf der münchener internationalen Kunstausstellung. Jetzt hat es seine definitive Stelle als Geschenk des Meisters in dem germanischen Museum zu Nürnberg gefunden, wo es endlich genügender und geziemender Bedingungen zur Wirkung geniesst und nunmehr gewiss Manchen überraschen, Alle von seinem früher vielfach verkannten Werthe überzeugen wird. — Später folgt eine eingehende Analyse des Werkes.

Holbein steht in geschmackvoll reichem Zeitcostüm in seiner Werkstätte, zur Seite ein Tisch mit verschiedenem Geräth; neben ihm aber die Kohlenzeichnung zu der heiligen Elisabeth auf dem Flügel des St. Sebastiansaltares in München. Es scheint ein letzter Moment des Sinnens vor der Inangriffnahme des Werkes festgehalten, die ganze Gestalt ist merkwürdig von der Weihe des Gedankens durchgeistigt; und dabei sieht man es der ungezwungenen Anmuth in der Haltung des Mannes an, dass es ihm natürlich ist und keine Mühe kostet, Grosses und Schönes zu ersinnen. Besonders der Kopf, übereinstimmend mit dem der eigenen Portraitzeichnung des Meisters im Museum zu Basel*), verdient seiner feinen Charakteristik, seiner zarten Modellirung und seiner weichen und lebensvollen Carnation wegen uneingeschränktes Lob. Gern lässt man sich den leichten Anachronismus gefallen, den wenn auch noch jugendlichen, doch immerhin reiferen Meister hier neben dem Werke zu sehen, das der höchstens Einundzwanzigjährige beim Scheiden aus der Vaterstadt vollendet zurückliess. **)

Bei dem Rubens hat der Künstler mit glücklichem Tacte der Versuchung widerstanden, den Beschauer durch die äussere Schönheit des Dargestellten in der Blüthe seiner Jahre zu blenden. Er hat den grossen Künstler und Staatsmann fast an der Gränze der kräftigen Mannesjahre geschildert, als eine fest geschlossene Erscheinung, als einen entwickelten und bewährten Charakter, als eine Vertrauen erweckende und imponirende Persönlichkeit. Er steht da,

---

*) Ist das nur auch wirklich ganz gewiss sein Portrait?

**) Es ist nicht die Schuld des Künstlers, dass er diese unhistorische Zusammenstellung gemacht und noch einen schlimmeren als den im Texte angedeuteten Verstoss begangen hat. Damals quälte sich die officiell anerkannte „Holbeinkunde" noch mit den augsburger „Jugendbildern" des jüngeren Holbein ab.

die Linke mit vornehmer Sicherheit in die Hüfte gestutzt, in der Rechten eine Rolle haltend; ernst schaut das feste Auge aus dem Bilde heraus und scheint mit seinem Tiefblick auf den Zügen des Beschauers zu ruhen. Das Beiwerk ist einfacher als bei Holbein: links lehnt der Degen gegen einen Sessel, rechts sieht man in starker Verkürzung zwei der Vollendung nahe Gemälde, an der Wand den Triumph der Wahrheit aus dem Cyklus der Maria Medici, darunter am Boden stehend ein Brustbild der Helena Forment. Die beiden Portraits sind als Pendants erfunden und durchgeführt, und dürfen ihrer Farbe nach Anspruch erheben, würdige Verherrlichungen zweier der grössten Coloristen zu sein. Doch ist der Holbein wohl dem Rubens überlegen, eine, wie mir scheint, natürliche Folge davon, dass dem Künstler die Welt des sechzehnten Jahrhunderts vertrauter, ich möchte sagen wahlverwandter ist als die des siebzehnten.

In der ganzen bisher betrachteten Thätigkeit des Künstlers lässt sich ein streng inne gehaltenes Streben erkennen; und wir gewinnen die Ueberzeugung, dass der Künstler den Kreis und die Kunstart gefunden hat, welche seiner Anlage und seinem Vermögen entsprechen, und die ihn sicher sein Ziel werden erreichen lassen. Nur einmal war er aus diesem Kreise herausgetreten, er hatte auf äussere Veranlassung einen biblischen Stoff (für die weihnachtliche Transparentgemäldeausstellung des berliner Künstlervereines, Christus bei Maria und Martha) behandelt, aber in dieser Welt fand er sich nicht zurecht. Sie stand ihm nicht mit der plastischen Anschaulichkeit gegenüber wie diejenige, in der er sich zu bewegen gewohnt war, und seine frei gegebene Phantasie und stets rege Farbenlust machten sich auf Kosten des Stoffes geltend, dessen innerste Natur offenbar gröblich verkannt war.

Wer das damalige Misslingen sich so, d. h. richtig erklärte, der musste die Ueberzeugung gewinnen, dass wenn diese blühende Phantasie im Vereine mit diesem glänzenden Farbengefühle sich einmal eines Stoffes bemächtigen sollte, dessen weniger eigengeartetes Leben der freien Entfaltung jener günstiger wäre, Grosses und Schönes entstehen musste.

Am Neujahrstage 1868 nun verkündigte der Theaterzettel im Opernhause bei der Aufführung von Gluck's »Iphigenia in Aulis« die Einweihung eines »neuen Vorhanges von Professor C. Gropius mit einem Bilde von August von Heyden« (sic!). Hier war dem Künstler eine ganz ideale Aufgabe gestellt, und man fühlte dem Werke die Lust an, die ihm die Lösung derselben bereitet hatte.

Kaum eine andere Sage des Alterthums, selbst die vom Orpheus nicht ausgenommen, verherrlicht in gleich ergreifender Weise die Alles bezwingende Macht der Musik, wie die vom Arion: da sitzt er, dem Tode geweiht von bösen, verstockten Menschen, wunderbar gerettet auf dem klugen, freundlichen Delphine, der gottbegeisterte Sänger, und rührt die goldenen Saiten der Leier mit dem Elfenbein. Ungefährdet gleitet er über die spiegelklare Fluth dem sichern Port der Heimat zu, in der sonst öden Wasserwüste umlauscht, umgaukelt und verehrt von den göttlichen Bewohnern des feuchten Elementes. Sie nahen begierig, den Gottbegnadeten zu hören mit frommer Scheu: entzückt folgen sie seinen Spuren, und legen dankbar ihre Gaben zu seinen Füssen nieder.

Keine passendere Darstellung in der That könnte für den Vorhang eines Opernhauses ersonnen werden, wo es gilt, auch in den Pausen des musikalischen Drama's den Zuschauer die Macht der Musik empfinden zu lassen und seine eigene gehobene Stimmung ihm in verklärtem Bilde gegenüber zu stellen. So stellte auch das kleine Mittel-

bild auf dem alten Vorhange von August von Klöber
Arion auf dem Delphine dar.

Heyden hat nun hier in grösserem Massstabe (das
Bild ist 32 Fuss breit, die Figuren gehen um die Hälfte
über die Lebensgrösse hinaus) die Aufgabe in einer Weise
gelöst, die, meinem Gefühle nach, freudigen Beifall verdient.
Es ist Etwas in diesem Sänger in dem weissen Gewande,
mit dem wallenden rothen Mantel, mit dem begeistert erhobenen Haupte, dem hoch wallenden Haare, was an den
Gott selber gemahnt, dessen Priester er ist. Links der
alte schilfbekränzte Triton mit dem Buben auf dem Rücken
und dem anderen, der in kindlicher Scheu sich an ihn
drängt, unter seinem schützenden Arm ist mit voller Seele
dem Liede hingegeben; nur mechanisch sorgt er noch für
die Kleinen, nichts existirt sonst für ihn als der Gesang.
Rechts die junge üppige Nymphe auf dem Seelöwen beut
in jugendlicher Begeisterung die besten Schätze, die sie
besitzt, dem Beseliger dar.

Wird hier die Wirkung der Töne auf Gemüther geschildert, die den ganzen Reichthum ihrer Empfindungen
in sich selber ausleben, so begegnen uns weiter Gruppen,
die entzückt den Zauber, der sie durchbebt, in wechsel-
seitigen Bezügen verkünden. Dem still versunkenen Tritonen entsprechen auf der anderen Seite vier Figuren, die
ergriffen von den Lauten sich erfreuen, in der Anderen
Seele wiederklingen zu sehen, was sie selbst empfinden:
eine Nymphe, die lebhaft ihren Seestier vorwärts drängt,
jauchzt einer anderen zu, die mit prächtigem Corallen-
diademe geschmückt, graciös auf einem Hippokampen ruht;
hinter ihnen aber schmiegt sich eine dritte wonnig durch-
schauert an den Körper des schönen Seekentauren, auf
dessen Rücken sie sitzt, und neigt mädchenhaft Kopf und
Blick hernieder, während sein zurückgewandtes wüstes Gesicht sich zu einem Zuge rührender Innigkeit verklärt. Der

Nymphe aber, die es treibt, in opfernder Spende ihrer Empfindung thätigen Ausdruck zu geben, steht die schwungvoll componirte Gruppe gegenüber, in der ein Triton und drei Meerweiber sich umfassen, im Wirbel des Reigens zu schweben.

Ich brauche nicht zu betonen, wie fein die psychologische Beobachtung in allen diesen Zügen ist: jene beiden Paare von Gegensätzen, die sich in der Art des Kunstgenusses oder der subjectiven Wirkung des Schönen auffinden lassen: die in sich abgeschlossene Hingabe und die freudige Mittheilung, das ruhige Aufnehmen und das lebhafte Aussichherausgehen, sind in allen ihren möglichen Combinationen dargestellt. Und wie fein: die in sich abgeschlossen geniessenden Naturen sind dem Sänger zunächst gestellt: sie treten ja mit dem Künstler persönlich, wenn auch nur geistigerweise, in ein engeres Verhältniss; mit ihm suchen sie den Verkehr und Austausch, den die anderen Seelen lieber unter ihres Gleichen finden. Nicht minder treffend ist hier die Vertheilung der Rollen unter Mann und Weib: der Mann ist kritischer, er sieht dem Sänger fest und dreist in's Auge und hält mit seiner Beifallsäusserung zurück; wird er aber ergriffen, dann ist er es so tief, so mächtig, dass er eine Entweihung zu begehen fürchten würde, wenn er hier für das Göttliche, das er empfangen, mit menschlichem Wort oder menschlicher That zu danken versuchen wollte. Das Weib aber giebt sich weniger reflectirend als empfindend und geniessend dem Schönen hin; leicht ist es davon ergriffen, und das schnell entzündete Gefühl lodert in oft unbedachtem Ausbruch empor.

Unter die Aeusserungen des gereiften Gefühles aber mischt sich mit liebenswürdiger Unbefangenheit die Kinderwelt mit ihrem frischen frohen Spiele, nur vom Reiz angeregt, nur von der Neugier bewegt; einzig in den beiden, dem Sänger zunächst Befindlichen scheint ein tieferes Interesse und selbst ein ahnendes Verständniss aufzudämmern.

Doch noch fehlt ein wesentlicher Theil der Composition. Auf seinem Hippokampengespanne naht der Gott der Fluthen selber, Poseidon, verkündigt von einem muschelhornblasenden Tritonen, der ihm voraneilt. Von der anderen Seite aber schwebt die schaumgeborene Göttin der Liebe, die Tochter des Meeres, daher. Wie sie aus den Fluthen entspross, schwebt Aphrodite in der Luft, von weissem, dünnem Schleier zart umweht, dessen Ende drei Göttinnen mit Psycheflügeln, aber trotzdem wohl Chariten zu benennen, ihr nachtragen. Fünf Eroten fliegen vor ihr her, Blumenguirlanden entfaltend und Pfeile auf die Wasserwesen entsendend. Wie eine Königin zieht sie mit ihren Begleitern über die Scene dahin: sie weiss und sieht, dass ihre Macht es ist, was der Sänger verherrlicht, und mit gnädigem Blicke, wie es der sicher Triumphirenden geziemt, blickt sie aus ihrer reinen Höhe auf die schöne Scene herab.

Oede Meerfluth dehnt sich hinter dem bunten, seligen Gewimmel, so weit das Auge reicht; nur ein Segel erscheint fern am Horizonte: dort treiben sie, die dem Göttergeliebten nach dem Leben standen. Welche Kluft zwischen ihnen und ihm! Welch gähnender Riss zwischen der Welt, die jenes Segel deckt, und dem köstlichen Leben reinster Götterfreude, in das der Todessprung ihn getragen!

Dies Alles, dieser ganze, hier doch nur andeutungsweise dargelegte Reichthum spricht deutlich und klar aus dem Bilde, aus jeder einzelnen Figur; nichts ist dabei erkünstelt oder mühsam hinein interpretirt. Dennoch stände es übel um das Werk, hätte es keine anderen als die bisher aufgezeigten Schönheiten. Aber gerade in dem Aufbau der Composition und den Formen der Gestalten und besonders in der Farbe liegen die Hauptvorzüge des Heyden'schen Vorhanges.

Die Composition fügt sich mit grossem Geschick in den lang gestreckten Raum. Die Massen sind sehr klar disponirt, sehr wohl gegen einander abgewogen und doch keiner steifen Symmetrie unterworfen, sondern durchaus frei, selbst kühn angeordnet. Man fühlt etwas von der Zufälligkeit, die der Realist gern aus dem Leben in seine Schilderung herüber nimmt, die er aber mit künstlerischem Geiste zu durchdringen, und in die er allen Reichthum mannichfacher Beziehungen zwanglos aufzunehmen versteht. Ein mächtiger Zug strebt durch alle Glieder der Composition zu dem geistigen und räumlichen Mittelpunkte hin, von dem aus alle Leben und Beseelung empfangen.

In den Gestalten herscht überall ein kerngesunder Sinn, eine fast begeisterte Liebe für die schöne Natur. Die Körper sind von anmuthiger Fülle, die Köpfe von treffendem Ausdrucke. Namentlich aber ist die Bewegung durchweg von jener Angemessenheit und Gracie, die nur bei lauterer Empfindung und ungekünsteltem, wahrem Affecte möglich ist. Hierin halte ich die Gruppe links für geradezu meisterhaft; wie sieht und fühlt man den Schwung, der diese blühenden Leiber unwiderstehlich mit sich fortreisst! Und wie schwebt die Venus edel und leicht aufwärts! Wie lose und luftig fliegen die Eroten! Wie stolz und würdevoll fährt der Meeresbeherscher daher! — Etwas missglückt ist leider die rechte Hand des Arion, die das Plektron führt.

Und nun endlich die Farbe. Von ihrer Kraft und Klarheit, ihrer Wärme und Harmonie kann man sich nur einen Begriff machen, wenn man sich der besten älteren Vorbilder erinnert. Das Colorit ist wahrhaft leuchtend, ohne im mindesten grell zu sein. Besonders weich und zart sind die Halbschattenpartien, wie die Venus unter ihrem Schleier und die Nymphe auf dem Kentauren. Aber auch in den vollen Tönen der vorderen Figuren ist das

Fleisch von frischem, kernigem Leben durchdrungen; die Gewänder sind saftig, die phantastischen Thiere, besonders der Delphin des Arion, lebendig und natürlich. Das Ganze aber macht einen derartig angenehmen und erfreulichen, einheitlich geschlossenen Eindruck, dass es scheint, als wenn jetzt erst der innere Raum des Opernhauses seinen rechten Abschluss bekommen und damit erst die für ihn mögliche Vollendung erlangt hätte. Die gesammte Decoration gipfelt in dem Abschlusse der Bühne, und die ganze glänzende Ausstattung wird von dem neuen Vorhange überstrahlt.

Hierzu wirkt freilich die (von Prof. Gropius entworfene) Umrahmung wenig mit. Diese besteht in einer mit kleinen Gliederungen überladenen Goldleiste im Rococogeschmack (in Uebereinstimmung mit dem Raume), unten durch die üblichen Franzen und Troddeln bis auf den Boden verlängert. In den Ecken sind vier mächtige bunte Blumenbouquets — auf Heyden's Wunsch — eingesetzt, um auch in dem Rahmen noch einmal die Farbe zu Worte kommen zu lassen. Nach der Ausführung erwies sich dieser Gedanke als ganz ungünstig; jetzt, nach Abtönung der Bouquets, ist die Wirkung wenigstens ruhiger.

Warum man es überhaupt nöthig fand, eine Umrahmung von anderer Hand hinzufügen zu lassen, ist nicht leicht erfindlich; denn Heyden selbst hatte eine Einfassung entworfen, die an Reichthum der Erfindung, an Schwung der Zeichnung und an Stilgerechtigkeit unendlich weit über der ausgeführten steht. Die Verzierungen waren in einem warmen Grau auf einem matten Goldgrunde gedacht. Ein gesundes Gefühl würde von dem klaren und schwungvollen Aufbau dieser graciösen Formen nicht anders als im höchsten Grade wohlthuend berührt worden sein. Wie die Motive leicht und gefällig mit einander wechseln und in einander übergehen! Und wie das reizende weibliche Figürchen rechts und links oben auf den Seitenleisten den Gedanken zum Abschlusse bringt und zu den einfacheren Formationen der oberen Leiste hinüberleitet! Die Mitte der Letzteren sollte eine mit Blumenfestons decorirte kleine Platte mit dem Namen Beethoven einnehmen; an sie werden die Bänder angeknüpft, die Kränze und Bouquets in abwechselnder Reihe mit einander verbinden bis zum Rande hin (in der ursprünglichen Zeichnung waren statt dessen bloss Blumenfestons projectirt). Auf der unteren Leiste wird in der Mitte eine Leier von zwei Greifen gehalten, deren Schwänze in gleicher Weise wie die der Delphine nach den Ecken hin arabeskenartig in stilisirte Pflanzenformen übergehen; es folgen dann zu beiden Seiten je zwei Paare von gleichen Delphinen, darauf immer geflügelte Putti mit einer Schrifttafel zwischen sich; endlich an beiden Enden ein ungleiches Delphinenpaar, mit dem ziegenfüssigen Flötenbläser hier und einer entsprechenden Figur dort; die Fussleiste enthält also sechs Tafeln mit Namen. Der tragischen Maske in der einen Ecke steht eine komische in der anderen gegenüber.

Durch diese ganze Composition tönt ein festlicher Klang; überall verkündigt sich das musikalische Drama, zu dessen Repräsentation der Ort bestimmt ist; ja selbst ein Motiv aus dem Hauptbilde klingt in den häufigen Delphinen sehr glücklich durch.

Ich habe einwenden hören, diese Composition mit ihrem candelaberartigen Aufbau an den Seiten sei für einen aufgerollten Vorhang nicht ganz stilvoll; das mag sein, aber sie ist es jedenfalls nicht minder, als eine Leiste mit plastisch profilirten Gliederungen; und wenn man schon einmal, um nur die Stilgerechtigkeit des Bildes für einen solchen Vorhang zu retten, an Gobelins appelliren muss, dann wird auch die Umrahmung etwas von der dadurch gewonnenen Freiheit profitiren dürfen. Jedenfalls wird die symmetrische Autorität und die Richtung von unten nach oben (denn auch ein hängender Vorhang baut sich so, wenn er dazu bestimmt ist, glatt auf die Erde zu stossen,) hier sicherer betont als durch blosse Franzen am unteren Rande. — Ich wünschte, der Vorhang wäre mit seiner für ihn gedachten Umrahmung ausgeführt; das hätte ein Werk aus einem Guss und in einem Geiste gegeben, während so immer Etwas zurückzurechnen bleibt.

Ein Ausflug nach Lauchhammer.
Das Lutherdenkmal für Worms.

Spener'sche Zeitung vom 27. und 28. Mai, 7., 9., 12. und 17. Juni 1868. — Als Momentbild keinen Aenderungen unterworfen. —

In dem gräflich Einsiedel'schen Hüttenwerke Lauchhammer — so meldeten vor wenigen Wochen die Zeitungen — wird vom 15. bis 21. Mai das Luther-Monument für Worms ausgestellt sein. Was Grosses die drei Worte bedeuteten, wem, der sich für die deutsche Kunst und ein wahrhaft nationales Werk interessirt, wäre es nicht im vollen Umfange bewusst gewesen? Der Entschluss, zu der Ausstellung zu reisen, wenn es irgend ausführbar wäre, lag also nahe und war bald gefasst.

Aber wo liegt Lauchhammer? Die Geographie gehört bekanntlich zu den liebenswürdigen Schwächen des gebildeten Menschen, bis das praktische Studium des unsterblichen Bädeker langsam, aber sicher ein Stückchen des gewaltigen Wissensgebietes nach dem anderen aufhellt. Und um so verzeihlicher schien im vorliegenden Falle unsere Unwissenheit, als es sich ja um ein isolirtes Werk handelte, und kein Coursbuch dessen verhängnissvollen Namen enthielt. Der preussische Specialkatalog für die Pariser Weltausstellung meldete, dass es in der Provinz Sachsen zu suchen sei, und auf der Karte der Provinz in dem grossen Kiepert'schen Atlas gelang es endlich mit einiger Mühe, Lauchhammer im äussersten südöstlichen Winkel aufzufinden. Weit abseits liegt es von den grossen Verkehrsadern, nicht einmal einer Chaussee theilhaftig und von der nächsten Eisenbahnstation Burxdorf (auf zwei Dritteln des Weges von Berlin nach Dresden) über sechs Meilen entfernt. Die Beschwerlichkeit und Langwierigkeit eines solchen Weges schreckte jedoch nicht, und wir begaben uns auf die Reise.

Herrlich wie den ganzen Monat war die Frühlingsluft, als wir am 16. Mai in der Frühe der drückenden Schwüle der grossen Stadt den Rücken kehrten, und wohlbehalten langten wir nach viertehalbstündiger Fahrt in Burxdorf an, von wo nach kurzer Pause die Post nach Liebenwerda abging. Um Mittag begrüssten wir das freundliche, aber stille Städtchen und benutzten die Zeit bis zur Abfahrt der nächsten Post, um in der nahe gelegenen, vom Postmeister empfohlenen Restauration ein frugales, aber schmackhaftes Mahl einzunehmen. Der würdige Wirth, mit allem Pathos eines selbstbewussten Kleinstädters, verkürzte die Zeit durch Berichte über die Herrlichkeiten in Lauchhammer, wo, wie er versicherte, alle möglichen Vorkehrungen zum Empfange der fremden Gäste getroffen seien. Endlich fuhr die Post ab. Glühend brannte die Sonne auf die weite Ebene. Kein Wald, keine dichte

Baumreihe schützte den Reisenden mit ihrem Schatten, entsetzliche Staubwolken, selbst für einen Berliner horrende, wirbelte jedes Lüftchen auf, auch wenn es unfähig war, die geringste Kühlung zu gewähren, und von dem bald erreichten Elsterwerda ab hörte die Chaussee auf, und die anmuthigsten Landwege, auf denen es leicht wurde, sich aus dem XIX. Jahrhundert hinauszuträumen, empfingen die Postkutsche in ihren Bergen und Thälern und ihrem schuhtiefen Sande. Endlich war Mückenberg, die letzte Poststation, überstanden, die Sonne begann zu sinken, lange Schatten zogen sich über die Felder, die sengende Gluth der Luft wich je mehr und mehr einer erquicklichen Kühle, und auch die Landschaft wurde immer anmuthiger. Bedeutendere Hügel traten hervor; die schwarze Elster und die Lauchteiche belebten die Gegend durch kleinere und grössere glänzende Wasserflächen, und die immer dichtere Bewaldung stand mit ihrem düsteren Fichtengrün dazu in wohlthuendem Contrast. Auf den letzten Dörfern machten sich auch schon die Vorboten des Festes bemerkbar: Schau- und Glücksbuden und Aehnliches verkündigten die Nähe eines Festplatzes. Endlich, am Ziele einer eilfstündigen Reise, hielt der Wagen vor dem Posthause in Lauchhammer.

Trotz der ermüdenden Fahrt ist der Anblick des frischen Lebens, das sich hier rund umher entfaltet, wohl geeignet, freudige Theilnahme zu erregen. Zu Tausenden wogen die Menschen auf der breiten Hauptstrasse durcheinander, besonders da, wo am Eingange des Ortes links das Gasthaus steht und rechts ihm gegenüber der grosse Festplatz mit dem hohen Obelisken zum Andenken an die hundertjährige Jubelfeier des Lauchhammers sich ausbreitet, umgeben mit den ständigen und manchen jetzt für den vorübergehenden Gebrauch des Festes errichteten Hallen für die Buffets, die Gäste u. s. w. In der Mitte des Platzes erhebt sich ein gusseiserner Pavillon in maurischem Stile, zur Feier des Tages und zum Schutze gegen die Sonnenstrahlen mit Tannenzweigen decorirt, in welchem die sächsische Cavalleriemusik aus Grossenhain spielt, die soeben das Musikcorps der lübbener Jäger auf diesem Posten abgelöst hat. Beide Capellen sind »von Werks wegen« für die ganze Festzeit engagirt und concertiren abwechselnd zu verschiedenen Zeiten des Tages, wenn auch nicht immer zum Genusse für verwöhnte Ohren, doch jedenfalls zur Erhöhung und Erhaltung festlicher Stimmung nach Kräften und mit Erfolg bemüht. Hier sitzen die beiden obersten Beamten des Werkes, der Herr Baron von Welck, Bevollmächtigter der gräflich Einsiedel'schen Familie, ein schöner, stattlicher Mann von einnehmendem Wesen, und der Herr Hüttenmeister Reinbrecht, der Energie und Thatkraft mit Zuvorkommenheit und Freundlichkeit in hohem Grade zu vereinigen weiss. Seiner Vermittelung verdankten wir in dem überfüllten Gasthause noch ein gutes Unterkommen, und begaben uns sodann zu dem Concert, um die günstige Zeit zu dem ersten Besuche des Denkmales abzuwarten.

Hier gewannen wir Musse, die Bewegungen der Menge zu beobachten. Es war ein wirkliches Volksfest für die ganze Gegend, veranlasst durch die edelste Ursache und gehalten durch einen ruhigen Ernst, der jede Ausschreitung als unmöglich erscheinen liess. Wir hatten so etwas nicht erwartet. Gewöhnt an die Stumpfheit und Schwerfälligkeit unseres »gebildeten« Publicums, das sich zum Schönsten und Besten erst durch die Anfeuerungen der Presse hinweisen lässt und sich dann zu einer kühlen Kenntnissnahme, im günstigsten Falle zu einer noch kühleren, kritisch versetzten Anerkennung versteigt, oder an die Roheit unserer gewöhnlichen Bevölkerungsschichten, die die Festlichkeit nur im Geniessen und das Vergnügen nur im Toben erkennen, hatten wir eine allgemeinere Theilnahme nicht zu hoffen gewagt, und hätten uns von dem Geiste einer durch eine festliche Ursache zusammengeführten ländlichen Bevölkerung eine andere Vorstellung gemacht. Bald hatten wir Gelegenheit, zu sehen, mit welchem Sinne und Gefühle das versammelte Volk dem eigentlichen Mittelpunkte des Festes gegenübertrat. Die Sonne war hinter die bewaldeten Hügel gesunken, welche den Ausstellungsplatz hinter dem Denkmale begränzen, und es war nun möglich, ohne geblendet zu werden, wenigstens einen allgemeinen Eindruck von dem grossartigen Werke zu empfangen. In Begleitung des Hüttenmeisters sowie eines der namhaftesten berliner Bildhauer, mit dem wir bereits unterwegs zusammengetroffen waren, und einiger anderen Personen schlossen wir uns der allgemeinen Wallfahrt nach dem Luther-Monumente an.

Bei den Niederlagen für Kunstguss und andere feine Waaren geht es vorbei, die Hauptstrasse entlang; dann wendet sich der Pfad links ein wenig bergauf längs der Bronzegiesserei, hinter der sich, vom Walde umsäumt, der Ausstellungsplatz erstreckt. Hier sind ganz eben so, wie in Worms auf einem Syenitsockel, auch in derselben Orientirung (die Hauptfigur mit dem Gesichte gegen Osten), die einzelnen Theile des Monumentes auf einem aus Holz construirten Unterbau aufgestellt. Mächtig ragt in der Mitte Luther auf hohem Postamente, von den Vorreformatoren umgeben, empor, an drei Seiten zieht sich eine niedrige Balustrade in Gestalt einer Zinnenmauer herum, an den Ecken die Hauptkämpfer und Theilnehmer der Reformation, zwischen ihnen die für die Reformationsgeschichte wichtigsten Städte tragend. Ein mächtiges Stück Geschichte der Welt und des menschlichen Geistes erscheint hier verkörpert. Der Eindruck ist geradezu überwältigend. Die eminent geistige Bedeutung des Denkmales tritt mit solcher Klarheit und so ruhigem Nachdrucke dem Beschauer entgegen, die Aufgabe ist im Plane so grossartig, in der plastischen Ausgestaltung so künstlerisch und grossstilig gelöst, dass kein Zweifel bleibt: das Luther-Monument ist die vollendeteste und erhabenste Schöpfung der monumentalen Plastik der Gegenwart. Wie eine Burg erhebt sich das Monument über der Erde, und wie Luther, auf der Spitze des Ganzen in glaubensfrommer Zuversicht emporblickend, die geschlossene Hand auf die Bibel legt, glaubt man einen erhabenen und erhebenden Grundton vernehmlich durch das Werk klingen zu hören, den Ton des köstlichen Lutherwortes: »Ein' feste Burg ist unser Gott!«

Nicht schön genug können wir uns den Eindruck vorstellen, den die am Morgen des ersten Ausstellungstages, Freitag, improvisirte Eröffnungsfeier auf die Theilnehmer gemacht haben muss. Von der Arbeit weg wurden die etwa tausend Beamten und Arbeiter des Hüttenwerkes um das Denkmal versammelt, denen sich alsbald die schon vorhandenen Gäste anschlossen. Und während in der schönen Natur der herrlichste Frühlingsmorgenhimmel über dem Festplatze blaute, stimmten die vereinigten Musikcorps das unvergängliche Kernlied der protestantischen Kirche an, in das die Menge einfiel. Der Baron von Welck richtete sodann eine kurze Ansprache an die Versammlung, in der er die Knappschaft auf die Bedeutung dieses grossartigsten der bisher aus den Arbeitsräumen des Lauchhammers hervorgegangenen Werke hinwies. In ähnlichem Sinne sprach der Herr Prediger Seltmann, der es sich angelegen sein liess, den Gedanken des Monumentes und die Wichtigkeit der neben Luther dargestellten Gestalten seinem Zuhörerkreise klar zu machen. Der Diaconus Arndt hielt sodann ein Gebet, und die Menge zerstreute sich wieder zu ihrer Arbeit, jedenfalls nicht ohne ein unauslöschliches Andenken an diesen Weihemoment mit sich hinweg zu nehmen. —

Lange vermochten wir nicht, uns von der Betrachtung des Gesammtwerkes loszureissen, um uns dem Studium der Einzelheiten hinzugeben, und als wir endlich dazu gelangten, hatte der Tag seine Leuchte bereits so weit erlöschen lassen, dass ein deutliches Erkennen nicht mehr möglich war. Wir mussten uns daher für diesen Tag mit einer oberflächlichen Betrachtung genügen lassen, die indessen ausreichte, uns in den durch seine naive Ueberzeugungsinnigkeit rührenden Ausspruch eines benachbarten Landbewohners einstimmen zu lassen, der, nachdem er seinen Genossen die Bedeutung der trauernden Magdeburg in seiner schlichten Weise erläutert, in die Worte ausbrach: »Wer nur ein Bischen Gefühl für solche Sachen hat, der kann das nicht genug bewundern!«

Nachdem wir noch auf dem Rückwege der Bronzegiesserei einen vorläufigen Besuch abgestattet und in die bei Abend besonders imposante Gluth des nie erlöschenden Hochofens geschaut hatten, begaben wir uns zum Festplatze zurück, um den Rest des nach des Tages Last und Hitze doppelt erfrischenden Abendes in angenehmer gesellschaftlicher Plauderei zu verbringen, zu der die weit und breit zusammengeströmte Festgenossenschaft reiche Veranlassung bot. Allmählich erstarb die Musik; jüngere Beamte erfreuten sich des Wiedersehens mit besuchenden Altersgenossen und Studienfreunden im Singen der ewig jungen Lieder der Burschenzeit, und als die vorgerückte Stunde unseren Kreis trennte, hörten wir noch lange ihren »muntern Sang aus vollen Kehlen«, bis endlich Gott Morpheus uns und wohl bald auch sie in seine weichen Arme nahm.

Um vier Uhr früh hatte der künstlerische Reisegefährte gedroht, am Sonntage aufzustehen und mich zu wecken, um eine gemeinschaftliche Frühpromenade im Walde zu unternehmen. Er hielt Wort. Bald aber sollten wir für unsere Verläugnung grossstädtischer Langschläfrigkeit durch einen köstlichen Anblick belohnt werden. Unsere Fenster gewährten die Aussicht nach dem Denkmalplatze. Noch lag das Monument im Schatten. Da plötzlich überstieg die Morgensonne den dunkelgrünen Saum der Waldabhänge, und golden strahlte Luther wie in verklärtem Glanze über dem noch beschatteten Postamente. Langsam schien sich das ganze Werk in die Region des Lichtes zu erheben, und bald stand es in vollem Schimmer seiner hehren Schönheit vor unseren Blicken. — Da bleibe, wer Lust hat, mit Sorgen zu Haus, — wenn auch hier kaum andere drückten, als die um ein gutes Frühstück. Wir liessen Alles im Stiche und machten uns geschwind auf die verabredete Wanderschaft. Wie nach Uebereinkunft schlugen wir denjenigen Weg nach dem Walde ein, der uns bei dem Monumente vorüberführte: da war's denn freilich um die Frühpromenade geschehen. In der günstigsten Beleuchtung fanden wir das Denkmal, noch nicht umlagert von zahllosen Besuchern, umschwirrt von dem Geräusche lebhaftester Unterhaltung. Die Gelegenheit schien zum gesammelten Studium einzuladen, und wir liessen uns willig festhalten.

Ehe wir jedoch den Leser bitten können, sich mit uns in die Tiefe künstlerischer Ideen und in den Gedankenreichthum des herrlichen Werkes zu versenken, bedarf es einer kurzen historischen Orientirung.

Das Luther-Denkmal für Worms hat eine nicht ganz einfache, interessante Geschichte. Begonnen im Jahre 1856, vollendet 1868«, so resumirt eine kurze Inschrift am Sokkel diese Geschichte, ohne die Fülle von Erwägungen und Ereignissen zwischen diesen trockenen Daten ahnen zu lassen. Im Jahre 1856 kam eine Anzahl hochgeachteter Männer von Worms, unter ihnen besonders der Pfarrer

Keim und der Gymnasiallehrer Dr. Eich, auf den glücklichen und zeitgemässen Gedanken, dass doch dem grossen Reformator Martin Luther an der Stelle, wo er vor Kaiser und Reich sein Bekenntniss ablegte und seine Lehre behauptete, ein würdiges Denkmal gebühre. Man constituirte sich daher als Comité mit den beiden genannten Herren als Vorsitzenden, und fing an, die Sache zu betreiben, Freunde zu werben und Geld zu beschaffen. In geschickter Weise geleitet, musste der Versuch gelingen; ein Lutherdenkmal in Worms zu errichten, musste bald als eine Ehrensache der gesammten evangelischen Christenheit erscheinen; der Gedanke, das Andenken des grossen Befreiers von geistiger Knechtschaft in grossartigster Weise zu ehren, musste überall Mittel und Kräfte zur Verwirklichung des Planes gewinnen. In der That waren die ersten Erfolge schon so ermuthigend, dass das Comité der Ausführung näher zu treten sich veranlasst sah. Glücklicherweise stand man von einer Concurrenz ab und übertrug das Werk vertrauensvoll denjenigen Künstler, dessen Art und Kunst sich am meisten unter allen lebenden Künstlern einer solchen Aufgabe gewachsen zeigte. Rauch war eben (3. December 1857) gestorben; man wandte sich daher, anfangs des Jahres 1858, an seinen grössten Schüler, Ernst Rietschel in Dresden, der — von anderen Werken abgesehen — durch sein Goethe-Schiller-Standbild in Weimar und seinen Lessing für Braunschweig seine hervorragende Begabung für die monumentale Bildnissplastik bewährt hatte. Rietschel nahm die Uebertragung dieser Arbeit mit einer wahren Begeisterung und als schönsten Lohn für sein künstlerisches Streben auf. Sein Brief vom 2. Februar 1858 an den Denkmals-Ausschuss (mitgetheilt in seiner Biographie aus der Feder seines Schwagers Andreas Oppermann) giebt das herrlichste Zeugniss von dem Geiste, mit dem er den neuen Auftrag ergriff.

»Wie soll ich der Empfindung Ausdruck geben, mit welcher Ihr geehrtes Schreiben vom 26. Januar mich erfüllte, das mir den Auftrag ertheilte, Luther's Monument zu bilden! Welch ein Auftrag, wo könnte es einen solchen noch geben, der ehrenvoller, erhebender, begeisternder sein möchte? Bei der ersten Kunde Ihres Unternehmens war es wohl natürlich, wenn der Wunsch in mir entstand, dass ich der glückliche Künstler sein möchte, welcher mit Lösung dieser schönen, erhabenen Aufgabe betraut werden möchte. Zweifelte ich auch nicht, dass mein Name bei der Wahl des Künstlers in das Bereich Ihrer Erwägungen gezogen werden würde, so blieb doch noch eine grosse Kluft zwischen Erwägung und Wahl, und ich unterdrückte diesen erhebendsten meiner Wünsche um so entschiedener, je lebhafter er mich erfüllte. Haben Sie Dank für das Vertrauen, mit welchem Sie mir entgegenkommen, mich ehren; so weit mir Gott die Kraft giebt, will ich's rechtfertigen. Kann auch kein Künstler von sich sagen und versichern, dass er eine ihm gewordene Aufgabe in jeder Beziehung, in ihrem ganzen Umfange und ihrer Tiefe und zu Aller Befriedigung lösen werde, so wird doch das volle Bewusstsein von der hohen Bedeutung derselben und eine hingebende Begeisterung dafür jedenfalls das Annäherndste zu glücklicher Lösung fördern und sichern. Ich bitte Gott, dass er meinen Geist erleuchte, meine Hand führe und meine Gesundheit stärke, dass ich zu meiner Ehre und zur Freude und Erhebung aller Protestanten — und, darf ich hinzusetzen, auch zur stillen und gerechten Achtung der Katholiken, das Werk durchführe und vollende! Das helfe Gott!« —

Die Wahl gerade dieses Meisters blieb nicht ohne den günstigsten Einfluss auf den Fortgang des Unternehmens, zu dem nun die Mittel über Erwarten schnell und reichlich zusammenflossen. Rietschel wandte sich sofort dem

Werke zu, und nachdem er die nöthigen Studien gemacht und mit den bedeutendsten Fachmännern seine Ansichten ausgetauscht hatte, war er bereits im Sommer des nämlichen Jahres auf einer Reise nach Bad Ems im Stande, dem Ausschuss in Worms zwei durchdachte Projecte zur Auswahl vorzulegen. Vor der definitiven Entscheidung für das eine oder das andere verlangte dieser die Ausführung beider in Modellen, welche im Frühjahr 1859 dem Gesammt-Ausschusse zu Worms und dem Grossherzoge Ludwig von Hessen vorgestellt werden konnten.

Rietschel hatte sofort richtig gefühlt, dass, wenn das Wesen der Sache im innersten Kern erfasst werden sollte, nicht Luther allein ein Denkmal zu errichten sei, sondern Luther und der ganzen Reformation, und dass man diese nicht als eine einfache Thatsache, sondern als das Resultat mannichfacher vorbereitender und begleitender Ereignisse auffassen müsse, als deren Repräsentanten gewisse Persönlichkeiten zu erscheinen haben. So kam er auf die zwei Gruppen der Vorläufer und der Vorkämpfer der Reformation, deren er je vier der Hauptstatue Luther's unterordnete.

Das kleinere Modell zeigte ein hohes Postament mit vier stark vorspringenden Sockeln an den Ecken und vier grossen Nischen an den Seiten. Auf jenen standen die Kämpen der Reformation, in diesen sassen die Vorreformatoren. Obgleich dieser bei dem Herkömmlichen beharrende Entwurf viele Lobredner fand und den geernteten Beifall an sich auch reichlich verdiente, so wurde doch zur Ausführung das grössere Modell bestimmt, dessen Anlage unvergleichlich grossartiger und eine ganz originelle, hochbedeutende Schöpfung des Künstlers war. Bevor wir jedoch diesen vorzüglicheren Entwurf in seiner jetzt fertigen Ausführung betrachten, ist ein Blick auf die Erwägungen über Auswahl und Auffassung der an dem Denkmale darzustellenden Gestalten nothwendig.

Als die vier Vorreformatoren waren anfänglich Petrus Waldus, Wiclef, Huss und Reuchlin bezeichnet; von den Zeitgenossen Luther's sollten Friedrich der Weise, Philipp von Hessen, Melanchthon und Ulrich von Hutten dargestellt werden. Der Letztere veranlasste Widerspruch; Rietschel selbst hatte keine Sympathie für ihn, und der eine Mann der Wissenschaft, Melanchthon, hatte zwischen den drei ritterlichen Erscheinungen kein passendes Gegenbild. So wurde Hutten aufgegeben, und an seine Stelle Reuchlin gesetzt, der als Luther's erstem Auftreten noch gleichzeitig (er starb 1522) unter den Kämpfern der Reformation einen schicklicheren Platz bekam als unter den Vorreformatoren, in deren Reihe er nur sehr bedingter Weise gehört. Jetzt aber entsprachen sich die beiden grössten Gelehrten der Zeit, von denen der eine, Reuchlin, das Studium der hebräischen Sprache in Aufnahme brachte und durch Abfassung der ersten Grammatik förderte, und so die Uebersetzung des alten Testamentes ermöglichte; der andere, Melanchthon, für die Kenntniss des Griechischen und damit für die Uebersetzung des neuen Testamentes beinahe dieselbe Bedeutung hatte. Die „*lux mundi*" und der „*praeceptor Germaniae*" stehen neben einander als die hervorragendsten Männer des Wissens, wie der sächsische Kurfürst und der Landgraf von Hessen als die bedeutendsten Männer der That. Die leer gewordene Stelle aber unter den Vorreformatoren nahm nun mit grösserem Fug und Recht der begeisterte Dominicanermönch Girolamo Savonarola, der grosse florentiner Reformator, ein, der 1498 seine Auflehnung gegen die unheilvollen Schäden in Kirche und Staat in den Flammen büsste. Keine Persönlichkeit der Kirchengeschichte, so wunderliche Bedenken auch gegen diese gerade vorgebracht sind, hätte in höherem Masse die Auszeichnung durch Aufnahme unter die Vorarbeiter Luther's in erster Linie verdient, und der Meister hat daher sehr weise gethan, sich nicht durch das Geschrei beirren zu lassen.

Eine ungeahnte Schwierigkeit fand Rietschel in dem Costüme des Reformators: die populär gewordene Erscheinung Luther's, wie sie uns die Cranach'schen Bilder überliefert haben, im vorgerückten Alter mit dem Doctorrocke bekleidet, sagte dem Bildner nicht zu. Andererseits schien der Ort des Denkmales auf den Luther des Wormser Reichstages, jung, abgehärmt, im Augustinermönchskleide, wie ihn ein Holzschnitt des Hans Baldung Grien in mehreren Varianten vergegenwärtigt, hinzuweisen. Auch versprach das Ordensgewand mit den in der Mitte durch den Gurt unterbrochenen Falten eine malerischere und interessantere Erscheinung als der Doctorrock (der Talar) mit seinen gleichförmig herabfallenden Falten, der »Orgelpfeifenparallele«, wie Rietschel sich ausdrückte.

Der anfangs befremdliche Gedanke fand bald lebhafte Zustimmung, ja noch neue Gründe für die Mönchskutte wurden dem Meister von einsichtsvollen Männern geliehen. Doch fühlte dieser sehr wohl, dass die Entscheidung von höchster Wichtigkeit war, und er erkannte, dass Manches sich im Plane, mit Gründen unterstützt, ganz anders ausnimmt als im ausgeführten Monumente, wo es durch die Gewalt der ästhetischen Erscheinung, rein durch sich selbst wirken muss. Mit welchem gewissenhaften Ernste der Meister die Frage noch erörterte, als Andere durch den fast ungetheilten Beifall selbst der competentesten Stimmen sich wohl berechtigt geglaubt hätten, bei der einmal getroffenen Wahl zu beharren, beweist ein längerer Aufsatz in einem seiner Notizbücher, betitelt: »Luther's Monument in Worms«, der ein eben so schätzenswerthes Document zur inneren Geschichte dieses Denkmales ist, wie er den Geist der Schadow-Rauch'schen oder berliner Bildhauerschule, der Rietschel mit Liebe und Ueberzeugung als seinem künstlerischen Mutterboden zugethan war, charakterisirt. Da wir den Aufsatz nicht vollständig mittheilen können, so skizziren wir seinen Gedankengang:

Soll die allgemeine Idee der Persönlichkeit oder der bestimmte historische Moment dargestellt werden? Der Ort des Monumentes fordert die rein historische Darstellung. Die welthistorischen Worte Luther's: »Hier stehe ich,« u. s. w. müssen das Motiv für Ausdruck und Bewegung abgeben. Wird aber dieser schwere Anfang des Reformationswerkes dargestellt, dann müssen auch die Darstellungen am Postamente damit in Beziehung stehen und nur bis dahin reichen. Es soll jedoch nach dem gebilligten Plane ein Monument der lutherischen Reformation geschaffen werden. Also darf keine Episode aus Luther's Leben ausschliesslich zum Ausdruck kommen, sondern der ganze Mann und sein ganzes Wirken. »Hätte Luther«, heisst es wörtlich weiter, »in Worms den Märtyrertod erlitten, so würde seine That (d. h. seine heroische Absage auf dem Reichstage) noch grösser und tragisch verherrlichter erscheinen, und es wäre dann auch kein Zweifel, dass er im Augustinerkleide dargestellt werden müsste; allein da Luther's Wirken als Reformator erst von da an begann und sein ganzes Leben ausfüllte, da Luther in Worms nur die falschen, der Kirche aufgedrungenen Dogmen negirte und gegen die hierarchische Gewalt protestirte, und erst von da ab sein Leben hindurch positiv wirkte, die wahren Dogmen reinigte, neu einsetzte, nicht nur protestirte, sondern reformirte, so kann und muss seine ganze grosse Lebensthätigkeit zusammengefasst, nicht der werdende, sondern der gewordene Luther, der ganze Mann in seiner Durchschnittserscheinung, nicht ein Theil nur von ihm dargestellt werden.« Nicht eine Stadt, sondern die protestantische Welt errichtet das Monument, an dem Postamente verbreiten sich Reliefs und Persönlichkeiten über die Zeit des Wormser Reichstages hinaus; »daher ist auch für Luther die Erscheinung und Kleidung zu wählen, welche sein ganzes späteres Leben hindurch massgebend war, in der seine Gestalt **Eigenthum der Volksanschauung** geworden.«

Dann folgt eine Erwägung, die wir unmöglich besser als in Rietschel's eigener, ebenso schlagender, wie präciser Form wiedergeben können: »Uebrigens«, sagt er, »wäre **kein Grund** vorhanden, Luther im Augustinergewande über die vier Vorreformatoren Huss, Savonarola, Wiclef und Waldus, welche an dem Postament eine untergeordnete Stellung einnehmen, zu stellen. Sie haben nicht weniger geglaubt und gekämpft, ja sie haben mit gleichem Glaubensmuthe mehr gelitten. Luther im Augustinergewand ist nur der **neben** ihnen gleichstehende Kämpfer für eine Sache, die erst beginnt, gegen ein Gift, das er ausrotten will. Aber nicht als der Anfänger, sondern als der **Vollender** des von jenen vier begonnenen, von ihm durchgeführten Werkes hat er das Recht, über ihnen zu stehen, und als solcher kann er eben **nur in dem Kleide** gedacht werden, **das Symbol durch ihn geworden** für eine neue, von der katholischen Hierarchie losgetrennte Kirche.« — Mönchskleid, Tonsur und Magerkeit würden Luther kaum erkennen lassen. Es ist aber die erste Bedingung eines National-Monumentes, dass der Beschauer unmittelbar beim ersten Blicke dasselbe versteht, ohne Abstraction und Reflexion. Der im Volksbewusstsein lebende Cranach'sche Luthertypus, künstlerisch günstiger aufgefasst, muss an die Stelle des dem Protestantismus entgegengesetzten Mönchstypus treten. »Der Künstler hat die Wahrheit der Idee der der Erscheinung vorzuziehen, wenn letztere die erste nicht zum klaren Ausdruck gelangen lässt.« Das Motiv des »**hier stehe ich**« kann auch im Chorrocke beibehalten werden und an die That in Worms erinnern, denn dies Wort oder dessen Bedeutung durchdrang Luther's ganzes Leben, und jeder Schritt seiner Handlungen wiederholte es. Das künstlerisch zusagendere Mönchskleid verdient darum allein noch nicht den Vorzug, denn »es giebt Kunstwerke, bei denen nicht die Schönheit allein, sondern die Idee und Bedeutung massgebend wird«.

Nach diesen Betrachtungen, deren Gründlichkeit und Folgerichtigkeit uns gleichen Respect vor Rietschel's Verstand und Wissen wie vor seinem Gefühl und Können abnöthigt, konnte es für ihn nicht mehr zweifelhaft sein, welche Wahl er zu treffen hatte, und der Künstler in ihm rang nun danach, für das auf dem Wege feinsinniger Betrachtung gewonnene Motiv die absolut künstlerische Gestaltung zu finden.

Schon einmal hatte er eine Skizze zum Luther im Doctorrocke gemacht, aber mit dem gerade und eintönig von den Schultern herabhängenden Gewande auch das Motiv der Figur verworfen: Luther hält betheuernd die linke Hand auf das Herz, während er in der rechten die Bibel trägt. Eine zweite Skizze im schön wirkenden Mönchskleide giebt dem Reformator die Bibel in die linke Hand, während die rechte, erst offen, später leicht geballt, auf dem Buche der Bücher, als dem Grund und Urquell seiner Lehre und seines Glaubens, ruht. Es ist keine Gewaltsamkeit, nichts Massives oder Plumpes in dieser Bewegung, sondern der Ausdruck fester, unwandelbarer Ueberzeugung, das feste, siegessichere Bewusstsein von der erkannten Wahrheit, wie es sich in einer Kernnatur unwillkürlich, gleichsam naturnothwendig offenbart: »das Wort sie sollen lassen stahn. Dieser Zug eiserner Energie ist so aus dem innersten Wesen des Mannes gegriffen, dass noch nie eine Darstellung in ähnlicher Weise dem geistigen Gewichte seiner Persönlichkeit gerecht geworden ist. Und wie er dasteht, fest auf dem linken Beine, das rechte entschieden vorgesetzt, den Kopf mit dem starken Halse kräftig auf den Schultern, das Auge überzeugungsvoll nach oben gerichtet, den Mund so geistvoll fein bewegt, so ganz, als wollt' er öffnen sich, als sollte eines jener Donnerworte ihm entfliehen, die eine Welt aus den Angeln hoben, — so bietet er den Genuss eines fest geschlossenen Daseins, einer mit sich einigen Persönlichkeit, eines ganzen Charakters, der den Kampf und Zweifel überwunden und hinter sich geworfen hat und im Vollgefühle der Wahrheit, die ihn durchdrungen, und mit eherner Siegeszuversicht, die ihn erfüllt, das Leben einsetzt, um sich und der Welt das Leben, die Freiheit des Geistes und des Gewissens zu erobern.

Nach der endlich fest gewordenen Ueberzeugung von der Nothwendigkeit des späteren Luthertypus und des Chorrockes galt es nun, dieses glückliche Motiv nach den neuen Anforderungen umzuformen. Es wird berichtet, dass Rietschel drei Skizzen wieder einriss, weil ihm das Gewandmotiv immer nicht genügte. Endlich fand er, was er suchte; es gelang ihm, dem neuen Gewande einen Faltenwurf und einen Anschluss an die Figur abzugewinnen, die, weit entfernt, dem Mönchskleide nachzustehen, es an Fülle und Bedeutsamkeit noch übertreffen. Der Rock ist vorn herab offen. Wie um im kühnen Vorschreiten nicht gehindert zu sein, hat Luther den rechten Vordertheil über den linken geschlagen, so dass der Kragen frei auseinander steht, der untere Saum eine vortreffliche, schräg ansteigende Linie bildet, und die Figur durch das nun nicht mehr allzufaltige Gewand (für die Bronze zugleich viel günstiger, als die tief unterhöhlten Falten bei gerade herniederwallendem Rock) hindurchscheint. Der linke Unterarm, auf dem die Bibel ruht, hält den übergeschlagenen Rock in seiner Lage fest, und in schönen reichen Falten fallen die weiten Aermel über denselben hinab. Die reifen männlichen, etwas völligen Züge dienen dem Ausdrucke noch zur sichereren Unterlage, so dass in dieser einfach grossen und ergreifenden Gestalt das Ideal sittlicher Kraft und religiöser Weihe, welches die evangelische Christenheit mit dem Bilde ihres Reformators verbindet, seine vollwichtige monumentale Verkörperung gefunden hat.

Im Herbst 1859 ging der Meister an das dreiviertellebensgrosse Hülfsmodell und schon im Winter 1860 an die Ausarbeitung der Colossalstatue. Zugleich wurde auch der Wiclef begonnen. Seit einer heftigen Erkältung auf einer Reise nach Braunschweig (im Februar 1851), die Husten und alsbald Lungenblutungen im Gefolge hatte, war Rietschel's Gesundheitszustand immer beunruhigender geworden, und eine erstaunlich reiche Thätigkeit hatte nicht dazu beigetragen, den Fortschritten des Leidens Halt zu gebieten. Mit einer derartigen Kranken eigenen Zähigkeit hielt er gleichwohl an der Hoffnung des Lebens fest; er meinte oft, schreibt sein Biograph, er könne nicht glauben, dass Alles sich so schön gefügt, dass ihm die höchste Aufgabe seines Lebens zu Theil geworden, dass ihm nach langem Ringen, Entsagen, Entbehren ein so glückliches Dasein gewährt worden sei, damit es ihm sogleich wieder entrissen werden solle. Er hatte den festen Glauben, dass er berufen sei, sein letztes Werk zu vollenden, und dass er dann erst zur ewigen Ruhe eingehen könne. Damit verband er aber die gleichfalls charakteristische fieberhafte Hast der schaffenden Thätigkeit, die, gleichsam fortwährend die ewige Unterbrechung fürchtend, den noch gegönnten Augenblick womöglich zehnfach auszunutzen eilt. So wurde das kaum Glaubliche möglich, dass bis zu einer letzten Badereise nach Reichenhall im Sommer 1860 das 11 Fuss hohe Modell im Wesentlichen fertig dastand. In hoffnungslosem Zustande heimgekehrt, bezog er die ihm von der sächsischen Regierung eingeräumte Wohnung mit Garten und Atelier in der Ammonstrasse zu Dresden, die ihm die Ablehnung eines Rufes nach Berlin als Akademie-Director eingetragen, und vermochte unter den erleichternden Umständen in dieser behaglichen Behausung das Wenige, was noch am Luther zu thun war, zu vollenden. Doch fühlte er bald, dass ihm die schwerste Entsagung vom Himmel doch nicht erspart sei, dass er sein letztes und höchstes Werk, an dem seine ganze Seele hing, würde unvollendet zurücklassen müssen. Er überwand auch diesen bittersten Schmerz. Mitte Februar 1861 liess er das grosse Gypsmodell in's Freie bringen und betrachtete es, im Lehnsessel ruhend, von seinem Krankenzimmer aus; er schien befriedigt. Am 21. Februar sollte es ausgestellt werden; an demselben Morgen früh um 6 Uhr entschlief der Meister, und zu Häupten der lorbeerbekränzten Leiche erhob sich die glaubensstarke Gestalt des Reformators, ein Bild des Lebens und ein Unterpfand seiner Unsterblichkeit. —

So war beim Ableben des Meisters die Hauptfigur des Denkmales vorhanden, und auch der Wiclef war unter Beihülfe Adolph Donndorf's, eines von Rietschel's talentvollsten Schülern, zum Gusse fertig. Diesem und einem anderen Schüler Gustav Kietz (der jüngst als Sieger aus der Concurrenz für das Uhlanddenkmal in Tübingen*) hervorgegangen ist) wurde, da sie am Meisten in die Ideen des Meisters eingeweiht waren, die Vollendung des ganzen Denkmales nach Rietschel's grösserer Modellskizze übertragen. Letztere sehen wir jetzt, sieben Jahre nach dem Tode ihres Schöpfers, in aller ihrer Grossartigkeit ausgeführt.

---

*) Bekanntlich hat der Ausfall dieser selbständigen Arbeit fast noch weniger zur Begründung seines guten Rufes als Künstler beigetragen als seine Theilnahme an der Ausführung des Lutherdenkmales.

Wie Rietschel's Lessingstatue für die moderne Portraitbildnerei epochemachend und bahnbrechend, eben so ist es das Luther-Denkmal als Gesammtanlage für die monumentale Plastik überhaupt.

Bereits im Jahre 1853 schrieb Vischer (in seiner Aesthetik, §. 628, Anm. 2): »Diese Form der Composition (Zusammenstellung von Figuren, die durch ein deutlich erkennbar Gemeinsames vereinigt, aber nicht in eigentlicher Handlung verflochten sind), die so geeignet wäre, grosse historische Ideen monumental zu entwickeln, ist viel zu sehr vergessen; Zusammenstellungen geschichtlicher Charaktere, die einer Sache angehören, einer grossen Idee dienen, wäre gerade für unsere historisch gesinnte Zeit der rechte Stoff für reiche Monumente und der rechte Ersatz für den Olymp.« Er erinnerte an ähnliche Werke bei den Griechen, wie die „turma Alexandri" von Lysippos, das grosse Reiterdenkmal, das der makedonische Herscher sich inmitten von fünfundzwanzig berittenen (und neun zu Fuss kämpfenden?) Schlachtgefährten errichten liess, die mit ihrem Blute den Sieg am Granikos erkauft hatten. Er nannte ferner Zeus, Thetis und Hemera mit je fünf einander kampfbereit gegenüberstehenden Griechen- und Troerfürsten, unter ihnen die Söhne der beiden Göttinnen, Achilleus und Memnon, für deren Leben die Mütter den Göttervater anflehen, ein Werk des Lykios zu Olympia. Er hätte vielleicht noch treffender das imposante Siegesdenkmal auf die Schlacht bei Aigospotamoi erwähnen können, das die Lakedaimonier in Delphoi durch eine namhafte Anzahl von Bildhauern, zum Theil aus polykleitischer Schule, hatten errichten lassen, Lysandros von den Göttern bekränzt und umgeben von einer grossen Schaar ausgezeichneter Spartiaten und Bundesgenossen; anderer derartiger Monumente zu geschweigen.

Rietschel war der Erste, der es unternahm, mit diesem Gedanken Ernst zu machen, indem er das Luthermonument zum Denkmal einer grossen Zeitbewegung schuf und den Muth hatte, die untergeordneten Theile desselben aus der bisher üblichen Abhängigkeit und Unselbständigkeit zu befreien, um die gleich berechtigten und gleich grossen Repräsentanten verschiedener Erscheinungsformen der weltbewegenden Idee frei und bewusst zur Darstellung zu bringen und das Princip der Einheit nur durch ein malerisch architektonisches Arrangement des Ganzen zu wahren.

Der leitende Gedanke des Künstlers ist folgender: **Luther's That und Werk baut sich auf über der Vorarbeit ähnlich strebender Vorkämpfer und kommt zu Stand und Wesen, indem es sich die besten Kräfte der Zeit dienstbar macht, sie zu Beistand und Abwehr um sich versammelt.**

Durch Kampf musste das Gotteswerk sich zur anerkannten Existenz hindurchringen. Eine Welt in Waffen stand dagegen auf und drohte, es zu vernichten. Daher charakterisirte er das Denkmal äusserlich als feste Burg, wodurch zugleich das Ganze einen sicheren, festen architektonischen Zusammenschluss erhielt. Eine zinnenbekrönte Mauer von Stützhöhe zwischen den Zinnen, mit diesen aber etwas über vier Fuss hoch, schliesst an drei Seiten den quadratischen Raum von 40 Fuss Länge und Breite ein. Gleich Wachtthürmen erheben sich an den vier Ecken die acht Fuss hohen Postamente für die (8½ Fuss hohen) Colossalstatuen der uns schon bekannten mächtigsten Stützen und Förderer der Reformation, vorn (wo die schützende Mauer fehlt und einen 30 Fuss breiten Eingang freilässt) links Kurfürst Friedrich der Weise von Sachsen, rechts Landgraf Philipp der Grossmüthige von Hessen; hinten links Johann Reuchlin, rechts Philipp Melanchthon. — Sehr weise sind die beiden Vertreter der weltlichen Macht in den Vordergrund gestellt. Erstens repräsentiren sie besser, sie sind dazu geschaffen und daran gewöhnt; ihr Anblick in erster Linie giebt dem Monumente etwas Stattliches. Mussten sie doch sodann überall mit ihrem guten Schwerte vor die Träger der geistigen Waffen treten, um ihnen das Recht freier Rede, die Gewähr ihrer unverletzten Persönlichkeit zu verschaffen. Und fallen nicht endlich stets die äusserlichen Ereignisse, deren Urheber und Vertreter sie sind, am meisten in die Augen? Freilich die treibende Kraft, das sind die geistigen Mächte, welche die Männer des Gedankens repräsentiren; aber die stille schöpferische Thätigkeit wird man — wie häufig! — nicht gewahr, bescheiden verhüllt sich ihr Wirken, und ihre Träger erscheinen immer im zweiten Plane hinter den Helden der That. Aber jene können sich trösten: sie dürfen dem vergänglicheren Ruhme den blendenderen Glanz eine Weile gönnen und lassen und sich ohne Neid um den Vortritt im Dienste des erhabensten Werkes zum Wohle der Menschheit hochbegnadigt und hochbefriedigt fühlen.

In der Mitte der geschilderten Umfriedigung erhebt sich nun auf einigen Stufen das dreitheilige, im Ganzen 20 Fuss hohe Postament, dessen Höhe die herrliche Gestalt des gottbegeisterten Reformators krönt. Der quadratische Sockel aus polirtem Syenit hat an den vier Ecken gleichfalls quadratische Vorlagen, die etwas in das Hauptquadrat hineingeschoben erscheinen. Von diesen Sockelpfeilern erheben sich die 7 Fuss hohen sitzenden Statuen der Anfänger der Kirchenverbesserung, der Vorreformatoren, hinten links der Franke Petrus Waldus, gestorben 1197, rechts der Engländer Johann Wiclef, gestorben 1384, vorn rechts der Böhme Johannes Huss, verbrannt 1415, links der Italiäner Hieronymus Savonarola, verbrannt 1498. — Wir haben mit einer gewissen Emphase gegen die Beibehaltung dieser ursprünglichen Anordnung einwenden hören, dass man dem Meister wohl so viel Rücksicht schuldig gewesen sei, die einzige Figur, die er (ausser dem Luther) noch selbst gebildet hat, den Wiclef, nicht an die Hinterseite zu setzen; man hätte die Vorreformatoren um einen Platz herumrücken sollen. Rietschel würde gegen eine so unkünstlerische und verständnisslose Pietät gegen seine Person lebhaft protestirt haben. Die chronologische Folge mit den älteren Erscheinungen im Hintergrunde ist für solche Reihen von Figuren das einzig Richtige. Huss und Savonarola haben zuletzt vor Luther gewirkt, sie haben die Früheren durch **nachhaltigen Eindruck** überboten, sie haben mehr als ein Vorgänger für ihre Ueberzeugung **gelitten**; ihnen gebührt daher der Platz im Vordergrunde von Rechts wegen. Und als wenn an einem solchen Denkmale eine Figur verloren wäre! Wer den Wiclef da hinten nicht sieht und würdigt, für den ist das ganze Denkmal nicht da.

Zwischen den Vorreformatoren erhebt sich der untere Würfel des Postamentes aus Bronze. Er trägt an allen vier Seiten Reliefs, und zwar sind diese so vertheilt, dass die grossen historischen Momente, der Anschlag der Thesen an die Schlosskirche zu Wittenberg am 31. October 1517 und Luther's Absage vor dem Reichstage zu Worms am 18. April 1521, die hintere und die vordere Fläche einnehmen, die Reformationsthatsachen von innerlicherer Bedeutung und weniger äusserem Eclat zu je zwei und zwei zur Linken und zur Rechten Luther's zu stehen kommen, hier Luther bei der Bibelübersetzung und Luther auf der Kanzel, dort die Priesterehe (Luther von Bugenhagen getraut) und das Abendmahl in beiderlei Gestalt von Luther gespendet.

Der obere Würfel enthält auf seinen vier Seitenflächen

je ein Kraftwort Luther's und darunter je zwei Portraitmedaillons in Relief von Männern, die in der Reformationsgeschichte eine hervorragende Rolle gespielt haben. Vorn liest man das unvergängliche (wenn auch unhistorische): »Hier stehe ich, ich kann nicht anders, Gott helfe mir! Amen!« so dass dies auf's Schönste mit dem Felsenmann auf der Spitze des Postamentes, für dessen ganzes Wesen jenes Wort nach des Künstlers Auffassung und Darstellung den Grundton abgegeben hat, und mit der Reichstagsscene darunter zusammenklingt. Unter der Schrift finden sich die Bildnisse der beiden sächsischen Kurfürsten Johann's des Beständigen und Johann Friedrich's des Grossmüthigen. — Auf der Rückseite steht: »Das Evangelium welches der Herr den Aposteln in den Mund gelegt hat, ist sein Schwert; damit schlägt er in die Welt, als mit Blitz und Donner.« Die Bildnisse darunter sind die Ulrich's von Hutten und Franzens von Sickingen. — Zur linken Seite ist geschrieben: »Der Glaube ist nichts anders, denn das rechte, wahrhaftige Leben in Gott selbst. Die Schrift recht zu verstehen, dazu gehört der Geist Christi.« Darunter haben die treuen und fördersamen Mitarbeiter Luther's Justus Jonas und Johann Bugenhagen Platz gefunden. — An der rechten Seite liest man: »Die Christum recht verstehen, die wird keine Menschensatzung gefangen nehmen können. Sie sind frei nicht nach dem Fleische, sondern nach dem Gewissen.« Darunter stehen die beiden schweizer Reformatoren Johann Calvin und Ulrich Zwingli.

Die Ausbreitung des Lutherwortes und die fernere Geschichte der Reformation wird an der Balustrade in schlagender Weise vergegenwärtigt. Jede Seite derselben hat 9 Zinnen, von denen sich immer die mittelste zu einem 7 Fuss hohen Postamente erweitert, um eine 6 Fuss hohe sitzende Städtefigur aufzunehmen. An der Rückseite befindet sich die protestirende Speier (Protestation der lutherischen Fürsten und Städte auf dem Reichstage daselbst 1529), links die bekennende Augsburg (augsburger Confession vom Jahre 1530), rechts die trauernde Magdeburg (Zerstörung durch Tilly 1631). An den übrigen Zinnen finden sich die Wappen und Namen folgender 24 Städte, die für die Reformation gestritten und gelitten haben: Braunschweig, Bremen, Constanz, Eisenach, Eisleben, Emden, Erfurt, Frankfurt a.M., — Schwäbisch-Hall, Hamburg, Heilbronn, Jena, Königsberg, Leipzig, Lindau, Lübeck, — Marburg, Memmingen, Nördlingen, Riga, Schmalkalden, Strassburg, Ulm, Wittenberg.

Wie das auf dem Reichstage zu Augsburg abgelegte Bekenntniss die Grundlehren des evangelischen Glaubens zusammenfasst und feststellt, so schmücken den Syenitsockel des Postamentes die Wappen derjenigen Fürsten und Städte, welche die augsburgische Confession unterzeichnet haben: vorn Kursachsen's, links Anhalt's und Brandenburg's, rechts Hessen's und Braunschweig-Lüneburg's, hinten Nürnberg's und Reutlingen's.

So stellt das Monument durch seine grossen Hauptzüge und seine vorzüglichsten Gestalten in leicht und allgemein verständlicher Weise ein herrliches und erhebendes Stück der Geschichte grossartig und gewaltig dar, und die bei näherer Betrachtung hervortretenden Nebendinge dienen auf's Glücklichste dazu, das Bild zu vervollständigen und abzurunden.

Vergegenwärtigt man sich diese Composition, und denkt man sich auf ihrer Höhe die uns bekannte Lutherstatue in ihrer vollendeten Schönheit und Grösse, fürwahr, das Monument würde bedeutend sein und eine bevorzugte Stelle unter den Gebilden der modernen Monumentalplastik einnehmen, auch wenn das Postament und die Umgebung in Idee und Ausführung weit hinter dem Standbilde selbst zurückbliebe. Dass dem nicht so ist, dafür hat die gewissenhafte Durchbildung, die Rietschel seinem Entwurfe und Modell hat zu Theil werden lassen, und die pietätvolle Hingabe, mit der seine besten Schüler die Arbeit an dem köstlichen Vermächtnisse des Meisters zum Abschlusse gebracht haben, gesorgt. Freilich hat es, wie zu erwarten, nicht vermieden werden können, dass die Verschiedenheit der Hände, die ohne einheitliche Oberleitung an dem Werke thätig waren, sich in einer auffallenden Ungleichheit der Arbeit offenbart. Indessen ist, von den noch aus Rietschel's eigener Hand hervorgegangenen Theilen abgesehen, die Hälfte des Werkes einem Manne anvertraut gewesen, der sich der hohen Aufgabe vollkommen würdig und gewachsen gezeigt hat, und dessen Leistungen im Vereine mit Rietschel's eigenen den Totaleindruck dominiren und bestimmen, — Adolph Donndorf. Sein entschiedenes und unleugbares Uebergewicht kann man nicht damit erklären oder gar bestreiten wollen, dass er die besten Theile des Denkmales zu bilden gehabt. Denn schwerlich wird er die erste unbestrittene Auslese gehabt haben, wogegen es schon spricht, dass überall eine gerechte Theilung in die einander entsprechenden Stücke stattgefunden hat. Sodann hat er seinen Mitstrebenden, Gustav Kietz, bei der Arbeit selbst, ohne es irgend an Sorgfalt fehlen zu lassen, um eine ganze Figur, den Petrus Waldus, überholt, in dem er noch dazu mit Rietschel selbst zu wetteifern hatte und mit Ehren bestand, während Kietz das Werk so langsam förderte, dass eine Figur, die Speier, um die Vollendung des Ganzen nicht zu lange hinzuhalten, einem dritten Schüler Rietschel's, dem durch seine Gruppen für die Brühl'sche Terrasse in Dresden berühmt gewordenen Johannes Schilling, übertragen werden musste (wobei freilich hier nicht untersucht werden kann, wieviel anderweitige eigene Arbeiten während dieser Zeit die Kräfte beider Künstler in

Anspruch genommen haben). Jedenfalls ist Donndorf tiefer als Kietz in Rietschel's Geist eingedrungen und vertrauter mit seinen Ideen und Intentionen gewesen, wie er ihm ja auch im Leben vor Allen nahe gestanden zu haben scheint. Dafür spricht der Umstand, dass er dem Meister bei dem Aufbau des Colossal-Modelles seines Wiclef zur Hand ging. Dafür dürfte auch jenes Portrait-Medaillon zeugen, das er 1857 von dem verehrten Meister ausführte, und das nach den competentesten Beurtheilern das beste Portrait Rietschel's ist, das aus seinen späteren Mannesjahren existirt. Eine sinnvolle Hand hatte den Bronzeabguss davon im Modellsaale des Lauchhammers neben den Gypsmodellen des Luthermonumentes während der Tage der Feier aufgestellt und mit dem Grün des Lebensbaumes geschmückt.

Doch betrachten wir jetzt die einzelnen Gestalten des Denkmales näher.

Der älteste der Vorreformatoren, Petrus Waldus (wie schon erwähnt, von Donndorf gebildet), erscheint in der Geschichte als ein Mann, der, von der Stimme Gottes in seinem Inneren geweckt, Armut und Mangel gegen seinen Reichthum eintauschte, der die auf Priestersatzung beruhenden Glaubensartikel und Gebräuche der Kirche kühn verwarf und die heilige Schrift als alleinige und ausschliessliche Quelle des Glaubens betrachtete. Kein historisches Bild hat seine Züge überliefert. Der Künstler hat ihn im Pilgerkleide dargestellt; der Wanderstab ruht im Arm, auf den Knien die Bibel, die er mit der einen Hand aufgeschlagen hält, während die andere mit dem Finger auf ein schlagendes gewaltiges Schriftwort zeigt. Mit dem tiefen begeisterten Auge blickt er frei in die Weite, als wollte er das Heil, das aus diesem Worte kommt, aller Welt verkündigen. Die Behandlung ist ungemein kräftig und breit und von überraschender Grossartigkeit.

Aber auch nur so vermochte der Waldus sich neben Rietschel's Wiclef zu halten.

Wiclef, Professor in Oxford, hatte gleichfalls gegen manches Bestehende in der katholischen Kirche geeifert, die Bibel in's Englische übersetzt, einen Katechismus verfasst u. s. w. Sein Wirken war nicht ohne Erfolg geblieben. Dennoch musste er den Angriffen endlich weichen, doch verbrachte er den Rest seines Lebens ruhig auf einem ländlichen Predigersitze und starb — wunderbares Spiel des Zufalles — fast genau hundert Jahre vor Luther's Geburt in Lutterworth. Auch von ihm ist kein Portrait vorhanden. Die tiefe Ruhe der gelehrten Studien und die sinnvoll gläubige Hingabe an das Wort Gottes hat Rietschel zum Charakteristicum der Gestalt gemacht. In der Doctortracht seiner Zeit sitzt er da, altehrwürdig mit lang herabwallendem Bart und grossem Stabe, die Bibel ruht auf dem Schosse, und die Hand gleitet im heiligen Sinnen über die Wellen des Bartes herab. Ein unsagbarer Friede, eine göttliche Ruhe, eine andächtige Stille liegt über den Greis gebreitet: eine der vollendetsten Gestalten des Denkmales, und des Meisters, der sie ersonnen und selbst ausgeführt, vollkommen werth.

Johannes Huss, Wiclef's bedeutendster Anhänger, (von Kietz modellirt) erscheint in einer etwas befremdlichen Haltung. In sich zusammengesunken starrt er auf das Crucifix, das er mit beiden Händen zwischen seinen Knien hält. Ist es schon schwierig, den Märtyrer des kostnitzer Conciles, den Lehrer der fanatischen Hussiten sich als einen kopfhängerischen Schwärmer zu denken und von der Gewalt seiner überzeugungskräftigen Glaubensäusserung zu abstrahiren, so wird es doppelt schwer, ihn mit dem streng katholischen Crucifixcultus zusammenzubringen. Letzteres erklärt freilich das Vorbild dieses Typus. Als nämlich die hussitischen Unruhen gedämpft waren, ging die katholische Kirche darauf aus, das Andenken der Ketzerei möglichst vollständig zu verwischen. Sie stellte daher dem vom Volke verehrten heiligen Johannes von Hussinez den heiligen Johannes von Nepomuk, eine aus allerhand Sagen- und Legendenflittern zusammengestoppelte Figur, entgegen, und selbst die Bildsäulen des Ersteren, die treuer Glaubenseifer und ehrliche Verehrung ihm errichtet, wurden durch Veränderungen und Zuthaten in Bilder des heiligen Nepomuk umgewandelt, der so die Erbschaft von Huss's Zügen und Bildung antrat. Zu jenen Veränderungen gehörte aber auch das Crucifix, das überall dem kirchlichen Heiligen statt der Bibel des Ketzers in die Hand gegeben wurde. In demselben Moment also, wo wir hier dem ersten beglaubigten Portrait begegnen, sehen wir jenem aus Missverständniss ein Attribut anhaften, das der eigensten Bedeutung des Mannes widerspricht. Dies aber zugegeben, ist der Huss eine ganz vorzügliche Figur, und bis auf den etwas gläsernen Ausdruck der Augen auch sehr empfindungsvoll. Jedenfalls ist er das Beste, was Kietz an dem Denkmale gearbeitet hat.

Eine ganz ausserordentliche Schöpfung ist der Savonarola (von Donndorf modellirt). Der kühne, begeisterte Buss- und Freiheitsprediger, der Prophet von Florenz, dessen nicht schöne, aber geistvolle Züge sein Freund Baccio della Porta (Fra Bartolommeo) der Nachwelt aufbewahrt hat, sitzt in der Tracht des Dominicaners, eine jener Feuerreden haltend, deren Gewalt ganz Florenz mit sich fortriss und eine Zeit lang die Geschicke des Staates bestimmte. Die Linke zur Faust geballt auf der Brust, die Rechte wie zu einem mahnenden Weherufe erhoben, scheint er ganz heiliger Eifer zu sein. Durch das kalte Erz glaubt man die Gluth seiner Seele leuchten zu sehen, der Mund, zur Rede geöffnet, scheint sich zu bewegen, — einen Moment noch, und der Drang der eigenen Worte wird den Redner vom Sitz in die Höhe schnellen. So etwas streift hart an die äussersten Gränzen der Sculptur, namentlich der monumentalen. Zumal in einer untergeordneten Figur hätte ein so heftiges Pathos dem Ganzen gefährlich werden können, wenn nicht eine unüberwindliche geistige Macht in der Ruhe des über Allen stehenden Reformators läge. Auch für die Darstellung war hier eine böse Klippe zu umschiffen. Das Problem so mit glücklicher Leichtigkeit gelöst zu haben, gereicht dem Bildner zur Ehre und zum Ruhme.

Unter den Kämpen der Reformation sind die Träger des Schwertes besser gerathen als die Waffenträger des Geistes. Vor Allen befriedigend, man möchte sagen: vollkommen befriedigend, tritt uns in imposanter Fülle Friedrich der Weise (von Donndorf) entgegen. In dem würdevollen und kleidsamen, malerisch wie plastisch beinahe gleich wirkungsvollen Kurornate steht er vor uns, in der Rechten aufrecht das mächtige Reichsschwert tragend, während die Linke vorn ein wenig das lange Gewand hebt, um den Füssen Platz zum Schreiten zu machen. Zu seinen Füssen liegt die Kaiserkrone, deren Ablehnung ihm nicht zum geringsten Theile den ehrenden Beinamen eingetragen hat, mit dem ihn die Geschichte nennt. Das Vorbild für diese herrliche Figur ist offenbar das Grabmal des Kurfürsten von Peter Vischer in der Schlosskirche zu Wittenberg gewesen, das trefflichste, das der Meister hätte erlesen können.

Philipp der Grossmüthige von Hessen (von Kietz), in der Herrentracht der Zeit mit kurzem Mantel, stützt beide Hände vor sich auf sein gutes Schwert und sieht mit dem keck aufgeworfenen Haupte zuversichtlich in die Weite. Die Figur ist trefflich in der Anlage, aber so, wie sie vor uns steht, hat sie einen zwiefachen Fehler. So verschieden der Ausdruck Beider ist, Philipp und Luther haben dasselbe Motiv ihrer Bewegungen: linkes Standbein, das rechte Spielbein entschieden vorgesetzt, beide Hände, die rechte über der linken, vor der Mitte des Körpers vereinigt, das Haupt nach rechts in die Höhe geworfen. Hätte Rietschel noch selbst die Bildsäule ausgeführt, so würde ihm dieser sehr auffällige Parallelismus nicht wohl entgangen sein. Den Schüler, der sich streng an das vorhandene Modell anschloss, trifft in dieser Beziehung kein Vorwurf. Wohl aber in anderer, was nämlich die Ausführung betrifft. Hier muss freilich der Kopf entschieden gelobt werden: er ist der beste von allen, die Kietz an dem Denkmale gearbeitet hat. Aber die Figur ist, namentlich in der Seitenansicht, nicht gut. Das Standbein sitzt nicht recht unter dem Leibe; die Stütze, bei der Bronze für den Bildhauer ein Gegenstand der grössten Vorsicht, ist unmotivirt und stört alle Ansichten; die Arme, obschon kräftig und wohl bewegt, gehen unter in den weiten Puffärmeln und wirken zu kurz. Doch ist der Ausführung dieser Gestalt im Allgemeinen wie der des Huss Geist nicht abzusprechen.

Die Statuen der beiden protestantischen Fürsten repräsentirten nebst Anderem den Lauchhammer auf der pariser Weltausstellung, und sie haben wohl in erster Linie demselben die goldene Medaille für Kunstguss in Bronze eingetragen. In der That können wir nicht umhin, gleich an dieser Stelle dem Guss und der Ciselirung des Denkmales grosses Lob zu spenden. Die Gusswerkstätte, unter Leitung des Giessers Herren Laube, ist sicher eine der ersten, wenn nicht die erste für Kunstguss in Deutschland durch Solidität und Feinheit ihres Gusses, worin ihr eine grosse Erfahrung zur Seite steht. Mehr aber noch trägt zum Erfolge der in Lauchhammer gearbeiteten Bronzewerke die vortreffliche Ciselirung bei, die der Ciseleur Herr Rudholzner leitet. Jedem Stoffe wird seine charakteristische Behandlung zu Theil, wodurch die

Oberfläche jenen malerischen Reiz erhält, der wesentlich zur Wirkung mithilft und im Gegensatze gegen die monotone glatte Feilung in anderen Gussanstalten (besonders der einst übertrieben bewunderten münchener und auch der Fernkorn'schen in Wien) den Eindruck eines Werkes der künstlerisch fühlenden Bildnerhand vermittelt.

Noch muss hier auf das feine, gleichsam chiastische Gegensatzverhältniss zwischen den vier Vorderfiguren des Denkmales aufmerksam gemacht werden, dessen Wirkung schlagend ist. Der festen, ruhigen Würde Friedrich's und der energischen, fast kecken Thatkraft Philipp's entspricht in verändertem Kreise genau der sprühende Glaubenseifer des Savonarola und die beschauliche Hingabe des Huss. Allein der Umstand, dass bei einer veränderten Anordnung der Vorreformatoren dieses Verhältniss gestört würde, und alsdann zwei contemplative Gestalten neben einander in den Vordergrund kämen, wäre gegen jede Verschiebung entscheidend.

Die beiden gelehrten Verfechter der Reformation genügen, wie schon gesagt, wenig, am wenigsten Melanchthon (von Kietz modellirt). Wenn man begreifen will, was Rietschel »Orgelpfeifenparallele« nannte, so muss man sein Costüm betrachten. Vorn herab offen stehend, fällt der Doctorrock rund herum ganz gerade herab. Die Hände in gleicher Höhe dicht bei einander scheinen in pedantischester Trockenheit zu dociren; das Gesicht, ohne die geistige Feinheit der bekannten guten Originalportraits, potenzirt gewissermassen das — *sit venia verbo* — nussknackerartige Gepräge der geringeren; der unter dem Mantel als Stütze angebrachte glatte Klotz vollendet das Muster von Steifheit. Freilich muss zugegeben werden, dass kaum eine unplastischere Erscheinung und Eigenthümlichkeit gedacht werden kann als Melanchthon's; aber dennoch ist es betrübend, den grossen Mann neben dem hinreissenden

Bilde seines in Thaten allerdings gewaltigeren Freundes so ärmlich auftreten zu sehen.

Im Vergleiche mit ihm ist der Reuchlin (von Donndorf modellirt) geradezu ein Meisterstück, mag man sich auch mit ihm sonst nicht vollkommen befreunden können. Das Gewandmotiv mit dem über den rechten Unterarm emporgenommenen Talar hat unleugbar etwas Malerisches und Vornehmes; die Schriftrolle in den Händen giebt der Figur eine gute Bewegung mit den Armen; der Kopf, zwar auffallend schmal und klein, spricht einen hochgebildeten, bedeutenden Geist überzeugend aus. Einige Bücher zur Seite sind passend als Stütze verwendet; alle Linien fliessen gut und bilden ein ansprechendes Ganze.

Die drei Städtefiguren endlich führen in sehr ungleich ausgefallenem Wettkampfe neben den beiden bisher genannten Künstlern noch den dritten, Johannes Schilling, dem Beschauer vor. Ihm ist die Aufgabe zugefallen, die protestirende Speier zu bilden. Bis dahin dem Ganzen fernstehend, zuletzt, als das Feuer auf den Nägeln brannte, zur Aushülfe herbeigezogen, an ruhiges, strenges, langsam vorschreitendes Arbeiten gewöhnt, hat er sich — war es zu verwundern? — nicht sofort, wie er es sollte, in seine Aufgabe hineingefunden. Wer daher den Schöpfer der »Nacht« in dieser Gestalt wiederzufinden hofft, findet sich enttäuscht. Das Motiv ist sehr lebendig und bezeichnend: wie in ihrer Ehre verletzt, in edlem Zornerröthen, hat sie sich auf ihrem Sitz energisch emporgerichtet, das Haupt nach ihrer rechten Seite gewendet, die Hand zur Abwehr und Absage erhoben, den Mund zur Rede geöffnet. Leider wird die Würde der Gestalt wesentlich beeinträchtigt durch das übergeschlagene Bein, welches etwas Burschicoses und Herausforderndes hat, und den unbedeutenden Schnitt des Gesichtes, der für das Pathos der Figur keine ausreichende Unterlage bildet. Die Ausführung auch ist nicht so durchdacht in Linien und Flächen, wie man wohl hätte verlangen dürfen.

Dennoch sind wir in Zweifel, ob wir sie nicht doch noch über die **bekennende Augsburg** (von Kietz) stellen sollen. In reich, aber ledern ornamentirtem Renaissancesessel sitzt sie steif aufrecht, das Gewand in conventionelle Falten gelegt, die lebhaft an Hähnel's Art bei solchen Figuren erinnern, in der Linken auf dem Knie die Bekenntnissschrift haltend, in der Rechten die Friedenspalme. Eine gewisse nüchterne Eleganz in Form, Ausdruck und Habitus hat ihr bei oberflächlichen, im schlechten Verstande modern gesinnten Beschauern einen leichten, aber unhaltbaren und erfolglosen Sieg verschafft. Aufmerksamere vermissen mit vollem Rechte den sittlichen Ernst und die tiefere Würde, welche der Repräsentation des epochemachenden Bekenntnisses und jedem Theile eines so hehren Denkmales gebührt. Das niedliche Gesichtchen ist flach und leer, ohne jeden Ausdruck und auch unfähig dazu. Am störendsten aber ist die Haltung des linken Armes: die Hand fasst leicht die Schrift, das stark gebogene Gelenk steht hoch und hält so den Unterarm in freier unsicherer Schwebe. Das ist allenfalls ein naives Motiv für eine bewegte genrehafte Figur, schickt sich aber nicht, ist kleinlich und sinnwidrig in einer monumentalen Gestalt, die zumal einen Act charaktervoller Festigkeit vergegenwärtigen soll. Die Arbeit ist sauber und nichts weniger als ungeschickt, aber geistlos. —

Bei Weitem beiden anderen Städtefiguren überlegen, vielleicht die beste Arbeit Donndorf's, überhaupt eine der vorzüglichsten Figuren des ganzen Denkmales, stellt sich die **trauernde Magdeburg** dar. Auf Trümmern sitzt die edle Gestalt, das Trauergewand über den Kopf gezogen, das ausdrucksvolle, schmerzerfüllte Antlitz auf dem gramvoll zusammengesunkenen Körper schräg geneigt, den gesenkten Blick auf das zerbrochene Schwert geheftet, das die kraftlos herabhängenden Hände zwischen den Knien haben zur Erde sinken lassen. Es ist ein ergreifendes Bild des tiefsten Schmerzes, unauflöslicher, ewiger Trauer, voll Adel und Grösse in jeder Linie, gefühlt in Zügen und Gewandung, von wahrhaft erhabener Einfachheit und dadurch um so vollerer und unwiderstehlicherer Wirkung. Hier geben wir freilich bereitwillig zu, dass es eine beneidenswerthe Aufgabe war, diese Gestalt zu bilden; aber der Künstler hat sich derselben auch mit begeisterter Liebe und Aufbietung seines ganzen bedeutenden Könnens hingegeben. Wunderbar verschmilzt dieser eine gellende Misston mit den schwächeren Dissonanzen, welche die Märtyrer am Postament in der Seele des Beschauers anklingen lassen, in den einen grossen, voll und klar zum Himmel auftönenden Sieges- und Jubelaccord des Reformationsmonumentes.

Die historischen Reliefs an der Vorder- und Hinterseite des unteren Postamentwürfels sind von Donndorf modellirt. Die Anordnung der Gestalten sowie der Ausdruck der Köpfe befriedigt in hohem Grade, und der Künstler hat mit grossem Geschick die Schwierigkeiten, welche für die Reliefdarstellung immer in der Annahme mehrerer Pläne hinter einander liegen, zu überwinden gewusst. Freilich sind aber die sämmtlichen Reliefs des Denkmales ein Beweis dafür, dass die berliner Schule überhaupt bewusst oder unbewusst noch immer, selbst in ihren grössten Vertretern, unter dem Banne derjenigen Anschauung steht, welche sich in Schadow's bekanntem Ausspruche darstellt, das Relief sei die Prosa der Plastik. Wenige Werke — vor allen das Postament am Denkmale Friedrich Wilhelm's III. von Drake im berliner Thiergarten — ausgenommen, liesse sich freilich keine treffendere Charakteristik aus den Reliefs der berliner Bildhauerschule abstrahiren. — Luther als Mönch ist ein meisterlich getreues

Portrait, und Gestalt und Gesicht schön, dem Moment entsprechend. Auf dem Reichstage verweigert er vor dem Throne des Kaisers den Widerruf, umgeben von weltlichen und geistlichen Herren; nur Friedrich der Weise, im Vordergrunde zur Linken, blickt ihn mit innigem Behagen und ermunternder Zustimmung an. Rechts schliessen drei bürgerliche Gestalten die Scene, Portraits der Herren Keim und Dr. Eich, sowie ganz am Rande Rietschel's. Auf der Anheftung der 95 Thesen ist der Mann, der links im schlichten Bürgerkleide mit dem Kinde auf dem Arme herzueilt, auch Portrait, und zwar das Donndorf's. Die Wirkung der Thesen bei dem Prälaten, dem Gelehrten, den Bürgern, den Studenten wird lebendig und treffend geschildert, doch steht an frischem Wurfe dies Relief hinter dem vorderen beträchtlich zurück.

Noch mehr ermangeln die Seitenreliefs (von Kietz) der geistigen Frische. Die Bibelübersetzung wird durch Luther dargestellt, der mit einem Folianten, der Vulgata etwa oder dem Lexikon, auf dem Schosse dem aufgestellten griechischen Texte gegenübersitzt, mit einer Hand dort, mit der anderen hier die gelesene Stelle markirend und gerade mit der Anstrengung eines Schülers an dem Worte εὐαγγέλιον buchstabirend. Ein wie schönes Bild hätte hier der gelehrte Freundeskreis abgeben können, dessen vereinter Thätigkeit die Bibelübersetzung ihren Abschluss und ihre Vollendung verdankt! — Die danebenstehende Lutherpredigt (auch rechts am Denkmal) ist zwar gleichsfalls etwas dürftig, aber nicht ohne eine gewisse Naivität und gewiss das Beste unter den vier Kietz'schen Reliefs. Auch hier kommt, wenn wir nicht irren, Rietschel's Portrait unter den Zuhörern vor, doch ist die Aehnlichkeit nicht schlagend. — Auf der linken Seite des Denkmales leiden die Reliefs an einer übermässigen Leere. Luther mit Katharine von Bora durch Bugenhagen getraut (die Priesterehe) ist indessen wenigstens nur dürftig. Die Darstellung des Abendmahles in beiderlei Gestalt ist ungeschickt dazu. Eine kniende Gestalt vom Rücken gesehen und in einer Weise dargestellt, dass man nicht begreift, wo sie ihre Beine hat, überhaupt eine zusammenhangslose Composition ohne eine einzige Beigabe, die sie interessant machen könnte.

Die acht Hochreliefköpfe an dem oberen Postamentwürfel sind kräftig und für ihren hohen Standort wirkungsvoll, aber nicht fein (auch im Charakteristischen nicht) behandelt. Ueber den Antheil der beiden Künstler sind wir im Speciellen nicht unterrichtet; jeder hat vier gemacht. Hat auch hier Donndorf seine Ueberlegenheit bewiesen, so müssten die Medaillons über seinen Reliefs, also vorn und hinten, von ihm herrühren, in deren Bearbeitung sich eine freiere, markigere Hand zu verrathen scheint.

Unmittelbar unter den Reliefs, wie deren Unterschriften erscheinend, befinden sich vier **Inschriften am Postamente**, die wir bisher ignorirt haben, und die wir fortfahren würden zu übersehen, wenn wir sie dadurch unsichtbar machen könnten. Vielleicht kann das nun noch eben dadurch geschehen, dass wir davon reden. Vorn steht: ›Begonnen im Jahre 1856, vollendet 1868.‹ Die Geschichte des Denkmales, wie wir wissen. Was soll das? Wen interessirt das? Soll es verkündigen, wie man es in so kurzer Zeit so herrlich weit gebracht? Wessen Verdienst ist denn das? Ohne den verehrten Männern zu nahe zu treten, die für ihre glückliche Initiative und für ihr treues Ausharren sich ein gültiges Anrecht auf den Dank der Nation erworben haben, darf man es doch wohl aussprechen, dass die Denkmals-Angelegenheit durch ihr Verdienst weder so schnell noch so gut zum Ende geführt ist. Ohne die entgegenkommende Theilnahme der protestantischen Welt und ohne das göttliche Genie eines Rietschel, das hier sein Vollkommenstes geleistet, wäre es doch nie dahin gekommen. Und andererseits wissen wir ja, dass diese Männer ein viel zu reiner Eifer für die Sache beseelt, als dass sie in solcher Weise das Ihre gesucht haben sollten. Also wozu? — An der rechten Seite lautet die Inschrift: »Die Architektur gezeichnet von H. Nicolai.« In der That hat der Professor Nicolai zu Dresden, der bewährte Architekt, der zu mehreren von Rietschel's Monumenten in geschmack- und stilvoller Weise die Architektur entworfen, auch den architektonischen Aufbau dieses Monumentes erfunden, und ihm sind wohl sogar die in einzelnen Theilen gegen das Rietschel'sche Modell veränderten, aber überall wirklich verbesserten Verhältnisse zu danken (Zusammenrücken der Eckfiguren, Erniedrigung der Balustrade u. s. w.). Aber wir wissen, dass wir ihm damit keine Kränkung bereiten, wenn wir es aussprechen, dass sein Name an eine so bevorzugte Stelle nicht gehört: wir haben ihn selbst unter dem Denkmal entrüstet gesehen über eine solche Tactlosigkeit; er hatte die Anbringung seines Namens neben dem der Steinmetzen L. Stahlmann und K. Wölfel zu Bayreuth, die den Sockel des Monumentes gearbeitet, an der untersten Stufe des Basamentes angeordnet. Wir wollen nicht die scherzhafte Bemerkung wiederholen, die wir vor dem Denkmale gehört, diese Inschrift an dieser Stelle sehe aus wie eine erklärende Unterschrift zu dem bibelübersetzenden Luther, der allerdings in einer mehr fast an Zeichnen als an Zeigen gemahnenden Haltung die Rechte auf dem Folianten des griechischen Testamentes ruhen lässt. Die Ungehörigkeit ganz fremdartiger Inschriften unmittelbar unter den Reliefs leuchtet zu stark von selber ein. — Hinten steht: „Gegossen und ciselirt in Lauchhammer." Wir haben den Werth der technischen Leistung genugsam gewürdigt, um nicht in den Verdacht zu verfallen, dass wir dieselbe unterschätzen; aber dennoch scheint uns unmittelbar unter Luther's Thesen eine solche Inschrift nicht zu gehören. Von Lauchhammer ist dieselbe übrigens auch nicht etwa veranlasst, sondern auf Bestellung ausgeführt. — Aller Inschriften Krone aber an Ungehörigkeit und Schiefheit ist nun gar die vierte zur Linken des Postamentes: »Entworfen und zum Theil ausgeführt (!) von E. Rietschel.« Wenn an der Plinthe jeder Statue der Name dessen eingravirt ist, der sie modellirt hat, so ist das in der Ordnung; aber Rietschel's geistiges Eigenthumsrecht an diesem Monument in solcher engherzig pedantischen Weise zu limitiren, das ist geradezu unerhört und darf nicht so bleiben. Rietschel hat diese hehre Schöpfung erfunden, nicht nur nach der Idee, sondern bis in's Einzelne hinein, und sein Geist, der überall hindurchgeht, ist trotz und über allem gern anerkannten Verdienste der Ausführung im Einzelnen dasjenige, was das Ganze zusammenhält und das Einzelne durchdringt und wesentlich den Werth desselben bestimmt. Daher weg mit all dem schleppenden, nichtssagenden, ungehörigen Inschriftenplunder; und man schreibe in Lapidarschrift gross und feierlich an die unterste Leiste des Postamentes vorn am Denkmal: Erfunden von Rietschel. So gebührt sich's, so erfordert's die Achtung vor dem grössten Bildner unserer Zeit und seinem erhabensten Werke. — Die hässlichen Inschriften können mit geringer Mühe entfernt werden; noch scheint uns, ist es Zeit bis zur Enthüllungsfeier, am Gedenktage der augsburgischen Confession (25. Juni). Daher zögere man nicht, das Versehen wieder gut zu machen, so lange es noch geschehen darf.

Das von der Zinnenbalustrade eingeschlossene Podium erhebt sich in Worms auf einem profilirten Sockel, zu dessen Höhe vorn drei Stufen hinanführen. —

Ueberblicken wir noch einmal, ehe wir scheiden, das Monument als Ganzes, wie es dasteht als die plastische

Verkörperung einer grossen weltgeschichtlichen Epoche, so drängt sich uns wie von selbst die Vergleichung desselben mit zwei anderen vielbewunderten Kunstwerken, einem plastischen und einem malerischen, auf, von denen das eine in der zusammenfassenden Schilderung eines Zeitabschnittes, das andere daneben sogar in seinem Gegenstande mit dem Reformations-Monumente der Berührungspunkte genug darbietet. Der Leser erräth, dass wir damit nichts Anderes meinen können als Rauch's Friedrichs-Monument und Kaulbach's Zeitalter der Reformation, oder wie es jetzt, den Schwertstreichen der Kritik zu entgehen, von den Verehrern umgetauft ist, um es aus der Skylla in die Charybdis zu jagen, das »Zeitalter der Renaissance« im neuen Museum.

Das Friedrichsdenkmal ist gewiss ein stolzes Werk. Erhaben und dominirend baut es sich auf, mit fein geführter, lebendig bewegter Silhouette, sehr durchdacht in seinen einzelnen Theilen und zum Theil wenigstens von meisterhafter Durchbildung. Aber wer wollte leugnen, dass trotz seiner Höhe von achtzehn Fuss der grosse König auf seinem hohen Standorte nur am Dreimaster, am Krückstock und allenfalls an seiner gebeugten Haltung erkannt werden kann; dass die geistige Geltung der Theile nicht deutlich hervortritt, und namentlich die Repräsentanten der Wissenschaft und Kunst, wenn sie auch mehr trotz als wegen des alten Fritz geblüht, an der Rückseite viel zu untergeordnet erscheinen; und dass endlich, abgesehen davon, dass sie kaum zu sehen sind, die Reliefs des oberen Absatzes nebst den Eckfiguren ein allegorisches Element in die realistisch und naturalistisch wahre Darstellung einführen, das fremd und isolirt bleibt? — Wie ganz anders bei Rietschel! Die drei Städte sind zwar auch allegorische Gestalten, aber sie greifen ein, sie spielen mit; sie repräsentiren nicht Begriffe, sondern Handlungen, nicht auf die Speier kommt es an, sondern auf den feurigen Protest, den sie erhebt, und ebenso bei den anderen. Beim Luthermonumente giebt es ferner eine grosse Anzahl von Gesichtspunkten, auf denen von den zwölf grossen Figuren des Denkmals nur eine an der abgekehrten Seite des Piedestales verdeckt ist; ja es giebt keinen, von dem aus man nicht alle Hauptzüge und Grundideen der Composition überschauen könnte, und wie alle Theile in solcher Höhe angebracht sind, dass sie je nach ihrer Grösse vollkommen deutlich unterschieden werden können, so tritt auch der Luther dem Auge klar und wirkungsvoll gegenüber; ja, um von dem Eindrucke der bereits weit verbreiteten kleinen Statuette abzusehen, wirkt er auf seiner Höhe imposanter und mächtiger als selbst das colossale Gypsmodell, wenn man es zu ebener Erde sieht. Und der Anblick des Ganzen ist nicht minder grossartig, eher vielleicht noch mehr das Gefühl absoluter Festigkeit und festgegründeter Dauer erregend: beim Friedrich das thurmartige Emporragen, beim Luther die feste Lagerung auf einer breiten, sicheren Basis.

Bei Kaulbach's Reformation möchten wir uns kürzer fassen, es wäre sonst schwer, das Ende zu finden. Dass sie ein loses Conglomerat von Gruppen ist, deren einzelne Theile ihrerseits auch nichts weniger als eng zusammengehören, kann selbst von ihren wenigen Lobrednern nicht bestritten werden. Die Vereinigung zum Ganzen aber ist nicht auf eine kunstgemässe Weise, sondern rein äusserlich und nur scheinbar bewerkstelligt, durch eine widersprechende, alle Gruppen umschliessende Räumlichkeit, eine gothische Kirche (nun gar zu einer Darstellung der Renaissance! man denke!), und eine nach dem Princip einer pedantischen Symmetrie construirte Zusammenstellung der untereinander unverträglichen Gruppen. Dass dabei das gedankliche Haupt der Composition nicht zur Geltung kommt und unversehens zu einem winzigen schwarzen Männlein im fernsten Hintergrunde zusammenschrumpft, ist unter solchen Umständen, wie unangemessen auch an sich, noch nicht der grösste Fehler. — Die Plastik — wenn wir es nur andeutungsweise berühren wollen, dass schon die Begränzung des Vorwurfes bei Rietschel eine vernünftige und künstlerische ist, — befindet sich hier in der glücklicheren Lage, nicht zu einer straffen compositionellen Einheit verpflichtet zu sein. Kein abgeschlossener Raum umfängt ihr Gebilde, sondern von seinem Piedestale ragt jede Gestalt selbständig und in sich vollendet in die Luft. Die räumliche Gleich- und Gegenüberstellung des sich dem Gedanken nach Gleich- und Gegenüberstehenden wird hier nicht zur langweiligen, hineingetragenen Symmetrie der Anordnung, sondern resultirt als Nothwendigkeit aus der geschickt und einsichtsvoll aufgerichteten architektonischen Basis, und die Einheit wird durch einen im Grundrisse concentrischen (eurythmischen), im Aufrisse pyramidalen (symmetrischen) Aufbau nicht gewaltsam und scheinbar, sondern natürlich und wahrhaftig hergestellt. Und dieses fest zusammengeschlossene Ganze überragt und beherscht als die hervorragendste Figur in jeder Beziehung diejenige, welche im geistigen (und räumlichen) Mittelpunkte der Composition steht. — So ist das Luthermonument ein bis jetzt unerreichtes, geschweige denn übertroffenes Muster umfassender historischer Composition, und es bleibt nur zu wünschen und zu hoffen, dass der gewiesene Weg nicht unbetreten bleibe. —

Trennen wir uns endlich von dem Monument, um der sonstigen Pflichten zu gedenken.

Es ist Sonntag Morgen nach sechs. Die Frühpromenade ist durch die Vertiefung in das Denkmal versäumt, aber zu einem Vormittagsspaziergange noch Raum. Das Frühstück im Freien versammelt allmählich die Glieder der Gesellschaft. In wachsendem Masse füllen sich Strassen und Plätze mit den neu angekommenen Festbesuchern. Lockt auch das bunte Gewimmel zur Betrachtung, so scheucht doch der Staub und die beginnende Hitze in die Kühle des Waldes. Bald ist die kleine Karavane marschfertig, und selbst die Verschönerung durch weibliche Anmuth fehlt dem Zuge nicht; die hübsche und liebenswürdige Tochter des berliner Künstlers scheut vor den Anstrengungen einer weiten Fusspartie nicht zurück und begleitet uns mit Unerschrockenheit und ausdauernder Frische. Vorbei geht es an dem Oberhammer, der mit dem Lauchhammer in Verbindung stehenden Maschinenbauanstalt, dann quer durch den Wald, am rieselnden Bache hinauf, bis der Pfad in die Landstrasse einmündet. Siehe, da kommen die Schaaren gezogen von nah und fern. So weit die Arbeiter des Werkes in der Umgegend zerstreut wohnen — und manche haben einen Weg von anderthalb Stunden und mehr zurückzulegen —, und auch aus grösserem Umkreise strömt Alles herbei, das grosse Meisterstück des Werkes zu sehen. Alle sind in sauberen Feierkleidern. Einzelne fahren auf recht idyllischen Familienwagen, die Meisten marschiren rüstig zu Fuss. Männer und Frauen gleich fest und wacker, der Bequemlichkeit wegen die Schuhe und Stiefel, mit denen man am Festtage Staat machen muss, in der Hand. Mit freundlichem Grusse wallen sie vorüber, Hunderte und aber Hunderte. Unter die einfachere ländliche Tracht der nächsten Striche mischt sich die malerischere, farbenreichere der wendischen Bewohner des nicht fernen Spreewaldes, wem nicht bekannt und lieb, wenn nicht aus eigener Anschauung am Orte, doch wenigstens durch die hübschen Bilder unseres A. Burger, der uns Land und Leute in Sitten und Gebräuchen so treulich schildert? Ein kräftiges, hoch gewachsenes Geschlecht, tüchtige Figuren, Bilder urwüchsiger Gesundheit! — So kürzt sich der Weg.

Bald sind wir in Friedrichsthal, wo eine Glashütte den Besuch verdient. Leider wird nicht geblasen, aber den Eintretenden wird doch die Belehrung eines traulichen Alten zu Theil, der am brausenden, glühenden Ofen der »Häfen« mit der Glasmasse wartet. Er spricht von grünem und weissem Glase, von seiner Arbeit und der der »Mediciner« (charakteristischer Ausdruck für die Verfertiger medicinischer und chemischer Glasgeräthe), zeigt uns die flüssige Masse und die Stoffe, aus denen sie besteht, — und dem allen glücklich entflohen, geniessen wir draussen einer erquicklichen Kühlung: das war den Besuch im heissen qualmigen Raume schon werth. Nach kurzer Ruhe und einer kleinen Erfrischung geht es auf den Heimweg. Der landschaftlichen Schönheit bietet dieser weniger als der etwas weitere, den wir gekommen, die Wallfahrer nach dem Lauchhammer kommen uns nicht mehr entgegen; dennoch sind wir am Ziele, eh' wir's gedacht. Unser aufopfernder Führer, der schon rühmend erwähnte Ciseleur Herr Rudholzner, verkündigt uns die Annäherung des Werkes. Da sind ja schon die ersten, in die Waldeinsamkeit hinausgeschobenen Vorposten desselben, die »Seufzerallee« und der »Poetensteig«, zwei Requisite, wie man sieht, deren selbst der eiserne Lauchhammer nicht entbehren kann. Mit diesem etwas sentimentalen Geschmack im Munde, der uns das körperliche Bedürftigkeitsgefühl, so der gemeine Sterbliche Hunger nennt, mit doppelter Flauheit empfinden lässt, rücken wir in das Hüttenwerk ein, von der entgegengesetzten Seite, als von der wir es verlassen haben.

Weh, was ist das für ein Gewimmel und Gedränge! Die Strasse ist zu eng, um die Besucher alle zu fassen; verschiedene Räume des Etablissements, in denen der Andrang gefährlich ist, haben schon dem Publicum vorübergehend geschlossen werden müssen, und jetzt drängt Alles zur Mittagsmahlzeit. Wie ein ausgeflogener Bienenschwarm umringt die Menge in dichteren Schaaren das Gasthaus, eine traurige Aussicht für den, der ferne steht. Nicht jeder ist ja so bescheiden und schnell gefasst, wie jene Gruppen von Landmädchen, die, nachdem sie am Brunnen im schattigen Gebüsch ihre Toilette geordnet, ihren frugalen Mundvorrath, in kalter Küche bestehend, aus der Tasche ziehen und mit dem Behagen, das nur die Genügsamkeit kennt, die nach Goethe »überall genug« hat, zu einem Becher perlenden »Pumpenheimers« verzehren. Doch auch für uns ist gesorgt: die table d'hôte des gewandten Wirthes erfreut sich begreiflicherweise nicht übermässigen Zuspruches, und schnell haben wir bei einer überraschend guten »Naturalverpflegung« uns aller Sorge entschlagen.

Der Nachmittag führt uns abwechselnd in das Concert und in das Volksgewühl der Strasse. Dort vereinigt sich auf dem weiten Festplatze die feinere Welt; wir erfreuen uns trotz der Musik der angenehmsten Unterhaltung im interessantesten Kreise, zu dem u. A. auch mehrere Mitglieder der Rietschel'schen Familie gehören, die zu dem wehmüthig erhebenden Ehrenfeste des verewigten Meisters aus Dresden herübergekommen sind. Die Pausen der Unterhaltung füllt die Beobachtung des sich ergehenden oder behaglichem Genusse hingegebenen Publicums. Doch die modischen Toiletten der Concertbesucher fesseln uns nicht, der Blick findet angenehmere Abwechselung in den bunten malerischen Trachten des Landvolkes dort draussen, und mit Vergnügen mischen wir uns in seinen Strom und suchen es bei seinen harmlosen Vergnügungen auf. Dort erklärt ein Mann mit lauter pathetischer Stimme einem mit süssem Schauer lauschenden Kreise die Schicksale des »Todtengräbers von St. Germain«, die nebst einer ähnlichen Mordgeschichte auf zwei grossen Tafeln in einem »Cyklus von Darstellungen« haarsträubend gemalt sind. —

Als er geendet, ertönt etwas wie Orgelklang zur Seite. Die Töne dringen aus einem »lebensgrossen Wachsfiguren-Cabinet«, wie die um Richtigkeit des Ausdruckes unbesorgte Lakonie des Besitzers sein »Etablissement« benamset. Die Gegenstände der heiligen Geschichte werden hier durch bewegliche Figuren dargestellt. — Gegenüber auf improvisirtem Gerüste gesticulirt lebhaft ein Mann; ein dichter Haufe umdrängt den Schreienden. Von ihm kann jeder, Männlein oder Fräulein, dasjenige erfahren, was, ihm selbst vielleicht noch zartes Geheimniss, das süsse Sehnen seines Busens erweckt. Für einen Silbergroschen beschreiben die beiden Teufelchen, die er in Flaschen eingefangen, und über deren Lebensgeschichte er die wunderbarsten Aufschlüsse giebt, ein Couvert mit einem Motto, und in demselben findet jeder Gläubige den Gegenstand seiner Sehnsucht — in Photographie. Reizende Gruppen! Hier ein zartes Wesen, das etwas unbehülflich das verschlossene Couvert mit hoffnungsvoll klopfendem Herzen zu öffnen sich bemüht; dort ein paar Freundinnen, die verständnissvoll lächelnd die Köpfe zusammenstecken: der durch kritische Gelüste noch nicht übermässig geschärfte Blick der einen Glücklichen hat eine unzweideutige Aehnlichkeit mit dem Erwählten ihres Herzens erkannt: Triumph, er ist ihr bestimmt! Sie macht sich, obgleich hoffentlich sehr gute Christin, wenig Scrupel darüber, dass ein Teufelsorakel ihn ihr verheissen. Da aber giebt es Thränen! Der feuchte Blick ruht auf dem theuer erstandenen, angstvoll und bange erwarteten Bilde. Ist es das Vorhandensein oder der Mangel an Aehnlichkeit? Jedenfalls eine getäuschte Hoffnung, mitten in der allgemeinen Freude ein Schmerz, der nicht laut sein will! Auch dem bäuerlichen Herzen passirt wohl je zuweilen die alte ewig neue Geschichte, die es in ungeschminkterem Schmerze brechen lässt, als das des weltmännischen Städters es über sich gewinnt. Die erste Blüthe scheint an der ländlichen Schönen im Liebesgrame vorübergegangen zu sein, und nicht einmal die Hoffnung hat sie aus dem Schiffbruch ihrer Gefühle herübergerettet. Doch verweigert ihr die Liebe ihren Trost, das Glück der Freundschaft hat sie gekostet: mit freundlichem Zuspruche steht die glücklichere Freundin ihr zur Seite, ihr weiches Herz ist gerührt, wenngleich heimlich ein schelmisches Lächeln über ihre Züge gleitet. Sich selbst überlassen, in naivster Unbeholfenheit, sieht ihr Kindchen am Boden sich von der Führung der mütterlichen Hand verlassen, und im Gefühle der Unsicherheit harrt es unbeweglich, dass die Mutter sich sein wieder annehme; eine reizende kleine Scene, würdig einer Meisterhand, die sie auf der Leinwand festhielte!

Doch wer könnte von allem Einzelnen reden? Eins drängt das Andere; unter Gesprächen und Beobachtungen, Spaziergängen und Betrachtungen vergeht der Tag, und der späte Abend erst lässt uns Musse zu einer Unterhaltung mit dem unendlich in Anspruch genommenen Herren Hüttenmeister finden, die als Einleitung zu der auf den folgenden Morgen festgesetzten Wanderung durch die Werkstätten dienen soll. Der Lauchhammer, gegenwärtig nur Giesserei, nicht Schmiedeanstalt (alle möglichen anderen Metall-, namentlich Eisenarbeiten werden auf vier anderen mit dem Lauchhammer in Verbindung stehenden gräflich Einsiedel'schen Werken fabricirt), wurde gegründet durch die Frau Oberhofmarschällin von Loewendahl, und der Hochofen am 25. August 1725 angeblasen. Die Gegend war damals zur Anlage eines Hüttenwerkes sehr günstig, denn Brennmaterial und Eisenstein waren leicht zu beschaffen. Von Elsterwerda an erstreckt sich ein 8 Meilen langes Braunkohlenlager von über 100 Fuss Mächtigkeit, in dem die Kohle fast zu Tage liegt. Diese, die an der

Grube mit 1 Sgr. 9 Pf. die Tonne (zu 20 Centner) verkauft wird, wozu noch 2 Sgr. Transportkosten bis zum Werke kommen, ist eine so vorzügliche Feuerung, dass eine gegenwärtig im Betriebe befindliche Hochdruckmaschine von sechs Pferdekräften bei zwölf Stunden Arbeit nur sechs Tonnen Kohle, d. h. also für $22^{1}/_{2}$ Sgr. Brennmaterial, täglich erfordert.

Von der Stifterin ging das Werk 1776 durch Erbschaft auf den königl. sächsischen Conferenzminister Grafen von Einsiedel über, in dessen Familienbesitz es geblieben ist [*]). Seit 1784 beschäftigt sich das Werk mit Kunstguss, und eine grosse Vase aus diesem Jahre steht noch vor dem Comptoir auf einem Postamente, als »erster Kunstguss« bezeichnet. Den grössten Aufschwung nahm das Etablissement nach dem hundertjährigen Jubiläum, und es hat seitdem seine Stelle behauptet, doch nur mit äusserster Anstrengung ist dies in der Zeit der Eisenbahnen möglich gewesen. Die Landtransporte sind zu kostspielig, um der Concurrenz mit Erfolg in allen Arten von Arbeiten begegnen zu können.

Das Werk hat sich daher eigene Zweige geschaffen, durch die es trotz seiner Isolirtheit und seiner verlassenen Lage existenzfähig und ein Institut ersten Ranges bleibt. Zunächst hat es sich dem grossen Kunstgusse zugewendet (in Bronze seit 1838), nächstdem aber macht es ein bedeutendes Geschäft mit Poterien, Geschirren zum häuslichen Gebrauche, Wasserleitungs-Einrichtungen u. s. w. In diesen hält es den Markt durch Verfertigung einer sehr dünnen, leichten und billigen Waare, deren besonderer Werth daneben in einer dem Werke ganz eigenthümlichen, höchst feinen und haltbaren, zwar nicht glänzend weissen,

---

[*]) Bis es neuerdings — in der Gründerzeit — „Actiengesellschaft" geworden.

aber bleifreien und daher vollkommen unschädlichen Emaillirung (Glasur besteht. Die Bereitung derselben ist strengstes Fabrikgeheimniss, ihre Vorzüglichkeit von den besten Autoritäten anerkannt. In den grösseren und feineren Arbeiten, Oefen, Caminen, Treppen, Gittern, Candelabern u. s. w. reproducirt die Anstalt durchaus eigene Modelle, deren Abgüsse nach scharf ciselirten Modellen sehr sorgfältig angefertigt werden. Freilich ist bei dem Mangel eines Musterschutzgesetzes das Werk gerade hierbei der Freibeuterei der Concurrenten schonungslos preisgegeben, und die Erfahrungen der Anstalt in dieser Beziehung bilden eine artige *chronique scandaleuse*, in der die Namen selbst sehr achtbarer Fabrikfirmen eine traurige Rolle spielen. Man staunt, wenn man erfährt, dass es möglich ist und nicht gesetzlich verfolgt werden kann, wenn eine Fabrik nicht allein mit den nachgemachten Mustern einer anderen auf den Markt tritt, sondern mit deren eigenen angekauften Arbeiten auf Industrieausstellungen erscheint und Preise gewinnt. So lange hierin keine durchgreifende Besserung bei uns eintritt, werden alle Bemühungen zur Hebung unserer Kunstindustrie keinen rechten Boden haben und nur halbe Wirkung erzielen.

Seit Jahren wirbt nun Lauchhammer um eine Eisenbahn, aber das Netz derselben zieht sich wohl immer enger um das Werk zusammen, ohne es selbst jedoch zu berühren. Die Dresdener Bahn geht westlich, die Görlitzer östlich in weiter Ferne vorbei, die projectirte Linie Guben-Cotbus-Halle bleibt nördlich, und möglicher Weise wird die Zweigbahn, die diese Linie über Grossenhain mit Dresden verbinden soll, die Ironie vervollständigen und sich südlich (oder südöstlich) in angemessener Entfernung halten. Doch hofft der Lauchhammer noch immer auf diese Bahn, die das ganze Gebiet aufschliessen und damit grossen Nutzen schaffen würde. In den reichen und schönen

Thonlagern unmittelbar neben der Kohle schlummert eine zukünftige Thonwaaren-Industrie, die sofort durch ein genügendes Verkehrsmittel erweckt werden würde. Die Braunkohle dieser Districte, per Bahn nach Berlin geführt, würde hier auf 7 Sgr. die Tonne zu stehen kommen. Der Grund und Boden, jetzt, erinnern wir uns recht, auf 8 Thlr. bonitirt, müsste alsbald einen ungleich höheren Werth bekommen u. s. w. Dabei ist das Terrain dort für die Anlage der Bahn durchaus günstig, und ein Institut wie der Lauchhammer, das die preussische hohe Industrie mit so viel Eifer und Erfolg vertritt (seit 1844 hat es auf allen Industrieausstellungen Preise davongetragen und auch zu Paris 1867 ausser der bereits erwähnten goldenen Medaille noch eine in Bronze für seine Heizapparate), wäre doch gewiss einer Berücksichtigung werth, deren Opfer es durch seinen ungeheueren Verkehr ohnedies reichlich lohnen würde. —

Der frühe Morgen des Montages weckt uns zu einem Gange durch die Fabrikräume. Wir besuchen den **Hochofen**. Durch eine einfache und sinnreiche Vorrichtung werden die kleinen Wagen mit Holzkohlen und dem zur Verglasung der Schlacke mit Kalk vermischten **Raseneisenstein** auf die Höhe gewunden. Hier fallen sie in einen trichterförmigen Verschluss, unter dem sich die sonst über den Hochöfen meist in gewaltiger Lohe verbrennenden Gase sammeln, um, unverbrannt in einer riesigen Röhre herabgeleitet, zum Theil den Kessel der Maschine zu heizen, die das doppelte Gebläse des Hochofens treibt, zum anderen Theil die hier einzublasende Luft vorher auf 150 bis 170 Grad zu erhitzen. Auch für die Schlacke hat man hier eine eigene Verwendung. Sie wird in grossen eisernen Kasten geformt, und diese Schlackensteine werden als Baumaterial für die Fabrikanlagen gebraucht, denen diese grossen, hausteinähnlichen Blöcke (die sich auch als sehr haltbar bewähren) den Anstrich grosser Solidität verleihen. Noch weit in der Umgegend liebt man es, mit diesem bequemen und billigen Materiale zu bauen, bis die zu grosse Entfernung den Vortheil illusorisch macht, und die Spuren dieser Bauart allmählich verschwinden. — Neben dem Hochofen sind ein paar Kuppelöfen.

Der Hochofen ist rings umgeben von den **Giessereien** für alle Arten von Eisenguss. Tischler-, Schmiede-, Schlosser- und andere **Werkstätten** für den Bedarf des Werkes sind in einem benachbarten Häusercomplexe vereinigt. Jenseits der Giessereien thun wir einen Blick in die **Magazine für Poterien**. 20 bis 25,000 Centner gehen davon jährlich von hier aus in die Lande; es sind eigene Niederlagen für den Bedarf bestimmter Gegenden vorhanden, z. B. eine für Amsterdam, das grosse Massen von Geschirr aus dem Lauchhammer bezieht. — In der Nähe besuchen wir die **Schleiferei und Poliranstalt**, wo gewissen Theilen der feineren Waaren (Caminen, Ofenvorsetzern u. s. w.) der glänzendste Schliff verliehen wird. Auch in die Ateliers für die kleinen feinen **Kunstgusswaaren** werden wir eingeführt, wo wir alle möglichen Manipulationen, von der Ciselirung der ersten Modelle bis zur Fertigstellung der Abgüsse für den Handel, in einer Menge kleiner Räume beobachten. Nur das Heiligthum der **Emailliranstalt** bleibt uns verschlossen. Dieselbe liefert übrigens neben der gewöhnlichen weissen Glasur auch buntfarbige Emaillen, die zur Verzierung mancher Kunstgüsse verwendet werden. — Auch ein **photographisches Atelier** besitzt das Werk, und bei demselben besondere **Zeichensäle** für die Modell- und Musterzeichner.

Sehr interessant ist sodann die grosse mehrstöckige **Niederlage für die feineren Waaren**. Hier kann man übersehen, was die Anstalt selbständig im Gebiete der Kunstindustrie leistet. Bedenkt man, dass der Eisenguss noch nicht in einer classischen Kunstperiode seine so zu sagen ewigen Normen ausgebildet hat, so wird man die Schwierigkeiten, mit denen eine selbständig vorgehende Anstalt zu kämpfen hat, und manches Schwanken und selbst Fehltreten leicht begreifen. Dennoch kann man der Wahrheit gemäss anerkennen, dass des Gelungenen mehr vorhanden ist als des Missrathenen, und dass unter den Caminen, von den einfachsten bis zu den reichsten und elegantesten, unter den Gittern und Geländern und namentlich unter den durchbrochenen ornamentirten Platten zu Balustraden, Fussböden, Verkleidungen von Röhrenleitungen u. s. w. zum Theil vortreffliche und wahrhaft stilvolle Muster uns entgegengetreten sind, zum grössten Theile im besten Renaissancegeschmack; doch sind auch Barock- und Rococoformen, sowie vereinzelt gothische, dann, durch mehrfache grosse Bestellungen für den Orient (u. a. einen grossen, 8000 Centner schweren Mittelbau zwischen zwei Palasttheilen, für den Vicekönig von Aegypten) veranlasst, orientalische Formen gut behandelt. — In dem kleinen, speciell sogenannten Kunstgusslager sind kleinere Eisenwaaren für Zimmerschmuck und täglichen Gebrauch ausgestellt, wobei die ganz naturalistischen, aber vortrefflich gearbeiteten Thiere des jüngeren Hähnel besonders hervorgehoben zu werden verdienen. Bei diesen feinsten Waaren tritt neben Eisen und Bronze auch der Zinkguss, sowie zur Verzierung Email auf. — In der Niederlage begegnen wir auch kleinen Maschinen, die auf dem Oberhammer gebaut werden. Dieses Werk, unmittelbar vor dem Lauchhammer selber gelegen, liefert allen Bedarf an Maschinen für das Werk, und ausserdem für den Handel besonders Motoren und landwirthschaftliche Maschinen.

Ein letzter Besuch gilt der Bronzeguss- und Ciselirwerkstätte. Wohl auf Rietschel's Veranlassung, der auf Kosten des Grafen Einsiedel ausgebildet und, als er seine Anlage und Neigung für die freie Kunst (er war eigentlich zum Modelleur für den Lauchhammer bestimmt) an den Tag gelegt, von ihm grossmüthig und liberal seiner Verpflichtungen entlassen und sogar noch weiter unterstützt war und deshalb dem Lauchhammer stets ein dankbares Andenken bewahrte, fragte Rauch, der mit seinem berliner Giesser, Fischer, unzufrieden war, beim Lauchhammer an, ob das Werk den Guss seiner Polenkönige für den Dom von Posen übernehmen wolle. Man nahm, obgleich erst Alles neu dazu eingerichtet werden musste, die Anregung zu dem neuen Zweige bereitwillig auf, und im Jahre 1838 ging jene erste Arbeit aus der neuen Werkstätte hervor. Seitdem sind eine Menge bedeutender Werke hier gegossen und ciselirt, deren Modelle ein stattliches Museum abgeben: von Rauch eine Victoria für Charlottenburg und eine für St. Petersburg und die Victoria auf dem Belle-Allianceplatze; Friedrich August der Gerechte (im dresdener Zwinger) von Rietschel, zu Dresden im Gusse verunglückt, hier reparirt und mit dem Postamente versehen; die Wasserschöpferin von Wichmann; die Hygieia von A. Wolf; die Madonna mit dem Kinde von Fischer; von Kiss Friedrich Wilhelm III. für Potsdam, für Königsberg und für Breslau, sowie dessen heiliger Georg im Schlosshofe zu Berlin; Grossherzog Paul für Schwerin von Rauch; Postament Karl's IV. für Prag von Hähnel; Winckelmann für Stendal von Wichmann; der Sarkophag für Friedrich August II., entworfen vom Hofbaumeister Krüger, modellirt im Lauchhammer selber; Kurfürst Johann Friedrich von Sachsen für Jena von Drake; Herzog Franz für Dessau von Kiss; Karl Maria von Weber für Dresden von Rietschel; Grabdenkmal des Grafen Roth von Schreckenstein und Standbild des Grafen Hans von Königsmarck für Plaue a. d. H., beide von Kiss; Gellert für Hainichen, nach Rietschel's Entwurfe von Schwenck;

von Bläser der Sarkophag für Raven̂e in Berlin und Friedrich Wilhelm IV. für Hohenzollern mit einem gothischen Baldachin von Persius, und manche kleinere Werke; endlich jetzt das Luthermonument; und bereits sind neue Werke in der Arbeit oder bestellt und für die nächste Zeit in Aussicht. In der Giesserei mit der 20 Fuss tiefen Dammgrube werden die Colossalmodelle zu Dorer's National-Denkmal für Genf geformt, zwei vornehm feierliche weibliche Gestalten, die jedoch, zum Theil schon eingeformt, nicht mehr vollständig zu beurtheilen sind. In der Ciselirwerkstätte steht im Rohgusse fertig aufgebaut das 19 Fuss hohe Reiterstandbild König Friedrich Wilhelm's III. für den Lustgarten in Berlin, nach dem Modelle des Professor Albert Wolf, ein stattliches, trefflich durchgeführtes Werk *).

Indem wir durch den Modellsaal schreiten, gelangen wir noch einmal auf den Denkmalsplatz. Hier tritt ein würdiger Herr in Begleitung einer Anzahl junger Leute auf den Herren Hüttenmeister Reinbrecht zu, der bis hierhin unser allezeit zu Auskunft und Aufschluss auf's Liebenswürdigste bereiter Führer gewesen; es ist der Herr Seminardirector Materne mit seinen Zöglingen aus Elsterwerda. Er bittet um die Erlaubniss, an dem Reformationsdenkmale den Reformationsgesang »Ein' feste Burg ist unser Gott« anstimmen zu dürfen. Sie wird natürlich bereitwilligst ertheilt, und wir scheiden von dem Denkmale — bis auf einstiges Wiedersehen an seinem eigentlichen Platze — mit dem erhebendsten Eindrucke.

Nach einem gemüthlichen Frühstück, das unser sehr verehrter Begleiter, der Hüttenmeister, dem für alle uns

---

*) Inzwischen provisorisch aufgestellt und jetzt vollendet und in der definitiven Aufstellung begriffen (am 2. September d. J. enthüllt); wie auch das „Nationaldenkmal" längst an den Ort seiner Bestimmung abgeliefert ist.

bewiesene Aufmerksamkeit hier noch zu danken uns eine angenehme Verpflichtung scheint, uns auf's Freundlichste nöthigte im Kreise seiner Familie einzunehmen, fuhren wir in derselben interessanten Gesellschaft, mit der wir gekommen, auf einem Wagen des Werkes bis nach Liebenwerda und von da per Extrapost nach Burxdorf, und trafen am Abende des zwar heissen, aber schönen Tages wohlbehalten, sehr befriedigt von unserer Expedition und geistig und körperlich erfrischt zur festgesetzten Zeit in Berlin wieder ein.

Das Wesen der Kunstindustrie
und ihre Bedeutung für unsere Zeit.

Ergänzungsblätter zur Kenntniss der Gegenwart, Bd. III. (1868), Heft 6, S. 344 ff.

Kaum irgend eine andere Angelegenheit erregt, wenn man von der die Discussion stets in Athem haltenden Politik absieht, in unseren Tagen eine so allgemeine Aufmerksamkeit und bietet so vielfach den Gegenstand zu den ernstesten Erwägungen und Erörterungen von den verschiedensten Standpunkten aus wie die Sache der Kunstindustrie, ihre Förderung und Pflege, ihr unleugbarer Verfall und die Nothwendigkeit ihres Wiederaufblühens.

Was heisst Kunstindustrie?

Jede gewerbliche Thätigkeit hat die Befriedigung irgend eines Bedürfnisses zum Zwecke. Sie sucht durch die ihr gerade eigenthümlichen Proceduren und Manipulationen die in der Natur ihr gegebenen Stoffe einzeln oder verbunden, in natürlichem oder künstlich dargestelltem Zustande dem vorliegenden Zwecke dienstbar zu machen. Dies geschieht, indem der Stoff in eine Form gefasst wird, die ihn zur Verrichtung seines Dienstes geschickt macht. Die gewerbliche Thätigkeit ist also nicht im Geringsten minder lediglich formenbildend als die künstlerische, mit dem wesentlichen Unterschiede jedoch, dass jene von dem Zwecke, ein concretes Bedürfniss zu befriedigen, diese von den Anforderungen der reinen, von der Dienstbarkeit des Zweckes befreiten Schönheit beherscht wird. Zwischen diesen beiden äussersten Punkten sind nun aber beiderseits Annäherungen und dadurch gebildet Zwischenstufen möglich. Das einzelne Kunstwerk ordnet sich willig einem grösseren Ganzen unter, wenn, oder so dass dadurch die Freiheit eigener selbständiger Entwickelung nicht gestört wird. Es lässt sich die Bedingungen eines gegebenen Platzes u. s. w. gefallen, zufrieden in dem so begränzten Raume sich nach eigenem innerem Schöpfungsdrange als eine Welt in sich entfalten zu können. Das gewerbliche Product gegentheils findet seine Form durch den Zweck nur in ganz allgemeinen, schematischen Umrissen gegeben; andere schon bei weitem präcisere Bestimmungen ergeben sich aus der Natur des Materiales, aus dem das Geräth gebildet werden soll, und der diesem Materiale entsprechenden Hantirung. Aus den Combinationen dieser Bedingungen ergeben sich verschiedene Möglichkeiten für die Lösung irgend einer Aufgabe, und der formenbildende Trieb des menschlichen Geistes erfreut sich daran, das Gebiet dieser Möglichkeiten noch zu erweitern. Er giebt der Form des zu schaffenden Geräthes eine immer höhere Bedeutung und bildet dieselbe allmählich in einer weit über das Bedürfniss hinausgehenden, durchaus künstlerischen Weise durch. Nur das von Zweck und Stoff entlehnte Grundschema bleibt unangetastet stehen, und erinnert in dem fast zum freien Kunstwerke geadelten Producte der werkthätigen Hand an den Ursprung des Vorwurfes aus »menschlicher Bedürftigkeit«.

In dieser Durchdringung des frei Künstlerischen und des gebunden Zwecklichen in der Herstellung eines Geräthes, das einem bestimmten Bedürfnisse dient, in dieser Verschmelzung des Schönen mit dem Nothwendigen, deren Hauptphasen wir alsobald betrachten wollen, besteht das Wesen der Kunstindustrie. Nachdem wir uns davon Rechenschaft gegeben, wie sich diese Verbindung vollzieht, werden wir zu entwickeln haben, was aus derselben sich als Norm und Regel für das kunstgewerbliche Product ergiebt.

Der menschliche Geist ist ein einheitlicher, und er liebt es, sich in jeder seiner Manifestationen als Ganzes zu zeigen. Nur die Wissenschaft hat zur Erforschung und Bestimmung seines Wesens gewisse vorwiegende Richtungen seiner Bethätigung als »Vermögen« abgesondert und für sich betrachtet. Nie aber äussert sich ein einzelnes dieser Vermögen rein und unvermischt. Handelt es sich um die Befriedigung eines Bedürfnisses, d. h. um Beseitigung einer störend empfundenen Hemmung der Existenz, so ist es in erster Linie Sache des Verstandes, Rath zu schaffen. Er ersinnt eine angemessene Form für das Geräth und wählt einen passenden Stoff zur Herstellung desselben. Aber zwischen das verstandesmässige Schema, von Zweck und Stoff vorgeschrieben, das der nackten Zweckmässigkeit entspricht, dem einfachen Bedürfnisse schlicht genügt, und das man gewissermassen der Starrheit der geometrischen Figur vergleichen könnte, und zwischen das danach construirte wirkliche Geräth schieben sich die Manipulationen der Herstellung ein: es gilt nunmehr, die bisher gedachte Form zu bilden. Der spröde Stoff, der überwunden werden muss, erfordert Zeit; der die Thätigkeit der Hand leitende

Geist des Bildners gewinnt Interesse für das werdende Werk, bis zur Liebe. Er stellt sich das Geräth als beseelt vor: daher die häufigen, naiv reizenden und in ihrer Einfachheit wahrhaft erhabenen Inschriften in der ersten Person auf alten Gefässen: „*Ich bin von den athenischen Preisen*"; „*Ergotimos hat mich gemacht*", u. s. w. Er sucht etwas ihm Gleichartiges in dem Werke oder strebt es hineinzulegen: und was hat er Eigeneres als die Form, die er dem Stoffe einbildet. Sie muss das Band werden, das den Geist des Schaffenden mit dem Geschöpfe seiner Hand verbindet, wie die »älteste Urkunde des Menschengeschlechtes« dem Allschöpfer dieselbe Empfindung andichtet und ihn, um sich selbst zu genügen, ein Geschöpf nach der Form seines eigensten Wesens als Krone der Schöpfung vollenden lässt.

Hieraus erhellt zweierlei: zuerst, dass die künstlerisch gestaltende Thätigkeit sich innerhalb der durch die technisch-zwecklichen Rücksichten gezogenen Gränzen entfaltet, keine der gegebenen Bedingungen und Bestimmungen aufhebt, sondern nur die Leere des Schema's gefällig auszufüllen sucht; sodann, dass die künstlerische Zuthat nicht dem Zwecke ihren Ursprung verdankt (wenngleich auch Zweckgedanken ästhetisch ausgedrückt oder gleichsam paraphrasirt werden können), nicht den Benutzenden im Auge hat, dem das Geräth dienen soll, sondern als die freie That des Bildners angesehen werden muss, durch die er sich selbst in seiner Schöpfung Genüge zu thun sucht. Dem widerspricht es nicht, dass die schönsten und passendsten Motive der künstlerischen Gestaltung durch die Bestimmung, den Gebrauch des Geräthes eingegeben werden. Auch der gewerbliche Künstler ist demnach in dem ästhetischen Theile seiner Arbeit von äusseren Rücksichten frei, auch er schafft, wie jeder andere Künstler, getrieben von der Idee, um dem innewohnenden Gestaltungstriebe zu genügen.

In dieser Durchdringung des Verständig-Zwecklichen und des Phantasievoll-Schönen lassen sich deutlich drei Phasen oder Stufen unterscheiden. Die Phantasie bemächtigt sich des leeren verstandesmässigen Schema's, bemeistert alle gegebenen Bedingungen und erfüllt und vereinigt sie, indem sie aus ureigener Fülle eine schöne Form producirt, die ihre spielend geschaffene Reproduction, ihre frei und doch nach strengen Gesetzen vollzogene Belebung des überkommenen todten Schema's ist. Die Gestaltungsmotive, die bewegenden Gedanken, welche die Form als ein organisches Gebilde haben hervorwachsen lassen, werden häufig in bescheidener, aber sprechender Weise an den charakterischesten Stellen formsymbolisch bezeichnet: Aufstreben, breitere Entfaltung, energisches Zusammenfassen, Abschluss und Begränzung u. s. w., das etwa sind die Ideen, die sich hier aussprechen. — Aber dabei bleibt die künstlerisch schaffende Phantasie nicht stehen. Nachdem das Bedürfniss in gefälliger und bedeutsamer Form befriedigt ist, legt sie auf das, was über das Bedürfniss hinausgeht, ein grösseres Gewicht, verstattet dem grössere Selbständigkeit, räumt ihm ein grösseres Terrain ein, immer aber mit der Rücksicht, dem Zwecke nicht hinderlich zu werden. Das form-symbolische Ornament wird reicher durchgebildet, es gestattet sich vielleicht schon schüchtern, die Grundform hervorragend zu unterbrechen, — denn ursprünglich sind der Zweckmässigkeit wegen die Flächen glatt; stossen und schleifen sich doch erfahrungsmässig Vorsprünge, selbst in Stein und Metall ausgeführt, leicht und schnell ab —; ja selbst der formal indifferenten Theile, der grossen ungegliederten, lediglich umschlossenen Flächen schont sie nicht, auch sie werden mit bedeutsamem Schmucke überzogen, der, da formal hier nichts zu symbolisiren ist, um so uneingeschränkter in der Wahl seiner Motive, in dem Kreise seiner Gedanken ist: der Raum wird nach

Ueberwindung weniger Zwischenstufen erobert für das freie Kunstwerk, das aber an dieser Stelle mehr als irgend sonst des Grundsatzes eingedenk sein muss, dass jedes wahre Werk der Kunst mit seinem Raum entsteht. — Damit ist der letzte Schritt vorbereitet: die Phantasie benutzt die Geräthform nur noch als Motiv und Basis für eine durchaus freie Kunstschöpfung; die Formen des Detail und der Verzierung bekümmern sich nicht mehr um die Erfordernisse der Zweckmässigkeit: das Werk wird Kunstwerk in demselben Momente, wo es als Geräth — unbrauchbar wird.

Dies ist ein sehr bedenklicher Punkt. Denn der Missbrauch liegt hier gar zu nahe, und zwar nach zwei Seiten hin. Zunächst darf die verschönernde Kunst sich nicht ohne Weiteres auf eine zweckgeweihte Form werfen und sie überwuchernd in ihrem Wesen vernichten. Nur Entstehung und Bestimmung des Werkes können eine derartige Verwendung einer Geräthform rechtfertigen: dient die Form nicht mehr dem Zwecke, der sie hat entstehen lassen, so symbolisirt sie gewissermassen den Gebrauch; sie erinnert daran, dass sie dem Bedürfnisse zu genügen bestimmt war, und dass sie, wie Schild und Speer des Siegers im Tempel der siegverleihenden Gottheit, dienstentlassen im Heiligthume der Schönheit niedergelegt ist. — Eine zweite Gefahr der Abirrung liegt in dem Verlassen der stilgemässen *) Behandlung. Die dem Dienste der

---

*) Ich habe hier wie überall, wo mir die Bestimmung der Orthographie zustand, mit Consequenz die Schreibart „Stil" — nicht Styl — durchgeführt. Ich benutze diese Veranlassung, die Frage über die schwankende Orthographie zu berühren. Das griechische στῦλος bedeutet „Säule", erst später „Griffel". Das Wort wurde aus dem Griechischen in's Lateinische herübergenommen, und da von Einigen auch, dem Griechischen conform, *stylus* geschrieben. Da es aber ganz der lateinischen Sprache assimilirt worden, wofür die Verkürzung des Vocales in der Stammsilbe ein äusseres, aber untrügliches Zeichen ist, so sind diejenigen entschieden im Rechte,

Zweckmässigkeit entnommene Form wird leicht in einem fremdartigen Materiale rein äusserlich nachgeahmt, die durch Zweck und Stoff in Charakter und Motiven bestimmte künstlerische Ausschmückung verliert diese sichere Leitung und irrt planlos und unstät in willkürlichen Gestaltungen umher. In derartigen Producten kann sich häufig eine reiche Phantasie, ein formgewandter Sinn, mit einem Worte: eine bedeutende Kunst des Erfinders bekunden, und den-

---

welche das lateinische Wort „*stilus*" schreiben. Dieses Wort bedeutet fast ausschliesslich das eiserne oder eherne, später knöcherne Instrument, dessen sich die Alten zum Schreiben in Wachstafeln bedienten; es war zu diesem Behufe an einer Seite spitz zum Einkratzen der Buchstaben, am anderen Ende breit und stumpf, um falsche Schriftzüge wieder auslöschen zu können; es hatte also im Wesentlichen die Form unserer Modellirhölzer. In übertragener Bedeutung nun sagt Cicero (Or. I, 33): *Stilus optimus et praestantissimus dicendi effector et magister*, d. h. der Griffel in der Hand ist der beste Lehrmeister des Ausdrucks. **Uebung mit dem Griffel** (vieles Schreiben) macht den Meister der Rede; und ähnlich (ebenda III, 49): *Cum exercitatione tum stilo — formanda nobis oratio est*: durch (mündliche) Uebung und den Griffel in der Hand (schriftliche Uebung) muss die Ausdrucksweise gebildet werden. Diese „Ausdrucksweise" selbst, die ich am liebsten „Stil" genannt hätte, nennt Cicero noch nicht *stilus*, sondern diese zweite Uebertragung, *stilus* für die durch die Uebung im Schreiben erworbene charakteristische Ausdrucks- und Darstellungsweise, kam erst seit den Zeiten des jüngeren Plinius in Gebrauch. Den Griechen, bei denen das Wort in erster Linie „Säule" bedeutete, war diese Metonymie stets fremd; den Römern lag sie, da das Wort bei ihnen vorzugsweise den Schreibgriffel bezeichnete, ebenso nahe wie uns die vollkommen identische in Redensarten wie: er hat eine gewandte, eine spitze Feder. Also nicht das griechische στῦλος, sondern das lateinische *stilus* haben wir als technischen Ausdruck in unsere Sprache herübergenommen; also ist die richtige Schreibart des Letzteren für uns massgebend. — Ständen aber selbst nach dem Bisherigen die Wage zwischen Styl und Stil gleich, so müsste jetzt doch für das Letztere entschieden werden, seitdem **Gottfried Semper** seinem epochemachenden Buche den Titel gegeben hat „**Der Stil**" — und dabei bleibt es, wenn er auch selber inzwischen inconsequent geworden ist, wie in seiner Brochure „Ueber Baustyle" (Zürich 1869) geschehen.

noch bleiben die Werke für das gebildete Gefühl unerfreulich, weil stillos.

Das Ornament ist die phantasievollste Formenschöpfung des menschlichen Geistes; darum aber auch am leichtesten Ueberwucherungen ausgesetzt. Die Geschichte des Ornamentes bestätigt die Richtigkeit dieses Ausspruches. Im Ornamente phantasirt der Formenbildner über die Bedeutung des Werkes oder des Theiles, den er schmückt. Was er im Ornamente ausspricht, sind seine eigenen, oft recht verwickelten und verschnörkelten Ideen, aber doch liegt ihnen, so lange die Entwickelung gesund bleibt, unverrückbar der eine Gedanke zum Grunde, den schon die Grundform schlicht und einfach ausspricht; er klingt überall durch, wie das Thema in einer musikalischen Variation. Aber bei wachsendem Reichthum der Verzierung massen sich die ornamentalen Motive selbständige Bedeutung an und wagen es, frei neben der einfachen Form aufzutreten, ja bald sich an der Letzteren Stelle zu setzen. Von den geringeren Fluctuationen in demselben Sinne abgesehen mag es verstattet sein, nur auf die grossen Etappen dieses Entwickelungsganges in der Kunstgeschichte hinzudeuten: In der antiken Kunst umspielt das Ornament die Form und interpretirt sie; in der Gothik emancipirt es sich und tritt unverbunden und unorganisch neben und ausser dieselbe; im Rococo zerfrisst es die festen Grundlinien der Architektur und führt die im Ornamente stilgerechten geschwungenen Linien stilwidrig selbst in den Grund- und Aufriss ein. Diese Betrachtung wird dazu dienen, die Bedeutung des Ornamentes überhaupt und besonders auch für die Kunstindustrie in das gehörige Licht zu setzen und für die ästhetische Würdigung der drei vorher im Umrisse vorgeführten Phasen des kunstgewerblichen Productes den rechten Gesichtspunkt anzugeben.

Aus dem früher Gesagten ergiebt sich, dass für die

Formengebung drei Momente mitwirken: der Zweck des Productes, der Stoff und die Manipulationen der Herstellung; — oder: das Bedürfniss, das Material und die Fabricationsmethode. Diese Vielheit der Bestimmungen, die als solche, durch die Möglichkeit von Conflicten, sehr lästig werden könnte, ist indessen nur eine scheinbare. Stoff und technische Behandlung desselben gehen absolut zusammen, und könnten sich nur widersprechen, wenn der Stoff zu einem seiner Natur entgegenstehenden Dienste gezwungen werden sollte, d. h. wenn auch Stoff und Zweck mit einander im Kampfe ständen. Dies ist aber nur unter der Voraussetzung grösster stilistischer Unnatur möglich, wie sie allerdings leider die Kunstindustrie unserer Zeit hin und wieder mit schauerlicher Naivität an den Tag legt. Zur Erfüllung des Zweckes aber gehört nothwendig ein materielles Substrat. Häufig werden demselben Bedürfnisse mehrere Stoffe entsprechen, wie auch umgekehrt kaum ein Stoff zu finden sein wird, der nicht mehrere und sehr verschiedene Bedürfnisse zu befriedigen dienen könnte. Der Stoff nun, in sofern er für den vorliegenden Zweck nutzbar zu machen ist, und mit dem zugleich die formbildende Procedur gegeben ist, bleibt als das einzige und einheitliche bestimmende Moment für die Form des kunstgewerblichen Productes bestehen; d. h. die Dreiheit der Momente ist in die widerspruchslose Einheit hinübergeführt. Das Geräth muss im Ganzen und in seinen einzelnen Theilen, in Grundform und Verzierungen deutlich seinen Zweck verkündigen, muss sein Material zur Geltung bringen, und sich als Product einer bestimmten formengebenden Thätigkeit darstellen. Ein kunstgewerbliches Erzeugniss, welches diese Anforderungen in vollkommener Weise erfüllt, kann, ob einfach oder reich ausgestattet, ob materiell werthvoll oder nicht, ob zu hohem oder niederem Berufe bestimmt, vollgültigen Anspruch auf Anerkennung und Bewunderung erheben und muss als unbedingt mustergültig betrachtet werden. »Auf dieser Eigenschaft des Productes aber, eine gleichsam natürliche logisch abgeleitete Consequenz des Rohstoffes zu sein und so zu erscheinen, beruht eine wesentliche und die erste technische Stilgerechtigkeit eines Werkes.« (Semper.)

Da ein genaueres Eingehen auf die stilistischen Gesetze der einzelnen Kleinkünste nur in dem hier nicht verfügbaren Rahmen grösserer ästhetischer und historisch rück- und umblickender Specialuntersuchungen möglich wäre, so soll hier nur noch die Frage erörtert werden, welche Bedeutung die Kunstindustrie und ihre Förderung für unsere Tage hat.

Es darf als zugegeben vorausgesetzt werden, dass die Kunstindustrie in unserer Zeit gesunken und in Verfall gerathen ist. Was anders könnte sonst die plötzlich überall und mit grosser Energie auftretenden Bestrebungen Einsichtsvoller zur Hebung der Kunstindustrie hervorrufen, die ja Jahrtausende ohne künstliche und systematische Pflege gediehen ist? Die Gründe dieser Thatsache zu untersuchen, würde zu weit führen; nur zwei sollen angeführt werden: das Ersterben des natürlichen und unbewusst sicheren Stilgefühles und die Trennung der Kunst vom Handwerke, — zwei Agentien des Verfalles, deren Wechselwirkung auf einander Niemandem entgehen kann. Die Zeiten sind dahin, in denen der ehrsame Meister des Handwerkes weit und breit gefeierte Kunstarbeiten aus seiner Werkstatt in die Welt gehen liess, in denen die grössten Künstler es für eine würdige Aufgabe ihres Genie's hielten, selbst für untergeordnete Dinge des täglichen Gebrauches die Vorbilder zu entwerfen. Die moderne Cultur hat das unselige Princip der Arbeitstheilung *) auch in dieses Gebiet einge-

---

*) Unselig nicht bloss vom ästhetisch-künstlerischen, sondern auch vom menschlich-sittlichen Standpunkte, so viel es auch vom volkswirthschaftlichen und rein technischen für sich haben mag!

führt, und die Allwissenheit der modernen Naturwissenschaft und die Allmacht der modernen Maschine hat das Ihrige gethan, die Ertödtung des genialen Funkens, der die Thätigkeit der schaffenden Hand und ihre Werke ehedem weihte und beseelte, zu vollenden. Auch die scharfe Abgränzung der Künste gegen einander ist in ihrer jetzigen Strenge neu, so natürlich sie uns erscheint, und sie hat es unmöglich gemacht, dass aus dem Kreise der Künstler etwas Gründliches geschehen konnte zur Heilung der Wunden, welche die schroffe Entgegensetzung von Kunst und Handwerk dem Kunstgewerbe geschlagen hat.

Es kann unbewiesen hingestellt und dennoch als allgemein zugegeben angenommen werden, dass die Kunst eine nothwendige Bethätigung des nationalen Lebens ist; und nicht minder unangefochten ist der gewaltige Einfluss der Kunst auf die Sitten und ihre hierauf beruhende grosse civilisatorische Kraft. Es braucht nicht bewiesen zu werden, dass in dieser Beziehung zwischen der jetzt ausschliesslich so genannten Kunst und den sogenannten Kleinkünsten kein Unterschied ist, ja dass, was die Allgemeinheit und Intensität der Wirkung betrifft, die Kleinkünste der grossen Kunst noch voranstehen: ihre Werke äussern ihren Einfluss häufiger und stätiger und vielgestaltiger als die eigentlichen Kunstwerke; sie dringen in jede Familie, in jede Hütte und umgeben das tägliche Leben in allen seinen Formen mit einem Anhauche von Poesie und Schönheit.

Das hat die Kleinkünste, das Kunstgewerbe zu allen Zeiten hoch wichtig gemacht und würde allein schon ihren Werth auch für unsere Zeit unbestritten erscheinen lassen. Es kommt aber gerade für die moderne Welt noch ein Doppeltes, ein äusserer und ein innerer Werth der Kunstindustrie, hinzu.

Der Stoff gewinnt erst seinen Werth
Durch künstlerische Gestaltung!

In der heutigen Zeit, in der es mehr als je nach theilweiser und voraussichtlich bald vollständiger Befreiung der Arbeit von den lästigen Fesseln, die lange Zeit ihre Entfaltung und rechte Verwerthung gehindert, sich um eine Werthsteigerung der Production handelt, um eine Erzeugung bedeutender Werthe durch die Arbeit, ist die Kunstindustrie von unberechenbarem nationalökonomischen Gewichte. Sie erzeugt aus verhältnissmässig werthlosem Materiale progressiv Werthe, die sich endlich denen der freien Kunstwerke, bekanntlich den höchsten vorhandenen, annähern, und diese Werthe repräsentiren in ihrer Totalität eine ungleich höhere Summe als die Werthe der Kunstwerke, weil jedem Geräthe des menschlichen Bedarfes durch künstlerische Zuthat ein höherer Werth beigelegt werden kann, und die für Kunstwerke immer beschränkte Production und Consumtion hier in die Unendlichkeit fortschreitet. Und diese enormen Werthe werden in den einfacheren Zweigen der Kunstindustrie fast ohne jeden Aufwand, weder an Material noch an Arbeitskraft, erzeugt, da es in der Regel nicht mehr Arbeit und nicht einmal mehr Geschick (sondern nur mehr Geschmack) erfordert, ein Geräth geschmackvoll, als dasselbe geschmacklos zu bilden.

Die Kunstindustrie entspricht aber noch insbesondere einem **modernen** Bedürfnisse. Selbst in der Kunst zeigt die Künstlerschaft unserer Tage und das heutige Publicum eine unleugbare Ermattung des Interesses an der grossen oder, wie man sie zu nennen beliebt, historischen Kunst. Schon in der Kunst erfreuen die kleineren Genre sich vorzugsweise der Bearbeitung und Theilnahme: ein nicht zu verkennender Hinweis, dass dem modernen Gefühle nicht bloss die kleinen Genre der grossen Kunst, sondern gewiss ebenso sehr die kleinen Künste Befriedigung geben werden. Jene allgemeine Abneigung aber gegen die historische Kunst lediglich auf Rechnung einer bequemen Unbildung zu setzen, an der es freilich unserer Zeit auch nicht fehlt, würde eine tiefe Verkennung des Sachverhaltes sein. Die moderne Welt hat durch den durchaus naturgemässen Gang, den ihre geistige Entwickelung genommen, diejenige Naivität verloren, die zur Hervorbringung und zum Genusse historischer Kunstwerke in der Regel nothwendig ist, und die frühere Jahrhunderte ebenso naturgemäss besassen, wie sie dem unserigen fehlt. Es geht eine realistische, praktische Strömung durch die Zeit, und nichts, am wenigsten die Kunst, dieses empfindlichste und untrüglichste Barometer für den Geist einer Zeit und einer Nation, kann davon unberührt bleiben. Nichts desto weniger verleugnet sich auch in unserem Zeitalter ein ideales Bedürfniss keineswegs, ja es wird mit besonderem Nachdruck ein ideales Gegengewicht gegen die gar zu mannichfachen und immer realen Tages- und Lebensinteressen erfordert.

Dieses Gegengewicht zu bieten sind die Künste bei weitem nicht ausreichend, ja gewissermassen nicht einmal geeignet. Jedes reine Kunstwerk, auch dasjenige, das dem realistischen Sinne möglichst entgegenkommt, erfordert eine Hingabe des Geniessenden, ein Eingehen in den Gedankenkreis des Werkes: jedes Kunstgebilde will die eigene Stimmung haben. Sind nun auch solche Weihemomente der Kunstbetrachtung wohlthuende Unterbrechungen der praktischen Lebensthätigkeit, so sind sie doch zu selten und oftmals unbequem, keinenfalls im Stande, dem idealen Bedürfnisse des modernen Menschen ganz zu genügen. Da kommen die Kleinkünste und umgeben jedes Geräth des Lebens mit ästhetischem Schein. Die realen Bedürfnisse werden durch sie auf ästhetisch wohlthuende Weise befriedigt; bei jeder praktischen Lebensäusserung geht ein ideales Correctiv der realen Zweckmässigkeit zur Seite; jedes Werkzeug einer Thätigkeit wird neben seinem materiellen Zwecke auch dem idealen Sinne gerecht: die Kunst, die sich an die Producte der Industrie heftet, ahmt darin das Beispiel der Natur nach, welche jede naturgemässe Befriedigung eines natürlichen Bedürfnisses mit einem Wohlgefühle verknüpft hat, so dass das Geschöpf nicht seine Existenz unter Kummer und Schmerz fristen und ertragen und nebenher Befriedigung seiner Neigung zum angenehm Leben suchen muss, sondern Beides, Leben und Wohlleben, zu gleicher Zeit findet.

Wir werden nicht bestreiten und auch nicht darob schmälen dürfen, dass auch das leichteste und bereiteste Verständniss dieser Form des Kunstgenusses entgegengebracht wird; und selbst der strengste Kunstfreund wird aufhören müssen, darin einen Rückgang des Kunstinteresses und ein Motiv zum fortwährenden Sinken der Kunst zu sehen, wenn es gelingen wird, den noch ziemlich frischen Riss zwischen Kunst und Handwerk wieder zu heilen und die Kunst im Handwerke wieder als eine vollkommen ebenbürtige Manifestation des künstlerischen Genie's zu Ansehen und Ehren zu bringen.

Und von welcher Seite — um durch diesen Streifblick den Gegenstand zu einem relativen Abschlusse zu bringen — darf diese wichtige That der nächsten Zukunft gefordert, — wenn das Glück gut ist, erwartet werden? Kürzer: wem fällt die thatsächliche Wiederversöhnung von Kunst und Handwerk als Aufgabe zu?

Dass im Allgemeinen das Stilgefühl gebildet und cultivirt werden muss, dass Publicum und Producirende sich mit tieferem Verständnisse der Sache zu durchdringen haben, und dass nur von allseitiger möglichst gereifter Einsicht wirkliche, wesentliche und nachhaltige Besserung der kunstgewerblichen Zustände zu erhoffen ist, liegt auf der Hand. Jeder Consument, müsste Kenner, jeder Producent Künstler sein, das wäre so der ideale Zustand. Inzwischen aber, da dieser Idealzustand in unerreichbarer Ferne vorschwebt, muss einem Berufskreise vor allen anderen die Aufgabe zufallen; und da kann man nicht einen Augenblick um die Antwort verlegen sein: Niemandem anders als den Architekten. Die Architektur ist zur Führerin der anderen Künste berufen; sie hat diesen Beruf in der Kunstgeschichte erfüllt, bis sie in der gothischen Periode die Schwesterkünste zu unwürdigem Sklavendienst erniedrigte; und sie erlebte dadurch die Auflehnung der Malerei und der Sculptur, die sich von dem Dienste der Architektur emancipirten. Doch sah die Renaissance noch fast alle ihre bedeutendsten Künstler mehrere Künste ausüben und besonders in der Architektur erfahren auftreten. Immer mehr wuchsen die Künste auseinander, bis im Rococo der letzte wirkliche, durch und durch charakteristische, seine Periode beherschende Stil entstand und verging. In ihm gab es auch ein stilbewusstes und stilgerechtes Kunstgewerbe. Von da beginnt die Zeit der Stillosigkeit, des immer unsichereren Umhertappens so in Kunst wie in Kunstgewerbe. Nur eine Gestalt hebt sich gross aus dieser allgemeinen Niederlage empor: ein Architekt, der zugleich und vielleicht ebenso sehr Maler war, und der auch stilgerecht und wirkungsvoll für die Plastik zu componiren verstand: Schinkel. Was er für die Kunstindustrie geschaffen, sind glänzende Vorbilder; aber wie in der Architektur, so haben auch in der Kunstindustrie seine Nachfolger sich nicht auf seiner Höhe zu halten vermocht. Dennoch muss von den Architekten das Heil herkommen. Ihre Kunst ist ja selbst, so zu sagen, die höchste, erhabenste Kunstindustrie. Auch sie ist eine Kunst der Raumtheilung und Raumgestaltung; auch sie verwendet vornehmlich und in erster Linie geometrische Formen und Verhältnisse; auch sie geht in ihren Gebilden von einem Zweck und Bedürfniss aus, das sie künstlerisch erfüllt, indem sie weit über dasselbe hinausschreitet. Sollen aber die Architekten der Zukunft der modernen Welt den hier geforderten Dienst leisten, so müssen sie durch eine namentlich in künstlerischer Hinsicht vielseitigere Bildung sich dazu befähigen. Sie müssen der Stilgesetze der Schwesterkünste Herren sein, bis zu der Fähigkeit zu eigener Production auf deren Gebiete; sie müssen die noch von der Gothik her in ihnen stecken gebliebene Ueberhebung den Schwesterkünsten gegenüber gründlich beseitigen, sie müssen ganz besonders ein tiefes, volles Verständniss und Gefühl für die Farbe erwerben; denn keine moderne Kunst und noch weniger eine moderne Kunstindustrie ohne den Zauber des Colorits.

Gustav Friedrich Waagen.

Nekrolog.

Spener'sche Zeitung vom 2. August 1868. — (Zu vergleichen: Kleine Schriften von Gustav Friedrich Waagen, Stuttgart 1875, S. 1—52. Biographie Waagen's von Alfred Woltmann.)

Die deutsche Kunstwissenschaft und unsere Stadt hat einen unerwarteten grossen Verlust erlitten; jener ist einer ihrer bewährtesten Altmeister, dieser einer ihrer berühmtesten und geachtetsten Mitbürger entrissen: der Geheime Regierungsrath und Professor der Kunstgeschichte an der berliner Universität, Director der Gemäldegalerie der königlichen Museen, Dr. Waagen, ist auf einer Studienreise zu Kopenhagen am 15. Juli nach kurzem Krankenlager verstorben. Wie empfindlich dieser Verlust in seinen Folgen für uns noch werden kann, ist bis jetzt nicht in vollem Umfange abzusehen, wir wissen nur, was er den Nahestehenden, seinem Amte und der Wissenschaft war, und dessen wollen wir uns zu einem freundlichen und erhebenden Troste bewusst zu werden suchen.

Gustav Friedrich Waagen wurde am 11. Februar 1794 zu Hamburg als der erste Sohn seiner Aeltern geboren. Der Vater, Friedrich Ludwig Heinrich Waagen, 1750 zu Göttingen geboren, hatte sich in der Schule Johann Heinrich Tischbein's des Aelteren zum Portrait- und Historienmaler ausgebildet und war in seiner Kunst wohl erfahren. Seine Studien hatten ihn mit seinem Freunde, dem jüngeren Tischbein, bis nach Italien geführt, wo er sich wohl jene Kenntniss der alten Meister aneignete, die für den Lebensgang des Sohnes bestimmend wurde. Durch ungünstige Verhältnisse in seinen Bestrebungen vielfach gehemmt und unterbrochen, liess er sich endlich als Zeichenlehrer in Hamburg nieder und verheiratete sich 1793 mit Johanna Louise, Tochter des mit J. G. Jacobi und dem Wandsbecker Boten befreundeten Pastors Alberti, der durch die Streitigkeiten mit dem berüchtigten Hauptpastor Göze bekannt geworden ist. 1801 reiste er mit seiner inzwischen noch durch zwei Söhne, Wilhelm Martin und Karl, erweiterten Familie nach Dresden, der Einladung seines Schwagers Ludwig Tieck folgend. (Dieser war bekanntlich gleichfalls mit einer Alberti verheiratet.) Es klingt befremdlich, erscheint aber bei dem früh durch künstlerische Eindrücke geweckten und zu ahnendem Verständnisse gereiften Knaben erklärlich, dass auf den Geist des Siebenjährigen die Anschauung der dresdener Kunstschätze von nachhaltigem Einflusse blieb. 1807 zog der Vater, der in Hamburg in diesem Jahre eine kleine Tochter und seine Gattin verloren hatte, nach Waldenburg in Schlesien, wo viele Verwandte lebten, und Gustav Waagen besuchte nun das Gymnasium des nahen Hirschberg, bis er 1812 die Universität Breslau bezog. Auch hier fand er Anschluss bei Verwandten: zwei Nichten seiner Mutter waren dort an Heinrich Steffens und an Karl von Raumer verheiratet; zugleich trat er in ein näheres Verhältniss zu dem kurz vorher (1811) nach Breslau berufenen grossen Historiker Friedrich von Raumer, und es entwickelte sich zwischen ihm und dem dreizehn Jahre älteren Gelehrten (F. v. Raumer ist am 14. Mai 1781 geboren) ein näheres Verhältniss, welches sich zu einer innigen Freundschaft ausgestaltete und beide Männer bis zu Waagen's nun erfolgtem Ableben einander nahe hielt.

Bald aber unterbrach der Befreiungskrieg die den Musen geweihten Uebungen, und auch Waagen eilte zur Rettung des Vaterlandes herbei und kam als freiwilliger Jäger mit dem Heere 1814 bis nach Paris. Seine Kunstkenntnisse waren damals schon so entwickelt, dass er seinen Cameraden und Männern wie Steffens, v. d. Hagen, Hecker u. A. unter den unermesslichen Kunstschätzen des zusammengeraubten *Musée Napoléon* als Cicerone dienen konnte. Er selbst pflegte sich im Gespräche dessen gern zu erinnern, und erkannte an, dass ihm jene einzige Gelegenheit zur Erwerbung einer ausgedehnten Kunstanschauung sehr anregend und förderlich gewesen. Nach dem Kriege kehrte er nach Breslau zurück und nahm von Ostern 1815 bis dahin 1818 seine Studien wieder auf, hauptsächlich der Geschichte sich widmend, aber auch durch streng philologische, durch philosophische und selbst naturwissenschaftliche Vorlesungen seine später oft bewunderte allgemeine Bildung fördernd. Im Sommer 1818 pilgerte er dann zu Fuss nach Heidelberg, wo er bald promovirte und sich anregenden freundschaftlichen Verkehres mit Uhland, Grüneisen, Snethlage, dem jungen Fürsten Carolath u. A. erfreute.

Von nun an ist Waagen's Leben mit den bedeutendsten Persönlichkeiten, Thatsachen und Erscheinungen, welche das Aufleben der deutschen Kunst und das Entstehen und Wachsen der Kunstwissenschaft angehen, auf's Engste verknüpft, und er selbst ist als derjenige zu bezeichnen, der zuerst entscheidende Schritte that, **eine wirkliche Wissenschaft der Kunst zu begründen**. Von der Ueberzeugung ausgehend, dass eine genaue Kenntniss der vorhandenen Kunstwerke aus eigener Anschauung und eine sorgfältige Prüfung derselben vom Standpunkte der Technik, für die sein Auge früh durch die tägliche Beobachtung in nächster Nähe geschärft war*), die Basis wissenschaftlicher Kunstbetrachtung sein müsse, ging er daran, nachdem er sich die schon vorhandenen, noch sehr unzuverlässigen und lückenhaften kunstgeschichtlichen Kenntnisse zu eigen gemacht, sich jene Basis zu verschaffen.

Im September des Jahres 1819 unternahm er zu dem Zwecke von Heidelberg aus eine Reise über Köln, Aachen, Brüssel, Brügge, Antwerpen nach Amsterdam und über Frankfurt a. M. zurück, alle zwischenliegenden Städte, die Ausbeute für seinen Zweck versprachen, mit berührend. Ueber zwei Monate dauerte die Reise, und noch giebt ein starkes, sauber ausgearbeitetes und geschriebenes Heft, dergleichen auch von allen späteren Reisen vorhanden sind, Zeugniss von der Gewissenhaftigkeit und Gründlichkeit, mit welcher er beobachtete, und zwar nicht bloss die Werke

---

*) Er selbst ist nie Maler gewesen; er berichtet höchst naiv in einem seiner Reisehefte, dass, als sein Bruder Karl die Landschaft skizzirte, er dies auch versucht, aber die Erfahrung gemacht habe, „dass dies doch viel schwerer sei, als es sich ansehe". Dagegen durfte er mit vollem Rechte einmal äussern: „Obgleich nicht selbst bildender Künstler, hat mich doch mein so langjähriger vertrauter Umgang mit Kunstwerken aller Art daran gewöhnt, die Natur mit Künstleraugen zu betrachten, mich an der unendlichen Mannichfaltigkeit ihrer Formen und deren geistiger Bedeutung zu erfreuen und darin die Vorbilder so mancher Meister wieder zu erkennen." (Kunstwerke in England, I, 211.)

der Malerei, für welche Kunst er seiner Neigung und seinem Studiengange nach eine besondere Vorliebe und vorzüglichen Blick hatte, sondern auch die der Bildhauerei und der Baukunst; und als hätte ihn damals schon bewussterweise das Gefühl geleitet, welches deutlich ausgesprochen und zum Princip der wissenschaftlichen historischen Kunstbetrachtung gemacht erst um Vieles später die Kunstwissenschaft zu beherschen anfing, dass nämlich die Kunsterscheinungen nur auf dem Hintergrunde von Land und Leuten, im Zusammenhange mit der gesammten Cultur verstanden werden können, beobachtet er gleichzeitig Landschaften und Stammeseigenthümlichkeiten, gegenwärtige Zustände und Reste und Spuren alter Zeit, Alles und Jedes in objectiver kurzer Fassung in seine Studiennotizen verflechtend.

Hatte er hier die altflandrische Kunst, die Belgier und die Holländer des XVII. Jahrhunderts an der Quelle kennen gelernt, so gab ihm eine unmittelbar darauf unternommene Reise über Stuttgart, Ulm und Augsburg zur Uebersiedelung nach München Gelegenheit, bei den Gebrüdern Boisserée in Stuttgart die altkölnischen Meister zu studiren und seine Anschauungen durch die Bekanntschaft mit vielen wichtigen Werken der oberdeutschen Schulen zu erweitern.

Seine erste Arbeit in München fiel aus diesem Studienkreise sehr heraus; er handelte 1820 in einer jetzt kaum noch erwähnten Schrift von den in der Sammlung der königlich bayerischen Akademie der Wissenschaften vorhandenen Mumien und anderen ägyptischen Alterthümern, ein Werkchen, das doch damals so bedeutend erachtet wurde, dass es die Akademie veranlasste, den jungen Waagen 1821 zu ihrem correspondirenden Mitgliede zu ernennen.

Dann erst ging er daran, sein erstes Buch über einen Gegenstand der neueren Kunstgeschichte, das Erstlingswerk der neuen Wissenschaft zu verfassen. Es ist das Buch »Ueber Hubert und Johann van Eyck« (Breslau 1822), in welchem nach dem damaligen Stande der Kenntnisse der Versuch gemacht wird, das Historische aus den vorhandenen Quellen festzustellen und die Bedeutung der Brüder nicht allein für die Malerei in den Niederlanden, sondern in ganz Europa darzuthun. Es kann keinen Einsichtigen Wunder nehmen, dass dieses Buch viel absolut Falsches enthält, dass bei einem Verfasser, der von dem Genter Altarwerke erst die wenigen Restbrocken in St. Bavon zu Gent ohne Inschrift kannte, Hubert hinter Johann zurücktritt, dass das danziger Weltgericht, das der Verfasser nicht gesehen, noch dem Johann van Eyck beigemessen wird, dass manche Daten, z. B. das Todesjahr des Johann, noch nicht in's Klare gesetzt sind: nur ein Wunder hätte Derartiges vermeiden können. Was das Buch auszeichnete und ihm bleibenden Werth verlieh, das war die neue Art, den Gegenstand zu behandeln, die umsichtige und kritische Benutzung der Quellen, die treffende Beurtheilung der Werke und die Herausbildung einer ziemlich fest umrissenen Gestalt, eine Kunstbetrachtung, die sich nicht in Phrasen und Aufzählungen erschöpfte, sondern hindurchdrang zu dem Kerne der Werke und dem Wesen ihrer Meister, und die Perspective auf eine historische Fortentwickelung eröffnete, mit einem Worte: die wissenschaftliche Haltung. Waagen selbst ist der Erste gewesen, die Mängel seines Buches einzugestehen: das beweisen seine vielfachen Berichtigungen und Ergänzungen in den Kunstblättern späterer Jahre; aber auf das Buch als Ganzes durfte er mit gerechtem Stolze zurückblicken.

Waagen hatte den Erfolg, auf Veranlassung seiner Schrift schon im folgenden Jahre nach Berlin gerufen zu werden, wo damals der Bau und die Einrichtung des neuen (jetzt alten) Museums im Gange war, und die Sichtung der grossen, werthvollen, aber sehr ungleichen Solly'schen Galerie (1821 angekauft) vorgenommen wurde. Hofrath Hirt, der mit dieser Arbeit beauftragt war, scheint die Berufung mit veranlasst zu haben. Wenn er aber später in gereizter Streitstimmung sich ausdrücklich dagegen verwahrte, dass er das »zusammengestoppelte« Buch gut gefunden habe (hätte, er von dem damaligen Stande der Forschung eine Ahnung gehabt, so hätte er es ausserordentlich finden müssen), so schadete er damit nur sich, indem er sich um den Schein des Ruhmes betrog, etwas Bedeutendes wirklich haben würdigen zu können.

Waagen war noch, bevor er nach Berlin kam, im August 1822 von München aus über Innsbruck, Salzburg und Linz nach Wien gegangen und hatte hier, als der Maler und Galeriedirector Rebell noch nicht seine Verwüstungen durch Restaurationen in der Belvedere-Galerie angerichtet hatte, gründliche Studien für eine kritische Katalogisirung der kostbaren Sammlung gemacht, die freilich erst sehr viel später ihren Abschluss und ihre Verwerthung finden sollten.

In Berlin fand Waagen ein grosses Feld der Thätigkeit und anregenden Verkehr. Schinkel schätzte ihn hoch und veranlasste, dass er ihn (Juni bis November 1824) auf seiner zweiten Reise nach Italien begleitete. Die Details dieser Reise sind aus Schinkel's Tagebuch und Briefen (Nachlass, Bd. II und III) bekannt. Sie erstreckte sich bis nach Neapel hinab. Heimkehrend hatte Waagen die Freude, durch Schinkel bei Goethe eingeführt zu werden.

Auch nach seiner Rückkehr liess zwar zunächst die Aufgeblasenheit und Tyrannei Hirt's, der ihn hofräthlich wie einen Schreiber zu behandeln für gut fand, ihm keine freie Hand zu erfolgreichem Eingreifen; doch wurde auf seine Empfehlung der vortreffliche Restaurator Schlesinger, von dessen eingehenden praktischen Studien und von dessen

Geschicklichkeit er sich in Heidelberg bei der Restauration der Boisserée'schen Sammlung Kenntniss erworben, mit seinem gleich gewandten Schwager Köster beim Museum engagirt. Als aber Hirt, nach der moralischen Niederlage, welche er in der Frage über die Inschrift des Museums erlitten, und anderen Misshelligkeiten aus der Museums-Commission grollend ausgeschieden, und Waagen dafür — im Juli 1828 — eingetreten war, führte er bald die ganze Einrichtung der Gemäldegalerie der Vollendung entgegen, fertigte den amtlichen Katalog derselben und führte durch einen im Auftrage Wilhelm's von Humboldt geschriebenen Aufsatz in der Staatszeitung das ganze Museum commentirend beim Publicum ein.

Daneben unterrichtete er auf W. von Humboldt's Empfehlung die junge Prinzessin Karl von Preussen in der Geschichte der Kunst und Literatur, ein Unterricht, dem später auch die Prinzessin Wilhelm, die jetzige Königin Augusta, häufig beiwohnte.

Schon 1830 war er zum Director der Gemäldegalerie ernannt worden, und im folgenden Jahre hatte er sich mit Blandine Pauline Wilhelmine von Seehausen verheiratet, die ihn jetzt nebst drei Töchtern ihrer Ehe betrauert.

Bald darauf war er genöthigt, in der Schrift »Der Herr Hofrath Hirt als Forscher über die Geschichte der neueren Malerei« (Berlin und Stettin 1832) den von Hirt ihm und der Museumscommission hingeworfenen Handschuh aufzuheben. Er that es in einer Weise, die die Sache von der Person trennte, die Verdienste des Gegners immer in erster Linie anerkannte, dann aber durch gehäufte Nachweise grober Unwissenheit darthat, dass Hirt nicht auf dem zur Zeit gewonnenen Standpunkte der Wissenschaft stand, also auch nicht zu absprechenden Urtheilen in künstlerischen Dingen berechtigt war.

Hirt konnte es sich nicht versagen, zu antworten, vermochte aber keine der angeführten Thatsachen zu bestreiten und half sich mit dem arrogantesten Uebermuth gegen seinen Angreifer aus der Schlinge, so dass er sich als eine verbesserte Auflage des seligen, durch Lessing unsterblichen »Geheimderath« Klotz auswies. Auch anonym ging er noch in's Feld, und glaubte einen tödtlichen Pfeil dem Gegner in's Herz gesandt zu haben, wenn er ihm vorwarf, den officiellen Katalog mit seinem Autornamen versehen zu haben, was freilich damals ungewöhnlich war, aber nur bekundete, dass hier eben ganz etwas Neues, eine kritische Katalogisirung, eine selbständige und trotz mancher Fehler und Mängel bedeutende wissenschaftliche Arbeit vorlag, — und wenn er die schönen klangvollen Künstlernamen älterer Verzeichnisse den bescheideneren des neuen Kataloges gegenüberstellte.

Wahrlich! nur Unwissenheit oder Böswilligkeit kann sich noch heute — wir haben es erlebt — darin gefallen, diesen Streit zu einem für Waagen in irgend einer Art unrühmlichen zu machen; jeder Besonnene wird sich mit einem in den Ausdrücken etwas drastischen gleichzeitigen Beurtheiler der Niederlage des »Perruquinismus« freuen, und würde mit Vergnügen noch mehrere solcher »Bravos« auf den jungen Gelehrten gehetzt sehen, wenn jeder Anfall die Veranlassung zu einem so tüchtigen Buche geworden wäre.

Im folgenden Jahre 1833 ging Waagen auf zehn Wochen nach Paris und begann hier Studien, welche ihm in seinem langen Leben doch nicht vergönnt gewesen ist zusammenfassend und abschliessend zu bearbeiten. Da nämlich die Denkmäler für die Geschichte der christlichen Malerei bis zum XIV., ja sogar bis zum XVI. Jahrhundert in Werken der Wand- und Tafelmalerei sehr spärlich und nicht in genügender Erhaltung vorliegen, so hatte zuerst d'Agincourt in seiner *„Histoire de l'Art par les Monu-*

ments" die Lücke der Ueberlieferung durch die Miniaturen der mittelalterlichen Manuscripte auszufüllen versucht, die durch die Charaktere der Schrift und die Namen ihrer vornehmen Besitzer eine ziemlich genaue Datirung zulassen und in den glänzenderen Leistungen die künstlerische Richtung der Zeit auf's Treueste abspiegeln. Paris ist besonders reich an vorzüglichen Werken dieser Art, und so versuchte Waagen, nachdem er noch 1835 sieben Wochen daselbst zugebracht, in dem Werke »Kunstwerke und Künstler in Paris« (Berlin 1839) — wie die folgenden unter analogem Titel in Briefform geschrieben — zum ersten Male, die Geschichte der Malerei in Frankreich, den Niederlanden, England und Deutschland vom VII. bis zum XV. Jahrhundert in ihren allgemeinsten Umrissen auf die Anschauung von Denkmälern zu begründen. — Dasselbe Buch enthielt auch einen zu jener Zeit noch überaus schwierigen, ja gewaltigen Versuch, die wichtigsten antiken Sculpturen im Louvre in chronologischer Folge zu betrachten, gab eine sehr gründliche Geschichte, weniger der Sammlungen, als des Sammelns in Paris, und entwarf an der Hand der reichen Schätze der Gemäldegalerie des Louvre eine skizzirte Geschichte der Malerei nach Schulen und Perioden geordnet, zu gleicher Zeit die damals noch sehr wilden Benennungen des Kataloges erörternd und berichtigend, wodurch er die Anregung zu einer kritischen Katalogisirung der Louvregalerie gab.

Wie der letzterwähnten pariser Reise unmittelbar eine längere Excursion nach und durch England vorausgegangen war, so ging auch dem Buche über Paris ein ähnliches über England (unter gleichem Titel mit jenem, Berlin 1837 und 1838) voran, welches in ähnlicher, wenngleich minder systematischer Weise die englischen Kunstschätze behandelt und besonders dadurch wichtig ist, dass es ausführliche Nachrichten über die vielen und grossen, aber schwer zugänglichen Privatgalerien vornehmer und reicher Engländer giebt, deren Sprödigkeit in Mittheilung ihrer Schätze er durch hohe Protection und nachdrückliche Empfehlungen zu überwinden gewusst. Das schlagendste Urtheil haben die Engländer selber über das Buch gefällt, indem sie bloss zu bedauern fanden, dass ein Deutscher es ihnen geschrieben; es kam auch in englischer Uebersetzung („*Treasure of Art in Great Britain*", 3 *voll., London 1854)* heraus, zu der 1857 noch ein Supplementband („*Galeries and Cabinets of Art in Great Britain*") erschien.

1839 ging Waagen, um die 1822 begonnenen Studien wieder aufzunehmen, auf längere Zeit nach Wien, ohne jedoch auch diesmal zum Abschlusse zu gelangen; und die Studien auf verschiedenen 1839—1845 in Süddeutschland, Basel und dem Elsass gemachten Reisen vereinigte er zu zwei Bänden: »Kunstwerke und Künstler in Deutschland« (Leipzig 1843 und 1845).

Als 1840 König Friedrich Wilhelm IV. auf den Thron gekommen war und einen ausserordentlichen Credit von 100,000 Thalern zum Besten des Museums ausgesetzt hatte, wurde trotz mancher Intriguen Waagen der ehrenvolle Auftrag, nach Italien zu gehen und die Interessen des Museums durch Ankäufe aller Art dort nach seinem Ermessen wahrzunehmen. 1841 trat er die Reise an, die ihn länger als ein Jahr von der Heimat entfernt hielt. Allen Abtheilungen der Museen wurden durch ihn werthvolle Bereicherungen zugeführt, die ihm den lebhaften Dank des Königs erwarben.

Es würde zu weit führen, wollten wir die stillere Forscherarbeit der folgenden Jahre bis 1860 an der Hand der unzähligen kleineren, theils selbständigen, theils dem »Kunstblatt« und später dem »deutschen Kunstblatt« einreihten Publicationen verfolgen, mit denen er die wissenschaftliche Literatur bereicherte. Ohne Rücksicht auf die

Zeit ihres Erscheinens sollen hier nur einige der wichtigeren kleinen Schriften erwähnt werden, wie die Texte zum (photographischen) Rubens- und Lionardo-Album (bei Schauer in Berlin), der Text zu Raphael's Fabel der Psyche (photographische Gesellschaft in Berlin), Rubens und Raphael (in Raumer's historischem Taschenbuch), Schinkel (im berliner Kalender), erläuternder Text zu den Abbildungen der Bildhauerwerke Rauch's (Berlin 1837), die Cartons von Raphael (Berlin 1860), Kataloge der Galerie Suermondt zu Aachen (auch in's Französische übersetzt von W. Bürger) und der Kunstwerke im Schlosse Tegel u. s. w. — Mehrfache kleinere Reisen, auch zu den Weltausstellungen von London und Paris 1851 und 1855, über die er officiell zu berichten hatte, und der historischen Gemäldeausstellung zu Manchester 1857, zu der er einen Wegweiser« verfasste, fallen in diese Zeit. — Auch würde in einer eingehenderen Darstellung seines Lebens hier ausführlicher über sein vertrautes Zusammenleben und erfolgreiches Zusammenwirken mit den Koryphäen der deutschen Kunstwissenschaft, die sich in Berlin um ihn gesammelt, und von denen wir nur Franz Kugler, Karl Schnaase, Wilhelm Lübke und Friedrich Eggers anführen wollen, sowie über seinen ausgebreiteten freundschaftlichen Verkehr mit auswärtigen und fremdländischen bedeutenden Kunstgelehrten zu berichten sein, unter denen wir nur J. D. Passavant, Otto Mündler, Wilhelm Bürger, Charles Eastlake nennen können; die Liste würde sonst zu lang werden. Aber auch weit über den Kreis der Fachgenossenschaft erstreckten sich seine nahen Verhältnisse zu bedeutenden Bürgern der wissenschaftlichen Welt und der Gemeinde der Künstler. Wie er freudig jedes Verdienst anerkannte, so hatte er die Genugthuung, das seinige weit und breit von den hervorragendsten Männern anerkannt zu sehen; und »wer den Besten seiner Zeit genug gethan, der hat gelebt für alle Zeiten!«

Eine intensivere Thätigkeit beginnt dann wieder mit dem Jahre 1860. Hier erschien seine Bearbeitung einer englischen Uebersetzung der die deutschen und niederländischen Malerschulen betreffenden Theile von F. Kugler's »Handbuch der Malerei«: *„Handbook of painting, the German, Flemish and Dutch schools"* (London, Murray; mit feinen Illustrationen), welche dann, wieder völlig umgearbeitet, als »Handbuch der deutschen und niederländischen Malerschulen« in zwei Bänden mit Illustrationen (Stuttgart 1862) deutsch und im folgenden Jahre zu Brüssel in französischer Uebersetzung ausgegeben wurde, in der That ein Muster eines in möglichster Kürze den Thatbestand eines so weiten Gebietes mit vollkommenster Beherschung des Stoffes resumirenden Handbuches, für den Laien und den Forscher gleich werthvoll. Leider ist es allein geblieben. Der ursprünglichen Idee des Verfassers nach sollten Handbücher der italiänischen, der französischen und endlich nach einer spanischen Studienreise der spanischen Schulen sich jenem anschliessen. Hauptsächlich die vielleicht allzubescheidene Ansicht, dass, so lange das Werk von Crowe und Cavalcaselle *„History of painting in Italy"*, bis jetzt drei Bände *), noch im Erscheinen wäre, ein Handbuch der italiänischen Malerschulen schon antiquirt auf die Welt kommen würde, hat die Ausführung des Planes, gewiss nicht zum Vortheile der Wissenschaft, vereitelt.

1860 brachte er auch in Wien seine Arbeiten zu Ende, aber ein Ruf nach St. Petersburg zur Sichtung und Einrichtung der Galerie in der Eremitage, dem er 1860 folgte, der zum Behufe der vom Kaiser von Russland gewünschten Katalogisirung 1862 wiederholte Besuch der Zarenstadt und die Ausarbeitung des 1864 zu München erschienenen

---

*) Und neuerdings noch zwei Bände „History of painting in North Italy".

Kataloges selber („die Gemäldesammlung der kaiserlichen Eremitage zu St. Petersburg") verzögerte die Vollendung des Buches über Wien. Auch die Londoner Weltausstellung von 1862 nahm ihn wiederum in Anspruch. Dennoch erschien der erste Band der »vornehmsten Kunstdenkmäler in Wien« daselbst 1866; er enthielt die Gemäldesammlungen Wien's, vorzüglich das Belvedere in einer ganz meisterhaften Behandlung.

Der Krieg und noch mehr eine im Herbst 1866 unternommene mehrmonatliche Reise nach Spanien, in der der selten rüstige Greis Madrid, Sevilla, Burgos, Toledo, Cordova, Malaga und Cadix besuchte und ihre Kunstwerke erforschte, schienen das Erscheinen des vielversprechenden zweiten Bandes in ungewisse Ferne zu rücken, aber auch dieser trat schon 1867 an's Licht, besonders werthvoll durch die Beschreibung und Beurtheilung einer grossen Anzahl der wichtigsten miniirten Manuscripte, von denen ein Theil, ihrer schlechten Erhaltung wegen, kaum noch einmal dem Auge eines Forschers sich öffnen wird.

Dasselbe Jahr 1867 rief den Greis nach Paris zur Weltausstellung, von wo er noch einen Ausflug nach England unternahm. Sein Bericht über den künstlerischen Theil der pariser Weltausstellung liegt im Drucke vor und gehört zu dem Einsichtsvollsten, was bei dieser Gelegenheit über die moderne Kunst geschrieben worden ist.

Auch die spanischen Studien vermochte er noch für den Druck vorzubereiten. Das erste Heft der neuen »Jahrbücher für Kunstwissenschaft« brachte den Anfang davon.

Das Letzte, was Waagen vor Antritt seiner letzten Reise und somit überhaupt für den Druck geschrieben hat, ist die wohlwollend rühmende Besprechung des zweiten und letzten Bandes von seines Schülers und Freundes Alfred Woltmann bekanntem Buche »Holbein und seine Zeit«, die in der Spener'schen Zeitung erschienen ist. —

Halten wir hier einen Augenblick an, um uns das Bild des Menschen zurückzurufen, das hinter dem des unermüdeten Forschers beinahe zu verschwinden droht, bevor wir den tragischen Ausgang dieses ehrwürdigen Menschendaseins betrachten.

Waagen's äussere Erscheinung hatte für den ersten Augenblick nichts Gewinnendes; aber es dürften wenige Menschen in nähere Berührung mit ihm gekommen sein, die nicht seine wohlwollende Freundlichkeit, seine ungezwungene Zuvorkommenheit und seine ungekünstelte Offenheit dauernd und eng an ihn gefesselt hätte. Man fühlte jedem seiner Worte, man sah jeder seiner Handlungen die Güte des Herzens, die Feinheit des Sinnes und die Lebhaftigkeit der Empfindung an. Er war von scharfem, durchdringendem Verstande, von erstaunlicher Kraft des Gedächtnisses und regem, sehr ausgebreitetem Interesse. Mit dem Eifer und der Frische eines Jünglings nahm er sich noch jetzt im späten Alter solcher Sachen an, die er für gut und deren Förderung er für heilbringend hielt; er war kein *laudator temporis acti*, sondern wurde allen neuen Anschauungen und Erfordernissen des Tages in vollem Umfange gerecht. So brachte er dem jungen berliner Gewerbemuseum, das ihm als seinem Vorstandsmitgliede einen schönen Nachruf gewidmet hat, eine wahrhaft begeisterte Liebe entgegen und gehörte durch Rath und That zu seinen emsigsten und wirksamsten Freunden. Zu Scherz und heiterem Wesen geneigt, wie er ja schon auf der italiänischen Reise mit Schinkel die ganze Reisegenossenschaft erheitert, war er ein vortrefflicher Gesellschafter, der aber bei der seltenen Breite seiner Kenntnisse schwerlich irgend einem Gegenstande der ernsten Unterhaltung auswich, und mit dem man kaum eine kurze Unterredung haben konnte, ohne positiven Gewinn mit sich hinweg zu tragen. So erklärt es sich, dass ein Wilhelm von Humboldt ihn auf's

Höchste schätzte, dass Schinkel, Rauch und andere grosse Künstler seine aufrichtigen Freunde waren, dass er bei Hofe viel galt, dass seine Fachgenossen ihn verehrten.

Durch diese Eigenschaften hätte er auch in seinem Berufe glücklich sein können, denn Anlagen und Neigungen qualificirten ihn wie selten Jemand zum Galerie-Director, und auch in der Wissenschaft hätte er sich ungetrübter Erfolge erfreuen können, denn seine frei gewählte und fruchtbar ausgeübte Thätigkeit kam glücklich dem Bedürfnisse der werdenden Wissenschaft entgegen. Aber sein Gebiet war schwierig, und daher manches seiner Worte sicher anfechtbar; kleine Geister, die das Gefühl ihrer Armseligkeit nur durch Leugnung alles Besseren und Herabziehen alles Höheren beschwichtigen können, oder die unfähig, selbst Autoritäten zu werden, aller Autorität principiell den Krieg erklären, nahmen die Fehler zum willkommenen Vorwande gehässiger Anfeindungen, ohne das Gute und Bleibende, das er geleistet, würdigen zu wollen oder zu können. Und in seinem Berufe lag er seit drei Decennien in ganz exceptionellem Kampfe mit einer Verwaltung, der er untergeben war, statt ihr beigegeben zu sein. Nie zwar hat er sich des freien Wortes begeben, aber den Kampf immer bis auf's Messer zu führen, keine Uebergriffe, keine Umgehungen, keine Missgriffe zu dulden, koste es, was es wolle, dazu fehlte ihm bei seinem zarter besaiteten Gemüthe die schneidige Energie, die kalt berechnende Consequenz. So war seine Amtführung unter dieser General-Direction ein stetiger kleiner Krieg, von deren erster amtlicher Kundgebung an, die dem Galeriedirector ohne Ursache und ohne Berechtigung verbot, in berliner Zeitungen über Bilder der Galerie zu schreiben, bis in die jüngste Zeit herab.

Es versteht sich, dass bei solchem Kriege der Angegriffene, wenn er sich nicht entschieden zur Wehre setzt, in Nachtheil kommt und früher oder später unterliegt. Waagen ist jetzt unterlegen; aber nicht ohne erhebliche Anstrengungen war der traurige Erfolg zu vollenden.

Als Waagen Anfangs August vorigen Jahres nach Berlin zurückkam, war er an's Zimmer gefesselt, aber nicht hinfällig, sondern von bewundernswerther Frische und Kraft für seine hohen Jahre. Sein erster Gang in's Museum machte den nichts Ahnenden mit der berüchtigten Restauration des schönen Andrea del Sarto bekannt, jener Perle der Galerie, die er selbst ihr einst, getreu dem von der Museums-Commission Friedrich Wilhelm's III. aufgestellten Erweiterungsplane, als das letzte bedeutende Werk des grossen, in der Galerie ungenügend besetzten Florentiners, das damals noch nicht in festen Händen war, zugeführt hatte. Der Schlag traf ihn tief. Fieberhafte Aufregung raubte ihm den Schlaf, und wie ein böser Traum verfolgte ihn der Gedanke überall. Der bekannte Zeitungsstreit, in den seitens der unberufenen Vertheidigung in der letzten, höchsten Noth ganz unmotivirt Waagen's Name gewissermassen als Blitzableiter für das Gewitter in der öffentlichen Meinung hereingezogen wurde, vermehrte seine Erregtheit und endete, indignirend für ihn, mit einem ihm angehängten Injurienprocesse, der freilich, obwohl ebenso tactlos wie pomphaft in einigen Organen der Presse angekündigt, von dem Gegner zurückgezogen wurde.

Noch spielte diese traurige Geschichte, als ein zweites grösseres Ungewitter über die Galerie und sein Haupt heraufzog. Oft hat es Waagen ausgesprochen, dass die Anordnung der Berliner Galerie, wie er sie im Einverständnisse mit Schinkel durchgeführt, nach historischer Folge und durchweg in guter Sehweite, ein eigenthümlicher Vorzug derselben sei, und die bewährtesten Kenner haben ihm glückwünschend beigestimmt. Noch 1857 schrieb er in einem wohl in den *Times* abgedruckten Briefe: »Hier zum Schluss nur so viel, dass ich stolz darauf bin, der Erste gewesen zu sein, der in der königlichen Bildergalerie zu Berlin die Anordnung nach der Zeitfolge zur Ausführung gebracht hat. Die Zweckmässigkeit derselben hat mir den Beifall der edelsten und gebildetsten Männer verschiedener Nationen erworben, und in den beiden grössten Sammlungen Europa's, den Sculpturen des britischen Museums, wie in der Bildergalerie des Louvre hat man neuerdings dieselbe angenommen. Und dieses sein Werk sollte er am Ende seiner Tage mit einem Schlage vernichtet sehen.

Die Spener'sche Zeitung brachte seiner Zeit den ersten Mahnruf gegen ein gerüchtweise verlautbartes Umbau-Project für das alte Museum. Er erfuhr eine hochfahrende officiöse Zurückweisung. All die alten Schlagwörter des längst selig entschlafenen Hirt, von »würdevollen Sälen« und «kleinlichen Behältern« wurden wieder hervorgesucht, desselben Hirt, der zu Schinkel's Museumsplan Abänderungsvorschläge der Art vorbrachte, dass sie den die ganze Thatsache zu einer anderen umwandelnden verrufenen »Berichtigungen« verkommener Klatsch- und Winkelblätter gleichen, und dem Schinkel das grandiose Wort vernichtend entgegenschleuderte: »Ein solcher Entwurf ist ein Ganzes, dessen Theile so genau zusammenhängen, dass darinnen nichts Wesentliches geändert werden kann, ohne aus der Gestalt eine Missgestalt zu machen.« Das Alles hatte man vergessen, und war klüger als Schinkel und — so einfältig wie Hirt geworden.

Waagen kämpfte mit aller Macht gegen das Project, das ihm mit Recht gefährlicher und verderblicher für die Galerie däuchte, als irgend eine Restauration eines einzelnen Bildes es hätte sein können, und es gelang ihm, während des Interregnums im Museum die eingesetzte Commission zu seiner Ansicht zu bekehren; doch der genesene Generaldirector wusste sie wieder umzustimmen, und sie empfahl mit unwesentlichen Modificationen das Umbauproject zur Ausführung. Zwar wurde auf Wunsch der Königin, wie es heisst, die Sache noch einmal zur Prüfung an die Akademie gewiesen, zwar legte Karl Schnaase in einer Eingabe an das Ministerium in seiner doppelten Eigenschaft als erste und allgemein anerkannte Autorität der Kunstwissenschaft und als Mitglied der zum Beirathe der Museumsverwaltung vor Jahren eingesetzten, freilich in jammervoller Unthätigkeit erhaltenen Commission sein Gewicht gegen den Umbau in die Waagschale, — bis jetzt vergebens. In der Akademie sind die für die Sache competenten Mitglieder die der Sachverständigen-Commission, ihr Spruch konnte daher kaum anders ausfallen als der der Letzteren; und statt durch Schnaase's Vorstellung bedenklich zu werden, beantragte das Ministerium den Druck sämmtlicher Gutachten — mit Ausnahme des Waagen'schen! *)

Das war der Trost, den der Greis, von einer nicht schweren, aber hemmenden und daher in seiner Stimmung peinlichen äusseren Krankheit genesen, mit in die Weite nahm, wohin er sich fieberhaft sehnte. Er war zu einem kleinen Ausfluge gerüstet: Sechs Wochen nur wollte er auf die Besichtigung derjenigen beiden europäischen Galerien verwenden, die er noch nicht kannte, der kopenhagener und der stockholmer, dorthin durch seinen Freund, den russischen Gesandten Baron von Mohrenheim, eingeladen, hierhin durch die vollendete Einrichtung des neuen Museums gelockt. Ohne durch seinen Gesundheitszustand gerade Befürchtungen zu erregen, verliess er Berlin am 4. Juli, — um nie wieder zu kehren.

---

*) Vgl. Kunstchronik 1868, S. 166; und über die dann doch mit Einschluss des Waagen'schen abgedruckten Gutachten: Kunstchronik 1869, S. 77 ff., 90 ff., 101 ff. und 110 ff.

Bereits am 12. Juli meldete der Gastfreund der Familie die durch eine Erkältung herbeigeführte Erkrankung seines verehrten Gastes, am 14. wurde der Zustand als bedenklich, aber nicht hoffnungslos geschildert, — wenn die Kräfte reichten! Aber sie waren längst gebrochen, und am 15., früh 9 Uhr, verschied Waagen sanft und schmerzlos, umgaukelt von den Gebilden der Kunst, deren Erforschung sein Leben geweiht war. Die Bestattung hat am 27. Mittags (da erst die Bestimmungen der Familie einzuholen waren) in Kopenhagen stattgefunden.

Wir haben geschwiegen von den Auszeichnungen, Titeln und Orden des Verstorbenen, deren er sich in grosser Zahl aus aller Herren Ländern erfreute. Er legte keinen besonderen Werth darauf, und so schweigen auch wir davon; die vorhandenen sind bei einem solchen Manne verdient, die nicht vorhandenen können durch ihre Abwesenheit seinen Ruhm nicht schmälern. Nur als ein neuer Beweis der alten Wahrheit, dass der Prophet nichts gilt in seinem Vaterlande, sei die Thatsache erwähnt, dass, wie man ihm das Amt, zu dem er geschaffen war, zur Last machte und seiner Einsicht die Hände band, während anderwärts nicht leicht eine neue Galerie eingerichtet wurde, ohne dass sein Rath oder seine Hülfe in Anspruch genommen wäre, auch weder die Akademie der Künste noch die der Wissenschaften zu Berlin seine Verdienste für gross genug gehalten hat, um sie durch die Ehre ihrer Mitgliedschaft zu belohnen.

Die berliner akademische Kunstausstellung
des Jahres 1868.

Spener'sche Zeitung, September — November 1868. — Das Vernünftige und Rechte wird bekanntlich nicht alt, wenn es auch manchmal den Fehler hat, nicht wirklich werden zu wollen. So wird es Billigung finden, wenn den traurigen Erfahrungen der seither erlebten Ausstellungsjahre gegenüber, die durch stumpfsinniges Festhalten an längst gerichteten und nach fertigen Vorschlägen leicht zu verbannenden altgewohnten Uebelständen veranlasst worden, die in den folgenden Vorbetrachtungen niedergelegten, bedauerlicherweise noch nicht veralteten Gedanken und Vorschläge zu Nutz und Frommen derer, die es angeht, der Vergessenheit entrissen und der Beachtung wiederum unterbreitet werden. — Die übrigen Abtheilungen gelten einigen hervorragenden Kunstwerken der Ausstellung. Das Schlusscapitel — Knaus und Vautier — ist noch nicht gedruckt gewesen.

I. Vorbetrachtungen.

Die XLVI. Kunstausstellung der berliner Akademie der Künste hat am 30. August ihre Pforten eröffnet und das gleich am ersten Tage auffallend zahlreich herbeigeströmte Publicum der Künstler und Laien freundlich und angenehm überrascht; denn vergebens denken wir zurück, um uns eine Ausstellung in die Erinnerung zu rufen, deren Gesammteindruck ein so stattlicher und erfreulicher gewesen wäre. Namentlich der vorigen Ausstellung gegenüber, bei der man erst nach längerer Vertrautheit mit den wenigen vorhandenen Spitzen dazu gelangte, den mässigen Durchschnitt der Gesammtheit zu verschmerzen, kann diese Thatsache nicht lebhaft genug anerkannt werden, zumal in diesem Jahre unser »Salon« von aussen, wenn auch in anderer Weise, doch kaum weniger bedroht war als vor zwei Jahren. Denn die deutsche Kunstgenossenschaft, die gegenwärtig in Wien tagt, hat dort mit der unserigen ganz gleichzeitig eine deutsche Kunstausstellung veranstaltet, die natürlich eine schwer zu bestehende Concurrenz ausmacht. Als im vorigen Jahre in Paris der Salon neben die allgemeine Ausstellung trat, war das Verhältniss nicht annähernd so ungünstig für beide, wie jetzt für uns; denn derselbe Ort vereinigte beide Ausstellungen, und beide hatten ausgesprochenermassen eine grundverschiedene Idee: das Marsfeld resumirte die Kunstthätigkeit des letzten Decenniums, die Champs Elysées gaben die gewöhnliche Revue über das letzte Jahr. So gingen alle älteren Bilder dort-, alle neuen hierhin. Jetzt aber war eine solche verständige Theilung nur für die nordwestdeutschen Künstler natürlich, und sie scheinen auch dem entsprechend gehandelt zu haben. Berlin und die in seinem Bannkreise liegenden Schulen hatten selbstverständlich ein hervorragendes Interesse an der berliner Ausstellung, die zu beschicken für sie zudem bequemer und billiger war, während ganz dieselben Gründe und ausserdem das sehr natürliche Interesse, sich um einen achtbaren Platz in der deutschen Kunst nachdrücklich zu bewerben, die Wiener bestimmen mussten, bei sich zu Hause zu bleiben, und die Süddeutschen ihrem Beispiele begreiflicher Weise mit wenigen Ausnahmen folgten. So hat also die Gesammtheit der deutschen Kunst, von der die österreichische ja nicht zu trennen ist — denn der Geist der Nationalitäten überschreitet die politischen Schlagbäume und Gränzpfähle —, in Berlin keine allseitig genügende Vertretung finden können. Die deutsche Kunstgenossenschaft trifft somit der Vorwurf, die Erreichung eines Zieles wenigstens um zwei Jahre hinausgeschoben zu haben, welches der nächsten Zukunft auf alle Fälle obliegt zu erreichen.

Die berliner Kunstausstellung muss für die deutsche Kunst fast genau diejenige Stellung und Bedeutung gewinnen, welche der pariser Salon für die französische hat, wobei die in der Sache begründeten Modificationen und Beschränkungen unserer Ansicht nach, weit entfernt, dem Plane entgegenzustehen, vielmehr zum Vortheile der für uns anzustrebenden Verhältnisse gegenüber den französischen ausschlagen müssen.

Zunächst aber handelt es sich darum, nachzuweisen, dass Berlin berechtigt und verpflichtet ist, in dem deutschen Kunstleben eine so hervorragende Rolle zu spielen. Es ist dies in erster Linie ein wesentlicher Theil seiner nationalen Aufgabe. Wenn es, freilich ohne einseitige Centralisation, Mittelpunkt des nationalen Lebens in Deutschland werden will und soll, so müssen auch die künstlerischen Interessen hauptsächlich hier ihre angemessene Vertretung finden. Die künstlerische Thätigkeit gehört nun einmal unwidersprechlich zu den nothwendigen Lebensäusserungen eines Volkes, ja sie bildet den empfindlichsten und untrüglichsten Gradmesser für die Höhe und Beschaffenheit seiner sittlichen und intellectuellen Bildung. Niemals also kann man sich schmeicheln, da dem nationalen Bedürfnisse vollständig, ausreichend, würdig zu entsprechen, wo man der Kunst nicht gleiche Berechtigung zugestelt, gleiche Wichtigkeit einräumt, gleiche Gelegenheit zur Entfaltung giebt wie irgend einer anderen Richtung des nationalen Lebens. Und für die Kunst, die dazu da ist, gesehen und genossen zu werden, auf ein Publicum zu wirken, vom Geiste der Zeit getragen zu werden und ihn in ihren Werken wiederzuspiegeln, sind regelmässige, grosse öffentliche Ausstellungen, auf denen es möglich wird, von den bedeutsamsten Gesichtspunkten auszugehen, mit den höchsten Massstäben der Kritik zu messen und die zeitgenössische Kunst, so weit das in der Gegenwart selbst thunlich ist, historisch aufzufassen, ein nicht zu unterschätzendes Vehikel ihrer Entfaltung und ihrer Wirksamkeit. Die berliner Ausstellung ist aber zugleich diejenige, welche das beste historische, gewordene Anrecht auf eine ausgezeichnete Geltung unter den deutschen Ausstellungen hat. Denn keine regelmässig wiederkehrende Ausstellung in Deutschland (und Oesterreich) mit officiellem Charakter (der keineswegs gleichgültig ist) kann sich mit ihr an Alter sowie an Umfang und Auswahl von je her irgend messen; ja in ersterer Hinsicht steht sie kaum dem pariser Salon nach, der, seit lange alljährlich stattfindend, in diesem Jahre sich als die 86. officielle Kunstausstellung bezeichnete. Es fallen also nur wenige vereinzelte Ausstellungen dort vor die Begründung der berliner Ausstellungen im Jahre 1786 bis zurück zu dem ersten Salon, der freilich bereits 1673 stattfand. Es handelt sich somit nur darum, zu bewirken, dass die berliner Ausstellung überall in Deutschland als Centralstation anerkannt wird, dass sie allgemein für die Stelle gilt, wo der Name eines Künstlers durch einen oder einige Triumphe beinahe endgültig gemacht werden kann, und dass auch die ausländischen Künstler sie als eine Arena künstlerischer Wettkämpfe schätzen lernen, in der es der Mühe werth und ehrenvoll ist, zu erscheinen, geschweige denn zu siegen.

Eine wichtige Vorbereitung hierzu ist die Säuberung des Kampfplatzes, zunächst von schlechten und werthlosen Werken. Was sich in der Ausstellung zeigt, muss dadurch allein schon die Gewähr für sich haben, dass es eine Schöpfung von selbständigem, eigenthümlichem Werthe ist, ein Werk, das überhaupt eine Beurtheilung ermöglicht, das nicht von vorn herein unter der Kritik ist, schülerhaft und dilettantisch, ungeschickt und geschmacklos. Es muss also unbedingt eine Censur über die eintretenden Arbeiten geübt werden, was die Existenz einer Zulassungsjury voraussetzt. Wie viel ist über die Ungerechtigkeiten des Jurywesens überhaupt und einzelner Jury's insbesondere schon geredet und geschrieben! Dennoch ist nichts Stichhaltiges gegen ihre Nothwendigkeit vorgebracht worden. Ein zu Paris gemachter Versuch, sie zu beseitigen, hat ihr Vorhandensein nur um so wünschenswerther erscheinen lassen, und eine Jury muss nicht nur da sein, sie muss bei einer grossen Ausstellung sogar strenge urtheilen. Es gereicht der berliner Künstlerschaft zur Ehre, dies erkannt und anerkannt, mehr noch, sogar ernsthafte Schritte deswegen gethan zu haben. Sie hat damit bewiesen, dass es ihr Ernst mit der Kunst ist, und dass sie würdig und fähig ist, mit Erfolg nach dem Principat unter den deutschen Kunstschulen zu ringen. Auf den Antrag des Malers August von Heyden, wie wir hören, beschloss vor etwa einem Jahre der Verein der berliner Künstler, der sogenannte jüngere Künstlerverein, der sich im Interesse der Kunst vielfach rührig und mit grosser Einsicht thätig bewiesen hat, um eine strengere Censur seitens der Jury zu petitioniren, als die bisher geübte gewesen. Es ist der Vorstellung gewillfahrt worden; die diesmalige Ausstellung, in der fast nichts absolut Schlechtes und selbst des ordinären Mittelgutes wenig zu finden ist, wäre dess Zeuge, auch wenn man nicht erfahren hätte, dass 236, schreibe zwei hundert sechs und dreissig »Kunstwerke« durch den Spruch der Jury von der Schwelle des Heiligthums zurückgewiesen worden sind. Freilich dringen Berichte von wahrhaft ungeheuerlichen Entscheidungen zu unseren Ohren; indessen sind wir weit entfernt, deswegen rücksichtslos den Stab zu brechen. Dieser Jury lag zum ersten Male die immerhin schwierige Aufgabe vor, nicht bloss das Haarsträubende und Lächerliche auszuschliessen: es mangelte ihr also die leitende Norm einer traditionellen Praxis; und man muss nachsichtig sein, wenn sie bei Ausübung ihres Richteramtes nicht gleich so ernst sein und von den höchsten Interessen der Kunst ausgehen konnte wie die petitionirende Künstlergemeinde, wenn sie mit einer Art von

Uebermuth die ihr in die Hand gegebene Geissel schwang und die vernichtende Schneide ihres Urtheiles besonders auch gegen die bedeutendsten Urheber jenes provocirenden Künstlerpetitums selber kehrte. Indessen wäre es ein grosses Unrecht, dem gegenüber ganz zu schweigen, als könnte oder möchte man es gut heissen, und nicht vielmehr ernstlich auf gewisse Grundsätze hinzuweisen, die für das Urtheil jeder Jury, auch der strengsten, massgebend bleiben.

Das Verdict der Jury ist gewissermassen eine Schulcensur. Es handelt sich bei ihr um das Können. Absolute ästhetische Urtheile stehen ihr in keiner Weise zu, am wenigsten subjectiv gefärbte. Selbst anstössige Gegenstände hat sie als solche nicht zu beanstanden: die Wahl des Gegenstandes vertritt der Künstler und beurtheilt das Publicum. Würde es sich auch der Mühe verlohnen, einen Beschauer oder gar eine Gesammtheit von Beschauern, deren Sittlichkeit durch ein nacktes Weib auf einem Bilde von Gérôme aus der Fassung zu bringen wäre, vor solcher Gefahr zu behüten? Jedes Kunstwerk, das rein technisch betrachtet auf derjenigen Höhe steht, dass man seinem Verfertiger Verwerthung des Erlernbaren in der Kunst im Dienste eigener Ideen zutrauen darf, ist unbedenklich zuzulassen, und eine um grosse Strenge gebetene Jury hat deswegen nicht nach gehäuften anderweitigen Bedingungen, noch dazu für verschiedene Dinge nach verschiedenen zu haschen, sondern lediglich den erforderlichen technischen Standpunkt angemessen höher festzusetzen. Verkehrt aber ist es, aus diesem Grunde nun z. B. principiell Skizzen zurückzuweisen. Freilich ist es schwierig und oft unmöglich, aus einer solchen ein Urtheil über das Können des Einsenders zu gewinnen. Indessen wird sich nur mit Skizzen wohl höchstens der erprobte Meister im Nothfalle vor die Oeffentlichkeit stellen; und so wenig Ansehen der Person einer Jury verziehen werden kann, eben so unbedingt muss man die objective Kenntniss von dem anerkannten Werthe eines Meisters von ihr verlangen. Solchen Leuten refusirt man anständigerweise keine Arbeiten. Da man aber dem Schicklichkeitsgefühl eines Comité's nicht blindlings vertrauen und dem Gewissen eines verantwortlichen Richtercollegiums nicht die Verantwortung für etwas seiner Jurisdiction Entzogenes aufbürden kann, so ist es überaus weise, nach irgend einem feststehenden Modus eine heilige Schaar von Künstlern zu errichten, deren Werke durch den Namen des Autors allein freien Eintritt ohne die Begutachtung einer Jury haben, dafür aber auch als dem Sichtungsprocesse der Juryabstimmungen entnommen bezeichnet werden, wie eine solche Einrichtung mit grossem, allseitig empfundenem Nutzen in Paris besteht*).

Der „*Exempt*", d. h. Jeder, der auf einem pariser Salon mit einem ausgestellten Kunstwerke eine Auszeichnung errungen hat, gilt dadurch für mündig als Künstler. Es ist einmal erkannt und ausgesprochen, dass er etwas Aussergewöhnliches zu leisten im Stande ist, forthin muss er sich den höheren Massstab gefallen lassen; und hat er nicht Selbstkritik genug, mit schwächeren, seiner unwürdigen Sachen zurückzuhalten, um so schlimmer für ihn! Das Bewusstsein, so auf sich selbst gestellt zu sein, erhöht aber auch das Selbstgefühl und die moralische Kraft des Künstlers, während es für einen hervorragenden Meister, wie etwa bei uns Adolph Menzel, geradezu demüthigend ist, sich vor jeder Ausstellung noch einer Schülercensur unterworfen

---

*) In Paris sind nach dem letzten Kriege in der geschäftlichen Gebahrung des Salons einige Aenderungen beliebt worden, von denen mir keine sonderlich glücklich scheint. Da ich nun seiner Zeit die pariser Einrichtungen keineswegs als blind zu copirendes Muster aufgestellt habe, so schien es mir nicht erforderlich, auf die inzwischen eingetretenen gleichgültigen und oberflächlichen Veränderungen in der dortigen Praxis Rücksicht zu nehmen.

zu sehen. Dazu ist der Nebengewinn für die Beschleunigung der Geschäftsabwickelung nicht unbeträchtlich, wenn die Jury sich um eine Menge von Werken gar nicht zu kümmern hat.

Hätte bei uns eine ähnliche Einrichtung bestanden, so wäre eine Abnormität unmöglich gewesen, wie die, dass einem bewährten Bildhauer, der bei einer bedeutenden monumentalen Aufgabe für Berlin durch mehrere Stadien hindurch mit allgemeiner Anerkennung concurrirte, eine — nebenbei gesagt anmuthige und gefällige — Figur zurückgewiesen wurde, während eine solche von seinem Schüler, einem zwar talentvollen, aber noch jungen und leitungsbedürftigen Künstler, die Censur der gestrengen Herren passirte.

Einer anderen Willkürlichkeit der Jury sind andere namhafte Künstler zum Opfer gefallen. Man hat ihnen einen Theil der eingelieferten Werke zurückgesandt, weil sie zu viel Raum beansprucht haben, ja, man hat es gethan in einer barschen, hochfahrenden Form und ohne den Künstlern auch nur die Auswahl des etwa Zurückzuziehenden zu überlassen. In Paris besteht die feste Bestimmung, dass Niemand mehr als je zwei Werke aus jeder der (sieben) Klassen von Kunstgegenständen ausstellen darf; die Bekanntmachungen der berliner Akademie enthalten nichts von einer derartigen Bestimmung; woher also nimmt die Jury das Recht zu einer solchen Festsetzung? Ein Maler hat acht nicht kleine Bilder auf der Ausstellung: wie darf da Anderen das Maximum niedriger normirt werden?

Es lässt sich sogar mit sehr guten Gründen bestreiten, dass eine solche Beschränkung, namentlich auf eine so niedrige Zahl wie in Paris, überhaupt empfehlenswerth wäre. Die Quantität von Werken, die ein Meister schafft, ist für die Beurtheilung seines künstlerischen Ingeniums nichts weniger als gleichgültig; ein vielseitiger Künstler kommt vollends bei solcher Beschränkung nicht zu seinem

Rechte. Wenn ein Maler nur die sixtinische Madonna geschaffen hätte (vorausgesetzt, dass dies möglich wäre), so würde ihm ohne Zweifel die Unsterblichkeit sicher sein; aber Raphael's Ruhm und Ansehen hätte er nicht erlangt, ohne wie dieser eine Menge ausserordentlicher Werke jenem einen an die Seite zu stellen. Besonders in den kleinen Genres ist Fruchtbarkeit eine Tugend, die mit der Kunstvollendung beinahe auf gleicher Höhe steht. Dass er Reichthum an Phantasie und Erfindung besitzt, auch das muss ein Künstler dem Publicum zeigen können. Daher ist eine Beschränkung der Zahl der zulässigen Bilder bedenklich. Man beachte zudem nur, zu welchen Ungerechtigkeiten das führt. Wenn Meissonnier zwei Bilder auf den Salon giebt, so müssen sie für ihn sehr gross sein, wenn sie mit Rahmen zusammen $2^1/_2$ Quadratfuss einnehmen sollen; Doré bepinselt mit lebensgrossen Figuren zwei ungeheure Fetzen Leinwand und bedeckt damit ohne Mühe $2^1/_2$ Quadratruthe. Ist solchem Uebergewichte des Colossalen gegenüber nicht der einzige Stachel, welcher dem Kleinen gegeben ist, seine Massenhaftigkeit? wie ja auch die Natur die Zahl der Individuen einer Art im umgekehrten Verhältnisse zu ihrer Grösse stehen lässt! Scheint aus irgend einem praktischen Gesichtspunkte eine gewisse Beschränkung nothwendig — und bis *in infinitum* möchten auch wir keineswegs auf alle Fälle und im Princip das Recht des Einzelnen auf die Wandflächen der Ausstellungsräume ausgedehnt wissen —, so würden wir einen vermittelnden Modus vorschlagen, der Zahl und Mass der Bilder zugleich berücksichtigte, etwa in der Weise, dass bestimmt würde: mehr als vier Bilder werden nur aufgenommen, wenn sie zusammen genommen nicht mehr als (etwa) 100 Quadratfuss (10 Quadratmeter) Wandfläche (mittlere Grösse von Portraits) beanspruchen; und ähnlich für Sculpturen u. s. w. Bis eine solche Bestimmung existirt, bleibt eine Zurückweisung wegen übermässiger Menge und Grösse der Kunstwerke willkürlich und ungerecht. — Oder was soll man dazu sagen, wenn unter diesem Rechtstitel Cartons zu bereits ausgeführten monumentalen Werken, die von der tendenzfreien Kritik einstimmig mit Freude und Anerkennung begrüsst sind, einfach eliminirt werden? Das ist doch gewiss nicht die Art, wie man die grosse Kunst, wo die vielfach herbeigesehnte einmal erscheint, der kleinen gegenüber behandelt! Wie anders verfährt man da in Paris! (Man verzeihe uns, wenn wir so oft auf pariser Verhältnisse zurückkommen: in der anständigen und zweckmässigen Einrichtung solcher Quasi-Aeusserlichkeiten, die doch für die Sache selbst recht wichtig sind, haben die Franzosen nun einmal, und nicht bloss in diesem Falle, einen weiten Vorsprung vor uns voraus; und so etwas anzuerkennen und davon zu lernen, darf man sich niemals schämen.) Dort enthält der Katalog des Salons am Ende ein Verzeichniss derjenigen monumentalen Arbeiten im Gebiete der Malerei und der Sculptur, welche aus Staats- oder Gemeindemitteln in Frankreich von französischen Künstlern ausgeführt sind, und die sich ihrer Natur nach zur Ausstellung im Salon nicht eignen; und diese bloss aufgezählten Werke participiren an der Preisvertheilung! Das klingt etwas anders als unsere unhöfliche Abweisung unter armseliger Berufung auf mangelnden Raum!

Diese Berufung ist überdies unzutreffend. Einzelne Kataloge früherer Jahre weisen bis gegen 1700 Nummern auf; und das war in der Blüthezeit der grossen Historienmaler! Der diesjährige zählt nur wenig über tausend Kunstwerke. Dabei ist ein grosser und trefflich beleuchteter Saal neu angebaut (hinter dem Actsaale), also sogar noch mehr Raum als früher vorhanden. Freilich hat man auf viel guten Platz für Gemälde diesmal verzichtet; aber warum? Hinter der sogenannten Todtenkammer sind nur drei Säle eröffnet; die für Cartons sehr geeignete Rückwand des langen Saales trägt nur einen Carton; die sonst immer für Gemälde und Zeichnungen reservirten Wände des Uhrsaales sind diesmal mit Sculpturen besetzt, während im Erdgeschosse der letzte Sculpturensaal durch seine bedenkliche Leere einen noch elenderen und öderen Eindruck macht, als diese Grabkammern der plastischen Kunst ihn schon für gewöhnlich hervorbringen.

All so etwas — wir wollen unsere Leser nicht mit der Aufzählung und Beleuchtung weiterer Missgriffe behelligen — wäre aber nicht möglich, wenn nicht die Jury bei uns zusammengesetzt wäre, wie sie es ist, und wenn sie sich unter **öffentlicher Controlle und persönlicher Verantwortung** fühlte. Wie entsteht eine berliner Jury? Niemand weiss es! Wer sitzt in der Jury? Mit Mühe und ungenau erfährt man es vielleicht auf Umwegen! Welcher Autorität ist sie für ihr Walten verantwortlich? Da schweigt Alles! Fühlt man sich da nicht in der That versucht, einem sehr ruhigen und milde urtheilenden Künstler beizustimmen, der es aussprach: Das ist keine Jury, das ist ein Vehmgericht! Wir thun es nicht; wir wollen das Odium nicht auf die Personen wälzen, sondern an unserem Theile dazu beitragen, das **Princip** zu beleuchten, die mangelhaften Zustände zu erschüttern und zu beseitigen und neue entsprechendere heraufzuführen.

Unsere Jury besteht nur aus einer mässigen Zahl von Künstlern aller Art, die gemeinschaftlich über alle Kunstwerke urtheilen. Das ist unrichtig. Wer einige Erfahrung hat, wird wissen, dass Künstlerurtheile über Kunstwerke zwar sehr interessant, vielfach — besonders in technischer Hinsicht — lehrreich, aber einseitig sind. Ja, je origineller ein Künstler, und je vollkommener er in seiner Eigenart ist, um so einseitiger ist sein Urtheil. Künstler, die allgemeine Bildung genug besitzen, um sich selbst beurtheilen zu können und über die Furcht erhaben zu sein, dass man durch Eingeständniss einer Schranke seiner Autorität dieser selber etwas vergiebt, sind weit davon entfernt, dies in Abrede zu stellen. Schon innerhalb derselben Kunst kommen die sonderbarsten Urtheile vor; aus einer in die andere, von Malern über Bildhauer oder umgekehrt, werden sie noch schiefer. Und nun denke man: einseitige, schiefe Beurtheilung in einer Jury, in einer Zulassungsjury, die nur gewissermassen ein technisches Maturitätszeugniss ausstellen soll! Ueber Missstände, deren Widersinn so auf der flachen Hand liegt, ist man in Paris hinweg. Zunächst besteht dort für jede Kunst — Malerei, Bildhauerei, Baukunst, vervielfältigende Künste — eine besondere Jury, von der ein Drittel mittelst geheimen Scrutiniums von den ausstellenden *Exempts* (die Zulassungsjury ist dort auch zugleich Preisjury, was bei vorhandenem Bewusstsein von der wesentlichen Verschiedenheit beider Functionen unter den Mitgliedern sehr zu empfehlen ist, ein Drittel von der *Académie des Beaux-Arts* in den betreffenden Abtheilungen, das letzte Drittel aber von der Verwaltung gewählt wird. Zu zwei Dritteln besteht also jede Specialjury aus anerkannten Künstlern des Faches; das übrige Drittel füllt die Regierung mit historisch und philosophisch gebildeten Kunstkennern aus, die durch ihre Werke eine besondere Vertrautheit mit dieser oder jener Kunst an den Tag gelegt haben. Diese sind ein treffliches Element für die Objectivität des Urtheiles; unbetheiligt an den Wettkämpfen, wie sie sind, behalten sie überall die Freiheit des Blickes, und kraft der ihnen in überlegenem Grade beiwohnenden Fähigkeit, ihr Urtheil darzulegen und zu begründen, wiegt ihre Stimme verhältnissmässig schwer in der Berathung. Jede Jury constituirt sich durch Wahl eines Bureaus, vereinigt tagen sie unter dem Vorsitze des *Surintendant des Beaux-Arts*, der etwa unserem vortragenden Rathe für die Kunstangelegenheiten im Cultus-Ministerium entspricht. Das Resultat der Wahlen und der Constituirung in den Abtheilungen wird in der Einleitung des Kataloges öffentlich bekannt gemacht, und die Jury steht somit unter der directen Controlle der Künstler, der Presse und der öffentlichen Meinung. Wie beruhigend und befriedigend für alle Betheiligten, wie vernünftig und gerecht, wie einfach und natürlich sind diese Verhältnisse gegenüber den unserigen! Warum aber wollen wir uns in solchen Sachen übertreffen lassen, wo wir im Besten, in der Kunst selbst, mit den Besten wetteifern können?

Mit einer zwar strengen, aber weiseren Jury allein wird jedoch für die Zukunft unserer Ausstellungen noch keineswegs ausreichend gesorgt sein. Die Einrichtung selbst, wie sie dem Publicum dargeboten wird, muss der Wichtigkeit der Sache entsprechen. Schon beim Placiren der Kunstwerke beginnt die hierzu nöthige Arbeit. Uebersichtlichkeit des Ganzen, Hervorheben des Ausserordentlichen, ohne das Andere allzusehr zurückzudrängen und zu benachtheiligen, Freiheit von allen persönlichen, subjectiven Rücksichten sind die Grunderfordernisse. Wie wenig dem die Thätigkeit der mit der äusseren Anordnung der Kunstwerke betrauten Commission bei uns bisher häufig entsprochen hat, zeigt wohl die Entstehung der beiden komischen und recht unliebsamen Bezeichnungen, welche die Künstlerschaft für sie aus ihrem Amte abgeleitet hat, und die nichts Geringeres ausdrücken, als dass unter ihren Händen die Kunstwerke dem sicheren, traurigsten Tode geweiht sind. Bei der Fülle des Ausgezeichneten auf der gegenwärtigen Ausstellung hatte wie die Jury, auch die Commission der Ordner einen besonders schwierigen Stand, aber es sind auch Dinge vorgekommen, die man nur zwischen vier Wänden gehörig qualificiren kann. Wir wollen nicht davon reden, dass man ein riesiges Bild mit weit über lebensgrossen Köpfen im Vordergrunde zwar in recht gutes Licht, aber in einen so kleinen Saal gehängt hat, dass man nicht entfernt die erforderliche Distance finden kann; dass eines der feinsten grossen düsseldorfer Genrebilder dem Fenster gegenüber und in einer Weise placirt ist, die von keinem Punkte eine von reflectirtem Lichte unbelästigte Uebersicht des Ganzen gestattet; dass einem unserer vorzüglichsten Portraitmaler, der sehr zart ausführt, seine sämmtlichen Bilder in der obersten Reihe und zum Theil im Dunkeln aufgehängt sind; dass Pendants, die zu den genialsten Leistungen der Ausstellung gehören, mehrere Säle auseinander und eines in ungünstigster Beleuchtung haben Platz finden müssen, u. s. w. u. s. w. Wir wollen es hierin machen, wie der berliner Künstlerverein, der die Aufhängung der Bilder in der Ausstellung zum Gegenstande einer ausführlichen Besprechung gemacht. Er hat den ihn in hohem Grade ehrenden Entschluss gefasst, über die seinen Mitgliedern zugefügten Unbilden schweigend hinwegzusehen und nur mit Entschiedenheit dafür einzutreten, dass ein schreiendes Unrecht wieder gut gemacht werde, das einem unserer berühmtesten Gäste zugefügt worden. Nachdem Gérôme's Sklavin*) die Gefahren glücklich bestanden hatte, die ihr schon draussen durch das unberufene sittliche Feingefühl einiger Jurymitglieder drohten, hielt es die Aufhänge-Commission nunmehr für ihre Pflicht, dieses Bild, sowie ein anderes desselben Meisters, vollständig todt zu hängen. Wir sind schwerlich dem Verdachte ausgesetzt, dass wir beide Bilder überschätzen; aber eine Commission soll billig wissen und berücksichtigen, dass Gérôme neben Meissonnier der berühmteste und gefeierteste Meister Frankreich's ist, dem man, wenn er einmal bei uns erscheint, die vortheilhaftesten Bedingungen zugestehen muss, um so mehr, wenn zu erwarten steht, dass das Gefühl unseres Publicums ihm trotzdem weniger Anerkennung zu schenken geneigt sein

---

*) S. oben in dem Aufsatze „die Tageskunst in Frankreich".

wird, als er sonst zu finden gewohnt ist. Mit welchem Vertrauen sollen die französischen Künstler insgemein unsere Ausstellungen betrachten, wenn sie erfahren, dass man kein Bedenken trug, ihrem anerkanntesten Oberhaupte mit solcher Unwirthlichkeit zu begegnen? Glücklicherweise ist der grobe Verstoss in Folge der Vorstellungen des Künstlervereines bei der Akademie wenigstens in Etwas gesühnt: beide Bilder hängen, wenn auch in Ecken und nicht in der besten Beleuchtung, doch so, dass man sie bei gutem Willen überhaupt sehen kann. Gérôme ist übrigens nicht der einzige Gast, der Misshandlungen von der Aufhänge-Commission erlitten hat: es müsste ein Preis ausgeschrieben werden, um einen fürchterlicheren Platz zu construiren, als ihn das grosse Bild »Siesta« von Alma-Tadema über einer Thüre zu finden das Glück gehabt hat, unter dem hindurch man in den hellen Himmel hinein sieht, während die halbe Bildfläche mit abscheulichen Reflexen von dem gegenüberliegenden Fenster her bedeckt ist. (Seine Hauptbilder hängen übrigens ziemlich gut.) Ludwig Passini's unübertreffliche Aquarellen hängen in einem Winkel hinter einem Pfeiler im ersten Corridor, und Louis von Hagn's unvergleichliche »römische Bibliothek« scheint nur deswegen in einen Nebensaal verwiesen zu sein, um ihre wunderbare Haltung durch die Folie der sie umgebenden bunten Bilder hervorzuheben.

Doch wir wollen das unerquickliche Sündenregister der Aufhänge-Commission abbrechen; denn längst schon hören wir den Einwurf immer lauter und lauter werden: Kann in diesen Räumen überhaupt mehr von der Placirung der Kunstwerke verlangt werden?

Nun freilich, die Klagen über unser schlechtes Local sind ja so alt wie die Ausstellungen, und sie sind nur zu wohl begründet. Um von dem Erdgeschosse für die Sculpturen Schämens halber zu schweigen, so sind auch von den vierzehn im Obergeschosse eröffneten Sälen nur zwei, die unbedingt gutes Licht, grosse Wandflächen und hinreichenden Raum haben, der lange und der Ecksaal; ihnen zunächst steht der Actsaal und der neue Saal, in denen jedoch die Wand den Fenstern gegenüber vielfach missliches Licht bekommt; der letztere ist zudem für grosse Bilder zu klein. Der Uhrsaal mit seinem Südlicht durch drei Fenster*) reicht höchstens für Cartons und mit Scheerwänden zubereitet für Zeichnungen und Aquarellen aus. Die lange Flucht der Säle in dem Flügel an der Universitätsstrasse, in der Mitte durch die Todtenkammer« weniger angenehm, als schauerlich unterbrochen, hat von Mittags 12 Uhr die Sonne, jedes einzelne Gemach durch mehrere Fenster confuses und doch nicht einmal hinlängliches Licht; nur an den Querwänden sind die Bilder zu sehen. Der schmale Corridor zwischen Uhr- und Ecksaal dient seit lange nur für Zeichnungen und Reproductionen: sein scharfes Südlicht macht ihn für andere Sachen untauglich. Aber auch die übrigen beiden langgestreckten Corridore eignen sich trotz ihres ruhigen, gleichmässigen Lichtes wenig für etwas Anderes. Ihre ungemein geringe Tiefe lässt nur ganz kleine Bilder zur Wirkung kommen und verbietet, die Wände in der Höhe wie in den anderen Räumen mit Gemälden zu bedecken. Ein grosser Theil der Bilder (nächst den Querwänden) erhält doppeltes Licht, so lange man, wie bisher, unterlässt, die Verbindungsthüren mit Portièren zu verhängen, und die mittleren Partien der Wände leiden von Blendlichtern.

Indess, wie dem auch sein mag, würde doch die melancholischeste Betrachtung der vorhandenen Säle kaum zu einem ungünstigeren Resultate kommen, als dass der fünfte

---

*) Vor einigen Jahren zu Oberlicht eingerichtet, und seitdem zu den besten Räumlichkeiten des Ausstellungslocales zählend.

Theil der für Gemälde disponiblen Wände tadellose Plätze
darbietet; und es hiesse den Werth selbst der gegenwärtigen Ausstellung überschätzen, überhaupt von dem präsumtiven Gehalt irgend einer zukünftigen Ausstellung eine
zu vortheilhafte Meinung hegen, wenn man annehmen wollte,
dass das Hervorragende diesen oder gar einen grösseren
Bruchtheil der Gesammtheit ausmachte. Es dürfte also
wohl möglich sein, wenigstens das Bedeutendste ganz gut
zu placiren und sich mit dem Reste dann einigermassen
abzufinden. Indessen wollen wir nicht so um das Haar
rechten und feilschen; im Gegentheile sind wir auch ganz
darauf hinaus, für die berliner Ausstellungen ein besseres
Local mit durchweg gut beleuchteten Wänden als nothwendig zu fordern. Auch die mittelmässigen und mangelhaften Bilder sollen wenigstens so gut erscheinen können,
wie sie sind, und das Publicum soll jedes Werk ohne Mühe
und Beschwerden und ohne täuschende und beirrende Umstände betrachten und geniessen können. Kann dies Ziel
erreicht werden, so fallen nicht nur die ewigen und berechtigt wie unberechtigt gleich trostlosen Lamentationen
der Künstler über die Aufstellung ihrer Werke fort, sondern es wird auch möglich, irgend ein bestimmtes Princip
der Anordnung durchzuführen, wodurch einmal die Orientirung wesentlich erleichtert, und also die immerhin noch
beträchtliche Anstrengung des Ausstellungsbesuches vermindert, zugleich aber das Interesse der Beschauer nicht
auf wenige Glanzstellen zu Ungunsten aller übrigen Theile
concentrirt, sondern gleichmässig überall gefesselt wird.

Wenigstens für die Gemälde ist dies in Paris erreicht
(die Sculpturen erfreuen sich freilich dort eines gleich unheimlichen Kelleraufenthaltes wie bei uns). In dem alten
Industriepalaste der Champs Elysées sind eine Reihe von
ganz gleich brauchbaren Oberlichtsälen eingerichtet, so
zwar, dass die drei Treppen in der Mitte und an beiden

Enden des Gebäudes zunächst in drei colossale Räume führen, zwischen denen sich in beiden Hälften des Gebäudes je eine doppelte Reihe von unter sich nach allen Seiten verbundenen Sälen erstreckt. Jene Räume enthalten die ausnahmsweise grossen und die durch ausserordentlichen Kunstwerth hervorstechenden Gemälde; in den anderen Sälen aber sind die Künstler mit ihren Bildern wie im Kataloge nach alphabetischer Reihenfolge eingeordnet, und zwar steht der Buchstabe gross und deutlich über der Thür. Die Masse und Mannichfaltigkeit der auch so noch für einen Saal zusammenkommenden Bilder erzeugt hinreichende Abwechselung. Der Vortheil aber, dass man die Werke jedes Künstlers stets dicht beisammen findet, und des zeitraubenden und ermüdenden Hin- und Herblätterns im Kataloge überhoben ist, wird von Jedem sofort als sehr bedeutend erkannt werden.

So etwas ist freilich nur da durchzuführen, wo man nicht den Capricen jedes einzelnen Winkels im Ausstellungslocale ängstlich auf die Spur zu kommen suchen muss. Zu einem solchen Locale kann dann aber auch der beschickende Künstler Vertrauen haben: er weiss, dass er gerade nur so gut und so schlecht erscheinen wird, wie er gearbeitet hat, und nicht die Möglichkeit eines Erfolges erst von einem glücklichen Griff in eine unheilschwangere Schicksalsurne zu gewärtigen braucht.

Wie lange wir bei uns noch werden zu warten haben, bis mit einer durchgreifenden Verbesserung in diesem Sinne erfolgreich vorgegangen werden kann, bleibt leider ungewiss. Nach Neujahr, bis wohin die Ausstellungsräume noch zu verschiedenen Zwecken gebraucht werden, zieht die Nationalgalerie wieder ein, und da das für diese im Bau begriffene Gebäude erst in einem Jahre im Aeusseren fertig wird und dann noch etwa zwei Jahre für die innere Einrichtung erfordert, so werden also die jetzigen räumlichen

Verhältnisse wenigstens die nächste Kunstausstellung noch überdauern*). Ob dann die Ausstellungsräumlichkeiten der Akademie zweckentsprechend umgebaut werden können und werden, steht dahin, und jedenfalls wird die Ausführung derartiger Pläne nicht der Verlegung der Wagner'schen Sammlung auf dem Fusse folgen. Auch dass von anderer Seite so bald Hülfe kommen sollte, ist nicht abzusehen, weder wie in Paris und London durch einen Weltausstellungspalast, noch durch ein zu errichtendes Künstlerhaus, wie mit einem solchen Wien in diesen Tagen beschenkt ist, während dieselbe Sache hier über das Stadium der Entwürfe und Gerüchte nicht hinauskommen zu wollen scheint.

Inzwischen muss man sich mit dem Gegebenen einzurichten suchen, so gut es geht, ohne die weiteren Ziele aus den Augen zu verlieren, und einstweilen da die bessernde Hand anlegen, wo es etwa sonst noch nöthig erscheint und schon jetzt mit ernstem Willen möglich ist. Auf einige derartige Punkte sind wir schon im Verlaufe dieser Vorbetrachtungen zu sprechen gekommen; hier wollen wir noch einen Punkt, den letzten dieser Art, berühren, den Katalog unserer Ausstellungen betreffend.

Wir haben, das sei im Voraus auf's Bündigste erklärt, nicht die Absicht, dem Verfasser oder den Verfassern des diesjährigen Kataloges irgend welche Vorwürfe zu machen. Er ist ja ganz nach der hergebrachten Schablone zugeschnitten und daher nicht besser und nicht schlechter als alle seine Vorgänger. Ja, er enthält in seinem officiellen Theile keine groben thatsächlichen Irrthümer, wie dies vor einigen Jahren der Fall war; man müsste denn das viel-

---

*) Erst die Ausstellung dieses Jahres — 1876 — hat endlich ein neues, freilich zunächst nur und zwar baulich sehr „provisorisches" Local, jedoch mit sehr guter, gleichmässiger Beleuchtung bekommen. Die Nationalgalerie hat noch bis Anfang dieses Jahres auf ihren neuen Palast warten müssen.

leicht auf einem übersehenen Druckfehler beruhende falsche Datum von Ingres' Tode urgiren wollen — er starb am 13., nicht am 15. Januar 1867 — oder an der selbst für ein officielles Schriftstück allzuvorsichtigen Beurtheilung der Verdienste Hittorff's um die Wiederbelebung der Kenntniss und des Verständnisses für die Polychromie der antiken Architektur und Sculptur — die von ihm publicirten Ergebnisse »sind von Einfluss geworden« — vom jetzigen Standpunkte der Wissenschaft aus Anstoss nehmen; wir wollen vielmehr dem Kataloge eine andere, wenn es nicht unbescheiden klänge, würden wir lieber sagen: überhaupt erst eine Idee geben.

Schon längst betrachtet man die Kataloge von öffentlichen und Privatsammlungen als eines der wichtigsten Hülfsmittel für das kunstwissenschaftliche Studium, und die Anforderungen an die Kataloge einer- und die Leistungen in der Abfassung derselben andererseits haben in Folge dessen allmählich eine selbst noch vor zwanzig Jahren kaum geahnte Höhe erreicht. Was nun die wissenschaftlich redigirten Kataloge historischer Kunstsammlungen für die Kenntniss der älteren Kunst, das kann und muss jeder Katalog einer irgend bedeutenden bleibenden oder selbst nur zeitweiligen Sammlung moderner Kunstwerke für die historische Kunde von der zeitgenössischen Kunst für jetzt und spätere Zeiten leisten. Aber dann muss er danach angethan sein.

Der Katalog des pariser Salons, obgleich noch keineswegs vollkommen, ist in der Beziehung für uns schon ein leuchtendes Vorbild, und in der That bildet die ganze Reihe dieser Kataloge ein höchst schätzenswerthes Repertorium für die Geschichte der modernen französischen Kunst. — Warum bescheidet sich die officielle Chronik unserer Akademie, den Tod eines Cornelius mit wenigen Reihen abzuthun, unter dem Vorwande, dass »die Verdienste des hochragenden

Künstlers zu bekannt sind«? Hierher hätte der Abdruck der Gedächtnissrede gehört, welche der Secretair der Akademie vor einem sehr kleinen Auditorium bei der Todtenfeier gehalten, und die gedruckt nur in die Hände derer gelangt ist, die sie schon mitangehört (aber freilich nicht gehört) hatten. Doch wir wollen von dem officiellen Theile diesmal absehen; wie er ausfällt, das wird ja stets von den Fähigkeiten und dem Geschmacke seines Verfassers abhängen, und eine Norm ist dafür eben so schwer zu geben wie festzuhalten. In der That legen wir aber auch wenig Werth auf diesen Theil, mit Ausnahme etwa der von Lob und Tadel gleich unerreichbaren schlichten Berichte über die stattgehabten Preisvertheilungen.

Bei weitem wichtiger ist die Redigirung des Verzeichnisses der ausgestellten Werke nebst seinen Beigaben. Unter diesen würde, nebst den schon gelegentlich angedeuteten Ergänzungen, bei Einführung des vortrefflichen Institutes der Exemption von der Jury die dem pariser Kataloge vorgedruckte vollständige Liste der in- und ausländischen Exempts einfach herüberzunehmen sein. Im Verzeichnisse der Werke selber aber müssen alle diejenigen Angaben beisammen sein, welche für die historische Betrachtung irgend von Belang sind, also: vollständiger Vor- und Zuname des Künstlers nebst seinem Geburtsorte (ob auch das Jahr der Geburt?), Angabe der Akademie und derjenigen Künstler, bei denen er sich gebildet, Aufzählung sämmtlicher erhaltenen Auszeichnungen von den römischen Preisen an, zeitweiliger Aufenthalt und Adresse des Ausstellers, und bei Auswärtigen des in Berlin mit der Wahrnehmung seiner Angelegenheiten Beauftragten; für die einzelnen Nummern ferner: genaue Benennung des dargestellten Gegenstandes, wobei vage Bezeichnungen wie: Oelbild, Studie, Skizze, Genrebild u. s. w. auszuschliessen sind, das Datum (Jahr) der Anfertigung, Angabe des Materiales und der Grösse, erstere bei dem häufigsten durch Stillschweigen, letztere natürlich in Metermass, und Namen des Besitzers, wo solcher schon vorhanden ist, und er seine Nennung nicht ausdrücklich verbeten hat. Ausserdem muss selbstverständlich, wenn ein Künstler an mehreren Stellen des Kataloges vorkommt, consequent von einer auf die andere verwiesen werden. — Alle hierzu nöthigen Mittheilungen sind mit leichter Mühe von den Ausstellern selber durch einen einzigen Paragraphen in der öffentlichen Aufforderung zur Beschickung zu extrahiren. Ein Katalog aber, der dies Alles in zuverlässiger Weise enthielte, würde nicht bloss der müssigen Neugierde eines Laienpublicums — wenn auch noch ungenügend — entsprechen, sondern für alle Zeiten ein werthvolles Document über die Kunst der Zeit bleiben. Eines solchen aber dürfte vor allen Dingen diejenige Ausstellung nicht länger entrathen, welche Mittelpunkt des künstlerischen Lebens in Deutschland werden soll, will und muss.*)

---

*) Die Abfassung des Kataloges für Sammlungen und Ausstellungen älterer und neuerer Kunstgegenstände ist auf dem zu Wien 1873 abgehaltenen ersten (bis jetzt durch die Pflichtvergessenheit der auf eigenen Wunsch zu Erben Erwählten ohne Nachfolge gebliebenen) kunstwissenschaftlichen Congresse auf Antrag und Bericht von Alfred Woltmann, dem man auch das oben Stehende als Material vorgelegt hatte, berathen worden, und man hat daselbst eine Norm für die Einrichtung solcher Verzeichnisse aufgestellt. (Vgl. die Berichte in den „Mittheilungen des k. k. österreichischen Museums für Kunst und Industrie", vom October 1873 bis Januar 1874.) Es sei bei dieser Veranlassung gestattet, auf eine dort vergessene, aber sehr wünschenswerthe Angabe, die z. B. der Louvre-Katalog hat, aufmerksam zu machen, damit dieselbe bei gebotener Gelegenheit nachträglich dem früher Beschlossenen als normalmässig angefügt werde: die Kataloge müssen die Proportion der dargestellten Figuren enthalten, und zwar bei figürlichen Darstellungen in jedem Falle, bei Landschaften, Architekturen u. s. w. wenigstens dann, wenn die Staffage-Figuren eine bestimmte Grösse, etwa fünf Centimeter, überschreiten.

II. August von Heyden's Luther vor dem Reichstage.

August von Heyden's Luther und Frundsberg vor dem Eingange des wormser Reichstages ist von dem Verfasser (an der oben S. 105 angeführten Stelle) bei seinem ersten Erscheinen so stark abgelehnt worden, dass es eine Pflicht und eine Freude ist, das vollständig neu durchgearbeitete Bild neuerdings nach seinem wahren Werthe zu würdigen. Dass wir uns hierbei nicht im Einklange mit der allgemeinen Stimme befinden werden, ist uns wohl bewusst; indessen hat ein Künstler wie Heyden Anspruch darauf, nicht im ersten Anlauf abgeurtheilt zu werden, zumal wenn das Urtheil unter offenbar ungünstigen äusseren Verhältnissen zu Stande kommt. Der Platz, den das Bild einnimmt, ist ohne Frage an sich unter den ausgesuchtesten des ganzen Ausstellungsraumes, aber für dieses Bild gar nicht geeignet. Wie kann man ein Bild mit überlebensgrossen Köpfen richtig würdigen, wenn einem kaum so viel Abstand gegönnt ist, wie das Bild selbst von der Erde hoch ist?*)

Wir sehen vor uns die breite Steintreppe, die zur Saalthüre hinaufführt. Allerlei Volks, Männer und Weiber, Alt und Jung, Vornehm und Gering, drängt sich, von zwei Lanzknechten zurückgehalten, am Fusse derselben und zieht sich an der einen Seite hoch hinauf. Auf dem Absatze der Treppe stehen Luther und Frundsberg, Letzterer jenem die Hand auf die Schulter legend und ihn in der bekannten

---

*) Dass hiermit der rechte Punkt getroffen ist, bewies einigermassen schon die münchener internationale Kunstausstellung von 1869, die dem Gemälde ungefähr geeignete räumliche Bedingungen gewähren konnte. Vollkommenste Rechtfertigung hat das Bild und seine hier zuerst versuchte Würdigung an der Stelle gefunden, der es als Schenkung des Künstlers definitiv zugefallen ist: im germanischen Museum zu Nürnberg, wo es einen Ehrenplatz in einem der Haupträume mit Stolz behauptet.

derb schönen Weise anredend. Oben vor der Pforte, die geöffnet den Lichterschein des glänzenden Raumes durchbrechen lässt, erscheint vor anderen Persönlichkeiten ein rufender Herold, der den eben heraustretenden Kurfürsten Friedrich den Weisen von Sachsen verkündigt. Links neben der steinernen Balustrade weht ein ungeheures Reichsbanner.

Eigenthümlich an dieser Anordnung ist, dass der Künstler absichtlich und bewusster Weise auf die hergebrachte, nach gewissen Regeln des Gleichgewichtes u. s. w. zusammengebaute Composition verzichtet und statt dessen den Gegenstand ganz so wiederzugeben sich bestrebt hat, wie man sich, ganz natürlicher Weise, den Hergang vorstellen kann. Es liegt hier die offenbar richtige und auch sonst allgemein angenommene Ueberzeugung zum Grunde, dass wir uns nach dem Beispiele der gewöhnlichen »Weltgeschichte« die bedeutenden Männer und die grossen Thatsachen viel zu abstract und gesteigert und losgetrennt von dem Boden, auf dem sie standen, vorzustellen gewohnt sind und überall den Fehler begehen, das ganze Gewicht, welches wir jetzt rückwärts Personen und Ereignissen beimessen, in diesen selbst als bewussten und in die Erscheinung tretenden Inhalt vorauszusetzen. Die grossen Menschen sind aber keine Götter, und sie treten unserem menschlichen Gefühle und Verständnisse schwerlich näher, wenn wir sie als solche behandeln und sie von dem allgemein menschlichen Boden ihrer Thaten entfernen.

Als Luther nach Worms kam, war er kränklich und abgehärmt, und als er das erste Mal (am 17. April 1521, um 3 Uhr Nachmittags) in den Reichstag ging, litt er unter dem Eindrucke der ungewöhnlichen Situation; der Gedanke des Abfalles von der Kirche war in ihm noch nicht klar und reif, und er brachte es vor Kaiser und Reich nur gerade bis zur Bitte um Bedenkzeit. Aus diesen unumstösslichen Thatsachen Luther einen Vorwurf machen zu wollen, wäre der äusserste Grad der Lächerlichkeit; sie leugnen kann nur die vergötternde, d. h. die wahrheitswidrige Geschichte.

Darf da nun Luther als die urkräftige Natur des durch Kranach überlieferten späteren Typus dargestellt werden? oder muss er nicht vielmehr in dem authentischen hageren Habitus, mit einer gewissen Schüchternheit und Befangenheit des Auftretens geschildert werden? Letzteres hat Heyden gethan; und er hat in dem Kopfe die Portraitähnlichkeit des Holzschnittes gewahrt, der, gemeiniglich für Hans Baldung Grien's Arbeit geltend, jedenfalls aber gleichzeitig, Luther als Mönch abbildet. Dass uns dieser ganze Typus des asketischen Augustinermönches nicht geläufig und nicht sympathisch ist, hat seine Richtigkeit; es ist dies der Grund, weshalb Rietschel bei einem Luthermonumente selbst für Worms von der Darstellung des wormser Luther abstehen zu müssen glaubte. Das durfte der Plastiker bei einer monumentalen Einzelfigur: dem Maler in einer historischen Darstellung eines bestimmten Einzelmomentes steht hier nicht einmal die Wahl offen; er muss treu sein.

Und treu ist Heyden auch in allem Uebrigen gewesen; treu besonders in dem allerdings für unser Gefühl etwas stark bramarbasirenden Frundsberg. Das ist dieselbe breitschulterige, untersetzte Figur, dasselbe viereckige, volle Gesicht wie in dem pseudo-holbein'schen Portrait des berliner Museums; nur ist statt der Feldtracht die bunt phantastische Galatracht gewählt, mit dem breitkrämpigen Federhute, der dem beschatteten Gesichte einen eigenthümlich wilden Ausdruck giebt. Das ist aber ächt; und ebenso richtig auch des Mannes Haltung. Das Gefühl wallt dem alten Krieger zwar auf, als er dem jungen, kühnen Kämpen mit ermuthigendem Zuspruche entgegentritt. Aber von

Weichheit oder gar Sentimentalität kann dabei keine Rede sein; die Anrede kommt aus mitfühlender Empfindung, aber sie kann sich nicht anders äussern als barsch, mit kriegerischer Härte. Es ist ja zu natürlich! Denkt er doch selbst bei dieser Gelegenheit zuerst an seine »allerernsteste Schlachtordnung«.

Soweit ist Alles eben so originell wie natürlich. Dies gilt aber nicht in minderem Grade von der Volksgruppe, in deren vordersten, nur bis unter die Schulter sichtbaren Figuren man die von den beiden herrlichen und stattlichen, nur vielleicht zu vornehmen Lanzknechten mühsam eingedämmte »Schiebung« zu sehen glaubt, wie die Bestrebungen, den Platz zu behaupten und den Körper zu salviren, sich in mannichfaltiger, selbst derber Weise kund geben. Man hat die abgeschnittenen Figuren des Vordergrundes getadelt; offenbar ohne Grund. Es ist durchaus klar, wo sie stehend zu denken sind; und wenn, wie bei der Anlage unvermeidlich, der untere Bildrand das Gewühl der Menge an einer Stelle abschneiden sollte, so konnte von den vordersten Figuren nicht mehr als die Büste in das Bild hineinragen. Zugleich liegt hierin noch eine besondere Feinheit. Der Raum für die beiden Hauptfiguren ist auf ungezwungene Weise so ausgespart, dass sie unverdeckt in ganzer Figur (in Lebensgrösse) erscheinen. Die Figuren vor ihnen haben nun naturgemäss grösseren Massstab, ordnen sich jedoch dadurch unter, dass sie nicht vollständig sichtbar werden. Der Ausdruck aber ist bezeichnend der der gleichgültig neugierigen Menge; nur in wenigen Figuren lässt sich tieferes Interesse und Verständniss für den Moment erkennen. Auch dies ist richtig, und thut nur der eingebildeten, nicht der wahren Grösse historischer Vorwürfe Abbruch. — Die Costüme sind durchweg von frappanter Aechtheit.

So weit, scheint es, hätten wir uns über das Bild verständigt. Es bleibt nur noch Etwas übrig, der vielfach ausgesprochene Tadel der übermässigen Buntheit. Hier ist zunächst Eines festzustellen, was übrigens kaum Widerspruch erfahren dürfte, dass die einzelnen Köpfe und Figuren untadelhaft sind. Von mannichfaltigem, überall prägnantem Typus, vorwurfsfrei rein gezeichnet, von treffendem Ausdrucke, und so sorgsam gemalt, dass sie, so geschickt sie auf die Fernwirkung berechnet sind, durch die Betrachtung aus der Nähe nicht nur nicht verlieren, sondern gewinnen, befriedigen sie vollkommen; — d. h. einzeln genommen. Gegen einander stehen sie unharmonisch, sobald der Standpunkt so nahe dem Bilde gewählt wird, dass die kleinen Farbenflecke, auf deren Zusammengehen die Wirkung des Ganzen berechnet ist, einzeln und selbständig aus einander treten. Die unharmonische Buntheit verliert sich, sobald der erforderliche Abstand gewonnen wird, wo die Farbenflecke einzeln verschwinden und, wie es beabsichtigt ist, zusammen wirken.

Dass hierbei mit scharfen Farbenwerthen ein etwas waghalsiges Spiel getrieben, dass überhaupt das Bild ein kühner Versuch im Grossen ist, und dass nicht vollkommenes Gelingen in jeder Hinsicht das Streben belohnt hat, kann und soll nicht in Abrede gestellt werden. Nur darf man billigerweise das Gute und Bedeutsame, das selbst in dem etwas misslungenen Theile der Arbeit liegt, nicht verkennen; und geradezu unverantwortlich ist es, darüber das viele absolut Gelungene zu übersehen und über das Ganze frisch weg den Stab zu brechen, oder sich auch nur mit wohlfeilen Redensarten von allgemeiner Bedeutung durchzuhelfen. Heyden ist ein bedeutender Künstler, und ein solches Bild ist eine That; die muss man würdigen lernen, ehe man darüber aburtheilt.

III. Die religiöse Kunst.

Man darf wirklich nicht die Absicht, durch Antithesen piquant zu werden, bei uns vermuthen, wenn wir unmittelbar auf ein erfreuliches Bild aus der vielseitigen und lebendig regsamen berliner Kunst den Lesern und uns die Entsagung auferlegen, die spärlichen Specimina der gegenwärtigen religiösen Kunst zu durchmustern. Erquicklich ist das Resultat allerdings nicht, lehrreich genug aber für den, der aus solchen Beobachtungen Folgerungen ziehen kann und — will. Die religiöse Kunst auf der Ausstellung zeigt sich ganz und gar abgetrennt von den Wurzeln, aus denen die Kunst der Zeit im Allgemeinen ihre Lebenskraft zieht. Sie verzichtet auf die Freiheit der künstlerischen Individualität, sie verzichtet auf die geistvolle Neugestaltung des Gegenstandes aus dessen innerstem Gedankenkern heraus, sie verzichtet auf die farbenfreudige Verherrlichung des malerischen Scheines der Dinge. Nichts ist ihr geblieben als die correcte Zeichnung in einem hergebrachten Schema der Composition sowohl wie der Form. Es ist ein künstliches Leben, das sie fristet, mit allen Zeichen des Siechthumes und der Gebrechlichkeit. Nicht ein einziges Werk weist diese Ausstellung auf, welches, wie vor zwei Jahren Röting's Grablegung, mit Beherschung aller technischen Mittel bewusst und fest auf die menschlich wahren Züge der religiösen Historie zurückgriffe und so den sonst überlebten Stoffen diejenige Seite abgewänne, von der allein ihnen noch Existenzberechtigung und Lebensfähigkeit in der modernen Kunst erhalten werden kann. Will man sie anders darstellen, so ist es schon das Beste, einfach das in früherer Zeit aus innerer Lebenswahrheit heraus mit Naivität geschaffene Gute und Vortreffliche zu reproduciren, statt aus der modernen Schablone die kritische Gebrochenheit des orthodox religiösen Gefühles, jenes gewaltsame Suchen des Uebernatürlichen, das vor der nicht abzuwehrenden Achtung des Natürlichen nicht recht zu sich selber kommen kann, hervorleuchten zu lassen. An die Gläubigkeit ihrer Urheber erwecken diese *ex professo* heiligen Bilder keinen Glauben.

Wir wollen unter den gemalten Bildern gleich dasjenige voranstellen, welches ohne Frage das vorzüglichste ist, die heilige Familie in Aegypten von Franz Ittenbach in Düsseldorf, der Nationalgalerie gehörig*). Wenn wir sagen, dass ein Overbeck kaum anstehen würde, seinen Namen unter das Bild zu setzen, so wird Niemand das hierin liegende Lob übertrieben finden, der Künstler selber schwerlich ein höheres erwartet haben. Doch welche Anomalie! Fünfzig Jahre nach der Blüthe der durch den genannten Namen bezeichneten Kunstrichtung, nachdem die Romantik, aus der sie geboren, längst verklungen ist, steht das Beste, was uns die religiöse Kunst zu bieten hat, genau auf dem Standpunkte von damals, unbekümmert um die Lebensanschauungen einer veränderten Welt, unbeirrt durch die Errungenschaften einer in gärender Entwickelung fortgeschrittenen Kunst. Das ist ein Zeichen des Absterbens, so sicher, wie eines sein kann; und wenn dies in der Kunst geschieht, die ein untrüglicher und unverfälschbarer Gradmesser der geistigen Strömungen ist, dann können wir hierin getrost die Garantie sehen, dass die gegenwärtig wieder in hohen Wogen gehenden Kämpfe einer stagnirenden Orthodoxie gegen die nothwendigen Veränderungen der religiösen Anschauungen und deren Vertreter ohne Erfolg, vielleicht gar die letzten sein werden, falls ihnen nur Wichtigkeit genug beigelegt wird, um sie diesmal gründlich durchzukämpfen. — Doch wir haben hier nur

---

*) Nr. 156 des officiellen Kataloges.

des Kunsturtheiles zu walten, nicht in die brennenden Tagesfragen hineinzugehen. Darum zurück zu Ittenbach. Sein Bild hat nahezu lebensgrosse Figuren, ist hübsch componirt, von grosser Anmuth der Linien, zartem, aber etwas typischem Ausdrucke der gar nicht individuellen Köpfe, und mit der bewunderungswürdigen Sauberkeit, namentlich in den Nebensachen, verschmolzen gemalt, die an dem Künstler bekannt ist. Die Farbe ist in einer lichten und kühlen Harmonie, ganz in den Gränzen des Herkömmlichen, gehalten, ohne eigentlichen Ton. Eine wirkliche Stoffbezeichnung durch die Farbe ist nicht angestrebt. Im Ganzen macht das Bild einen freundlichen und angenehmen Eindruck . . . .

Der Zahl nach am Reichsten ist in der religiösen Kunst C. G. Pfannschmidt in Berlin vertreten; dem Werthe nach, das könnte man kaum behaupten. Zum Glück ist sein Hauptwerk nur im Carton, nicht in der fertigen Ausführung hier, welche letztere nach Wien auf die Ausstellung gegangen ist. Die Farbe ist stets die sehr schwache Seite des Künstlers gewesen; dennoch haben wir vor diesem dreigetheilten Altarbilde für die St. Paulskirche zu Schwerin einen Schreck bekommen. So unharmonisch, unwahr und schwächlich haben wir sein Colorit noch nie gefunden, selbst nicht einmal auf den von der sonst gegen das Fremde zwar herben und negirenden, aber doch höflichen französischen Kritik geradezu mit Hohn empfangenen Bildern, mit denen er die pariser Weltausstellung beschickt hat. Der hier vorhandene Carton ist wenigstens sauber gezeichnet und entstellt nicht durch die Darstellungsmittel die Composition. Diese selbst ist die hergebrachte, sowohl in dem Christus am Kreuz in der Mitte wie in den beiden Seitenbildern, der Geburt Christi und der Begegnung des Auferstandenen mit der Maria Magdalena. Von eigenartigem Leben und selbständiger geistiger Bethätigung wird man nichts vermuthen und also auch nichts vermissen. — Die Kreuztragung Christi, Handzeichnung, steht auf derselben Höhe. Noch ist ein »Cyklus« von sieben Handzeichnungen ausgestellt, die Aussetzung und Auffindung Mosis darstellend. Das ist eine wahre Persifflage auf die cyklische Composition, eine Illustrationenfolge nach Art mancher münchener Bilderbogen: Und da nahm sie ihn, und da trug sie ihn weg, und da küsste sie ihn, und da setzte sie ihn hin u. s. w., und dann zu Jedem ein Bild. Uebrigens mag anerkannt werden, dass hier im einfacheren Stoffe mit schlicht menschlichen Empfindungen manch liebenswürdiges Motiv gefunden ist, und die Darstellung zwar nicht geistreich, aber zureichend ist.

IV. Die Kriegs- und Soldatenbilder.

Die erste Ausstellung in Berlin nach 1866! Da ist all die Bild gewordene patriotische Begeisterung, all der obligate Farben-Sieges-Jubel mittlerweile fertig geworden, und der ganze Krieg kann im Bilde noch einmal durchlebt werden. Wahrlich, man hätte können auf eine wahre Ueberschwemmung mit Schlachtenbildern gefasst sein, — und siehe da, es passirt ungeheuer wenig. Wenn wir unseren Malern Etwas hoch anrechnen, so ist es diese Bescheidenheit, mit der sie das ergiebige Thema ausgebeutet haben, der künstlerische Tact, mit dem sie die Unfruchtbarkeit dieses Zweiges der Malerei erkannt haben. Die Kriegs- und Soldatenmalerei ist nicht üppig in's Kraut geschossen, dafür aber sind ihre Meister mit seltenem Erfolge belohnt worden. Was gemalt ist, trägt nicht den Charakter hohler Ruhmredigkeit und eitlen Schaugepränges, schraubt sich nicht zu historischem Pathos in die Höhe, sondern hält sich wie numerisch, auch dem Umfange und Anspruche nach mit wenigen Ausnahmen in bescheidenen Gränzen, zeugt von harmloser Freude am Gegenstande, ist zumeist aus der Anschauung geschöpft und sichtbar aus freiem Antriebe dargestellt.

Auch aus dem deutsch-dänischen Kriege kommt noch eine kleine Nachlese auf dieser Ausstellung zur Schau.

Das Hauptbild dieses Kreises ist die für die Nationalgalerie bestellte Darstellung des Ueberganges nach der Insel Alsen, am 29. Juni 1864, von Georg Bleibtreu in Berlin *). Das specielle Motiv ist die Landung der ersten preussischen Boote, gesehen vom feindlichen Ufer. Der Gegenstand selbst, die zweifelhafte Beleuchtung des frühen Morgens, der Mangel eines Centrums der Action, die Unklarheit der Entwickelung hat für die Verbildlichung bedeutende Schwierigkeiten mit sich geführt, von denen nicht leicht zu sagen ist, wie ihnen wirksamer hätte begegnet werden können. Durch diese Erwägung aber wird das Bild nicht befriedigender, als es ist. Die eigenthümliche Beleuchtung hat einen bleischweren grauen Ton zuwege gebracht, der nur stellenweise durch nicht recht überzeugend wirkende Lichtblitze aus den Feuerwaffen und durch Fanale unruhig unterbrochen wird. Die Schwierigkeit der Landung selbst entzieht sich den Blicken, Kampf wird man kaum gewahr, wenige verwegen Andrängende, viele bestürzt Fliehende lassen den Sieg gar zu leichten Kaufes errungen erscheinen. Die Action, mit einem Worte, stellt sich nicht bedeutsam dar, und die ästhetische Gesammtwirkung ist unerfreulich, gar wenig anziehend...

Noch gehören in den Kreis der von den Künstlern anlässlich der letzten Kriege durchlaufenen Gedanken drei Bilder der Ausstellung, die bei Weitem das Beste sind, was in dem Gebiete angetroffen wird.

---

*) Nr. 32 des officiellen Kataloges der Nationalgalerie.

Unter den Kampfscenen aller Art steht obenan der Recognoscirungsritt des Majors von Unger vom grossen Generalstabe, am 2. Juli 1866, von Emil Hünten in Düsseldorf. Mit einer kleinen Ulanenpatrouille ritt er von Milowitz nach Dub, um die feindliche Aufstellung zu erspähen, und er brachte die Nachricht zurück in das Hauptquartier, dass die Oesterreicher diesseits der Elbe Stellung genommen hatten, welche Meldung die Entschliessung zur Schlacht von Königgrätz zur Folge hatte. Aber das Geschick dieses folgenschweren Rittes hing an einem seidenen Faden. Von österreichischen Ulanen bemerkt und verfolgt, konnte der Major nur durch die Schnelligkeit seines englischen Renners die Spitze halten, und endlich drohten ihn die feindlichen Reiter dennoch einzuholen. Den Höhepunkt der Gefahr hat Hünten dargestellt. In wildem Jagen überbieten sich Pferde und Reiter; schon ist der Oesterreicher dicht heran, da fällt er durch einen sicheren Schuss Unger's, der sofort den zweiten Lauf seines Revolvers auf den allzu nahen Officier hinter dem Gefallenen richtet. Wir ahnen, dass auch dieser treffen wird, der kühne Reiter ist befreit, — und der Tag von Königgrätz ist gerettet. Der Moment hat etwas mächtig Ergreifendes: es fällt der Würfel für eine weltgeschichtliche Entscheidung. Es ist eine Kleinigkeit, die durch eine endlose Perspective unermesslichen Werth bekommt, und dazu gesellt sich eine Ausführung von der allerhöchsten Vollendung. Wir erklären ohne Einschränkung, dass wir nie ein ähnliches Bild gesehen haben, welches bei einem gleich erschütternden Momente durch geschmackvolle Wahl des Massstabes, überzeugende und lichtvolle Composition, Flüchtigkeit und Freiheit der Bewegungen, Correctheit und Feinheit der Zeichnung, zwischen Breite und Peinlichkeit in glücklicher Mitte schwebende Behandlung, treffliche coloristische Verwerthung der Uniformen und angemessenen Ausdruck der Köpfe diesem ebenbürtig gewesen wäre. Wie schade, dass ein solches Meisterstück nicht hat für die Nationalgalerie gewonnen werden können! Das ist der entscheidende Moment des grossen Krieges, und diese Schilderung wiegt Dutzende von bestellten Schlachtenbildern mit viel Blut und Leichen auf. Das eine Bild, das in solcher Vollendung aus einer freien schöpferischen That des Künstlers entsprang, wäre die schönste Verherrlichung der glorreichen Thaten von 1866 in einem Tempel nationaler Kunst und nationalen Ruhmes.

Sehen wir hier die höchste Spannung der Action, so führt uns das zweite dieser drei Prachtbilder vor den Heroismus des Leidens. Ein »Vermisster« ist von Paul Kiessling in Berlin gemalt. Inmitten eines niedergetretenen Kornfeldes liegt ein Officier, am Beine verwundet, am Boden. Der Lärm der Schlacht ist vorübergezogen, der Kampf beendet; schon sinkt die abendliche Sonne tief herab, und noch hat keiner des armen Verstümmelten gedacht. Auf den Ellenbogen gestützt, mit halb aufgerichtetem Oberkörper späht und horcht er nach Hülfe; Resignation und Hoffnung kämpfen um den Besitz seiner Seele. Trotz des nicht grossen Bildformates ist die Figur lebensgross; sie ist tadellos gezeichnet und ausserordentlich wirkungsvoll gemalt. Der ungemein sprechende individuelle Kopf lässt fast an Portrait glauben. Das anspruchlos, aber mit warmer Liebe vorgetragene Sujet ist im höchsten Grade ergreifend; die eine Figur spricht so viel aus, wie in tausend Worten nicht zu sagen wäre; und so ist denn auch der Erfolg des Bildes wie ein wohlverdienter, auch ein allgemeiner und durchschlagender gewesen.

Kaum jedoch in dem Grade wie der des dritten Bildes, das uns vom Schlachtfelde in die Heimat versetzt: der Heimkehr der Sieger, von Nicutowski in Düsseldorf. An einem herrlichen sonnenhellen Tage zieht ein Regiment grüner Husaren in seine Garnison. Auf der rechten Hälfte des Bildes blicken wir in die Strasse, wo Alt und Jung die Kommenden mit Jubel begrüsst, die unter schmetternder Musik ihren Einzug halten. Nur drei Personen nehmen keinen Theil an der allgemeinen Freude. Auf einer Veranda im Schatten des Hauses auf der linken Seite des Bildes sitzt an einem Tisch ein Herr mit grauem Haar und Bart, eine aristokratische Erscheinung, der man den alten Militair ansieht. Vor ihm liegt ein aufgeschlagenes Photographie-Album. Sein bekümmerter Blick ruht auf einer jungen Frau in tiefer Trauer, die schluchzend das Gesicht in den Händen verbirgt. Hinter ihrem Stuhle steht ein junges Mädchen, dessen Augen über die Weinende hinweg wehmüthig auf den Vater gerichtet sind. Spielzeug und eine Stickerei liegt am Boden umher, und am Fusse der Stufen, die zur Strasse hinabführen, steht ein Dienstmädchen mit einem Kindchen in schwarz decorirter Kleidung auf dem Arm, in das Schauspiel des Einzuges mit harmloser Freude vertieft. Dies Alles übersicht man mit einem Blicke; die Situation ist sofort klar; jeder Strich redet. Die Empfindung in den Hauptfiguren ist so tief und edel, die Unbefangenheit des Kindes und die beinahe ebenso grosse seiner Wärterin so fein und schlagend entgegengesetzt, dass der Gegenstand, eine Preisaufgabe für psychologische Zeichnung, nicht vollendeter dargestellt werden könnte. Ein wahrer Jammer ist es da, dass die coloristische Durchführung der Conception, Composition und Charakteristik nicht ebenbürtig ist. Die helle Seite des Bildes ist grell und bunt, die dunkle stumpf und matt, so dass man sich immer und immer wieder fragt: wie ist es möglich, eine solche Meisterschöpfung nach einer Richtung so zu vernachlässigen, zumal Einzelheiten, wie der Hund und die exotischen Gewächse in Kübeln, beweisen, dass dem Künstler ein gesättigtes, kräftiges, feines Colorit nicht ganz fremd ist. Aber auch so wird man sich trotz der widerstrebenden Farbe stets an den drei Trauernden und der fast noch gelungeneren Gestalt des Mädchens mit dem Kinde herzlich erfreuen. Das Bild gehört unter die geistig bedeutendsten und mit einziger Ausnahme der Farbe auch technisch, künstlerisch hervorragendsten Gemälde der Ausstellung.

V. Sculptur.

Durch Zahl und Werth seiner Werke tritt Reinhold Begas bedeutsam hervor. Fünf Werke lassen deutlich die Richtung seines Talentes erkennen. Seine »Mutter und Kind« benannte Gypsgruppe erfreut in hohem Grade dadurch, dass der Naturalismus der Formengebung sich zu feinerer Schönheit verklärt. Ist die Zufälligkeit der individuellen Form auch keineswegs aufgegeben, so hat doch eine wirklich schöne Natur als Vorbild gedient. Die Bewegung der Mutter ist anmuthig, die des Kindes auf ihrer Schulter charakteristisch unbeholfen, das Motiv liebenswürdig und sehr lebendig. Dass die Behandlungsweise des Künstlers, zumal in der Weise, wie er den Stein zu tractiren beliebt, sich für den Marmor nicht eignet, dagegen für die Bronze passt, beweist die kleine Marmorgruppe »Pan als Musiklehrer« und die Brunnenfigur eines Knaben in Bronze. Die Composition in jener ist vorzüglich, so rund und naiv wie möglich; aber die Marmorausführung macht beinahe die Erfindung vergessen und ungeniessbar. Dieses zerklüftete Urgebirge, unter dem man sich den zottigen Behang des ziegenfüssigen Gottes vorstellen soll, die fünf- bis sechsmal mehr als in der kräftigsten Natur hervorquellenden Adern der Arme und Hände, die durch kleinliche Formen unterbrochenen Flächen der Gestalt vernichten das Material von Grund auf. Marmor darf nicht lüderlich behandelt werden, und das ist hier geschehen: auf der schon zum Ausgleiche stark gepletschten Nase des Knaben steht z. B. trotzdem noch ein zu tief gerathener Punkt. Viel eher verträgt das schmiegsame Material der Bronze die Belebung der grossen Formen durch zufällige kleine Nebenformen. Der eintönige Glanz der Flächen wird dadurch unterbrochen, und wiederum gleicht sich in dem dunkleren Stoffe das Licht- und Schattenspiel mehr aus. Selbst eine so übertriebene naturalistische Derbheit wie die tiefe Falte mitten im dicken Fleische des rechten Oberschenkels dieses Knaben nimmt man hin, ohne dadurch gestört zu werden. — Dass aber die Begabung des Künstlers eine durchaus malerische ist, und aus dieser heraus sein häufig unplastischer Naturalismus erklärt werden muss, beweisen seine beiden Reliefs, Ganymed, der dem Amor zu trinken giebt, und Venus auf ihrem Taubenwagen, während Amor das beschwingte Gespann füttert. Die sich durchschneidenden Linien der übereinandergehenden Formen, die verschiedene Erhebung der Theile vom Grunde, das lebhafte und fein berechnete Spiel von Licht und Schatten überschreitet nur gerade nicht die äussersten Gränzen des Reliefstiles, verräth aber eine durchaus malerische Empfindungs- und Anschauungsweise. Die Reinheit und Schönheit der Formen und die liebliche Gracie der Motive stellt diese Arbeiten sehr hoch, und wir stehen nicht an, es auszusprechen, dass für unser Gefühl die beiden Reliefs und die Gruppe von Mutter und Kind das Schönste und das Bedeutendste sind, was der Künstler bisher geschaffen.

VI. Knaus und Vautier.

Kein anderer Vorort deutscher Kunstübung hat einen so ausgeprägten Stempel von je her gehabt und bis auf die neueste Zeit bewahrt wie Düsseldorf. Wir haben es hier in der That mit einer Schule zu thun, deren straffe Disciplin sich selbst in den abweichendsten Richtungen nicht verleugnet. Auf ihre Einseitigkeit hat dieselbe verzichtet und sich den Anregungen der beiden grossen Kunstmittelpunkte, zwischen denen sie mitten inne liegt, Berlin und Paris, nicht verschlossen, aber dennoch ihre Eigenthümlichkeit in der fortschreitenden Entwickelung behalten.

Dass der bedeutendste unter allen düsseldorfer Künstlern Ludwig Knaus ist, dürfte als überall anerkannt gelten können. Von der Feinheit der Charakteristik, der Leichtigkeit der Gruppirung, der vollendeten Meisterschaft der Technik darf man bei seinen Werken von vorn herein überzeugt sein, und dennoch bietet jedes neue Bild, ob klein oder gross, neue Gelegenheit zur Bewunderung. So auch auf dieser Ausstellung. Das umfangreichste seiner Bilder, »Seine Hoheit auf der Reise«, erfreut sich bereits seit dem pariser Salon von 1867, wo es die unbezweifelbare Spitze des malerischen Theiles der Ausstellung war, allgemeiner Berühmtheit. Ein deutscher Fürst passirt ein Dorf seines Ländchens, in dem sich die Bewohner zur Begrüssung aufgestellt haben. Der Schulmeister, alt, hager, im vorsintfluthlichen Leibrocke, macht inmitten seiner Dorfjugend dem Gnädigsten seine allerunterthänigste Reverenz, ein rechtes Urbild biederer Treue und selbstvergessener Liebe, so ein Capitalstück von entbehrender Zufriedenheit, sich bescheidend im Kreise seines beschränkten Unterthanenverstandes und von jener Ueberfülle »loyaler« Gesinnung, wie man sie nur in deutschen Landen antrifft. Ihn umgeben die festlich gekleideten Kleinen des Dorfes, deren reizende Köpfchen und befangene Gebärden wiederum den tiefen Beobachter der Kindesnatur bekunden. Ein köstliches Intermezzo macht ein kleiner Junge, der von dem älteren Bruder mit in die vorderste Reihe genommen in unmittelbarer Nähe des devoten Schulmeisters und Seiner

Hoheit den Respect so weit ausser Acht setzt, dass er den Gefühlen seines Herzens in unstillbarem Weinen Luft macht. Weiter her am Wege stehen die Bauern. »Der Noth gehorchend, nicht dem eignen Trieb«, im besten Falle dem Zuge der Neugierde, haben sie sich in ihren langen Sonntagsröcken eingefunden und entschliessen sich mit missmuthigen Gesichtern zu dem officiellen Grusse. Mit wunderbar komischem Selbstgefühl hat sich unter ihnen der feinere Schulze des Dorfes oder irgend eine andere hervorragende Persönlichkeit aufgestellt, in städtischer Kleidung, den Hut elegant gegen die Hüfte gestemmt, den Arm in der Seite. Mit überlegenem Schmunzeln betrachtet er die ihm nicht neue Erscheinung: seine Geschäfte führen ihn oft in die Stadt, da hat er den Fürsten schon gesehen, und so lächelt er ihm mit selbstbewusster Würde entgegen, recht als wollte er sagen: »Na, wir Beide kennen uns schon!« Auch einige Weiber des Dorfes haben sich im Hintertreffen eingefunden, namentlich aber auf der anderen Seite der Strasse eine alte Frau, umgeben von einigen nicht zum Empfange befohlenen Buben, die sich, viel unbefangener als die geputzten Mädchen, in ihrem Alltagsschmutze präsentiren. Die Dorfschönen scheinen schon von kritischer Blasirtheit angekränkelt zu sein: ein reizendes Bouquet Mädel sieht aus der Ferne dem Spiele der Bewillkommnung zu, dort, wo am sanft ansteigenden Hügel sich die einfachen Häuser des Dorfes hinziehen. Der Allergnädigste schreitet missmuthig und fatiguirt durch die Reihen seiner Landeskinder und würdigt all die unterthänigen Grüsse nicht eines Blickes. Desto mehr Freude machen dieselben seinem jungen Adjutanten, der die bäurische Gesellschaft mit leerem Lächeln durch den Kneifer beobachtet und sich »auf Ehre« höchlich über sie amusirt: jedenfalls für den Beschauer die komischeste und ergötzlichste Figur des Bildes, in dieser bornirten Selbstgefälligkeit und unmotivirten Ueberhebung.

Der ältere Adjutant neben ihm, der mit mehr Verstand und mehr Welt bei der Affaire so gemessen bleibt wie sein Herr und Gebieter, dient der Lächerlichkeit des albernen Junkers zur kräftigen Folie. Das Bild ist von einer eminenten Schärfe und Feinheit des Charakterstudiums. Jeder der Bauern ist ein Typus, er vertritt eine Species. Die Kinder sind so lebendig und wahr, als wenn sie sich in der Wirklichkeit vor uns bewegten. Die Ausführung in ihrer freien Breite und dennoch auf's Feinste detaillirenden Bestimmtheit hat etwas Staunenerregendes. Die Art, wie das Landschaftliche mit sorgloser Leichtigkeit hingemalt und dennoch die Umgebung in ihrem Charakter wiedergegeben ist, und wie es als wirklich zurückweichender Hintergrund die Gruppen trägt und hervorhebt, fordert Bewunderung. (Ein merkwürdiger perspectivischer Fehler ist das offenbar zu grosse und auch in der Composition vereinzelte Kind im Mittelgrunde.)

Trotz solcher Vorzüge vermöchten wir das Bild nicht den drei Hauptwerken des Meisters (der goldenen Hochzeit, der Taufe und dem Taschenspieler) als ein viertes ebenbürtiges an die Seite zu setzen. Während es uns in Paris erfreut hat durch einen Anhauch deutscher, wahrhafter Empfindung, dergleichen wir überall in den französischen Werken vermissten, macht es uns hier unter vorwiegend deutschen Arbeiten einen befremdlich französischen Eindruck. Es ist etwas Berechnetes, auf den Effect Zugespitztes, dabei ein wenig zu viel ausgekramte Virtuosität darin. Die Satire überwiegt die Schilderung, die Tendenz überwuchert die Empfindung. Dazu weist Tracht und Portraitähnlichkeit auf eine Persönlichkeit, bei welcher der Scherz zum Hohne wird: über den vom Schicksale Gerichteten die Geissel der Satire geschwungen zu sehen, hat leicht für das zartere Gefühl etwas Verletzendes. Bei unserer unbedingten Verehrung für diesen vielleicht genialsten

Meister unserer Zeit und bei unserer willigen Anerkennung der grossen Verdienste auch dieses Werkes wollte es uns angemessen erscheinen, auch diese leichten Schatten, die für uns den absoluten Werth des Bildes, wie wenig es sei im Verhältnisse zu seiner Vorzüglichkeit, verdunkeln, nicht zu ignoriren.

Knaus' zweites Bild »die Dorfhexe«, ein altes Weib in düsterem Raume, von Katzen umgeben, ist coloristisch von noch grösserer Kraft. Freilich ist es schwer, sich eine deutliche Vorstellung von dem Interieur zu machen, aber für die Stimmung wirkt es mit grossem Nachdruck. Von wunderbarer Naturwahrheit sind die Katzen in Ruhe und Bewegung, besonders die jungen bei ihrem Spiele. Das apathische Hinbrüten der Alten ist meisterhaft geschildert, das Malerische des Vorwurfes glänzend ausgebeutet.

Ein männliches Portrait von Knaus, etwa $^2/_3$ Lebensgrösse, Kniestück, verdient der ungemeinen Lebendigkeit wegen neben den besten genannt zu werden. Es ist weniger breit und in einer kühleren Harmonie gemalt als seine übrigen Bilder. Ist es subjectiv, wenn wir den Eindruck empfangen, als hätte der Künstler mit einer gewissen Ironie den Pinsel geführt? —

Es giebt Leute — und ihr Urtheil hat in mancher Hinsicht nicht bloss subjective Berechtigung —, denen Benjamin Vautier höher steht als Knaus. Zwar kann es keinem Zweifel unterliegen, dass er in Virtuosität der Technik diesen nicht erreicht. Sein Colorit hat nicht den Glanz und die Tiefe wie das von Knaus, seine Behandlung trägt nicht so den Stempel genialer Leichtigkeit, seine Figuren haften oft am Grunde; die Vertheilung von Licht und Schatten und die Gegeneinandersetzung der Farbentöne wirkt nicht mit solcher Macht beim ersten Anblick und in die Ferne. Dafür aber entschädigt die liebenswürdige Intimität seiner Sujets, die von der Würze piquanter Einfälle selten aus dem harmlosen Fluss ihres Daseins gerissen werden, und die feine Zeichnung der Figuren, in der, was bei Knaus oft an die Charge streift, schlichte, aber scharf beobachtete Charakteristik bleibt. Hätte Knaus den Bauer und den Makler gemalt, so würde zweifelsohne der Schwerpunkt des Interesses in dem gaunerischen Unterhändler liegen; rührten die Passeyrer Strolche von Vautier her, so würde der ermahnende Seelenhirt in die erste Linie treten. Vautier's reiche Erfindung bewegt sich in erprobten Kreisen des Gedankens, während Knaus es liebt, sich gelegentlich selbst in gewagten Experimenten zu ergehen.

Wir haben nichts dagegen einzuwenden, wenn man in diesen Zügen das hervorragende Talent gegenüber dem bevorzugten Genie charakterisirt findet. Im Gegentheil ist es ein günstiges Ereigniss für unsere Kunst, dass die Thätigkeit eines genialen Künstlers durch die eines reichen Talentes unterstützt und in ihrer Wirksamkeit gefördert wird. Es ist das eine Ergänzung, die vor Einseitigkeit bewahrt und die nicht zu unterschätzende Productivität verdoppelt.

Vautier's fünf ausgestellte Bilder gehören zu dem Besten, was er geschaffen hat. Coloristisch sagt vielleicht am wenigsten der »Sonntag Nachmittag in einem schwäbischen Dorfe« zu. Die jungen Mädchen haben sich diesseits der Gemeindewiese ein Plätzchen erkoren und vertreiben sich die Zeit, so gut es gehen will, mit Erzählungen und Unterhaltung. Jenseits aber sieht man die jungen Männer sitzen, zu denen heimlich manch schüchterner Blick der Schönen hinüber gleitet. Endlich scheint die Stunde der Erlösung zu schlagen, denn ein paar der Bursche haben sich erhoben, um die Verbindung zwischen beiden Lagern als Parlamentaire anzuknüpfen. Das ist so lieblich und wahr, so »bieder und natürlich«, dass man seine Freude daran hat, und den Liebenden gönnt wohl jeder ein trauliches Sonntagsstündchen an der Seite des Erwählten.

Ausgiebiger für die Charakteristik ist jedoch ein zweites Bild: »in der Bildergalerie«. Die Wände sind mit den Werken alter Meister behängt, deren Ton so sicher und fest mit Aufwand weniger Mittel getroffen ist, dass man sich auf die Recognoscirung der Namen einlassen möchte. Ein Bauer mit seiner Familie steht in der Mitte einem mythologischen Sujet gegenüber, das an Correggio erinnert, und meisterhaft sind die Empfindungen der verschiedenen Personen ausgedrückt. Der Bauer geniesst schmunzelnd den Anblick; die Ehrbarkeit der Frau hält es für nöthig, sich wo anders hin zu wenden und zu thun, als wenn sie das unanständige Bild gar nicht bemerkte; am zartesten ist die blühende Tochter mit ihrer Freundin charakterisirt. Arm in Arm stehen sie in jungfräulicher Verschämtheit dem Bilde gegenüber, ohne doch die Neugier ächter Evastöchter überwinden zu können, mit vertraulich geflüstertem Worte getheilte Empfindungen einander verrathend. Den Buben aber berührt das nicht. Sein Interesse hat noch keinen anderen Gegenstand als Feld und Flur und Pferde und thätige Menschen. Mit natürlichem Tact hat er sich das Beste ausgesucht, was ihm die Galerie an seinen Lieblingsgegenständen bietet, und mit beiden Armen auf die äussere Schranke gestützt, ist er ganz in das Anschauen eines Wouverman versunken. Ein anderer Bauer kämpft weiter zurück mit widrigem Lichte, dem er mit vorgehaltener Hand und offenem Munde höchst drollig beizukommen sucht. Im Hintergrunde, nur vom Rücken gesehen und doch ganz erschöpfend bezeichnet, macht ein elegantes jugendliches Paar aus der Stadt seine Runde, bei der die Unterhaltung den Kunstgenuss wohl überwiegen dürfte. Um so intensiver und commentmässiger ist dieser bei dem alten Kunstfreunde, der auf's eifrigste mit dem Kataloge beschäftigt nichts von Allem gewahrt, was um ihn her vorgeht. All diese Züge sind mit der harmlosesten Freude an dem Gegenstande ohne jede Anwandlung von Bitterkeit oder von Piquanterie vorgetragen, und ihre ganze Wirkung beruht auf der innewohnenden *vis comica*, deren gemüthlichem Walten man sich gern und ganz hingiebt.

Bedeutender als Composition und freundlich anheimelnd durch seinen Gegenstand ist das dritte, für die Nationalgalerie ausgeführte Bild: »die Tanzstunde im Dorfe« *). Da stehen die netten frischen Backfischchen in einer Reihe, von dem alten Tanzmeister in der Sammetjacke die Positionen zu lernen. Natürlich kann eine der Schönen nicht begreifen, dass die Zehen nicht zusammen gehören, und ihr wird gerade speciell eine Correctur von dem Alten zu Theil. Wie sie das Kleidchen fasst, auf die Füsse herabsieht, vor Verlegenheit die einfachsten Weisungen nicht befolgen kann, das ist ganz köstlich. Die Freundinnen stehen indessen amtseifrig gerade, reizend fein gegen einander abgestuft, bis zu der letzten hin, die mit jenem bewussten Lächeln kindlicher Befangenheit Blicke mit der alten Ehrendame im Hintergrunde, vielleicht ihrer Grossmutter, austauscht. Entzückend ist das Mädchen, welches, von hinten gesehen, rechts den lose gewordenen Schuh befestigt. Wie sie auf die Bewegungen der anderen achtet, wie sie graciös bewegt ist, wie die Zöpfe über den Rücken herabfallen, Alles ist reizend an ihr. Und dieser weiblichen Seite gegenüber steht der männliche Theil der Gesellschaft, in Beobachtung. Dort der stolze, fein gekleidete Dorfschulzen-Sohn, mit dem Hut, der feineren Empfindung seiner Brust durch die Rose Ausdruck gebend, die er im Munde hält; eine köstliche Figur! Weiter zurück der Grossbauern-Sohn, der auf dem väterlichen Hofe Knecht spielt und hier mit dem Vollgefühle seiner Wichtigkeit als der reichste Erbe im Dorfe sich aufspielt. Seiner Natur ist die Pfeife viel ge-

---

*) Nr. 358 des officiellen Kataloges.

nehmer noch als dem Nachbar seine Rose, und die Zipfelmütze sitzt ihm keck auf dem einen Ohr. Hier auf dem Tische mit einem Seidel Bier neben sich, das ist der durchtriebenste Strick im Dorfe; wie vielen der armen Mädchen wird er noch keinen Schabernack gespielt haben! und gewiss, dass keine falsche Bewegung seinem hellen Auge und seinem beissenden Spotte entgeht! Dazu nun alle die Anderen, bis zu den kleinen Kindern, die sich auf der Bank des Hintergrundes vergnügen: es ist eine Gesellschaft, lieb und traut, wahr und anziehend, mit frischem Humor und einziger Fähigkeit zum Nachempfinden dargestellt. Die Composition ist frei und leicht und doch wohl abgewogen und abgerundet; die Farbe hat etwas sehr Wohlthuendes, und die ländlich frische Schönheit der Gestalten und Gesichter fesselt den betrachtenden Blick mit holder Gewalt.

Einen grossen Sprung haben wir zu machen, um von diesem zu den beiden letzten Bildern Vautier's zu kommen: von bäurischer Bevölkerung zu der distinguirten Gesellschaft; von der Gegenwart in das vorige Jahrhundert, die coquett graciöse Zeit des Rococo; von guter, selbst vorzüglicher Darstellung noch höher hinauf zu der höchsten Meisterschaft, die der Künstler bis jetzt unseres Erachtens jemals erreicht hat. »Jung« und »Alt« sind zwei Pendants, Anfang und Ende eines kleinen Romanes, wie er alle Tage passiren kann und wirklich passirt, die »alte, ewig neue« Geschichte. Des Aussergewöhnlichen, Spannenden finden wir gar nichts, glücklicher Empfindung, lieblicher Erscheinung, trauter Lebensfreude desto mehr. Ein junges Mädchen am Tische, den sie wohl selbst zur Stunde möglichst nahe an's Fenster gerückt hat, empfängt den Unterricht eines älteren stattlichen und würdigen Herren. Er sitzt mit dem Rücken dem Fenster zu und docirt aus einem Buche, das Gesicht ist geistreich lebendig, unübertreflich in der Hinterbeleuchtung modellirt, die rechte Hand gegen die Schülerin sprechend und elegant bewegt. Er ist ganz Begeisterung für den Gegenstand seines Unterrichtes. Indessen schweift Sinn und Blick der Schönen durch die Scheiben über die Strasse, dort nach dem geöffneten Fenster, wo der schöne junge Nachbar auf der Flöte die zarten Empfindungen seines Herzens ausströmt. Ihr Ausdruck ist so unschuldsvoll mädchenhaft und dabei so rührend sehnsüchtig, dass er nicht passender und treffender möglich wäre. Hätten wir etwas an dem Bilde auszusetzen, so wäre es der Umstand, dass der Massstab für die Entfernung des flötenden Liebhabers aus der zu übersehenden Localität klarer hervorgehen müsste. Nach seiner Grösse scheint es, dass seine Gestalt auch in der Farbe durch die zwischenliegende Luft gedämpfter erscheinen müsste, als es der Fall ist; doch ist das für uns sehr unwesentlich.

In dem Pendant erblicken wir die beiden Liebenden in getheilten Lebensfreuden und Leiden gealtert. Der würdige Gemahl mit röthlich strahlender »falscher Behauptung«, vom Alter gebeugt, die klapprigen Glieder in einfach eleganter Kleidung bergend, bläst noch immer seine Flöte, und die ehrsame Lebensgefährtin rührt mit den fleischigen Fingern die Tasten des Spinets, das Spiel des Gatten zu begleiten. Eine Traulichkeit und Heimlichkeit durchweht den geschmackvollen Raum, aus der das Glück einträchtig durchlebter, schöner Jahre und die friedliche Ruhe eines gemächlichen Alters erquicklich zum Gemüthe spricht. Die Gestalten sind so ächt und wahr, Bewegungen und Gruppirung so natürlich und angenehm, Ausdruck und Haltung so innig und fein anständig, dass nichts zu vermissen, nichts zu wünschen übrig bleibt. Was aber die eminent malerischen Qualitäten, die innige Beseelung der Farbe, den poetischen Duft über dem Ganzen, das Hineinwachsen der Gestalten in ihren Raum, anbelangt, so steht gerade hierin unter allen Schöpfungen Vautier's — und wir bezweifeln, dass uns etwas Bedeutenderes von ihm entgangen ist, — dieses Paar von Bildern· obenan. Die Färbung ist von seltener Kraft und Wärme, namentlich in dem zweiten Bilde, und bei der Schönheit des Motives ist die Wirkung eine absolute. Interessant ist es auch, hier im Genre einmal wieder einen Anlauf zu einer Art von cyklischer Darstellung eines Geschichtchens genommen zu sehen, dergleichen z. B. Terborch in jenem kleinen Romane des Officieres und der jungen Dame, dessen letztes Stück, die väterliche Ermahnung«, das berliner Museum (als Originalwiederholung des schlechter erhaltenen Bildes in Amsterdam) besitzt, mit grossem Erfolge versucht hat. Grossen Werth hat der Künstler auch auf die Gestaltung des Raumes und das Costüm gelegt, in dem wir innerhalb fast eines halben Jahrhunderts, das über die Hauptpersonen dahin gegangen, von dem Rococo bis zu dem Eindringen des *style Louis XVI.* geführt werden. Auch von dieser Seite, als Zeit- und Sittenbilder, sind diese Pendants sehr beachtenswerth. Alles in Allem zählen sie unter dem Bedeutendsten, was die Kunst der letzten Jahre im Genre überhaupt hervorgebracht hat.

Glasgemälde für den Chor des Aachener Münsters.

Vossische Zeitung vom 11., 15. und 22. Mai 1869. —

Endlich, nach langjähriger Arbeit ist das zweite grosse Südfenster für den hohen Chor des aachener Münsters in der königlichen Glasmalerei-Anstalt vollendet. Es ist gestiftet von Friedrich Wilhelm IV., sein Gegenstand ist die heilige Jungfrau Maria als Fürbitterin, Carton und Farbenskizze rühren vom Professor Alexander Teschner her, von dem bereits zwei ähnliche Darstellungen, die Krönung der Jungfrau« (nach einem Entwurfe von Cornelius) und die Anbetung der Jungfrau, für zwei andere Fenster des hohen Chores gezeichnet sind. Wir finden neben dem neuen Glasgemälde von beiden die Cartons und von dem ersteren die Farbenskizze des ganzen Fensters. Aus letzterer ist zu ersehen, dass die grosse figürliche Composition nur etwa den dritten Theil der Höhe des Fensters einnimmt, während die oberen zwei Drittel durch mosaikartige Muster und gemalte architektonische Gliederungen ausgefüllt werden. In derselben Weise hat man sich auch das jetzt ausgestellte Fenster eingetheilt zu denken. —

Die alten Glasgemälde imitirten Teppiche, die vor die Fenster gehängt gedacht wurden, namentlich als die vielen und grossen Fensteröffnungen des gothischen Baues das Gefühl des geschlossenen Raumes aufhoben und durch das massenhaft einströmende Licht die weihevolle Stimmung des Kircheninneren gefährdeten. Demzufolge wurden vorwiegend geometrische Muster durch die zusammengelötheten farbigen Glasstücke gebildet. Figürliches war zwar nicht gerade ausgeschlossen, im Gegentheil, man liebte es, die Musterung in verschiedenen Höhen mit bildlichen Darstellungen zu unterbrechen, aber diese waren von unbedeutendem Umfange, in der Regel nach einem feststehenden Cyklus geordnet und so einfach stilisirt, wie die figürlichen Partien auch auf gewebten Stoffen der Zeit erscheinen, in schlichten Umrissen, deren Zwischenräume mit den Localtönen ohne Brechung und ohne Modellirung ausgefüllt wurden.

Der Mangel an Wandflächen als Trägern von Malereien in dem gothischen Gotteshause wies den Fenstern die Stellvertretung in dieser Beziehung zu, und so gestalteten sich allmählich die Compositionen der Glasfenster reicher, die Ausführungen der figürlichen Theile feiner, bis die Renaissance dazu vorging, ihre gewaltigen malerischen Schöpfungen in den Glasfenstern der alten Dome und, wo es anging, der neuerrichteten Kirchen zur Anschauung zu bringen. Aus dem XVII. Jahrhundert finden wir in den Niederlanden staunenswerth grossartige Arbeiten dieser Art. Später gerieth die Glasmalerei in Verfall und bald in Vergessenheit.

Als in der Zeit der Romantik die Liebe für alles Mittelalterliche wieder auflebte, erinnerte man sich auch der Glasmalerei, aber eine missverständliche Verbindung der alten Glasgemälde mit den Tafelbildern der flandrischen und der kölnischen Schule gereichte Beiden zum Unsegen. Melchior Boisserée übermalte seine alten Gemälde mit grell leuchtenden Farben, um ihnen den, wie er meinte, durch die Einwirkung der Zeit verloren gegangenen Effect durchscheinender Glasgemälde zurückzugeben, und Michael Sigismund Frank aus Nürnberg und Friedrich Wilhelm Voertel aus Dresden copirten die alten Oelgemälde mit unsäglicher Mühe in wahrhaften Malereien auf weissen Glastafeln, natürlich in kleinen Formaten. Aber als 1809 der Schweizer Johann Georg Bühler, ein Zinngiesser, das prächtige rothe Ueberfangglas aus Kupferoxydul herzustellen lehrte, erkannte man, dass die Glasmalerei erst durch überfangene Gläser wieder auf ihre ehemalige Höhe zurückgeführt werden könne. Damit war auch auf die Nothwendigkeit musivischer Zusammensetzung der Glasbilder hingewiesen. Dr. Schweighäuser verbesserte das rubinrothe Ueberfangglas, Max Emanuel Ainmüller in München erfand eine Anzahl der schönsten Farben dazu, der berliner »Verein zur Beförderung des Gewerbefleisses in Preussen« regte durch eine Preisausschreibung (1827) nicht ohne Erfolg zu neuen Untersuchungen an, so dass die kaum erweckte Kunst binnen verhältnissmässig kurzer Zeit über sehr stattliche Mittel gebot.

Leider fielen die ersten bedeutenden Aufgaben für die

neue Glasmalerei in eine Zeit, der das unmittelbar richtige Stilgefühl abhanden gekommen war, und die für vorurtheilslose Beobachtung des Dagewesenen kein entwickeltes Organ hatte. Ein allgemeineres Bedürfniss für Glasgemälde war in der modernen Welt nicht vorhanden, nur die Wiederherstellung der alten unfertigen oder verfallenden kirchlichen Bauten des Mittelalters oder ihnen nachgebildete Schöpfungen der Neuzeit erheischten solchen Schmuck, die kostspielige Beschaffung desselben fiel den mächtigen und reichen Kunstgönnern und Freunden der Kirche zu, und so wurde die Glasmalerei ein Monopol und eine Specialität hauptsächlich des gekrönten Mäcenatenthums. Prachtliebe und Eitelkeit, Eigensinn und Willkür spielten natürlich eine grosse Rolle bei der Formulirung der Aufträge, und die ausführenden Künstler, auf dem Boden einer stillos hin und her schwankenden und tastenden Zeit, suchend nach den technischen Geheimnissen eines spröden und stets capriciösen Materiales, vermochten nicht, den Strom zu hemmen, der sie und ihre Kunst mit sich fortriss auf gefährlichen Bahnen, ja sie ahnten kaum, dass sie sich auf Abwegen bewegten.

Die ersten Proben der modernen Glasmalerei waren für München die neuen Fenster für den regensburger Dom, für Berlin die Fenster im Schlosse Marienburg. Den letzteren gebührt die Priorität: sie wurden 1827 vollendet. Dann aber schlief die Sache in Berlin wieder ein, ungeachtet der dringenden Aufforderung zum Wetteifer. die in der rastlosen und von glänzenden äusseren Erfolgen begleiteten Thätigkeit der münchener Werkstatt lag. Hier ging man voran mit jenen umfangreichen ausgeführten Gemälden, in denen wie auf dem Wand- oder Tafelbilde alle malerischen Effecte und Mittel für erlaubt gehalten wurden, jenen Gemälden, die dem münchener Atelier unter dem Baumeister Friedrich Gärtner und dem Maler Heinrich Hess bald europäische Berühmtheit verschafften. und denen nachzueifern oder gar den Rang abzulaufen der Ehrgeiz und der Stolz aller jüngeren Institute wurde.

Die moderne Glasmalerei theilt freilich die **Ueberhebung** über ihr eigentliches Gebiet mit verwandten Zweigen der Kunst. Weist man sie auf die Gränzen hin, die eine mässig ausgestattete Palette mit vitrifiablen — glasflüssigen, einzubrennenden — Farben ihr zieht, so rechtfertigt sie sich mit den Bestrebungen ihrer Schwester, der Porcellanmalerei, die, mit ganz ähnlichem Materiale arbeitend, jetzt nicht einmal dabei stehen bleibt, Geräthe mit grossen figürlichen Compositionen aller Art zu schmücken, sondern selbst wagt, Copien von Gemälden auf Tafeln, also frei von jedem decorativen Zwecke, zu liefern. Erinnert man die Glasmalerei an ihr stilistisches Vorbild und Motiv, den Teppich oder Vorhang, und fordert man von ihr Beobachtung seiner Ornamentationsweise, so beruft sie sich auf die naturalistischen, bis zu grossen figürlichen Compositionen fortschreitenden Musterungen des modernen Teppiches, die den ausgiebigsten Gebrauch von der durch Vervollkommnung der Webstühle erlangten Freiheit machen und, wo selbst diese noch nicht ausreicht, zu den Hülfsmitteln der Gobelinweberei ihre Zuflucht nehmen.

Indessen hat die neueste, offenbar auf einer gründlichen Klärung der Begriffe und Läuterung der Anschauungen beruhende Richtung des Geschmackes über diese selben analogen Ausschreitungen mit grösster Strenge **gerichtet**, und bereits fängt die Industrie an, mit Entschiedenheit in gesundere Bahnen wieder einzulenken. Andererseits ist die Glasmalerei an gewisse Hülfsmittel gebunden, die sie unfähiger zu freier Bewegung machen, als ihre Schwester und ihr Vorbild sind, und die, je kecker ihre Schritte werden, um so mehr wie zwar zerrissene, aber nicht abgestreifte Ketten hinter ihrem Fusse her klirren.

Vergegenwärtigen wir uns in kurzen Zügen die Entstehung eines Glasgemäldes. Sobald die Zeichnung in der Grösse der Ausführung vorhanden ist, werden aus den vorräthigen verschiedenfarbigen Gläsern die den Intentionen des Künstlers am besten entsprechenden ausgewählt. Da die Farben für die Gläser schmelzbar, feuerbeständig und nach dem Erkalten durchsichtig sein müssen, so ist begreiflicherweise die Anzahl der zur Glasmalerei brauchbaren nicht gross. Jeder neue Ton, dessen Bereitung aufgefunden wird, gilt deshalb als eine Errungenschaft. Mit diesen Farben wird nun die Glastafel zum Theil in dünner Schicht über farbloser Unterlage überzogen — »überfangen« —, zum Theil in der Masse gefärbt; auch ganz klare Gläser kommen zur Anwendung. Die ausgewählten Glasstücke werden nun genau nach den Contouren der in derselben Localfarbe gehaltenen Partien ausgeschnitten, so zwar, dass die Ränder der einzelnen Stücke entweder in die Contoure oder wenigstens in die tiefsten Schatten fallen. Man nimmt die Theile so gross wie möglich, doch bietet die Grösse der farbigen Gläser einerseits und die bei dem wiederholten Brennen eines grossen Stückes ganz unverhältnissmässig wachsende Gefahr andererseits selbst da, wo die Zeichnung umfangreiche Platten zu verwenden gestattete, eine nur zu bald erreichte Gränze, die es bei grossen Farbenflecken häufig unumgänglich macht, selbst quer durch die ganze Form, über Schatten und Lichter hinweg, Nähte zu führen. Auch sind tief ausgezackte Platten so gefährlich, dass man sie, selbst wenn sie nur geringen Umfang haben, lieber zerlegt.

Sind die einzelnen Farbenstücke so weit präparirt, so wird das Bild mit Hülfe von Bleinähten zusammengesetzt, um seine Totalwirkung, die Zusammenstimmung der Farben, den Lichteffect der Gläser u. s. w. zu prüfen, das nicht Convenirende aber zu entfernen und durch Passenderes zu ersetzen. Natürlich sind hier alle Flächen noch ohne Modellirung, Manches, was auf klarem Glase gemalt werden soll, ganz ohne Farbe, nur aus den Umrissen ungefähr erkennbar, was werden soll. Sind so die Localtöne gegen einander abgewogen, so wird die Verlöthung wieder aufgelöst, und es beginnt die Bemalung der einzelnen Stücke. Die bereits farbigen werden, um die Tiefen der Schatten zu erreichen, nur mit Schwarz behandelt, in der Regel in Schraffirmanier; in den Lichtern wird, namentlich bei Ueberfanggläsern, in ähnlicher Weise mit dem Schleifrade schraffirt, wodurch durchsichtigere Stellen, hellere Linien entstehen, die den in voller Beleuchtung liegenden Partien einen prächtigen lichten Glanz geben. Auch wird häufig der ganze Ueberfang stellenweise weggeschliffen, um einen hellen Grund hervortreten zu lassen, von dem sich das Muster in der Farbe des Ueberfanges abhebt.

Glaubt der Glasmaler das Stück genügend bearbeitet zu haben (was stets nur mit einer Uebermalung geschehen kann, nicht etwa durch wiederholten Farbenauftrag, da die Farben einfach aufgetragen nicht fest haften), so kommt es in den Ofen, um ihm die Bemalung einzubrennen. Danach ist sie natürlich so fest (und beiläufig, wie überhaupt alle Glasfarben, in ihrem Ton und Glanz unveränderlich und für Luft und Licht unangreifbar), dass sie nur durch Abschleifen wieder entfernt werden könnte. Die Möglichkeit hierzu ist aber auch weniger wünschenswerth, da die aufgetragene Farbe nur selten zu stark wirkt, dagegen unendlich häufig die Erwartung des Glasmalers täuscht, indem die vorher scheinbar überaus kräftige Modellirung im Brande oft ganz oder fast ganz verschwindet. Dann geht die Arbeit nach dem Brande von Neuem an, es wird wieder gebrannt, und so fort, bis der gewünschte Effect mit der Tafel erzielt ist, — wenn diese es nicht inzwischen vorgezogen hat, sich durch Springen in irgend einem Brande oder sonstiges Zerbrechen weiteren Misshandlungen zu entziehen und die ganze bisherige Arbeit zu nichte zu machen. Die leichteste noch nöthig gefundene Retouche setzt stets die ganze aufgewandte Mühe auf's Spiel und droht dem fast schon vollendeten Werke den Untergang.

Oft, wenn eine Farbe sich im wiederholten Brande verändert hat, oder der wünschenswerthe Ton in einfach gefärbtem Glase nicht herzustellen ist, wird die Rückseite der Scheibe mit einem gleichförmigen Tone überzogen, der sich dann beim Durchfall des Lichtes mit den Farben der Vorderseite vermischt und so oft aushilft, wo gar keine Hülfe mehr zu sein scheint.

Ist diese Arbeit schon schwierig, langwierig, unzuverlässig, so ist es die Behandlung der ursprünglich weissen, ganz und gar erst mit Farben zu bemalenden Stücke in noch weit höherem Grade. Jede einzelne Farbe muss hier besonders aufgetragen und für sich eingebrannt werden, und dann erfordert noch die etwaige Modellirung der Theile dieselben umständlichen Manipulationen, wie eben beschrieben, und doch muss dieses weitläuftige Verfahren überall da eingeschlagen werden, wo das Zusammenstossen zarter Töne und fein modellirter Flächen die Unterbrechung durch eine harte, schwere Bleijunctur verbietet, also z. B. bei den Köpfen. Es muss daher als ein grosser Vortheil anerkannt werden, dass man jetzt für die Darstellung dieser Theile auch ein Ueberfangglas zu Grunde legt, das den Localton der Haut darbietet. Das Uebrige macht sich dann mit Schleifrad und Pinsel, immerhin noch schwierig und umständlich genug.

Ist das ganze Bild, dessen einzelne Scherben, so zu sagen, ganz unabhängig von einander entstehen, fertig, so werden die Stücke zum letzten Male auf Platten zusammengelegt, in den Fugen mit Blei verlöthet und die Nähte schliesslich verzinnt. Da nun einerseits Glas ein grosses Gewicht, andererseits Blei, namentlich in feinen Stängchen oder Blättchen, wie sie auf und in den Nähten liegen, eine sehr geringe Tragkraft hat, und da endlich dazu kommt, dass auch der Druck von Wind und Wetter auf ein grosses ungetheiltes Fenster sehr bedeutend ist, so ergiebt sich die unabweisbare Nothwendigkeit, jedes Glasfenster in so kleine Theile zu zerlegen, dass die Bleinähte das Gewicht der eingespannten Glastafeln tragen und auch den Druck der Luft auf die Fläche aushalten können. Jedes derartige Compartiment des ganzen Fensters muss dann in einen festen (eisernen) Rahmen gefasst und mit diesem in ein kräftiges, aus steinernen Säulchen und eisernen Querstäben aufgerichtetes Gerüst (Fenstertheilung) eingesetzt werden, welches den Widerstand der Gesammtoberfläche des Bildes gegen den Wind übernimmt, und die ganze Last des Glasgemäldes trägt, ohne die einzelnen Compartimente belastet zu lassen.

Behält man die entwickelten Bedingungen des Materiales im Auge, so erkennt man leicht, dass das Gerüst eine strenge Eintheilung der Fensterfläche, also auch der für dieselbe bestimmten Composition in mässige Felder von regelmässiger Form nothwendig macht, eine Anforderung, der sich umfang- und figurenreiche Darstellungen nicht fügen. Und doch können sie sich dem Zwange jenes Schema's nicht entziehen, sondern müssen künstlich so eingerichtet werden, dass die undurchsichtigen Theilungen wenigstens über möglichst gleichgültige Stellen der Zeichnung hinweggehen, die man in Gedanken leicht ergänzen kann. Dadurch aber wird die Composition zu architektonischer Regelmässigkeit (beziehentlich Steifheit) verurtheilt, die freilich dem Schmuck eines stilvollen Bauwerkes wohl ansteht, aber die Freiheit des Malers doch allzusehr beeinträchtigt, um es der Mühe werth erscheinen zu lassen, mit Uebersteigung all dieser Hindernisse und Schwierigkeiten die Entstehung eines grossen malerischen Kunstwerkes an solcher Stelle zu erzwingen. Und es versteht sich ja wohl, dass die Glasmalerei, wenn sie stilgemäss verfahren will, die Bedingungen ihres Materiales nicht als Störungen wirken lassen darf, sondern mit ihnen rechnen und sie zu Motiven ihrer Compositionsweise machen muss.

Aber selbst innerhalb der einzelnen Compartimente bieten sich erneute Schwierigkeiten dar. Je umfangreicher und complicirter die Entwürfe, und je grösser und deshalb ausgeführter die Figuren werden, um so unübersehbarer drängt sich der Wahrnehmung der Widerspruch auf zwischen der sauberen Detaillirung in der Modellirung der klaren Flächen und den strenge gezeichneten, breiten, undurchsichtigen Contouren. Dieser Widerspruch ist unlöslich und kann daher nicht anders als vermieden werden.

Es kommt noch ein bemerkenswerther Umstand hinzu. Wir sehen im Leben alle Gegenstände — die wenigen gegen das Licht gehaltenen durchsichtigen oder durchscheinenden ausgenommen — im **reflectirten Lichte**, und so erscheinen uns auch ihre Abbilder in der Malerei. Hierbei macht die Stellung der Dinge in verschiedener Entfernung vom Auge keinerlei Schwierigkeit. Die farbigen Lichtstrahlen kommen im Verhältnisse zu dem von ihnen zu durchlaufenden Wege — im Quadrate der Entfernungen — abgeschwächt zum Auge, und die Malerei auf undurchsichtigen Flächen besitzt völlig ausreichende Mittel, diese Abstufungen der Licht- und Farben-Intensität nachzuahmen. Man nennt das bekanntlich die Luftperspective. Glasgemälde aber sehen wir im **durchfallenden Lichte**; und die Reflexion lehrt, und die Erfahrung bestätigt uns, dass wir so einen reinen Eindruck nur bekommen können, wenn das lichtabtönende Medium eine Fläche bildet. Mehrere in verschiedener Entfernung (abgestuften Plänen) aufgestellte durchscheinende Medien (farbige Gläser) würden entweder ihre Farbenwirkung verwirren bis zu völliger Undurchsichtigkeit der hinter einander gelagerten Schichten, oder sie würden weisses, ungebrochenes Licht zwischen ihren Rändern hindurchfallen lassen, welches die harmonische Totalwirkung aufheben müsste. Also nicht bloss, dass sich uns das Glasgemälde als Vorhang darstellt, der vor die Fensteröffnung gebreitet ist, sondern auch der Charakter seiner Farbenmittel als durchscheinender weist auf die Behandlung seiner Ornamentation im Sinne und Stile der Flächendecoration hin. Damit sind natürlich malerische Compositionen mit Anordnung in die Tiefe und fernen Hintergründen verständigerweise als stillos von der Sphäre der Glasmalerei ausgeschlossen.

Im durchfallenden Lichte erscheinen alle Farben viel intensiver, reiner, leuchtender, gesättigter, voller, glühender als im zurückgestrahlten, weil dort nur die Lichtstrahlen einer bestimmten Färbung zum Auge gelangen, alle anders gefärbten Theile des weissen Lichtes aber völlig abgesperrt werden, während hier neben den farbigen Strahlen eine Menge zerstreuten und reflectirten weissen Lichtes von allen Seiten her gleichzeitig in's Auge dringt. Auf dieser Mitwirkung des klaren Sonnenlichtes beruht nun aber gerade der Charakter und die Wirkung aller uns umgebenden Farbe. Das Licht, das die farbigen Körper umspielt und durch die umgebende Luft modificirt, abgetönt und gebrochen wird, umgiebt dieselben mit jenem zauberischen Reize, den wir mit dem Worte »Ton« bezeichnen. Ohne diese abgetönten und gebrochenen Farben kann die Malerei, die ein Abbild der (beobachteten oder gedachten) Wirklichkeit geben will, sich nicht behelfen, von den höchsten Aufgaben des Colorites ganz zu schweigen. Dem Glase aber sind diese gebrochenen Töne mit wenigen Ausnahmen versagt, und es würde auch seinem Charakter mehr schaden als nützen, wenn man ihm dieselben geben wollte und könnte. Gehen die Gestalten der

Glasgemälde aber nur mit Widerstreben in verschiedene Pläne auseinander, und müssen sie des Tones bis zu einem gewissen hohen Grade entbehren, so erweist es sich als verfehlt, sie zu grossen, rein malerischen Compositionen zu vereinigen.

Aus dem Dargelegten geht wohl zur Genüge hervor, dass es doch etwas mehr als »kleinliche Befangenheit« ist, den Massstab für das Höchste, was in dem Kunstzweige sich leisten lässt, von den Arbeiten früherer Jahrhunderte zu entnehmen, die von unbeirrtem Stilgefühle geleitet sind, und in den Errungenschaften der modernen Technik nicht eitel Fortschritt und Schönheit zu finden; zumal, wenn man gern bereit ist, dasjenige, was in dieser Richtung, d. h. in Vervollkommnung der Herstellung geleistet ist, nach Gebühr anzuerkennen. Freilich würden die Glaskünstler des Mittelalters, wenn sie die modernen Hülfsmittel und die modernen Kenntnisse gehabt hätten, kein Bedenken getragen haben, von jeder Bereicherung der Palette, von jeder Verbesserung in der Zusammenstellungsart der Bilder zu profitiren und ihre Gestalten und Köpfe correcter und schöner zu zeichnen. Ob sie aber sich deswegen berechtigt geglaubt hätten, das Princip ihrer Composition, dem zufolge alle verwendeten Formen sich dem ornamentalen Charakter des Ganzen und den Bedürfnissen des Stoffes anbequemen mussten, mit dem bei uns üblich gewordenen zu vertauschen, das ist eine Frage, die man kaum zaudern darf herzhaft und ohne Vorbehalt zu verneinen. Sie würden den grössten technischen Fortschritten gegenüber zweifelsohne mit Vischer gesagt haben:

»Die Glasmalerei soll sich nicht übersteigern, nicht selbständige Gemälde zu geben suchen, sondern das Princip kleinerer Gruppen in architektonischer Feldertheilung und zugleich teppichartiger Behandlung des Ganzen walten lassen.« —

Es ist gewiss nicht müssig, diesen Gedanken hier Raum zu geben, wo eines der grossartigsten und in seiner Weise gelungensten Werke der neueren Glasmalerei diese auf ihrer Höhe zu bewundern und die Richtigkeit der vorgetragenen Bemerkungen und Grundsätze auf's Gründlichste zu prüfen Gelegenheit giebt. Wir überlassen diese Prüfung aber dem Beschauer und geben, indem wir uns der Betrachtung des Werkes selber zuwenden, den bisher eingenommenen principiellen Standpunkt auf. Der Einzelne kann für allgemeine Irrthümer, auch wenn sie durchaus als solche anerkannt sind, nicht verantwortlich gemacht werden, zumal er häufig gar nicht von eigenen Neigungen und Eingebungen mit Freiheit sich leiten lassen kann; es bleibt vielmehr zu fragen, was Anerkennenswerthes er auf seinem Standpunkte und mit seinen Mitteln geleistet hat.

Zunächst ist im Allgemeinen hervorzuheben, dass die berliner Glasmalerei-Anstalt vor der münchener den grossen Vorzug hat, zwar zu umfangreiche, rein malerische Compositionen zu arbeiten, in ihnen aber sich nicht so ungenirt, d. h. stillos zu bewegen wie diese. Die genreartige Composition hat hier durchweg einer strengeren, architektonischen Anordnung weichen müssen, durch deren kräftigen Aufbau sich die dominirenden Linien in grosser Klarheit hindurch ziehen. Im Zusammenhange damit ist auf die landschaftlichen, überhaupt malerischen Hintergründe der münchener mit weiten Perspectiven meistens verzichtet*), und ein schlichter, ruhiger und würdiger Teppichhintergrund gewählt. Auch die schweren Verbleiungen hat man hier zu beschränken gesucht. Die Breite der schwarzen Contourlinien ist auf ein Minimum, etwa einen Viertelzoll reducirt.

---

*) Man denke jedoch z. B. an das Fenster für das germanische Museum in Nürnberg!

Was nun den Teschner'schen Carton anbetrifft, so ist die Composition als eine unter strengen architektonischen Gesetzen stehende, an die Theilung des Raumes gebundene gewiss vorzüglich zu nennen. Maria ist als Fürbitterin für die Gemeinde gedacht. Diese wird in der unteren Hälfte des Bildes durch drei Gruppen repräsentirt: links die geistliche, rechts die weltliche Macht; im Vordergrunde, in sitzenden und knienden Figuren, Bürger- und Bauernstand. Die ersten beiden Gruppen bestehen aus historischen Figuren, Personen, die theils zu der Einweihung des hohen Chores (im Jahre 1414), theils zu der Restauration des Münsters in Beziehung stehen. So erscheint Papst Martin V. mit der dreifachen Krone, die Rechte segnend erhoben (Portrait nach seinem Grabmal im Lateran zu Rom), weiter links, mit Bischofsmütze und Krummstab, im Breviere lesend, der damalige Erzbischof von Köln, Graf von Moers (nach seinem Grabdenkmal hinter dem Hochaltare des kölner Domes).

Rechts entspricht dem Papste Kaiser Sigismund mit seiner Gemahlin Barbara, Beide im Krönungsornate, weil sie 1414 im aachener Münster gekrönt wurden (das Portrait des Kaisers nach einem alten Holzschnitte). Weiter zurück entspricht dem Kirchenfürsten auf der Gegenseite der weltliche Fürst Friedrich I., Burggraf zu Nürnberg, später Markgraf von Brandenburg, (nach einer Abbildung in des Grafen Stillfried Werke »die Hohenzollern«) in stattlicher goldener Rüstung und prächtigem Wappenrock. Ihm zur Seite kniet seine Gemahlin Elisabeth von Bayern, die ihren kleinen Sohn, den nachmaligen Friedrich II. von Brandenburg, im Gebete unterweist.

Ausserdem finden sich noch im Hintergrunde vier Portraits aus der Gegenwart, drei auf der geistlichen Seite, nämlich der Cardinal-Erzbischof von Geissel zu Köln und der Domprobst von Grossmann, Beide kürzlich verstorben, und zwischen ihnen der Vicar von Beyssel; eines auf der weltlichen: der General Vogel von Falckenstein, als Repräsentant des Adels, zu dieser Rolle gewählt in seiner Eigenschaft als Begründer und Dirigent der königlichen Glasmalerei-Anstalt, unter dessen Leitung nun schon das dritte Fenster für den hohen Chor des aachener Münsters vollendet worden.

Den Mittelpunkt des ganzen unteren Theiles und insbesondere der bürgerlichen Gruppe bildet eine gramvoll gebeugte Wittwe mit einem Kindlein auf dem Schosse und einem älteren Knaben vor sich, eine tief empfundene Figur in schöner Gruppirung. Links davon vertreten drei tüchtige kniende Männergestalten den Stand des Ackermannes, des Handwerkers und des Pilgers; rechts, zumeist nach vorn, zeigt sich ein Bettler, und hinter diesem als Stellvertreter des begüterten Bürgerthums der jetzige Oberbürgermeister der Stadt Aachen, Contzen.

Sämmtliche Figuren sind mehr in contemplativer Ruhe als in lebhafter Action dargestellt, am bewegtesten noch der Bettler, und auch der Ausdruck ist der einer still sich versenkenden, gläubig anschauenden Andacht. Die Zeichnung ist durchweg von höchster Reinheit und die Farbe von edler Schönheit (wir reden hier von dem Carton), die Composition durchsichtig und klar, aber wohl geschlossen.

Ueber der beschriebenen Gruppe steht Maria mit der Krone auf Wolken in einer Glorie, die von Cherubim umgeben ist; eine Gestalt von seltenem Adel, hoher, jungfräulicher Schönheit und einfach innigem Ausdrucke des fast kindlich schönen Kopfes. Ihr langer Mantel fliesst von den Schultern herab und wird von zwei (gar zu symmetrisch motivirten, aber an sich recht lieblichen) Engeln mit Palmen in den Händen nach beiden Seiten über die Gemeinde gebreitet.

Ueber der Jungfrau hatte der Künstler die Halbfigur

Gott Vaters angebracht, zu dem das Gebet der Fürsprecherin empordringt, und der mit segnend ausgebreiteten Armen Gewährung zu verheissen scheint. »Höhere Weisheit« hat diese gelungene und wohl angebrachte Figur zu eliminiren beliebt und dafür die Composition oben durch eine *soi-disant* Architektur abgeschlossen, deren sinnlose Formen dringend nach einer geschulten Hand verlangen, die dem Institute für dergleichen nothwendige oder überflüssige Arbeiten zu Gebote stehe. Ein solch monumentaler Schmuck eines monumentalen Gebäudes darf nicht in so unorganischen, spielenden und kleinlichen Formen gehalten sein.

Die ganze Composition hat etwas Stattliches und Feierliches, und ist ihrer Bestimmung vollkommen angemessen. Auch für wirkungsvolles Detail, den Anforderungen und Interessen der Glasmalerei gemäss, ist entsprechend gesorgt, ohne den Eindruck der grossen Massen aufzuheben. Solche Cartons sind wenigstens ein würdiger Stoff für eine Kunst wie die Glasmalerei, die auf kirchlichen Ernst und würdevollen Charakter angewiesen ist. Auch verleugnet sich in der Arbeit der Ausführenden, die sich und ihre Kunst erst in jahrelanger Beschäftigung im Institute herangebildet haben, nicht der wohlthätige Einfluss, den Vorbilder von klarer, correcter und schöner Zeichnung auf eine halb dem Gebiete der gewerblichen Künste angehörige Kunstübung zu haben pflegen.

Wir haben schon bemerkt und können es nur der Wahrheit gemäss wiederholen, dass von der technischen Seite das neue Chorfenster viel Lob und Anerkennung verdient. Es bietet einen erstaunlichen Reichthum von Farbennuancen dar, und selbst solche, die auf eine künstliche Weise dem Glase haben abgewonnen werden müssen, wie die für das Gewand des Pilgers, thun gute Wirkung. Die Modellirung in den Gewändern ist meist kräftig und von breitem Wurf, und, was im Glase nicht geringe Schwierigkeiten bietet, selbst der Charakter der Stoffe ist glücklich getroffen. So namentlich ausser der goldglänzenden Rüstung des Burggrafen sein Wappenrock und des Kaisers Mantel, die durch den ornamentalen Charakter ihres Musters (des rothen Wappenadlers auf weissen Feldern, des schwarzen Reichsadlers auf gelbem Grunde) dankbare Vorwürfe für Glasmalerei abgeben, weil in ornamentalen Motiven die Kunst sich freier in den Farben bewegen darf und noch so verschieden und eigenthümlich geartete Farben zu befriedigendem Eindrucke vereinigen kann, worauf die darstellende Kunst bei der Nachahmung wirklicher, gegebener Farbenerscheinungen der nothwendig erforderten Uebereinstimmung von Mittel und Zweck wegen verzichten muss. — Nicht minder gelungen stellen sich Geschmeide und Edelsteine dar, deren Reiz ja auch in der Natur darauf beruht, dass sie ihren Glanz gleichsam aus dem Inneren heraus durch ihre Oberfläche strahlen zu lassen scheinen, ein Effect, dem die Transparenz des Glases nahe steht. — An anderen Stellen freilich, wo nur durch »Ton« das Rechte erzielt werden kann, bleibt eben deswegen Manches zu wünschen. So kommt man mit dem hellblauen Rocke des Handwerkers nicht auf's Reine, und das Kleid der Markgräfin, obwohl die dunkelblaue Farbe an sich überraschend schön ist, und der Faltenwurf an Sammet zu denken treibt, wirkt doch bei dem Umfange des Farbenfleckes dick und schwer. Aehnliches trifft bei dem rothen Pluviale des Erzbischofes Grafen Moers zu, das, als Goldbrocat behandelt gleich dem Untergewande der Markgräfin, jedenfalls eine lichtere, anmuthigere Wirkung gethan haben würde.

Ueberhaupt lässt es sich nicht leugnen, dass die Harmonie des Ganzen viel zu wünschen übrig lässt. Recht zusammen im Ton ist eigentlich nur der obere Theil in der Glorie. Aber man sehe z. B. den giftig grünen Rock des älteren Sohnes der Wittwe! wie schreiend er herausfällt! — Freilich besitzt die königliche Glasmalerei-Anstalt, die seit nunmehr fünfundzwanzig Jahren stets mit den grossartigsten Aufträgen betraut ist, keinen Raum, in dem ein solches Fenster im Ganzen aufgestellt und aus genügender Entfernung betrachtet werden könnte, und selbst die Arbeitsräume sind so beschränkt, dass die Glasmaler ihr Werk immer nur aus der Nähe zu sehen bekommen. Aber das ist eben keine ziehende Entschuldigung: das Handwerkzeug muss vorhanden sein; und eine Anstalt, die fortwährend zu thun hat, muss sich ja doch wenigstens durch den Erlös ihrer Arbeiten erhalten und also auch den nothwendigsten Aufwand ihrer Einrichung bestreiten können. Nur Mangel an Einsicht in die künstlerische Seite der Arbeit und des Betriebes kann auf so wichtige Requisite Verzicht leisten. Was hilft es, wenn nach der Vollendung bei der öffentlichen Ausstellung eines so bedeutenden Werkes die Ausführenden zu der Einsicht kommen, dass Vieles hätte anders und besser gemacht werden können und sollen? Im Atelier selbst muss ihnen die Möglichkeit zu solcher Erkenntniss gegeben sein, und eine künstlerische Oberleitung muss dafür einstehen, dass die rechten Beobachtungen zu rechter Zeit gemacht und beachtet werden. In allen solchen Beziehungen herschen ja in der münchener Anstalt, mit der unserigen verglichen, wahrhaft ideale Zustände!

Erkennen wir jedoch einstweilen freudig und dankbar an, was unter den gegebenen Verhältnissen Gutes geleistet wird. Das Streben nach Harmonie lässt sich überall bemerken, und es ist der Farbenwirkung durch geschickte Einschiebung natürlich motivirter, kleiner kräftig contrastirender Farbenflecke oft auf's glücklichste aufgeholfen. Die künstlerischen Kräfte erweisen sich als gut geschult und hingebend bemüht, also werden ja doch wohl die äusseren Hindernisse allmählich zu überwinden sein. — Selbst in den Gesichtern zeigt sich ein gutes Verständniss für die Form und viel Sinn für den Ausdruck. Dies gilt namentlich von der oberen Partie, so wie in der unteren Hälfte von der linken (geistlichen) Gruppe, einschliesslich der Wittwe mit ihren Kindern, denjenigen Theilen also, die, wie wir hören, von dem Glasmaler G. Fischer herrühren, während W. Martin in der weltlichen Gruppe zwar die Köpfe — mit Ausnahme der Markgräfin — vergröbert, ja selbst aus der Zeichnung gebracht hat, sich dagegen in den mehr decorativen Theilen wohl bewandert zeigt; dergestalt, dass von den sich entsprechenden Hauptfiguren beider Seiten, was die Wirksamkeit und Energie ihrer Erscheinung angeht, die auf der Martin'schen Hälfte entschieden von grösserem Gewichte sind. Dass die meisten Köpfe ein wenig matt in der Modellirung erscheinen, sind wir geneigt, grösstentheils auf Rechnung der ungünstigen Verhältnisse der Arbeit zu setzen: in der Nähe genügte das Gegebene, für die Ferne ist die Wirkung zu schwach. Ganz besonders gelungen, trotz der übergrossen Zartheit, ist der Kopf der Madonna; von den unteren befriedigen wohl am meisten der Papst und die Wittwe.

Zum Schlusse muss nun aber auch noch auf einige in die Augen fallende Mängel hingewiesen werden. Wir beginnen mit den Hintergründen. Im Figürlichen ist der Gegensatz zwischen der irdischen Wirklichkeit und der lichten himmlischen Sphäre durch die Farbe sehr wohl zum Ausdruck gekommen. Dort satte, volltönende Farben, hier zarte, duftige, schwebende Töne. Derselbe Gegensatz sollte auch bei den Hintergründen zur Geltung kommen. Die Bläue des Himmels (die jetzt durch Ungleichmässigkeit der Gläser fleckig und unruhig und durch die Dunkelheit ihres Tones düster und lastend erscheint) hätte klarer gehalten werden müssen, wäre es auch nur in der Weise, wie es die Farbenskizze andeutet, dass die schmalen sich kreuzenden Streifen breiter und heller gemacht wären. — Dagegen würde es dem Gesammteindrucke zu Gute gekommen sein, wenn der Goldteppich mit den Adlern — durch kräftigere Schraffirung des Grundes — dunkler geworden wäre. Die Gruppen hätten sich dann besser gelöst, wie die eine zufällig etwas dunkler ausgefallene Stelle hinter den Köpfen Friedrich's I. und von Falckenstein's zur Genüge lehrt. — Zu schwer, man möchte sagen: materiell, ist auch die Glorie. Ihre steifen Zacken mit der haarscharfen Begränzung entsprechen wenig der Idee einer Lichterscheinung, und vollends die dreistreifige, vermuthlich regenbogenartig sein sollende Einfassung hebt gänzlich den Begriff einer Ausstrahlung in den Himmelsraum hinein auf.

Der gewandhaltende Engel links, gleich seinem rechten Zwillingsbruder von sehr anmuthigem Charakter und in der Malerei recht geglückt, hat im Brande Unglück gehabt; dadurch ist aber der Ton des Fleisches im Gesicht so braun und undurchsichtig geworden, dass er unmöglich neben dem zarten Colorit des anderen bestehen kann. — Der entgegengesetzte und wahrscheinlich leichter zu hebende Mangel fällt bei dem Kopfe Vogel's von Falckenstein unangenehm auf. Er zeigt ein Minimum von Farbe und gewährt den Eindruck jener bekannten Grisaillen (auf Email und Fayence), bei denen nur die Fleischtheile mit einem leichten Farbenanhauch übergangen sind. Hier unter lauter kräftigen, gesättigten Farbentönen wirkt der Kopf so, wie er ist, todt und gespensterhaft. — Die Ungleichheit im Brande des Goldes in dem Brocatgewande der Markgräfin wollen wir nicht urgiren: sie stört wenig, und dergleichen Kleinigkeiten kommen überall vor und sind am Ende nicht zu vermeiden.

Zusammenfassend müssen wir denn doch unbedingt zugestehen, dass wir es hier mit einer der ausserordentlichsten Arbeiten ihrer Art zu thun haben, einem Werke, das um so mehr alle Beachtung verdient, als sich uns hier in Berlin wenig Gelegenheit bietet, einigermassen bemerkenswerthe und umfangreiche Glasmalereien zu sehen. Der allgemeine Eindruck ist ein sehr imposanter, und das Fenster als Probe von der Höhe der gegenwärtigen Glasmalerei-Technik — trotz der aufgezählten und vielleicht noch mancher anderen, kaum minder erheblichen Mängel — sehr werthvoll.

Noch einmal das Lutherdenkmal.

Aus einer Anzeige von Lübke's „kunsthistorischen Studien" in der vossischen Zeitung vom 5. Juni 1869. —

»Die moderne berliner Plastik, der Gegenstand des letzten Aufsatzes in Lübke's reichem Studienwerke, wird mit wie immer treffender Hervorhebung der Hauptpunkte von Schadow bis auf die Gegenwart herab verfolgt. Erfreulich ist es immer, diesen stattlichen Zug bedeutender Künstler und erhabener Werke an dem geistigen Auge vorüberziehen zu sehen, zumal für uns Berliner, die wir stolz darauf sein können, diese unter den Kunsterscheinungen des Jahrhunderts unvergleichlich dastehende Blüthe als ein heimisches Gewächs begrüssen zu dürfen, und noch täglich die herrlichsten und reifsten Früchte desselben vor Augen haben. Wesentlich neue Gesichtspunkte oder sonderlich auffallende Urtheile würde man indess — bis auf eines — in Lübke's Aufsatze vergeblich suchen. Wir wollen daher nur auf dieses eine eingehen, bezüglich dessen uns eine Auseinandersetzung auf dem Herzen liegt.

Wie Ernst Rietschel ganz äusserlich der historischen

Skizze angereiht ist, so vermissen wir auch die kräftige Hervorhebung seines grossen Verdienstes, welches darin besteht, eine Lücke in der Kunst der vorangegangenen Generation ausgefüllt zu haben. Für die Heroen des Geistes die unserem heutigen Gefühl entsprechende Gestaltung zu finden, war Rauch versagt geblieben; hier trat Rietschel mit einer Kunst und Begabung ein, die an geistiger Spannkraft und genialem Schwunge über Rauch unseres Erachtens weit hinausgeht. Der schwierigere Theil der Aufgabe der modernen Portraitplastik blieb ihm aufgespart, und er hat ihn mindestens ebenso gut wie Rauch den seinigen gelöst. Die Verweisung auf das Relief — das man nahe liegender Missverständnisse wegen nicht so ohne Weiteres als das Mittelding zwischen Plastik und Malerei bezeichnen sollte — als Aushülfe zur Vervollständigung der plastischen Denkmäler unserer Geistesheroen erscheint überflüssig, da unmittelbar zugestanden wird, dass Rietschel im Lessing und im Weber es vollkommen verstanden hat, bloss in der plastischen Einzelfigur das geistige Wesen ihrer Persönlichkeiten auszusprechen, und selbst das Göthe-Schiller-Monument eine überraschend günstige Beurtheilung erfährt. Um so auffallender wird diese Berufung auf das Relief gerade der berliner Schule gegenüber, als diese unter dem Einfluss einer traditionellen Misskennung seiner Bedeutung — s. oben, S. 151 — nur ganz ausnahmsweise zu glücklichen Bildungen in diesem Genre gekommen ist. Durchaus einverstanden aber sind wir mit dem Urtheile, »dass vor Allem bei der Portraitbildnerei der höchste Grad idealer Durchdringung, die reifste Meisterschaft stilvoller Auffassung (zu dem Betonen des individuell Charakteristischen) hinzutreten muss, um den Werken die Weihe monumentaler Schöpfungen zu verleihen«; und in der That: »In diesem Sinne ist kein Meister so beispielgebend und mustergültig wie Rietschel.«

Als letzten und entscheidenden Beleg hierfür das Luthermonument anzuführen, ist nicht mehr als billig, nur sollte es unseres Erachtens ohne alle Einschränkungen geschehen. Lübke gehört zu den Ersten, die den Ruhm des neuen Rietschel-Entwurfes in begeisterten Worten in die Welt hinaustrugen. Er schrieb 1860 (in der spener'schen Zeitung) u. A.: »Man muss gestehen, dass man hier in einen Gedankenkreis hineingezogen wird, der an Tiefe und Fülle lebendiger Beziehungen, an Reichthum der Charakteristik und durchschlagender Volksthümlichkeit seines Gleichen sucht« . . . . . »und wie es schon jetzt in der Skizze mit wunderbarer Feierlichkeit auf den Zuschauer wirkt, so dass man unwillkürlich meint, es müsse, von unsichtbaren Händen gespielt, Orgelklang daherbrausen, und die gesammte Gemeinde das »Ein' feste Burg ist unser Gott« anstimmen, so wird auch der innere Gedanke an das Werk als ein Unvergleichliches jeden denkenden Beschauer zur Begeisterung hinreissen. Dies schöne Monument, das von der Gedankentiefe und der Gestaltungskraft des Meisters ein so wunderbares Zeugniss ablegt, ist eine Inspiration, so gross und so glücklich, wie wenige in der Kunstgeschichte.«

Ganz in derselben Weise urtheilten dem fertigen Werke gegenüber auch diejenigen, die, nachdem sie es in dem Hüttenwerke Lauchhammer aufgestellt gesehen, den Reigen der häufigen Besprechungen im vorigen Jahre eröffneten, unter Anderen auch Referent. Um so mehr überraschte es natürlich, als Lübke (in der Lützow'schen Zeitschrift für bildende Kunst, Bd. IV., 1869, S. 54 ff. unter derselben Ueberschrift, die dieser Aufsatz trägt,) nach der Betrachtung des Denkmales an Ort und Stelle an seiner günstigen Meinung von dem Denkmale als Ganzem irre geworden zu sein erklärte, die Gesammtanordnung zu unruhig, zu malerisch und zerstreut fand, und sich schliesslich veranlasst fühlte, für unsere moderne Plastik an diesem Hauptwerke als an dem Wegweiser auf einen bedenklichen Abweg »eine Warnungstafel aufzustecken«. Mag hiermit auch nicht die Befugniss der Kritik überschritten sein, so scheint uns doch im gegebenen Falle das Urtheil zu rasch und absprechend. Was der Ort für die Wirkung und für den Eindruck eines grossartig angelegten Kunstwerkes thut, ist mitunter unglaublich. Die Aufstellung im Lauchhammer, auf einem Hügel gegen den Wald gelehnt, war eine äusserst günstige und entsprechende. Die Abbildungen der Umgebung in Worms — selbst haben wir leider noch nicht Gelegenheit gehabt, von der definitiven Aufstellung Kenntniss zu nehmen,*) — machten uns dagegen den Eindruck, als ob das wunderbare Werk dort auf die denkbar unglücklichste und ungeschickteste Weise aufgehoben sei, und wir waren und sind daher geneigt, das jetzige abfällige Urtheil Lübke's uns lediglich durch die äusseren Bedingungen zu erklären, unter denen dasselbe zu Stande gekommen. Darin werden wir durch eine briefliche Mittheilung Alfred Woltmann's bestärkt, der das Denkmal an beiden Orten gesehen. Er schrieb uns vor einiger Zeit Folgendes: »In Worms war ich indignirt über die geradezu schauderhafte Aufstellung des Luther-Denkmales, die es wohl begreiflich macht, dass Lübke und Andere, die es nur dort gesehen, ungünstig urtheilen mussten; es ist da halb verloren. Man kommt vom Bahnhof und sieht das Ganze zunächst von hinten, von Melanchthon's linker Schulter her. Man wendet sich um und hat nun die Sonne gegen sich, denn man blickt so ziemlich nach Südwest. Der Platz ist übermässig schmal und lang; hinter dem Denkmale der Bretterzaun

---

*) Ich habe inzwischen das Nachfolgende leider vollkommen bestätigt gefunden.

eines Bauplatzes *); was einst auf diesen hinkommt, macht auch keine grosse Hoffnung, denn die übrigen Gebäude rings sind elende Baracken. Hätte man das Ganze nur umgedreht, so würde man einfach nach Nord-Ost zu sehen gehabt haben, und hätte noch einen Blick auf den hochgelegenen, von fern hervorragenden Dom gehabt. Ich kannte das Werk kaum wieder.« —

Sollte nicht unter solchen Umständen der Gedanke in reifliche Erwägung gezogen werden, dieses wahrhaft nationale Werk, diese Krone aller modernen Bildhauerarbeiten, dies schönste Monument deutscher Geistesgrösse in dem Darsteller und dem Dargestellten aus seiner jammervollen Lage zu befreien und ihm einen anderen, würdigeren Platz anzuweisen?

Es scheint uns eine solche Verpflanzung weit entfernt von dem wohl mehrfach in letzterer Zeit vorgekommenen und mit Recht hart verurtheilten monumentalen Spazierengehen öffentlicher Bildsäulen zu sein und nur dem wohlverstandenen Vortheil aller dabei betheiligten Interessenten zu dienen. Der gegenwärtige Platz hat ja gar keine historische Berechtigung, das Denkmal zu tragen. Da hat denn das letztere wohlbegründete Ansprüche auf Berücksichtigung der in seinem Grundgedanken liegenden Erfordernisse. Wir wünschten dringend, hiermit eine fruchtbare Anregung gegeben zu haben.

---

*) Natürlich inzwischen verschwunden, ohne dass die Hoffnungslosigkeit Woltmann's unberechtigt erschiene.

Die neuerworbene Amazone des berliner Museums.

Vossische Zeitung vom 15. Juli 1869. —

In der Rotunde des alten Museums ist seit Kurzem ein antikes Bildwerk aufgestellt, welches vielleicht mit Ausnahme der Augustus-Statue aus der Galerie Pourtalès alle seit langer Zeit gemachten Erwerbungen für unsere Antikensammlung in Schatten stellt. Es ist die etwas über lebensgrosse Statue einer verwundeten Amazone.

Die Amazonenbildungen der antiken Kunst sind eins der interessantesten Capitel der Archäologie, insofern als in einer grossen Anzahl von Wiederholungen die Typen mehrerer hierdurch als bedeutend und im Alterthum beliebt bekundeter Originale auf uns gekommen sind, und, da auch die im Allgemeinen sehr spärlichen Notizen über antike Kunstwerke gerade über Amazonen uns nicht mangeln, die Aufgabe, die Denkmäler mit den Nachrichten zu combiniren, als eine verlockende und lohnende erscheint.

Aus einer sehr sorgfältigen Revision des gesammten einschlägigen Statuenvorrathes hat Otto Jahn das Vorhandensein von fünf verschiedenen Amazonen-Typen in der statuarischen Kunst des Alterthums nachgewiesen, welche nach ihren hauptsächlichsten Vertretern benannt werden:

1) nach der sogenannten Stackelberg'schen Statuette, von dem genannten gelehrten Alterthumsfreunde 1813 auf Salamis gefunden und seit 1845 in den Besitz des dresdener Museums übergegangen;

2) nach dem Amazonenfragment in Wien;

3) nach einer kleinen florentiner Bronze-Statuette;

4) nach einer Marmor-Statue im capitolinischen Museum; und

5) nach der Amazone aus der Villa Mattei im Vatican (Musco Pio-Clementino).

Die beiden ersten und die letzte finden sich im neuen Museum (Saal des farnesischen Stieres) neben einander in Gypsabgüssen.

Die Stackelberg'sche Amazone steht durch ihren langen und schweren Chiton, um den ein Fell gegürtet ist, und die hohen Reiterstiefel, die freilich möglicherweise nur von der Restauration herrühren (wie auch der Kopf und erhebliche Theile beider Arme von Thorwaldsen ergänzt sind), ziemlich vereinzelt da. — Auch für die wiener Amazone mit ihrer archaisch steifen Behandlung der doppelten Gewänder, welche letztere die spätere Kunst durch einen leicht hochgegürteten, dem kriegerischen Charakter der Dargestellten angemessenen Chiton ersetzte, lassen sich keine Analogien weiter anführen. Es ist in ihr ein älterer Amazonen-Typus erhalten, welcher der Kunst des perikleischen Zeitalters voranging.

Diesem selbst aber oder der nachfolgenden Periode scheinen ihrem Stile nach die Originale der drei anderen Typen anzugehören, welche bei durchgreifenden Verschiedenheiten in ihrem Charakter und in ihrer Motivirung doch mannichfache überraschende Berührungspunkte darbieten. Zu dem florentiner Typus gehören unter den bisher bekannt gewesenen Wiederholungen hauptsächlich eine Statue im Palaste Sciarra zu Rom und eine zu Oxford, eine bei dem Lord Lansdown in London, eine andere aus dem Besitze des Bildhauers Pacetti und endlich das vorzügliche Exemplar in dem *braccio nuovo* des Vaticanes (Museo Chiaramonti). — Zu der capitolinischen Amazone genügt es, da die Wiederholungen auffallend übereinstimmen, die beiden schönsten, eine ebenfalls im *braccio nuovo* des Vaticanes, die andere im Schlosse zu Wörlitz, anzuführen. — Als Wiederholungen des Mattei'schen Typus sind wichtig:

eine Statue des capitolinischen Museums, ein Torso zu Trier und eine Gemme, die (nach dem Herausgeber) sogenannte Natter'sche.

Man hat für das auffallende Verhältniss der drei Typen zu einander naturgemäss eine Erklärung gesucht, welche die literarische Ueberlieferung in einer überraschenden Weise darzubieten schien. Der ältere Plinius nämlich berichtet, dass fünf oder — nach Berichtigung eines offenbaren Missverständnisses in seinem Texte — vier Hauptkünstler des perikleischen Zeitalters im Wettstreite mit einander Amazonenstatuen gearbeitet haben, von denen man, als sie im Tempel der ephesischen Diana geweiht wurden, die vortrefflichste auszuwählen beliebte. Es soll dies das Werk des Polykleitos gewesen sein, dem sich eine Statue des Pheidias dem Werthe nach zunächst anreihte, während Kresilas von Kydonia in dritter, Phradmon der Argiver in vierter Linie folgte; und zwar waren die Entscheidungen nach einem Modus herbeigeführt, der offenbar in unserem Zeitalter der Concurrenzen der Beachtung empfohlen zu werden verdiente, und der viel Aehnlichkeit mit der Probe hat, durch die in Nathan's Fabel von den drei Ringen der kluge Richter den ächten Ring aufzufinden sucht. Die Jury wurde nämlich von den concurrirenden Künstlern selber gebildet, und dasjenige Werk für das beste erklärt, welchem die meisten nächst dem eigenen die höchste Vollendung zuerkannten.

Weiter ergiebt sich aus Plinius für die Statue des Pheidias direct, indirect also auch für die concurrirenden Werke, das Zeugniss, dass sie von Bronze war, und von dem Werke des Kresilas theilt Plinius an anderer Stelle mit, dass es eine verwundete Amazone darstellte. Ausserdem wird die Amazone des Pheidias noch bei Lukianos erwähnt, und wir erfahren durch ihn, dass dieselbe sich auf ihren Speer stützte; ferner, dass sie von Manchen, obgleich sie, wie wir gesehen haben, in der Concurrenz dem Polykleitos gegenüber unterlag, für das ruhmwürdigste Werk des Künstlers gehalten wurde; und endlich sogar, dass manche Schönheiten vornehmlich an ihr bewundert wurden. Lukianos nämlich, wo er einmal ein weibliches Schönheitsideal aus Theilen berühmter Sculpturwerke zusammenstellt, lässt dazu den Pheidias die Fügung oder vielleicht richtiger übersetzt die Führung des Mundes und den Nacken von seiner Amazone beisteuern.

Eine besondere Veranlassung für Ephesos, Amazonen-Statuen aufzustellen, findet man in einer von Pindaros benutzten Tempellegende, nach welcher die Amazonen von Dionysos besiegt nach Ephesos gekommen sein und das Heiligthum der Artemis gegründet haben sollen.

Es wird unter Berücksichtigung der Art, wie Plinius arbeitet und Kunstangelegenheiten behandelt — Jahn beschuldigt ihn selbst einmal der »Lohndiener«-Manier bei seinen Anmerkungen über Kunstwerke! —, wenig dagegen einzuwenden sein, wenn die Glaubwürdigkeit seiner Erzählung angefochten worden ist, und sie nur als Fassung einer kunstkennerischen Rangordnung verwandter Werke in die Form einer Anekdote Geltung behalten soll. In der That, nur das Vorhandensein der Amazonenstatuen und die Aufstellung wenigstens der einen schönsten im Tempel der Artemis zu Ephesos, vielleicht aber auch aller, wogegen nichts Positives, am wenigsten die sehr deutungsfähige Stelle des Plinius spricht, bleibt als historisch unanfechtbarer Kern der Ueberlieferung von jener Concurrenz bestehen. Irgend eine der übrigen Nachrichten aber anzufechten, insbesondere die Beziehung auf den Dionysos-Mythos der späteren romanhaft nachdichtenden Mythographie beizumessen, liegt kein Grund vor. Vielmehr ist gerade der letztere Zug durch das corrigirende und modificirende Zeugniss des Pausanias, die Amazonen seien zu wiederholten Malen als Schutzflehende zu dem schon vorhandenen, von dem Autochthonen Koresos und dem Ephesos gegründeten ephesischen Heiligthum gekommen und haben dort geopfert, wovon auch Tacitus berichtet, hinlänglich sicher gestellt. —

Wir haben nun die drei Amazonen-Typen, welche mit diesen schriftlichen Ueberlieferungen zu vereinigen sind, näher in's Auge zu fassen.

Zunächst treten zwei fast gegensätzlich zu nennende Motivirungen hervor, die ganz äusserlich dadurch unterschieden sind, dass die eine Gruppe bloss auf dem rechten, die andere ebenso entschieden bloss auf dem linken Beine ruht; ein Umstand, der gerade bei diesen Statuen um so wichtiger und beachtenswerther ist, als wir eine Beziehung eines der Originale dieser verschiedenen Statuen auf Polykleitos als historische Ueberlieferung gefunden haben, und von diesem Künstler notirt wird, dass er zuerst das Princip strenge durchgeführt habe, seine Gestalten auf einem Beine ruhen zu lassen, wodurch sie eine lebendigere Bewegung und einen freieren Gegensatz zwischen der zusammengedrückten Seite des Standbeines und der leichter sich entwickelnden des Spielbeines gewannen.

Die Motivirung der Arme ist merkwürdigerweise in keinem der vielen erhaltenen Exemplare sicher zu erkennen, da deren Bewegung, wie sie sich jetzt zeigt, überall der Zuthat der Ergänzer angehört, nur dass der rechte Arm stark gehoben, der linke gesenkt war, geht mit Sicherheit aus der Beobachtung der antiken Theile als beiden Typen gemeinsam hervor. — Auch die Neigung des Kopfes nach rechts und nach vorn mit einem unbestreitbar wehmüthigen und schmerzlichen Ausdrucke bei allen Wiederholungen, über die überhaupt geurtheilt werden kann, zeigt sich ihnen als in annähernd gleichem Grade eigenthümlich.

Einen wesentlichen Unterschied dagegen bewirkt die

Gewandung, welche, überall aus dem einfachen gegürteten Chiton bestehend, bei den auf dem linken Beine ruhenden Amazonen auf der rechten Schulter gelöst die rechte Brust und Seite, bei den auf dem linken Beine stehenden umgekehrt die linke Brust und Seite herabfallend entblösst. — Die ersteren sind sämmtlich an der rechten Brust verwundet und das tiefer geneigte Haupt blickt nach der verletzten Stelle. Eine sehr wahrscheinliche Restauration lässt die linke Hand das Gewand von der Wunde abheben. Nur eine Wiederholung dieses Typus, die im Vatican, zeigt keine sichtbar ausgearbeitete Wunde, sonst aber in vollkommener Uebereinstimmung alle Einzelheiten dieses Motives. Man würde, wie sehr häufig bei ähnlichen Fehlern, die Flüchtigkeit des Copisten beschuldigen, wenn nicht gerade diese Statue eine der vorzüglichsten Repräsentationen dieses Typus wäre; und es bleibt also nur übrig, anzunehmen, dass der Künstler die weiche Schönheit der nackten Theile nicht durch eine Verwundung unterbrechen und verunstalten wollte. — Ueber dem Chiton tragen die Statuen dieses Typus sämmtlich die Chlamys, den kurzen Kriegermantel, der ganz hinter die Schultern zurückgeworfen ist.

Innerhalb des in den allgemeinsten Zügen bisher der verwundeten Amazone gegenübergestellten Typus sind nun aber bei näherer Vergleichung der Denkmäler zwei deutlich und charakteristisch verschiedene Varianten nicht zu verkennen. Auch sie sind zunächst rein äusserlich unterschieden, indem nämlich bei einer Gruppe der einfach geschürzte Chiton die rechte Brust ganz bedeckt, der Saum über dem Schenkel des linken Beines hochgenommen und unter den Gürtel gesteckt ist, offenbar um bei einer beabsichtigten und vorbereiteten starken Bewegung nicht hinderlich zu sein. Die andere Variante dagegen zeigt den Chiton mit fast peinlicher Sorgfalt symmetrisch aufgeschürzt und dergestalt, dass er in der Mitte zwischen den Schenkeln am kürzesten ist; in Folge der starken Hebung der rechten Schulter aber gleitet die rechte Seite des Busens unter dem schmalen von der Schulter herablaufenden Streifen des Chitons hervor und bleibt fast ganz unbedeckt.

Mehrere Repliken dieser beiden Varianten zeigen neben der Figur eine Stütze, an welche Streitaxt und Schild gelehnt sind, die aber, wie auch der vereinzelt auf der Basis vorkommende Helm, möglicherweise eine Zuthat der Copisten bei der Uebertragung des Originales aus der Bronze in den Marmor sein können. Nicht so der gleichfalls beiden Varianten öfters beigegebene Köcher an der linken Seite, unter welchem, wie die unverdächtigen Monumente einhellig beweisen, der Bogen angeschnallt getragen wurde, so dass also auf diejenige Erklärung des Motives, nach welcher die Amazone besiegt sich entwaffne und, mit der Rechten über den Kopf zurückgreifend, den Bogen vom Rücken nehme, ihn ihrem Sieger zu übergeben, von vorn herein als auf eine durch das Costüm widerlegte zu verzichten ist. — Auch tragen mehrere dieser Statuen am linken Fusse einen Sporenhalter.

Bei eingehender Beobachtung zeigen nun die beiden Varianten auch im Ausdrucke eine wesentliche Verschiedenheit. Die Gestalt der mehr bekleideten, der Mattei'sche Typus, hat etwas Kräftiges, aufwärts Schwebendes und vorwärts Strebendes in ihrer Haltung, während die andere, der Typus der florentiner Bronze, etwas Gebrochenes, zum Zusammensinken Geneigtes an sich hat, was möglicherweise zwar in momentaner Erschlaffung oder geistiger Niedergeschlagenheit seinen Grund haben könnte, bei vier Repliken aber vollends durch eine Wunde an der rechten Brust motivirt ist. Eine dieser vier ist auch unsere neue berliner Amazone, und wir werden in der Folge diesen Typus nach ihr als den berliner bezeichnen.

Wir wollen hier gleich vorausnehmen, dass auch die Körperformen beider Varianten sehr verschieden sind. Die erstere ist durchaus voll frischer und rüstiger Kraft, in den Umrissen zart, in den Formen runder und weicher als alle übrigen. Die Formen der häufig verwundet dargestellten haben in allen Copien und voraus in der unserigen etwas auffallend Herbes, Breites und Knochiges, etwas, was an männlichen Wuchs gemahnt, breite Schultern und schmale Hüften.

Die Frage drängt sich nun auf, wie sich die so unterschiedenen drei Typen, der capitolinische, der Mattei'sche und der berliner, zu einander und zur Ueberlieferung verhalten. Es springt in die Augen, dass der Letztere eine Art von Mittelstellung zwischen den beiden ersteren einnimmt, durch welche er entweder als das Vorbild oder als eine Vermischung beider ausgewiesen wird.

Es konnte möglicherweise ein Künstler, dem der capitolinische und der Mattei'sche Typus fertig vorlag, eine Verschmelzung beider versuchen, von jenem das Motiv, von diesem den allgemeinen Habitus entlehnend; wie viel er von Eigenem zur innigeren Vereinigung hinzuthat, zu ermessen, sind wir bei der Unklarheit über das Motiv der Armbewegungen sämmtlicher Typen ausser Stande. Wie viel Spielraum der künstlerischen Phantasie dabei gelassen war, kann man sich leicht vorstellen, wenn man den Abstand in's Auge fasst zwischen dem Originaltypus der berliner Statue, wie ihn sich Otto Jahn vorstellte, mit dem niederhängenden linken Arme auf die Streitaxt gestützt, und der fast zur Selbständigkeit einer neuen Auffassung des Motives gelangten Lansdown'schen Statue, die, todesmatt zusammenbrechend, mit dem linken Arme auf einen Pfeiler gestützt, das Vorbild für die Restauration auch unserer Statue abgegeben hat.

Es ist aber mindestens eben so wohl denkbar, woran

schon Nibby und noch viel später Schöll gedacht haben, dass der berliner und der Mattei'sche Typus als absichtliche Pendants zu einander entstanden sind. Der gebrochenen Amazone wurde in diesem Falle in sonst möglichst gleicher Motivirung eine kühn aufgerichtete gegenübergestellt, eine ganz dankbare Aufgabe für einen Künstler, der ungefähr gleicher Zeit und Schule angehörte. Es würde alsdann die Verwundung als dem berliner Typus ursprünglich angehörend angenommen werden können und müssen.

Ganz gut wäre es weiter denkbar, dass ein anderer, etwas späterer oder wenigstens jüngerer Künstler, sei es, weil ihm eine ähnliche Aufgabe, ein Pendant zu schaffen, vorlag, sei es, weil ihn die Lust, mit einem berühmten Vorbilde zu rivalisiren, antrieb, der Urheber des capitolinischen Typus geworden. Schon die erstere Annahme würde die fast antistrophische Entgegensetzung des linken Spielbeines gegen das rechte, der entblössten rechten Brustseite gegen die linke ausreichend erklären. Besser noch freilich würde die Bewegung durch die zweite Annahme motivirt. Denn es konnte in der That dem Sohne einer mehr studirten, fast schon raffinirten Zeit auffallen, dass der Schöpfer des berliner Typus nicht all den Vortheil aus den Hauptmotiven seiner Figur gezogen hatte, den daraus zu ziehen mit einiger Ueberlegung möglich war. Er unternahm es, die unwillkürliche Bewegung der Verwundeten, welche unbewusst bestrebt ist, das peinliche Gefühl der Verletzung zu mildern, durch alle Glieder hindurchklingen zu lassen. Er liess also die getroffene Körperseite von jeglichem Drucke thunlichst entlasten, verlegte den Schwerpunkt des Körpers auf das linke Bein, liess die linke Hand das Gewand von der Wunde lüften und entfernte den rechten Arm zur Vermeidung des Druckes, indem er ihn erhob und für ihn, sei es, wie in der Lansdown'schen Statue, durch Berührung des Kopfes, sei es, wie mehrere

Archäologen durchaus nicht ungeschickt vermuthet haben, durch Ergreifen des rechts neben der Statue stehend zu denkenden Speerschaftes, einen Stützpunkt zu gewinnen suchte. Zugleich goss er über die ganze Gestalt jenen ächt weiblichen Liebreiz, den die kriegerischen Jungfrauen nicht entbehren, wie die mannichfachen Sagen beweisen, in denen die damit eng zusammenhängende Liebefähigkeit und -Bedürftigkeit der Heldinnen im kritischen Momente des Kampfes mächtig hervorbricht, und jene elegische Stimmung und melancholische Traurigkeit, welche die kühne, stolze Jugendkraft beschleicht, die sich mitten im Siegeslaufe durch die rauhe Hand des Schicksales gebrochen fühlt.

Wir müssen gestehen, dass uns diese letztere Annahme mehr Wahrscheinlichkeit zu haben scheint als die erstere, und zwar schon aus dem Grunde, weil in jenem Falle der berliner Typus einem Künstler ohne Selbständigkeit und Schöpferkraft seinen Ursprung verdankte und von den beiden anderen Typen fühlbar abhängig sein und ihnen im Werthe natürlich, nachstehen müsste. Beides aber widerlegt der Augenschein. Dennoch ist triftig und erst entscheidend ein anderer Grund, nämlich die durch so viele Wiederholungen in auffallendem Grade treu und übereinstimmend erhaltene Stilverschiedenheit der drei Werke und das Verhältniss ihrer stilistischen Eigenschaften zu einander.

In der symmetrischen Gewandanordnung sowie in der Herbigkeit aller Formen des berliner Typus klingt noch etwas von der Steifheit und der Gebundenheit der älteren Kunstepoche durch. Dagegen verräth der Mattei'sche Typus bereits eine viel grössere Freiheit sowohl in der Beseelung der Leiblichkeit als auch in dem feinfühligen Hindurchklingen der Formen und Bewegungen durch die Gewandung; und in dem capitolinischen Typus beginnt bereits eine Weiche und Zartheit der Formengebung und des Empfindungslebens, welches vollends erst einer weiter vorgeschrittenen Kunst angehören kann. Jedoch sind die gemeinsamen Grundzüge nicht so undeutlich, und die Verschiedenheiten nicht so durchgreifend, dass nicht mit gutem Grunde und unbedenklich die Entstehung aller drei Typen innerhalb der älteren attischen Schule und ihrer Ausläufer oder innerhalb der parallel gehenden Kunstbestrebungen angenommen werden könnte.

Suchen wir nun den Schöpfer desjenigen Originales, welches uns in dem berliner Typus, als dem anscheinend ursprünglichsten der drei grossen Amazonen-Typen, erhalten ist, zu benennen, so scheint uns Alles auf Polykleitos hinzuweisen. Nicht allein, dass seine Amazone bei den Alten für die schönste galt und selbst einem Hauptwerke des Pheidias vorangestellt wurde, macht die Anlehnung der copirenden Kunstthätigkeit auf dem Boden Italiens gerade an dieses Vorbild und seine Nachklänge wahrscheinlich, sondern vor Allem der Charakter des Bildwerkes selber. *Signa quadrata*, d. h. vierschrötige Gestalten nannte Varro Polykleitos' Bildungen, und die männergleichen Formen der Amazone mit ihren scharf begränzten Flächen entsprechen diesem Charakter.

Auch die Vorliebe des Künstlers für das Nackte könnte auf ihn hinweisen wie die Spuren der noch nicht überwundenen archaischen Befangenheit in der Gewandung. Auch ist die Uebereinstimmung zwischen der Amazone und anderen dem Polykleitos mit der bei diesen Sachen überhaupt zu erreichenden Sicherheit zugeschriebenen Werken unverkennbar.

Möglich, ja wahrscheinlich alsdann, dass die verwundete Amazone, der capitolinische Typus, von Kresilas herrührt, der mit diesem Werke sich die Unsterblichkeit seines Namens gesichert hat. Bei ihr an Pheidias zu denken, wie von einer Seite vorgeschlagen worden, ist unbedingt abzulehnen. Abgesehen davon, dass nach dem von uns vorausgesetzten Zusammenhange Pheidias, einer der selbständigsten und schöpferischesten Künstler, die je gelebt haben, zu einem Nachahmer nicht zwar, aber doch Nacheiferer des Polykleitos würde, hat auch der ganze Charakter dieser Amazone mit Pheidias schlechterdings nichts gemein. Die Beweisführung ist auch, wie zu vermuthen, höchst wunderlich: im Mittelpunkte des Raisonnements steht der durch den Mantel verhüllte Nacken, als wenn ein solcher als Ingrediens zu dem Ideale eines schönen Weibes zu brauchen wäre, und nicht vielmehr ein freier, wie ihn neben der berliner auch die Mattei'sche Amazone hat, deren ganzer Habitus dem Pheidias bei Weitem näher steht als der der capitolinischen. Möglich also, dass, wenn einmal einer derjenigen Künstler, welche uns als Amazonenbildner von den alten Schriftstellern genannt werden, als der letzteren Urheber angesprochen werden soll, es Strongylion ist, der auf attischem Boden thätig war und unter dem Eindrucke Pheidias'scher Kunst sich entwickelte, und der andererseits sich in mehrfachen Aufgaben mit dem Polykleitos begegnet, so dass die Voraussetzung einer bewussten und beabsichtigten Concurrenz mit demselben, wie wir sie für die Entstehung des Mattei'schen Typus annehmen zu müssen geglaubt haben, bei ihm nichts Bedenkliches hat; — möglich, wenn sich nämlich der Einwand entkräften lässt, dass seine Amazone mit dem Beinamen „*eúknemos*" — die mit den schönen Schenkeln —, die Nero so liebte, dass er sie immer in seinem Gefolge mitführen liess, der letzteren Nachricht zufolge vermuthlich eine kleine Bronze war. In diesem Falle bliebe der Schöpfer des Mattei'schen Typus bis auf Weiteres unbekannt.

Ueber das streitige Motiv dieses Typus uns hier in weitläuftige Erörterungen einzulassen, ist nicht des Ortes. Die Aechtheit der Natter'schen Gemme zu beanstanden, liegt kein Grund vor, im Gegentheil; und die Uebereinstimmung mit der Statue ist zu augenfällig, um nicht unbedenklich zur Aufhellung des dunklen Motives derselben benutzt zu werden. Die Amazone führte dann mit beiden Händen einen Springstab und wäre dergestalt eine sich zum Sprunge rüstende, wozu sowohl die gespannte, vorwärts schwebende Haltung als auch der umgeschlagene Chiton trefflich stimmt. Möglich, dass alsdann auch bei dem berliner Typus, als dem Vorbilde, (wie bei dem capitolinischen) ein Speer zur Rechten als Stütze des erhobenen Armes ursprünglich vorhanden war; denn die selbstthätige Hebung desselben entspräche bei ihm nicht besser als bei diesem der Rücksicht auf die Verwundung. —

Durch die Billigung des gedachten Motives für die Mattei'sche Statue würde übrigens keineswegs die Zurückführung auf Pheidias unabweisbar sein; denn die Bezeichnung »auf einen Speer gestützt« würde für dieses Motiv doch allzu schief sein. Ein Speer ist kein Springstab, und eine Statue, die sich mit Elan in die Höhe richtet, bezeichnet kein Lukianos als eine sich stützende; hierin ist vielmehr sicher der Hinweis auf Trauer und Niedergeschlagenheit, Schwäche und Ermattung gegeben, der demnach den »ephesischen« Amazonen-Statuen gemeinsam gewesen zu sein scheint und vielleicht die hauptsächlichste Veranlassung zu ihrer Vergleichung und damit zur Entstehung der plinianischen Anekdote gegeben hat. Dann würde man um so weniger den Urheber des Mattei'schen Typus unter den ephesischen »Concurrenten« zu suchen haben.

Wenden wir uns nun zum Schlusse noch einmal zu unserer neuen berliner Acquisition zurück, so erkennen wir in ihr ohne Frage nächst der Amazone des *braccio nuovo* die schönste Wiederholung dieses Typus, die, wenn unsere Vermuthung richtig war, in der beibehaltenen Wunde noch einen an jener schöneren Rivalin vermissten Zug des Originales aufzuweisen hat. Die Erhaltung der Statue ist verhältnissmässig sehr gut; dass der rechte Arm vom oberen Ansatze des Biceps ab neu ist, dies Schicksal theilt sie mit allen übrigen Amazonen-Statuen; der linke Arm scheint bis unter den Ellenbogen alt zu sein, so dass die Biegung des Unterarmes, mit dem die Statue sich auf einen der Restauration angehörigen viereckigen Pfeiler stützt, durch den antiken Stumpf indicirt wäre. Mit dem Pfeiler, der, mit der Statue in Verbindung gesetzt, die Spuren verwischt hat, die an der Hüfte der Amazone möglicherweise auf einen abgestossenen Köcher hätten schliessen lassen, ist auch die Basis neu nebst den beiden Füssen der Amazone, dem rechten bis über, dem linken bis unter die Knöchel und zwar so, dass der am linken Fusse befindliche Sporenhalter durch einige Reste am Fusse als ursprünglich vorhanden erwiesen ist. Am Kopfe ist neu die Nase und einige kleinere Theile des Profiles; von den kleineren Beschädigungen an vielen Stellen des Körpers und der Gewandung zu schweigen. Der Kopf ist angesetzt, gehört aber zur Statue; beide Beine sind gebrochen gewesen. Die Restauration, durch den Professor Karl Steinhäuser zu Rom bewirkt, ist sehr geschickt und vorsichtig gemacht. Der Ankauf der Statue für unser Museum, die Nebenkosten eingerechnet für etwas über 5000 Thaler, was unter den jetzigen Umständen keineswegs zu hoch geachtet werden kann, ist durch Professor Helbig vom archäologischen Institute in Rom vermittelt.

Von der internationalen Kunstausstellung zu München 1869.

Süddeutsche Presse vom 27. Juli bis 9. November 1869. — Es erscheinen hier aus diesem sehr umfänglichen Gesammtberichte nur wenige Stücke, von denen die über die Häupter der entgegengesetzten Kunstrichtungen in München mit besonderer Rücksicht auf die Zeit und den Ort ihres Erscheinens ausgewählt sind. —

Die Häufigkeit und Vielartigkeit der Ausstellungen ist ein Zeichen unserer Zeit. Die Generation will sich bespiegeln, sich bewundern und bewundern lassen. Aber es wäre allzu pessimistisch, wenn man nicht bei Vielen eine bessere Absicht vor oder zum wenigsten neben jener als vorhanden anerkennen wollte. Die Generation strebt rastlos und mit Riesenschritten vorwärts, und dazu will sie lernen, unermüdet, an sich und Anderen, sie will sehen und kennen, was gemacht ist, und was gemacht wird, was geleistet worden, und was noch zu thun übrig bleibt. Sie will die Erfolge aller Orten dem Streben aller übrigen zu Gute kommen lassen, damit nicht allzu edle Kräfte und unwiederbringliche Zeit mit den Versuchen zum Auffinden dessen nutzlos verthan werden, was anderwärts bereits erreicht ist. Sie will das kosmopolitische Humanitätsideal der Gegenwart auf dem thunlichst kürzesten Wege in Gemeinsamkeit Aller mit Allen verwirklichen, darum concentrirt und dirigirt sie die Kräfte mit bewusstem Ernste nach bewussten Zielen.

Es liegt hierin schon der Hinweis darauf und die Erklärung dafür, dass, ohne die nützliche Wirkung kleinerer Localausstellungen aufzuheben oder zu beeinträchtigen, in denen sich die Ortsangehörigen auf die Eindrücke und Impulse besinnen können, die sie von den grösseren mit nach

Hause genommen, und die nahen und fernen Nachbarn das in grösserer Treue, Kraft und Vollständigkeit zu erblicken Gelegenheit finden, was sie in den Andeutungen einer immer lückenhaften allgemeinen Ausstellung zum Nachdenken angeregt und mit dem Wunsche nach besserer Bekanntschaft erfüllt hat, — wir sagen, dass trotz und neben der Berechtigung, der Erwünschtheit und selbst der Nothwendigkeit solcher Ausstellungen mit beschränkterem Plane in dem vorher im Umriss angedeuteten Gedanken der Grund zu sehen ist, warum alle grösseren Ausstellungen aller Art international sind oder wenigstens streben, es zu werden.

So haben wir — abgesehen von dem pariser Salon, der seiner Natur und Geschichte nach eine internationale Stellung und Bedeutung hat, — in diesem Jahre drei sich ausdrücklich so nennende internationale Kunstausstellungen je eine in den Hauptstädten der beiden kleinen kunstbeflissenen Staaten am unteren Laufe des Rheines und der Schelde und die dritte jetzt hier in München, das sich in Rücksicht auf die Kunst wohl ohne den Schein der Anmasslichkeit als die Hauptstadt des südlichen Deutschlands bezeichnen darf.

Für die Kunst aber hat gerade dieser internationale Verkehr eine ganz hervorragende und von der für die Industrie wesentlich verschiedene Bedeutung. Die Industrie und ihre Concurrenz feiert ihre Triumphe im Nivelliren aller Unterschiede bis auf diejenigen, an deren Ueberwindung menschliche Bemühung und Anstrengung scheitert, weil sie in der Natur der Landesproducte, des Klima's oder anderer ähnlicher Grundbedingungen der Fabrication begründet sind. Die Kunst aber in gleichem Grade zu nivelliren, ist nicht möglich. So lange die Menschen nicht mit einerlei Zunge reden — und das werden sie nie —, so lange werden die Nationen auch in ihrer geistigen Substanz, in ihren Anschauungen und Empfindungen, Neigungen und Bedürfnissen verschieden bleiben, ungeachtet der Gemeinsamkeit der intellectuellen Bildung und ihrer modernen Ziele. Und die Kunst, die nicht nur ein Gradmesser, und zwar der allerempfindlichste und untrüglichste, für die Intensität des geistigen Lebens einer Nation ist, sondern auch die Art und die wesentlichen Factoren ihrer Gesittung, der Gesammtheit ihrer Culturzustände im Spiegelbilde ihrer Schöpfungen mit der grössten Sicherheit erkennen lässt, hat um so höhere Bedeutung, je prägnanter sie diese specifischen Unterscheidungen zur Erscheinung bringt und uns durch sie auf die allgemeinen Grundbedingungen des modernen Lebens zu schliessen veranlasst.

Die Aeusserlichkeiten der Kunst, technische Kunstgriffe und Hülfsmittel, lassen sich übertragen, so gut wie neue Werkmaschinen und chemisch-physikalische Processe: sie sind die Industrie, das Handwerk in der Kunst. Unveräusserlich aber, oder wenn schon das, doch unaneigenbar — wenn zur kurzen Bezeichnung des Gegensatzes das seltsame Wort gestattet ist — bleibt der Ideenkreis und die Weltanschauung, die der Künstler dem Boden der Nation verdankt, dem er entsprossen. Jeder Versuch solcher unberechtigten Aneignung rächt sich: er führt zur Zerfahrenheit und zur Manier. Eine gleichmässige Anschauungsweise anzubahnen, die der Grundstimmung des modernen Bewusstseins und dem Charakter der modernen Verhältnisse entspräche, ist nicht Aufgabe der Kunst, noch weniger derjenigen einer bestimmten Nation, am wenigsten einer solchen, die in chinesenhafter Abgeschlossenheit und possirlicher, wenn nicht bedauernswerther Selbstvergötterung jede ihr fremde Form des Lebens und Empfindens verachtet, weil sie sie nicht kennt, geschweige denn versteht.

Diesen allgemeinen Grundton zu finden und anzugeben, ist Aufgabe des modernen Lebens; und bei dessen Vielgeschäftigkeit und Strebensfülle, der Ruhe und Sammlung, feierliches Besinnen und glückliches Besitzen noch nicht beschieden ist, darf es nicht Wunder nehmen und noch weniger Vorwurf erfahren, wenn dieser Grundton vorläufig noch unrein, schrillend wie das Pfeifen des Dampfwagens in die verschiedenen Ohren tönt, und die Subjectivität des Hörers auf die Taxe und das Verständniss des Normalklanges einen überraschenden, ja unerhörten Einfluss übt.

Keine Zeit noch hat, wie die unserige sich dessen zum Theil als ihres mit eiserner Beharrung verfolgten Zieles, zum grossen Theile sogar schon als ihres glücklich erstrittenen und unverlierbar geborgenen Besitzes rühmen kann, die strenge Herrschaft des Allgemeinen und die volle Hingabe des Individuums mit der Befreiung der Subjectivität von jeder Art von Bevormundung und der unbedingten Achtung vor der persönlichen Freiheit in jeder Richtung zu vereinigen gewusst. Wir dürfen diese Vereinigung als das Ziel des modernen Lebens und Strebens ansprechen. Wollen wir aber darüber erstaunen, dass der Einzelne von den beiden Elementen dieser vortrefflichen Mischung zunächst und zumeist nur des einen sich bewusst wird, der Entbindung der Subjectivität von den hemmenden Fesseln alter und veralteter Convention? namentlich in der Kunst, wo der Schöpfer des Werkes ein Stück seiner selbst aus sich herauszuleben getrieben wird und der fortgefallenen Einfriedigung und Beschränkung sich mit taumelndem Entzücken bewusst wird?

Es ist nur allzu erklärlich, dass solche Gedanken in uns entstehen müssen, wenn wir die neue internationale Ausstellung betreten. Erinnern uns doch diese stattlichen Räume unwillkürlich an jene begeistert aufgenommene, wahrhaft erhebende, in unvergesslichem Andenken aller Besucher fortlebende erste allgemeine deutsche Kunstausstellung vom Jahre 1858 und fordern die Vergleichung heraus zwischen dem Damals und dem Jetzt. Referent war nicht so glücklich, sich des gesammelten Eindruckes der in jenem Jahre hier vereinigten Werke erfreuen zu können. Aber wer die bedeutendsten Schöpfungen der deutschen Kunst von Asmus Carstens her bis zu den letzten Grossthaten eines Cornelius sonst aus eigener Anschauung kennt, der kann die damals in hohen Fluthen gehende Begeisterung vollauf würdigen und ihre volle Berechtigung begreifen. Sechs Decennien fast unvergleichlichen Kunstschaffens standen im Auszuge des Besten vor den Augen der Nation, die sie erlebt, die sie gelebt hatte. Heute blickt von diesen Wänden kaum ein einziges Jahrzehent auf uns herab und reisst uns im Wettstreite der Nationen in den Strudel unserer unmittelbaren Gegenwart.

Man würde sich da vergebens umsehen nach so hervorragenden, bahnbrechenden Kunsterscheinungen, wie sie die Morgenröthe der neudeutschen Kunst an der Wiege des Jahrhunderts verkündigten. Dergleichen ist eben nur möglich in einem grösseren Zeitabschnitte und am Anfange einer Neugestaltung des gesammten nationalen Lebens von Grund auf nach einer peinlichen, Jahrhunderte langen Pause. Dem gegenüber müssen wir uns bescheiden. Grosse Momente lassen sich nicht künstlich machen; und so weit unsere Gegenwart ein solcher ist, wird sie — das glauben wir zuversichtlich — dermaleinst nicht den Vorwurf erfahren: »der grosse Moment fand nur ein kleines Geschlecht«. Auch für unsere Kunst wird das gelten. Wir dürfen, ja wir müssen in gewissen Beziehungen auf ein ziemlich hohes allgemeines Niveau unserer neuesten Kunstthätigkeit hinweisen, in der sich eine grosse Zahl der verschiedensten sehr ausgesprochenen Richtungen mit bewusster Klarheit neben einander fortbewegt; und wenn heutzutage ein scheinbar übergrosser Nachdruck auf die Technik und namentlich auf die Vervollkommnung der Farbe gelegt wird, so ist auch das vollkommen normal: nachdem die Ideen sich, wenn auch einseitig, entwickelt, und die geistige Seite der Kunst über die formelle das Uebergewicht gehabt hat, tritt zur Erreichung der für uns vorläufig möglichen und demnächst zu erwartenden Kunstvollendung auch die technische Seite der Kunst mehr hervor. Dass hier gleichwohl — wenn wir nämlich, wie hier noch immer geschieht, auf die Gesammtheit, nicht auf Einzelnes und Einzelne schauen — nicht an dasjenige Vorwalten der blossen Virtuosität gedacht werden kann, welches Nachblüthen und Verfallzeiten charakterisirt, dafür scheint uns zweierlei zu bürgen.

Erstens ist doch wohl noch keineswegs — wer wollte das Gegentheil im Ernste zu behaupten wagen? — die vollkommene Durchdringung des zeitgemässen Kunstinhaltes mit der neu gepflegten und entwickelten schönen Form erreicht; also ist das gegenwärtige Streben nach Vervollkommnung der Technik erst als eine Vorbereitung zu betrachten zu dem, was da kommen soll. Es wäre ja ganz unerhört und gegen den Sinn und Geist aller historischen Entwickelung, wenn ein energischer, gesunder Aufschwung von nachhaltiger Kraft nicht auf die Höhe führen, oder von irgend einer nur mässigen Anhöhe, die erreicht worden, ein Verfall in wesentlich verschiedener Richtung, beinahe ohne Zusammenhang mit dem Emporwege, sich vollziehen sollte. Und man müsste den Anlauf, den die Kunst bei den beiden Hauptkunstmächten des neunzehnten Jahrhunderts, bei Franzosen und Deutschen, seit der grossen Revolution genommen, für sehr engbrüstig und kreuzlahm erklären, wenn man jene beiden Annahmen für in diesem Falle ausnahmsweise möglich halten könnte.

Zweitens aber — und das ist offenbar viel wichtiger und zugleich einleuchtender — vollzieht sich gleichzeitig eine Wandelung in dem geistigen Gehalte, den die Kunst zu verkörpern sich vorsetzt; es verbreitert und vertieft sich ihr Gebiet -- freilich nicht im Sinne des einseitigen Idealismus oder gar Supranaturalismus —, indem sie Veraltetes aufgiebt und sich mit dem ganzen Reichthum von Ideen befruchtet, welcher aus einer beispiellosen Erweiterung des Anschauungskreises, aus einer wahren Revolution unserer Weltanschauung resultirt, und sie strebt in tausendfachen Richtungen, die Mannichfaltigkeit der modernen Lebensinteressen wiederzuspiegeln und zu befriedigen.

Dass dieses Schauspiel, wie schon angedeutet, etwas Verwirrendes hat, und die Kunst des Tages dadurch fast an Zerfahrenheit, Plan- und Haltlosigkeit zu leiden scheint, kann niemand in Abrede stellen oder auch nur beschönigen wollen, am wenigsten derjenige, welcher jetzt schon das verborgene Gesetz in der Entwickelung ausspüren möchte, und sich doch gezwungen sieht, einzugestehen, dass es unmöglich ist, den Punkt auch nur einigermassen fest und genau zu bestimmen, in dem sich diese vielen Wege dermaleinst vereinigen werden.

Darum darf man aber um Alles in der Welt nicht an der Zukunft unserer Kunst selber verzweifeln! Denn die Eigenschaft, an offenen Fragen reich und an verschlungenen Pfaden nicht arm zu sein, theilt sie mit dem öffentlichen Leben der Gegenwart in allen seinen Beziehungen. Und doch: wer glaubt sich nicht berechtigt, in diesem die zukunftreichen Keime bald schon zeitigender Verhältnisse zu erblicken, die, wenn auch nicht ideal, so doch wahrscheinlich normal sein werden. Dem muss und wird die Kunst folgen, wie sie jetzt die dunklen Irrgänge des Suchens mit durchwandert; und in dieser wohlbegründeten Zuversicht liegt die Erklärung und die Rechtfertigung unserer jetzigen Kunstzustände, selbst nach ihren beinahe bedenklichen Seiten hin; — denn auch deren hat sie ohne Zweifel. Aber mit so vielem Bewusstsein und solcher Klarheit wie gegenwärtig in allen Gebieten, auch der Kunst, ist noch niemals und nirgends in der Welt gestrebt worden, und wenn wir in vielfacher Beziehung den Verlust der Naivität in Leben und Kunst zu beklagen haben, der unser Zeitalter der Reflexion charakterisirt, — hier ist er uns von Nutzen. Nicht die Laune des Augenblickes und die Mode des Tages, nicht unbewusstes Bilden und selbstthätiges Werden bringt die Culturformen der neuen Welt hervor, sondern wir haben in allen Stücken gelernt, die Vergangenheit zur Lehrmeisterin der Gegenwart zu machen, und so werden wir, wenn auch mit einigen Umwegen und Unfällen, doch endlich sicher zum Ziele gelangen.

Oder glaubt jemand behaupten zu können, mit dem Verluste der Naivität sei der Kunst überhaupt das Todesurtheil gesprochen? Wohlan, er bezeichne unter den Schöpfungen der modernen Kunst diejenigen, welche ihm die vorzüglichsten scheinen. Welche es auch seien, sie werden den Beweis liefern, dass, wie sehr auch die Zeit und mit ihr der Künstler die Naivität der Welt und dem Leben gegenüber verloren, auf dem Standpunkte der modernen Weltanschauung, der Reflexion und Berechnung doch dem Genie seinem Werke gegenüber eine gewisse Art von Naivität, von Unbefangenheit, Harmlosigkeit und Unmittelbarkeit möglich bleibt, vermöge deren die Kunst in ihrer Wesenheit bestehen bleibt. Jenes göttliche: »ernst ist das Leben, heiter ist die Kunst« steht als das künstlerisch formulirte Programm der modernen Kunst da im Munde des grössten Dichters des neunzehnten Jahrhunderts, dem er seinem Geist und Sinne nach ganz und gar angehört, ob er schon kaum die ersten Jahreszahlen desselben als Lebender mitgeschrieben.

Aus der Ganzheit der Weltanschauung, so wie sie sich allmählich ausgestaltet, geht die Tüchtigkeit zur künstlerischen Production zugleich im modernen Geiste und im Geiste allerhöchster Kunstvollendung hervor. Wann und wie sich diese Anschauung im Einzelnen gestalten wird? — könnten wir es sagen, so brauchten wir nicht mehr zu fragen; sie müsste fertig vor uns stehen. Eins nur wissen wir schon; und die daraus möglichen Schlussfolgerungen sind wichtig und interessant genug, um uns noch einen Augenblick dabei zu verweilen.

Wie der gegenwärtigen Welt, ist auch der Lebensnerv der modernsten Kunst die Humanität, so wie die moderne Kunst des *quattro* und *cinque cento* unter den Fittichen des Humanismus erwuchs und erstarkte.

Humanismus und Humanität, — die Formen der Wörter schon lassen den Unterschied der Begriffe erkennen; dort das künstliche System einer Erkenntniss, hier das Wesen der Sache selbst. Daher hatte die Kunst der Renaissance, wie sehr sie auch auf ihrem Höhepunkte allgemein menschlichen Inhalt in schönster Verständlichkeit mustergültiger Form aussprach, doch etwas Aristokratisches und Exclusives: man fühlt ihr die Scheu an vor der Berührung mit dem „*profanum vulgus*". Darin aber liegt auch der Keim ihres Verfalles. Statt allmählich in die Tiefe zu dringen, schwamm sie auf der Oberfläche, wurde Kunst der »höchsten Kreise« der Menschheit, ward im Barockstile Dienerin des dynastischen Absolutismus, im Rococo gefällige Gesellschafterin einer sittlich verwahrlosten *haute volée*, und versank, versank bis zu dem Punkte, wo selbst in den Sphären, die sie gehegt und gepflegt, die Luft zu eng wurde, und man an ihr verzweifelte. — In dem theoretischen Charakter des Humanismus war es auch begründet, dass seine Kunst ideal sein musste, und dieser Grundzug der Idealität ist selbst noch in ihren realistischen Ausläufern zu spüren.

Die Humanität des neunzehnten Jahrhunderts steht auf dem Standpunkte des „*nihil humani a me alienum puto*" in weitester Auslegung des Grundsatzes, so dass die edelsten Bestrebungen eben so gut wie kynische Ausschreitungen aus dem Princip ihre Erklärung (wenn auch natürlich bei Leibe nicht in alle Wege Rechtfertigung!) finden; das Princip ist realistisch, und so muss es auch die Kunst sein. Sie geht daher in die Tiefe, sie dringt in die Masse des Volkes; das epochemachendste Ereigniss in ihr ist die »Einkehr in's Volksthum«, wie der classische Ausdruck Springer's dafür lautet. Wohl wird das Leben auch gelegentlich plump und roh in seinen unschönen und selbst gemeinen Seiten aufgefasst, — vereinzelte Verirrungen, die das gesunde, lebenskräftige, entwickelungsfähige, kunstreiche Princip nicht in Misscredit bringen können. — Die realistische Kunst aber verlangt nun andererseits höchste Vervollkommnung der Darstellungsmittel, in der Malerei zumal der Farbe. Denn der Realismus achtet die Dinge um ihrer selbst, um ihres Daseins willen — nicht wie der Idealismus um ihres zufälligen Zusammenhanges willen mit einer Idee —, und deshalb muss er die Erscheinung des Daseins mit aller Kunst in ihrem eigensten Charakter wiedergeben; die Malerei aber, welche die Kunst des Scheines ist, die Dinge darstellt, wie sie erscheinen, wird deshalb vor Allem auf das Auffallendste in der Erscheinung der Dinge gelenkt, ihre Farbe; das Auffallendste, denn es ist wohl Farbe denkbar als Erscheinung ohne Form, nicht aber umgekehrt; wir erkennen nur durch die Farbe hindurch die Form. Alle realistische Malerei ist deshalb coloristisch gewesen, und auch die moderne muss es sein, und ist es bereits überall da, wo sie sich auf gutem Wege befindet. — —

Suchen wir zunächst den Gesammteindruck dieser Ausstellung, besonders zunächst der französischen Abtheilung, zu fixiren. Ueber das Befremden über die bunte Mannichfaltigkeit und die Divergenz der Strebungen werden uns die einleitenden Bemerkungen hinweggeholfen haben. Dies aber auch als unvermeidlich angenommen und zugegeben, tritt uns eine Entfremdung der Künstler von den Zielen echter und wahrer Kunst, ein Hinarbeiten auf den Effect, ein Vordrängen der möglichst einseitig und abnorm zugestutzten Subjectivität, ein Mangel an Ideen und ein blindes Vertrauen auf ein angelerntes Machwerk mit einer Ungeschminktheit und eines besseren Gegenstandes würdigem Selbstbewusstsein entgegen, dass es zum Erschrecken ist. Es trägt Verstand und rechter Sinn mit wenig Kunst sich selber vor«; es scheint aber beinahe, als ob mit viel Kunst — will sagen Kunstfertigkeit — fast ausschliesslich das Gegentheil vorgetragen werden könnte.

Verzichten wir gänzlich darauf, diese modernste Kunst nach ihren Ideen zu befragen; geben wir ihr die ausschliessliche Cultivirung der Technik bis zur raffinirtesten Virtuosität als berechtigten Zweck und würdiges Ziel zu; lassen wir uns die Lehre gefallen, dass der Gegenstand vollkommen gleichgültig sei, dass man die Frage zurückzuhalten habe: was soll das sein? was stellt das vor? oder dass man sich wenigstens mit der Auskunft begnügen lassen müsse: das ist ein eclatanter Lichteffect; das ist eine wunderbare Farbenscala; das ist der feinste erdenkbare Stimmungston; u. s. w. Erkennen wir auch diese Bravourstückchen nach dem vollen Umfange ihres Verdienstes an. — Wird die Malerei aber auf den greifbaren, sichtbaren, erkennbaren Gegenstand verzichten können? — Worauf spielt denn das Licht? Wer oder was trägt die Farben? Was erweckt die Stimmung? — Und wird denn die Lehre von der Gleichgültigkeit des Sujets wirklich befolgt? Liegt wirklich nicht die Tendenz vor, durch den Stoff schon zu wirken? Und was für ein Sinn thut sich hierin kund? — Berechtigt die Gleichgültigkeit des Stoffes dazu, Vorwürfe zu wählen, die an sich abstossend, widerwärtig, empörend sind? Wahrscheinlich vielmehr, dass durch dergleichen unsere Empfindung weit mehr präoccupirt und für den ästhetischen Eindruck unzugänglich gemacht wird als durch die angenehmsten und einschmeichelndsten Dinge. Und wodurch gedenkt man das beleidigte Gefühl mit dem Widerstrebenden zu versöhnen? Durch die Meisterschaft der Darstellung, wird man sagen. —

O wohl, das lässt sich hören! Aber welche Darstellung wird beliebt? Man ist stolz auf alle Arten von Richtigkeit; man brüstet sich mit der greifbaren Wahrheit; man thut sich ungeheuer viel zu Gute auf die sichtbar ausgekramte manuelle Geschicklichkeit und Fertigkeit; die Herren vom Spachtel und vom Borstpinsel wähnen, die Könige der Kunst zu sein. Aber seit wann ist alles Wahre und Wirkliche schön? Oder seit wann hat die Kunst darauf verzichtet, Darstellung des Schönen zu sein? Wie kann sie sich dabei beruhigen wollen, Darstellung schlechthin, äusserliche technische Thätigkeit zu sein? Stumpft der ästhetische Sinn sich nicht ab gegen den Abscheu vor der Hässlichkeit, die ihren Namen davon hat, dass sie Hass, unwillkürlichen Widerwillen erregt? Gewöhnt sich das moralische Gefühl nicht an die Unnatur und die Unsittlichkeit, wenn jener wie dieses das Antipathische zu sehen lernen muss, um sich der sogenannten Kunst der modernen Maler zu erfreuen? Kann dem Künstler ein rechter Begriff von dem Werth und der Würde seines Werkes beiwohnen, wenn er selber sich zum Zwecke der Auskramung seiner Kunststückchen und der drastischen Wirkung seines Machwerkes mit dem Widerstrebenden befreundet, das dem Geiste der Menschheit entgegen ist, deren Ideen er ausdrücken soll? —

Und um wie vieles besser ist die absolute Nichtigkeit vieler, ja der meisten Vorwürfe? Ist die Virtuosität so ein einziges, wahrhaft befriedigendes, um seiner selbst willen erstrebenswerthes Gut? Wie Viele erreichen nicht eine achtungswerthe, selbst staunenerregende Vervollkommnung in irgend einem Theile oder einer Richtung der

Technik! Und wie Viele mehr könnten sie noch in einigen Jahren gut geleiteter, fleissiger Studien erreichen, wenn ihnen das allein ein laufenswerthes Ziel wäre! Dieser moderne Cultus der Bravour in der Kunst hat eine ganz erschreckliche Aehnlichkeit mit der Theilung der Arbeit in der Industrie, nur mit dem wesentlichen Unterschiede, dass dort kein übergeordneter Geist des Werkführers die einzeln entstehenden Theile auf das Ganze berechnet und organisch zusammenfügt. Nur die geisttödtende Isolirung und die Einbusse der Fühlung mit der Idee, die dem Gesammtwerke zu Grunde liegt, bleibt dem Kunstvirtuosen mit dem Arbeitsvirtuosen gemein. Darin liegt eine grosse, in ihrer Schrecklichkeit meist kaum geahnte Gefahr.

Es liegt nicht in dem Willen eines Einzelnen, solchen Verhältnissen ein Ende zu machen, sondern dazu muss ein Genius geboren werden, der aus dem Labyrinthe den Ausweg findet, sei es durch Biegen, sei es durch Brechen. Aber es ist wichtig, dass von dem Vorhandensein dieser Zustände die Künstler selber Einsicht gewinnen, und dass ihnen von der Bedenklichkeit derselben eine recht deutliche, dringliche Ahnung aufgeht. Wie können ernste, denkende und strebende Männer auf die Dauer sich bescheiden, sich sagen zu dürfen: ich male ein seidenes Kleid, ich einen nackten Körper, ich einen im Duft verzitternden Baum, ich einen glänzenden Lichtreflex u. s. w. mit Vollendung, — wo sie doch sehen und zugestehen müssen, dass Hinz und Kunz das ganz eben so gut und oft noch besser vermögen. Die technische Gleichartigkeit und fast Gleichmässigkeit so mancher Maler- und Zeichenschulen hat etwas, was jeden Nachdenkenden stutzig machen muss. Fast kommt man in die Versuchung, zu glauben, dass es diesen modernen Opferpriestern der Virtuosität ergehen müsse, wie jenen alten *haruspices*, dass sie sich des Lachens nicht erwehren können, wenn einer den anderen ansieht, und sie sich unter'm Tische verständnissvoll die Hände drücken: »Wir wissen, wie's gemacht wird.«

Wer seit Jahren in gewissem Grade vertraut mit der modernen Production, wer mit der dem persönlich nicht Betheiligten und nur Erkenntniss des Wahren Erstrebenden eigenen Unparteilichkeit, wer endlich gesättigt und erfreut durch die reichen Schätze alter Kunst, die München besitzt, und die jetzt besonders reich, anziehend und belehrend vorübergehend in der gewählten retrospectiven Ausstellung am Königsplatze vereinigt sind*), — wer in dieser Weise vorbereitet die Säle des Glaspalastes betritt, der wird, glauben wir, denselben oder ähnlichen Gedanken und Empfindungen, wie wir sie eben ausgesprochen haben, kaum entgangen sein; und er wird, gleich uns, den peinlichen Eindruck beklagen, den so viel unleugbares Talent, so viel rührige Arbeitskraft, so viel eiserne Beharrung doch schliesslich als Gesammtwirkung hinterlassen. Denn alle diese Vorzüge muss man insbesondere der modernen Kunst der Franzosen zugestehen. Aber Eines ist verloren gegangen: die unbedingte Hingabe an die Kunst, die freiwillige Unterwerfung unter den Dienst des Ideales.

Dass die wahre Kunst wie eine Art von Gesinnung des Künstlers sein muss, dafür ist das Gefühl verschwunden. Der Künstler hat sich auf das Niveau des Arbeiters herabgelassen, der nach Bestellung arbeitet; ja die Kunst verschmäht selbst die Reclame nicht, so wenig wie die Industrie; und an sich schon ein zarteres, leichter verletzliches Wesen, leidet sie hierbei zehnfach mehr, da sie nicht die Reclame wie einen Hebel ergreifen und in Bewegung setzen kann, sondern selbst für sich schreien, ihre keusche Verschleierung durchbrechen, sich dem Gleichgültigen an den Hals werfen muss. Diese Prostitution der Kunst ist

---

*) Leihausstellung von Werken alter Meister.

das vereinte Resultat mannichfacher Umstände und Verhältnisse, des dilettantischen, eitlen und eigenwilligen Mäcenatenthums auf der einen, des überhand nehmenden Künstlerproletariates auf der anderen Seite, der Unruhe und Unaufgelegtheit des Menschen von heute zu stiller Beschauung und Versenkung sowohl wie der Nothwendigkeit, beachtet zu werden, die im Wesen der Kunst liegt; denn das Schöne ist dazu da, gesehen zu werden. Noch andere theils allgemeine, theils individuelle Gründe kommen in Betracht, die jedoch zu erschöpfen zu weit führen würde und kaum im Bereiche der Möglichkeit liegen dürfte. Zu einem nicht geringen Theile aber ist das Verderben verschuldet durch die Individualisirung der Kunst und durch unser Ausstellungswesen oder besser -Unwesen.

In früheren Zeiten stand an Stelle der vielen einzelnen, jetzt selbständig nebeneinander auftretenden Künstlernamen der Schulzusammenhang. Der bedeutende und bekannte Meister schuf unter und mit seinen Schülern. Was in seinem Atelier entstand, war gewissermassen sein Werk und galt als solches; sein Geist beeinflusste die Erfindung, seine Hand leitete die Ausführung, sein Meisterschliff gab den Arbeiten diejenige Vollendung, die sie seines Namens würdig machte. Zahlreiche Schüler gingen auf in dieser Arbeit, welche dem Meister kostbarere Zeit und Kräfte sparte, und nur Wenigen gelang es, sich allmählich mit eigener Art und dem Meister ebenbürtiger Vollendung hervorzuthun, einen Namen zu gewinnen und selbständig Geltung zu bekommen. Das waren dann aber auch die Genies, die Erwählten unter Vielen, unter deren Führung derselbe Entwickelungsprocess von Generation auf Generation sich wiederholen konnte. Das hat etwas Fabrikartiges, und gerade aus diesem Betriebe gingen die gewaltigsten Künstler hervor.

Heute tritt an die Stelle des Lehrers die Akademie,

und diese bescheidet sich nicht, das Handwerk der Kunst zu lehren und wie der einzelne Meister Gelegenheit zur Verwendung zu bieten, sondern sie prätendirt, Künstler zu bilden, und stellt die kaum mit der Technik bekannt, selten oder nie vertraut gewordenen Zöglinge auf die eigenen Füsse, sie auf selbständige Arbeit verweisend: wo etwas wie der Anschluss an ein Vorbild, die Zusammenschaarung zu einer Art von Schule vorkommt, da handelt es sich in der Regel darum, dass die noch Wankenden, Suchenden in der Anlehnung auf geebnete Pfade, auf vorgebohrte Löcher gleichsam gerathen. Die Isolirung hört damit nicht auf, sondern nur die erprobten Handgriffe eines schon Vollendeten sollen als bequemes Mittel zum eigenen Erfolge abgelernt werden. Das sieht Alles sehr nach künstlerischer Freiheit aus, und doch schafft es uns nichts als Zerfahrenheit und Manier, d. h. Schablonenwesen.

Denn, nun kommt der zweite grosse Unterschied zwischen sonst und jetzt: der Künstler von früher malte entweder sein Werk *ad hoc*, für einen bestimmten Zweck, für eine bestimmte Stelle, oder er dachte sich seine Schöpfung an einem Platze, der zu ihr passte, und mit dem sie verschmelzen konnte, und den sie dann auch sicher war zu finden. Man nehme den alten flandrischen Bildern mit ihrem intimen Gefühlsausdrucke in den Köpfen und ihrer liebevollen Ausführung der Details den bescheidenen Raum der Bet- und Begräbnisscapellen gothischer Kirchen, den trauten Frieden beschränkter Wohngemächer in mittelalterlichen Häusern, die ernste Feierstimmung eines *ex voto*, und was bleibt von ihnen übrig? Wenig mehr als eine Reihe von Zeichen- und anderen Fehlern, die der jüngste Schüler einer modernen Akademie mit schlagfertiger Zunge und unwidersprechlicher Weisheit am Schnürchen herzählen kann.

Man denke sich die gewaltigen Silhouetten und die

sinnlichen, lebenswarmen Tinten Rubens'scher Bilder ohne die weiten, lichten Räume der Kirchen und Paläste der Renaissance, ohne den freien Ton, der das Leben und die Gesellschaft durchdrang, und man wird nur allzu oft an ihrer Masslosigkeit, an ihrer Ueberfülle, an der Incongruenz von Stoff und Mittel wohlbegründeten Anstoss nehmen. Und gemahnen uns nicht Rembrandt und seine Nachfolger an das dämmerige Halblicht des behäbigen holländischen Wohnhauses, das sich noch heute gern gegen die Blicke des Vorübergehenden durch neidische Vorhänge und Läden — Jalousien nennen die Franzosen sie treffend — zu verschliessen liebt? Von der monumentalen Malerei der italiänischen Schulen zu schweigen, die sich der allervortheilhaftesten und förderlichsten Bedingungen erfreute.

Der moderne Künstler sucht ein Publicum, das Werk einen Käufer. Eine weinende, verlassene Waise an des Lebens ödem Strande ausgesetzt, so steht der junge Künstler da und tastet umher, wohin er mit Glück seine Schritte lenken soll. Noch kennt er weder seine Kräfte noch die Anforderungen der vielköpfigen Menge. Er setzt sich hin und schafft mit Eifer und Anstrengung das Beste, was er vermag, ein bescheidenes Werk, denn nur schüchtern wagt er sich hervor. Jetzt soll sein Bild gesehen werden, er will sich dem Publicum vorstellen. Wie wird er es bewerkstelligen? Er giebt sein Schmerzenskind — auf eine Ausstellung.

O, wisst Jhr, was eine Ausstellung ist? Fragt junge Künstler oder auch ältere danach, denen Ihr Offenheit genug zutraut, dass sie Euch ihre Erfahrungen, ihre Empfindungen mittheilen. Schauder und Graus! Ein Königreich für einen Vergleich, der treffend das Schreckliche charakterisirte! Freilich, für die Beschauer, die aus Neigung oder Gewohnheit, aus Neugier oder aus Anstand hineinlaufen, mag das Schauspiel unterhaltend und belehrend genug sein. Da hängt jenes berühmte Werk des und des grossen Meisters in X., das alle Welt bewundert. O, wie schön und erhaben! Dort das Gemälde, das wir selbst glücklich genug waren zu erstehen, bevor noch Nachbar Y. seines Werthes inne wurde und die Hand danach ausstreckte. Dieses Portrait, welche bezaubernde weibliche Erscheinung! Hier eine Landschaft, romantisch, wie man sie nur träumen kann; und da gar ein guter Bekannter, der Königssee oder der Blocksberg; und so geht es weiter und weiter. Hinter Euch aber steht ein bescheidener Jüngling mit pochendem Herzen, der Eure Schritte und Eure Worte mit Bangen verfolgt und Euch mitsammt Euren piquanten und interessanten Bemerkungen, Euren Reminiscenzen und Euren Wünschen zum Blocksberg wünschen möchte; denn dort hängt es ja, unscheinbar und versteckt, dicht neben dem Gemälde, das Euch eben beschäftigt, sein Erstlingswerk, die Frucht langer Studien, ernster Mühen, harter Entbehrungen, und Ihr, — Ihr kehrt Euch, mit dem letzten Ausrufe der Begeisterung noch auf den Lippen, zur Seite und habt ihn keines Blickes gewürdigt, ihn, der brennt, von Euch gekannt zu werden, den ein freundliches Wort der Rüge oder der Mahnung, eine selbst bedingte Anerkennung seines Strebens hoch beglücken würde; und er steht wieder und wartet, und Hunderte gehen vorüber, gleichgültig wie Ihr; zehn Namen tönen mit Emphase von allen Zungen, aber der seine wird auch nicht einmal genannt: — er ist wie vernichtet.

In der That, giebt es etwas Furchtbareres als unsere Ausstellungen? Man bemühe sich, von der Gewohnheit zu abstrahiren und nur die Thatsachen anzusehen. »Jedes Liedlein, jedes Sprüchlein will die eigne Stimmung haben«; auch jedes Bild, ja mehr noch jedes Bild ist eine Welt für sich, gedacht und entstanden unter gewissen Verhältnissen und Voraussetzungen. Jedes auf der Staffelei des Künstlers, jedes für sich an der Wand eines passenden Raumes würde — zwar weitaus nicht vollendet und vorwurfslos erscheinen, aber doch Verständniss finden, Stimmung wecken, Theilnahme hervorrufen: ein lustiges oder schwermüthiges, ein stolzes oder liebliches Lied, das ein einsamer Waller in die klare Luft hineinpfeift oder singt, und das in gleichgestimmten Gemüthern Widerhall weckt. Jetzt kommen hundert Bilder in einen Saal, Rahmen an Rahmen von der Erde fast bis beinahe an die Decke hinauf, hundert ihre Empfindungen in genehmer und bequemer Melodie ausströmende Stimmen in einen Käfig zusammengesperrt. Der Lärm ist betäubend, sinnverwirrend; die zartesten Gefühle, die holdesten Stimmen verstummen zuerst, der grösste Lärm behauptet das Feld. Da stehen sie denn und bewundern die paar, die die Anderen todt geschrien haben, und machen sich gar köstliche Regeln, die mit den Wetterregeln der Bauern Alles gemein haben ausser dem naturwüchsigen Humor und der Unschädlichkeit.

Soll damit den Ausstellungen der Krieg erklärt, über sie der Stab gebrochen werden? Nimmermehr. Wir haben oben aus der Gesammtproduction der Zeit Schlüsse zu ziehen versucht und die Nothwendigkeit dargethan, dass diese Schlüsse von Allen, auch den Künstlern zu Herzen genommen werden. Um allgemeine Gesichtspunkte zu gewinnen, muss man jedoch das Ganze überschauen können. Wie Wenige aber sind in der Lage, das Einzelne in der Zerstreuung aufzusuchen, und fähig, das in der Anschauung Gesammelte im Geiste zu einem übersichtlichen Bilde zusammenzufassen. Da muss durch theilweise bewerkstelligte wirkliche Sammlungen Hülfe gebracht werden, und dafür ist die Ausstellung die Form. Wird der Einzelne, namentlich der Untergeordnete, durch sie erdrückt, so wiegt der Nutzen für die Gesammtheit den Schaden auf, und wir werden uns mit den keineswegs erfreulicheren Analogien in anderen Verhältnissen trösten müssen, in denen gleichfalls die Grossartigkeit des modernen Lebenszuschnittes über die wirkliche oder vermeintliche, entwickelte oder mögliche Grösse des Einzelnen schonungslos hinweggeht. Möglich, ja vielleicht wagt man nicht zu viel, wenn man sagt: wahrscheinlich, — wahrscheinlich werden die Ausstellungen in der Zukunft dazu dienen, uns zu bewahren vor dem Ueberhandnehmen des Künstlerproletariates, und dadurch mittelbar zur Hebung und Förderung der Kunst selber wirken. Sie werden auf die Nothwendigkeit gründlicherer und zweckmässigerer Vorbereitung der Künstler für ihren Beruf führen und die besseren Kräfte eben so fördernd auf ihre Schultern nehmen, wie sie die schwächeren ausscheiden und auf andere Wege weisen.

Noch ist das Institut der Ausstellungen entwickelungsfähig, und sind Hoffnungen auf ihre vortheilhafte Wirkung nicht ausgeschlossen. Die Erfahrungen sind noch nicht reif, denn die Erfindung selbst ist noch zu jung: der pariser Salon, die älteste eigentliche Ausstellung, existirt regelmässig wiederkehrend — irren wir nicht — wenig länger denn ein Jahrhundert, und eine wirkliche Bedeutung, die eines Factors in der Entwickelung des modernen Kunstlebens, haben die Ausstellungen gar erst in allerjüngster Zeit gewonnen, seit die Verkehrsmittel unserer Tage eine zahlreichere Betheiligung der näheren und die Theilnahme selbst der fernsten Kreise ermöglicht haben. Es wäre wohl ein würdiger Gegenstand für das Nachdenken erfahrener und besonnener Männer, Mittel und Normen zu finden, das Ausstellungsfieber, das jetzt gleich einem reissenden Strome blindlings wüthet, durch Regulirung gleichsam in glückliche und fruchtbare Bahnen zu leiten. Wir massen uns nicht an, dazu berufen zu sein, und wollen nur im Vorbeigehen ein paar — wie wir glauben — nicht unbrauchbare Steine zum Baue tragen: die Ausstellungen müssen aufhören, mit in erster Linie Marktplätze zu sein, und man darf ihre Physiognomie nicht dem blossen Zufalle überlassen.

Gegenwärtig handelt es sich für uns um das, was ist, nicht um das, was werden kann und soll; und darauf zielt unsere frühere Schilderung. Folgen wir dem verunglückten Anfänger, den wir bei seinem Misserfolge auf der ersten von ihm beschickten Ausstellung verlassen haben, auf seinen weiteren Schritten. Einmal hat er mit jugendlicher Frische und Freudigkeit in den eigenen Busen gegriffen und sich vom Drange seiner Inspiration treiben lassen. Damit ist es ihm nicht geglückt, eine ehrenvolle Laufbahn zu beschreiten, man hat ihn nicht einmal beachtet. Angesehen aber will er doch zum wenigsten sein; was gilt's, er erzwingt es! Das nächste Mal wird er Sorge tragen, zu den lautesten Schreiern in dem Höllenconcerte der Ausstellung zu gehören, und mag man ihn verdammen, wenigstens soll man ihn nicht übersehen. Der Widerspruch erfährt Widerspruch, vom Reden kommt Reden, was besprochen wird, erregt Aufmerksamkeit, und von da zur Theilnahme wenigstens Einzelner ist kein grosser Schritt.

Für keinen Ort der Welt sind diese Schilderungen treffender, nirgend sind die Verhältnisse in dem geschilderten Sinne ausgebildeter als in Paris. Ein unberechenbares Publicum, eine Unzahl künstlerischer Kräfte und beiderseits die Gewöhnung an einen Autoritätenglauben, der ähnlich anderwärts unerhört ist. Die Nothwendigkeit, eine öffentliche Auszeichnung irgend welcher Art zu erhalten, tritt gebieterisch an den Kunstjünger heran, der seinen Weg machen will. Kein Wunder also, dass wir das Jagen nach dem Erfolg und seine Consequenzen am stärksten in Paris, in der französischen Kunst gewahren. Einen ganz eigenthümlichen Stempel drückt dieser Jagd aber noch ein anderer Umstand auf, der Beachtung verdient.

Die Franzosen haben von jeher die Kunst erlernt, nicht erfunden, in sich gefunden. Natürlich haben sie bei dem angefangen, was lernbar in der Kunst ist, bei der Technik, und Künstler wie Publicum nicht mehr und nicht minder als die zwischen beiden vermittelnde Kritik haben sich ein wachsames Auge und ein gründliches Verständniss für die technische Seite der Kunst angeeignet. Unmöglich daher, überhaupt aufzutreten ohne correcte und sichere Handhabung der Hülfsmittel. Bei dieser Uebereinstimmung der Urtheilsnorm unter allen betheiligten Factoren hat in Frankreich — geringe Ausnahmen abgerechnet, die fast als Auflehnungen gegen die gute Zucht und Sitte erscheinen, — eine Unart nicht aufkommen können, die besonders unseren deutschen Künstlern recht geläufig ist und ihnen recht schlecht ansteht, die Animosität und die Auflehnung gegen die Kritik, der schlecht verhohlene Hass gegen die wissenschaftliche Behandlung der Kunst und deren Vertreter. Der französische Kritiker ist unnachsichtig strenge gegen jede Schwäche der Hand, das technische Raisonnement überwiegt das ästhetische bei weitem, und mit seinem wohlbegründeten scharfen Urtheil ist er eine Macht.

Hieraus ergeben sich dann aber auch zwei weitere Consequenzen, die von sehr zweifelhaftem Werthe sind. Einmal eine oberflächliche, äusserliche Auffassung der Kunst. Neben dem Universal-Bonmot der Anerkennung *„c'est joli"*, das kein Franzose anstehen würde, wofern er das Werk seines Beifalles überhaupt würdig fände, einem jüngsten Gerichte des Cornelius gegenüber auszusprechen, und zwar in der festen Ueberzeugung, etwas Treffendes und Ausreichendes gesagt zu haben, — existirt nur noch *„c'est bien fait"*; damit ist die Leiter der Kunstbegeisterungstöne zu Ende. Kein Eingehen auf den tieferen Sinn des Werkes, kein Hinabsteigen in den Schacht der Begeisterung, aus dem es zu Tage gefördert worden. — Daneben aber, eine Folge der übertriebenen Schätzung der Technik, ein wunderlicher Respect vor der manuellen Gewandtheit, vor der Meisterschaft der Mache. Hierauf baut die gegenwärtige französische Kunst. Wodurch sich bei uns ein Künstler noch empfehlen und auszeichnen kann, die solide und tadellose Technik in Zeichnung und Pinselführung, wird dort gewissermassen als Zulässigkeitsattest erfordert, und erst die Virtuosität in diesem oder jenem Genre kann auf besondere Aufmerksamkeit rechnen. Dem Staunenswerthen in jeder Art, selbst in der grössten Einseitigkeit wird die Anerkennung aber auch nicht leicht versagt. So entstehen die verschiedenen technischen Manieren, die, einmal durch den Erfolg approbirt, nun mit Ausschliesslichkeit nach dem Recepte cultivirt werden. Hat es doch oft Versuche und Mühe genug gekostet, bis der Künstler auf seiner Palette den Ton gefunden hat, der im Publicum sympathisch anklingt. Nun lebt er sich ganz hinein, mag er ihn auch anfangs noch so sehr äusserlich und berechneter Weise ergriffen haben.

Und diese Gattung von Künstlern sind noch bei weitem die feineren; sie wandeln auf Wegen, auf denen sie der Kunst der Zukunft wenigstens Hülfsmittel vorbereiten, und je nach dem Grade ihrer Begabung erreichen sie selbst eine Abrundung ihres Wesens, die sie als treffliche Künstler erscheinen lässt. Andere, unfähig, durch eigenartige Vollendung ihres Machwerkes sich die gewünschte Stelle in den Augen des Publicums und in dem Kunstschaffen des Tages zu erstreiten, greifen täppischer zu und ziehen die Blicke auf sich durch grosse Dimensionen, durch abenteuerliche Compositionen, durch stimulante oder frappante Stoffe. Bei ihnen ist es dann in der Regel die *„grande brosse"*, die breite oder besser unwirsche Pinselführung, und der crasse Naturalismus der Darstellung, wodurch sie die Wirkung ihrer Arbeiten zu unterstützen suchen. Bei den auf stoffliche Effecte Gerichteten tritt dazu jedoch häufig ein Experimentiren mit gewissen auffallenden und sonderbaren Vortragsweisen, die nicht selten durch ihr Missverhältniss zum Stoffe den gewaltsamen Eindruck desselben steigern. —

Der erste Eindruck der münchener Kunst ist der der Zwiespältigkeit; sie klagt mit Faust: »Zwei Seelen fühl' ich, ach, in meiner Brust«; — und statt dass sie den Dualismus überwinden sollte, spitzt sich der Gegensatz nur immer schärfer und einseitiger zu.

Die Genesis der münchener Schule knüpft sich an die Kunstbestrebungen König Ludwig's und den Namen Peter's von Cornelius an. Sie wurde grossgezogen an den erhabenen Aufgaben, welche der königliche Kunstbeschützer der monumentalen Malerei stellte, und in denen Cornelius und neben ihm einige Andere sich als bedeutende Meister hohen Stiles bewährten. Als Kleinlichkeit und Missgunst Cornelius aus München vertrieben, entfloh mit ihm der gute Geist der modernen münchener Kunst. »Zum Teufel war der Spiritus, das Phlegma war geblieben,« — und die ideale Kunstrichtung verfiel in der Hand und unter der Leitung des seiner Begabung nach bedeutendsten unter den Schülern des Cornelius, der jedoch als solcher gar nicht bezeichnet werden darf, wenn damit dem Meister irgend welche Verantwortung für seinen Kunstcharakter aufgebürdet werden soll. Doch erwies sich der Idealismus gerade in dieser Form geschickter dazu, Schule zu bilden, als in der Weise des Cornelius selber, und er erhielt sich mit Glanz und Erfolg am Ruder, bis der moderne Realismus in der Form der Farbenvirtuosität ihm den Rang streitig machte und schliesslich ablief.

Der hierzu erforderliche Antrieb wurde der belgischen Schule entnommen, als sie noch auf ihrer Höhe stand,

Karl Piloty wurde der Vermittler; und in der Art, wie er der neuen münchener Schule einen charakteristischen Stempel, und zwar den Stempel seiner Kunst aufgeprägt, hat er sich als ein Lehrtalent ersten Ranges gezeigt.

Aber wie der Baum der idealistischen Kunst neben das Leben gepflanzt wurde, so blieb auch die realistische Richtung ein fremdes Pfropfreis; und so, ohne Anhalt im Leben des Landes und des Volkes, durch Missgeschick und Missverstand auch abgeschnitten von dem Verkehre mit den frischen Strömungen in der auswärtigen Kunst, hat sich die münchener Kunst wie eine Treibhauspflanze unter einer Glasglocke entwickelt. Sie hat nichts Anderes gesehen als sich, kaum etwas Anderes gehört als sich, und also auch natürlich nichts Anderes gewollt als sich. Im engen Kreis verengert sich der Sinn, und wie jeder einzelne Künstler, der sich in seine Werkstatt ein- und gegen das Leben und fremde Kunstart abschlösse, musste auch die gesammte münchener Kunst dem ausschliesslichen Cultus ihrer specifischen Eigenschaften in schroffer Einseitigkeit verfallen, d. h. in die Manier hineingerathen.

Erst seit ganz kurzer Zeit — man darf nicht vor den Wiederbeginn nationalen Lebens und die grossartige vergleichende Kunstrevue der pariser Weltausstellung mit dem Anfangsdatum zurückgehen — öffnet sich der Gesichtskreis über die nächste Nähe hinaus. Junge aufstrebende Kräfte nehmen die gewaltigen Eindrücke von aussen mit Begeisterung auf, und mit mehr frischem, gesundem Gefühl als klarer Einsicht in die eigenen Mängel, die neuen weiter gehenden Aufgaben und die Mittel zur Beseitigung jener wie zur Lösung dieser fallen sie einer Gärung zur Beute, in der eine Zeit lang Alles darunter und darüber geht, und die ganze Hölle los zu sein scheint. Die untrügliche Sicherheit des Selbstbewusstseins, welche aus der Unkenntniss fremder Leistungen hervorgeht, ist wankend geworden; und indem sich die Nothwendigkeit einer Umkehr Allen gebieterisch aufdrängt, und sie doch noch nicht recht wissen, wo hinaus, erzeugt sich eine allgemeine Haltungs- und Ruhelosigkeit, in der manches nicht ganz unbedeutende Talent Schiffbruch leidet. Versuche, alle möglichen fremden Eigenarten anzunehmen oder auf Grund der verschiedenartigsten Anschauungen etwas Originales hervorzubringen, durchkreuzen und vermischen sich in der absonderlichsten Weise und tragen in der Regel, wie das auch kaum anders möglich ist, den Stempel der Unfertigkeit.

Leider lassen sich in diesen Strudel auch einige Talente offenbar höheren Schlages hineinreissen und werden den glücklicheren Impulsen ungetreu, denen sie einst schöne Anfänge zu danken hatten; und manche treffliche Begabung verfällt, obwohl durch technisches Geschick unterstützt, vielleicht durch Scheinerfolge missleitet, forcirtem und gesuchtem Wesen, bevor es Musse gehabt und die Gelegenheit gesucht hat, Alles zu prüfen und das Beste zu behalten. So bleiben die Meisten gelegentlich bei irgend einem Virtuosenstückchen hangen und wiederholen dann in ewiger Monotonie fort und fort das vermeintliche Zauberwort ihres ersten Erfolges, wie der Kukuk unermüdet seinen Namen in die Wälder hinausruft.

Vergegenwärtigt man sich nun als die gemeinsame Basis aller dieser Einzelbestrebungen den Ausgang von einer technischen Virtuosität, der Farbenbehandlung, wobei der geistige Gehalt der Kunstschöpfung auf einer wahrhaft embryonischen Stufe zurückbleibt, so wäre es zu verwundern, wenn sich's nicht fände, wie es in Wirklichkeit ist, dass nämlich die Panacee in coloristischen Bravourstückchen unter ungebührlicher Vernachlässigung der geistigen Bedeutung des Kunstwerkes auf allen möglichen und — möchte man fast sagen — unmöglichen Pfaden gesucht wird.

Kein Vorort deutscher Kunstübung kann und wird so viel durch das neu erwachte Nationalbewusstsein und durch den gesteigerten internationalen Ideenaustausch gewinnen wie gerade München — vorausgesetzt natürlich, dass es die schädlichen Folgen seiner bisherigen politischen und künstlerischen Vereinsamung anerkennt; und dass dies, wenn auch vorläufig vielleicht nur als unklares Gefühl, noch nicht als bewusste Einsicht, der Fall ist, dafür bürgt uns der gerade hier zu Tage getretene Gedanke zu der ersten internationalen Ausstellung auf deutschem Boden, bei der man sich um den internationalen Charakter Mühe gegeben und damit Erfolg gehabt hat. Die daraus für unsere Kunstwelt hervorgehenden Anregungen und Nachwirkungen stehen unendlich viel höher als der augenblicklich durch dieselbe über München verbreitete Glanz, die veranlassten persönlichen Berührungen und die vorübergehende Belebung des Verkehres. —

Die münchener Idealisten sind von den Realisten nicht nur grundsätzlich verschieden, sondern hier auch räumlich abgesondert und zum Ueberflusse sogar für sich numerirt. Da prangt denn als Hauptstück Wilhelm von Kaulbach's Schlacht bei Salamis. Dieser riesige Carton ist nun wohl schon seit seiner Entstehung oft genug besprochen worden, um das Urtheil darüber für abgeschlossen halten zu können. Kaum in einem seiner grösseren Werke, selbst die Goetheschen Frauengestalten und die Schillergalerie mit eingeschlossen, verleugnen sich Kaulbach's bedeutende Eigenschaften in dem Grade, und treten lediglich seine üblen Seiten so hervor wie in dieser Composition. Ein wüstes Durcheinander auf engstem Raume, eine monumentale Darstellung vom Sturme im Glase Wasser, stopfen sich die Schiffstheile und die Gruppen, die mit einander und mit den Wogen kämpfen, in unerhörter Weise. Der Themistokles mit untergeschlagenen Armen ist der dürftigste Theaterprinz von der Welt, und ihm gegenüber der Xerxes, der vom hohen Felsen herab der Schlacht zusieht, ein gräulicher Coulissenreisser. Die Ecke unter ihm füllt ein Knäuel von weiblichen Leibern im Wasser, von denen kein Mensch ahnt, woher sie kommen, und was sie wollen, denn im Bilde kümmert sich Niemand um sie; und rechts in der Höhe, wo die Composition nicht recht voll werden wollte, stellt sich wieder zu gelegener Zeit wie gewöhnlich der »Beistand aus der Höhe« ein, der dem componirenden oder berechnenden Künstler nothwendiger gewesen zu sein scheint als den Kämpfenden. Denn keiner würdigt die Geister der alten Marathonkämpfer auch nur eines Blickes. Sie schweben ganz commentmässig da in der Luft, wo sie sonst am leersten wäre, und scheinen mit ihrer Rolle als Füllstücke hinter dem Rücken der Kämpfenden vollständig zufrieden. Von einem lebendigen Ausdruck in den Köpfen ist nirgends die Rede, eben so wenig von kräftigen, leidenschaftlichen Bewegungen. Die Formen sind von jener glatten Rundung des Contoures, welche von der Gedankenlosigkeit für Schönheit hingenommen wird, während sie dem nicht bloss sinnlichen Auge als fade und armselig, ja nicht selten, wo tiefere Beseelung durch den Gegenstand erfordert würde, als frivol erscheint. Hätte doch irgend jemand den glücklichen Einfall gehabt, die apokalyptischen Reiter des Cornelius daneben aufzustellen! Dem Blödesten hätte es dann klar werden müssen, was für ein Unterschied zwischen der Form besteht, die der gesättigte Träger geistiger Bedeutung ist, und derjenigen, die mit conventionellem Zuge und Schwunge ein gedankliches Nichts verkleidet. Eine einzige Hand aus dem Carton der Reiter schlägt die ganze Schlacht von Salamis todt und lässt sie als einen Spuk von ungefährlichen, aber doch unheimlichen Schatten erscheinen. Hier, wo nichts half, als das Verständniss für das geistige Gewicht des Momentes und die

Fähigkeit, es zur Darstellung zu bringen, wo keine Daten aus dem Conversationslexikon und kühl hinein gerechneter Anekdotenplunder sich zu einem lesbaren Programme der scheinbar geistreichen und doch in Wahrheit nur witzigen Composition verarbeiten liess, wo das Rechnen aufhörte, und das Erfinden hätte anfangen müssen, und wo eine gesunde hingebende Beobachtung der Wirklichkeit, ein Studium des Charakters und des Gemüthes erfordert worden wäre, da scheitert auch die vielgepriesene und oft bewährte Routine der Composition, die Uebung in der Disposition und Bewältigung der Massen, und es bleibt nichts als eine Masse von kleinlichen, trivialen Einfällen, die, in bunter Unordnung durch einander gewürfelt, den Schein der Mannichfaltigkeit des Lebens hervorbringen sollen, aber nicht hervorbringen, da alle anderen Momente dazu fehlen.

Der Realismus ist mit viel grösserem Pomp als der Idealismus in's Feld gegangen, an der Spitze Karl Piloty mit seinem neuesten Opus, beinahe hätten wir gesagt — seiner neuesten Oper; denn in der That verhält sich seine Darstellungsweise, besonders in seinen letzten Bildern mit historischen Stoffen und in dem vorliegenden, zum monumentalen oder, wenn man will, historischen Stile wie das moderne gesungene Ausstattungsdrama zur Tragödie. Unzweifelhaft eine glänzende technische Leistung, diese Maria Stuart in dem Momente, wo ihr das Todesurtheil verkündet wird. Die Prachtrüstung, die im Hintergrunde steht, und deren lebendigen Bewohner man nicht gewahr wird, das glänzende Hofkleid, dem der etwas zu gross gerathene, vom Rücken her gesehene Lord — nach einem schönen, sehr bekannten Modell aus den höchsten Kreisen der Residenz — als Träger — um nicht zu sagen als Ständer — dient, das Sammetkleid der Maria und all die anderen Nebensachen sind mit einer ganz ausserordentlichen Virtuosität behandelt. Aber wie man in modernen Opern und Ballets sich am Schlusse versucht fühlen könnte, den Maschinisten und den Theaterschneider mindestens neben dem Autor und den Darstellern hervorzurufen, so tritt auch hier der raffinirte Apparat mit einer solchen Wucht in den Vordergrund, dass dadurch allein schon das geistige Gewicht des Momentes beeinträchtigt, ja aufgehoben werden müsste. Dadurch allein schon, denn in der That bedarf es dessen hier gar nicht; im Gegentheil ist kaum der Versuch gemacht, dieses geistige Gewicht auch nur anzudeuten. Die theatralische, gespreizte Stellung der vorerwähnten Hauptfigur, für deren Motiv der Volkswitz ein recht triviales Vorbild aufgefunden hat, geht aus der Handlung nicht hervor und hat auch keinen anderen Zweck als den, die prächtigen Kleider in breitester Entfaltung dem Beschauer vorzuführen. Man ist verlegen darum, dieser Figur einen Namen beizulegen, denn für keinen unter den Hofleuten der Königin Elisabeth genügt dieses Minimum, dieses Nichts von irgend einer charakteristischen Färbung. Ein eitler Narr könnte so seine wirklichen oder vermeintlichen Reize in den festlich durchwogten Paradekammern des königlichen Schlosses bei einem Ballfeste ausstellen, aber kein Werkzeug oder gar Urheber einer That von solcher Tragweite, wie die Verurtheilung einer gefangenen Königin, kann roh und leichtfertig genug zu gleicher Zeit sein, den Ernst eines solchen Momentes nicht zu empfinden und ihm nicht sein kleines, wenn auch langes Selbst mit Schleifen und Schabracken unterzuordnen. Und Maria Stuart selber! Man sieht, es ist dem Künstler darum zu thun gewesen, die Königin im schweren, aber doch siegreichen Kampfe mit dem menschlichen und weiblichen Gefühle darzustellen. Aber wie wenig ist das gelungen! Sie sieht aus, wie wenn ihr eben eine unerwartete, unangenehme Botschaft zugekommen und sie nach kurzem, halb verbissenem, halb ausgepoltertem Aerger eben auf dem Punkte angelangt wäre, von dem aus die Sache sich in einem unverhofft erträglichen, ja selbst günstigen Lichte darstellt. Auch die Bewegungen der übrigen Personen sind theatralisch und nicht bezeichnend. Das ganze Bild steht entschieden unter dem »Winterkönige« von der wiener, und dem »Tode Cäsar's« von der pariser Ausstellung.

Und doch hat man diesem, wie den eben genannten und anderen Bildern des Meisters gegenüber die Empfindung, dass dies ganzes Holz, kein Flickwerk, kein zusammen geborgter Prunk ist, dass der Künstler mit seiner Kunstweise verwachsen, und es ihm Ernst mit dieser Art von Darstellung ist. Nur einem so festen, bewussten künstlerischen Charakter konnte es gelingen, der gesammten münchener Kunst ihre Richtung anzuweisen, und zwar im Gegensatze zu der dort herschend gewesenen Strömung. Man darf sich aber nicht darüber wundern, dass die Schule noch weniger Kern und noch mehr Schale hat und sich auf ihre blosse Virtuosität noch mehr zu Gute thut als der Meister. Er vermochte seinen Schülern das Geheimniss der Mache in ausserordentlicher Vollendung zu übertragen, aber auf ihre Invention einzuwirken, ihre Phantasie fruchtbar anzuregen, ihnen den Ernst der Kunst und die Höhe ihrer Aufgabe zu Sinne zu führen, das vermochte er nicht. So wurde diese innerliche und bedeutsame Seite der Kunst nicht beachtet und gepflegt, und das Aeusserliche mit emsigem Fleisse cultivirt, das Mittel zum Zweck erhoben. Die coloristische Bravour in allen möglichen Abstufungen ist das Herschende, und namentlich macht sich ein gewisses Schwelgen in verschwommenen unklaren Tonmassen geltend, das mitunter geradezu in's Monströse, häufig aber auch in's unfreiwillig Komische geht.

Ein Vorzug aber ist der Piloty'schen Schule rückhaltlos zuzugestehen, und frühere Erörterungen lassen erkennen, wie hohen Werth wir demselben beilegen: sie versteht das Handwerk. Es wäre unmöglich, in Deutschland einen zweiten Künstler aufzuweisen, der eine so umfangreiche Schule in der strengsten Bedeutung des Wortes um sich versammelt hätte wie Piloty, und dessen Schüler zum grössten Theil so viel gelernt hätten wie die seinen. Aber das Handwerk stagnirt. Das sind die modernen Meistersinger mit all ihren Tabulaturen und all ihrer beschränkten Schöpfungskraft. Unmöglich, dass so etwas sich in dem Grade hätte ausbilden können, wenn nicht durch eine hermetische Absperrung die Künstler München's immer Einer auf den Anderen als Vorbild und Richter angewiesen gewesen wären. Das Ganze wirkt auf jemand, der von aussen dazu kommt, wie die zusammengehaltene Atmosphäre eines ungelüfteten Zimmers, in der sich eine harmlos plaudernde Gesellschaft ganz wohl befindet, die dem frisch Hinzutretenden aber zu enge wird. Daher vor allen Dingen einmal ein wenig Zugluft! Man lasse den Wind, er mag pfeifen, woher er will, einmal gründlich hindurchwehen und schöpfe mit tieferen Athemzügen Muth und Kraft zu höherem Streben! — — —

Der Americaner Theodor Kaufmann zeigt den Unionsgeneral Sherman auf seinem welthistorischen Marsche nach dem Süden, wie er in mondheller Nacht vor seinem Zelt am Wachtfeuer sitzt, und, mit americanischer Nonchalance des Ueberrockes entledigt und die dampfende Cigarre in der Hand, gedankenvoll vor sich hin in die Gluth starrt. Das Bild hat vielfach eine ungünstige, ja selbst wegwerfende Beurtheilung erfahren, und in der That lässt sich eine gewisse verstandesmässige Trockenheit im Vortrage keineswegs ableugnen. Davon aber abgesehen — und es ist nicht schwer, davon zu abstrahiren, denn der Vortrag ist weit entfernt davon, wirklich ungeschickt zu sein, — hat das Bild doch Qualitäten, welche im höchsten Grade Beachtung und Anerkennung verdienen. Von der Naturwahrheit der Scene, von dem poetischen Reize, der über sie ausgegossen ist, und von dem malerischen Effecte, der in bescheidener, aber frappanter Weise durch das doppelte Licht erzielt wird, wollen wir schweigen, obgleich diese drei unleugbaren Vorzüge des Bildes ihm zusammen schon einen ziemlich hohen Werth beilegen. Viel höher schlagen wir die geistige Potenz des Werkes an. Die Persönlichkeit ist als Ganzes in ihren tiefsten Tiefen erfasst, der Mann steht als ein Charakter vor uns von ganzem Holze, und auch ohne dass das hinter ihm ausgedehnte Lager — doch nur ganz oberflächlich — an die Schwere der Geschicke mahnte, deren Entscheidung in seinen Händen liegt, fühlte man es der ganzen Erscheinung trotz ihrem schlichten, ungenirten Auftreten an, dass sie der Träger eines weltgeschichtlichen Ereignisses ist. Die sich überstürzende Gedankenfülle, die in einem solchen Kopf entsteht, wenn äusserlich Ruhe um ihn her ist, hat nicht oft einen so eindringlichen und ganz natürlichen Ausdruck gefunden wie hier.

Ein würdiges Pendant dazu bildet der Ueberfall der Pacific-Eisenbahn durch einen Indianerstamm, der in recht raffinirter Weise den daher brausenden Zug zum Entgleisen zu bringen sucht. Der Schienenstrang geht grade in das Bild hinein, und aus dem Hintergrunde leuchten die feurigen Augen des Dampfwagens, der mit seinem Gefolge arglos dem Verderben entgegeneilt. Rechts und links von dem niedrigen Damm aber tauchen in scheinbar sich immer mehrender Anzahl die Köpfe und Leiber der rothhäutigen Feinde der Civilisation aus dem Dunkel der Nacht empor. — Die geschickte Pointirung dieser Scene leuchtet ein. Es ist der in seiner Erscheinung malerische, durch die Gräuel der Verwüstung noch nicht entstellte Moment gewählt, der doch die Entscheidung zum Bösen schon in sich trägt. Und die Oede der weitgestreckten Prairie, das unheimliche Licht des bezogenen Nachthimmels und die phantastischen Gestalten der Wegelagerer greifen vollkommen einheitlich in einander.

Kein Zweifel, dass in nicht zu ferner Zeit, wenn die blutige und unblutige Culturarbeit, die Nordamerica in dem letzten Jahrzehent mit riesigen Opfern geleistet, ihre Früchte getragen haben und fühlbar, greifbar zum Segen der gesammten Menschheit ausgeschlagen sein wird, zwei solche künstlerische Selbstbekenntnisse oder Selbstbetrachtungen aus der Zeit des Kampfes einen enormen Werth gewinnen werden. Der Gedanke siegt, und der Fortschritt ist unaufhaltsam; diese beiden bewegenden und treibenden Grundsätze der modernen Zeit, deren Unumstösslichkeit und Wirksamkeit sich ein bald der allgemeinen Verachtung und nicht lange darauf wohlverdienter und wohlthätiger Vergessenheit anheimfallender Bruchtheil der Menschheit auf allen Gebieten des Lebens mit der lächerlich verzweifelten Anstrengung letzten, ohnmächtigen Widerstandes entgegenstemmt, — sie sind die Grundthemata dieser beiden Bilder. Mit der ganzen Schärfe und Innigkeit der bewussten Ueberzeugung aufgefasst und mit jener gesunden Verstandesmässigkeit dargestellt, die durch die vollkommene Einheit mit sich und mit ihrem Gegenstande sich in ihrer Wirkung wiederum der künstlerischen Intuition nähert, der die abstracte Verstandesthätigkeit am Anfang und während der schaffenden Arbeit beinahe entgegengesetzt ist, deuten sie nach einer Richtung hin, nach der die moderne Kunst entwickelungsfähig und zum Fortschritte berufen ist.

Wenn wir in der »Einkehr der Kunst in's Volksthum« einen Weg erkannt zu haben glauben, auf dem die Kunst sich vor dem Ueberhandnehmen der Reflexion und der Speculation in die unantastbaren Regionen des zugleich Wahren und Guten und Schönen retten kann, so ist diese Consolidirung der Verstandessphäre in sich ein zweiter zu jenem Punkte hin, den Schiller andeutet, wenn er sagt, dass da »die Wissenschaft«, d. h. die Summe der Erkenntnisse jeder Art, »der Schönheit zugereifet, zum Kunstwerk wird geadelt sein«; zu jenem Punkte, dem auf seinem besonderen Gebiete mit anderen Mitteln der schöpferische Geist näher gestrebt hat, durch dessen huldigende Gedenkfeier das deutsche Volk in den letzten Tagen sich selbst geehrt hat (Alexander von Humboldt).

Die Anzahl der Motive, durch welche eine neue Kunstrichtung, eine neue Stilart entsteht, ist entfernt nicht so gross, wie sie dem Unkundigen scheint, und auch nur ein einziges dieser Motive gefunden oder entwickelt zu haben, ist ein Verdienst von unschätzbarem Werthe und ein Verdienst, das sich bei der Unscheinbarkeit seines Auftretens häufig der Beachtung der Mitlebenden entzieht und erst rückwärts gesehen in seinem ganzen Umfange erkannt und gewürdigt wird. Es ist die schönste Aufgabe der Kritik, auf solche Momente zu achten und aufmerksam zu machen, und wir haben uns dieser Aufgabe, wie schon mehrfach, so auch hier mit grosser Freude und Genugthuung entledigt. Nur der Unverstand meint, dass bahnbrechende Gedanken immer mit einem gewissen äusseren Aplomb und mit dem Nimbus absoluter Vollendung umgeben auftreten. Der unsinnige Heroencultus in der Geschichte, der sich die Sache dadurch leicht macht, dass er die glänzenden Höhepunkte der Entwickelung von ihrem natürlichen Boden und den Voraussetzungen ihres Werdens abtrennt, und dessen Nichtigkeit durch die ernsthaftere Geschichtsforschung der neuen Zeit auf's Schlagendste dargethan worden ist, hat dieses Missverständniss verschuldet. Im Gegentheil: das Schöne ist schwer, und langsam reift das Vortreffliche, und mühsam ringen sich die neuen Ideen aus der Unvollkommenheit geläufiger, für sie jedoch noch nicht zurechtgeschnittener Formen heraus.

Ueber zwei epochemachende deutsche Gemälde
des Jahres 1868.

Ergänzungsblätter zur Kenntniss der Gegenwart, Bd. IV. (1869), Heft 4, S. 471 ff. — Der erste Theil mit gelegentlicher Benutzung des 1868er Kunstausstellungsberichtes in der spener'schen Zeitung und des Berichtes über die internationale Kunstausstellung zu München, süddeutsche Presse, 1869, Nr. 258—260 vom 4.—6. November. —

Das Jahr 1868 hat auf deutschen Ausstellungen zwei Werke der Malerei auftreten sehen, die das Interesse aller Beschauer im höchsten Masse in Anspruch genommen, den Kampf der Meinungen in ungewöhnlichem Grade erregt haben, und deren ungewöhnlicher Erfolg wohl die Voraussetzung rechtfertigt, dass auch in späterer Zeit noch von ihnen als epochemachenden oder den Geist der Epoche bezeichnenden Schöpfungen die Rede sein wird: »die Jagd nach dem Glück« von Rudolph Henneberg in Berlin[*]) und »die sieben Todsünden« von Hans Makart (aus Salzburg) in München; zwei Gemälde, deren Gegensatz gegen einander noch grösser ist als der, in den sich Beide zu den gewöhnlichen Kunstbestrebungen unserer Tage setzen.

Wir haben Henneberg's Bild, schon als es uns zuerst 1868 in der berliner Akademie begegnete, als das Hauptwerk der Ausstellung bezeichnet. Das Hauptwerk der Ausstellung? Ist es nicht ungerecht, so hören wir fragen, in

---

[*]) Jetzt in der berliner Nationalgalerie, Nr. 118 des officiellen Kataloges. — Während diese Blätter in den Druck gehen, verlautbart die erschütternde Kunde von dem allzufrühen Hinscheiden des Meisters. Er starb am 14. September in seiner Vaterstadt Braunschweig, einem langwierigen Leiden erliegend.

einer Sammlung von Kunstwerken, der wir selbst einen bedeutenden Durchschnittswerth beigelegt haben, in der sich die verschiedensten berechtigten Richtungen des künstlerischen Schaffens durchkreuzen, die auf den mannichfachsten Gebieten unzweifelhafte Werke ersten Ranges aufzuweisen hat, einer Kunstschöpfung den Preis vor allen übrigen zuzuerkennen? Hat nicht jedes Werk, auch das menschlicher Weise vollkommenste, Mängel, die den entsprechenden Vorzügen anderer Raum zu erfolgreichem Wettstreite geben? Liegt nicht die Gefahr unausweichbar nahe, bei solchem Urtheile subjectivem Belieben allzu grossen Einfluss zu gestatten und den relativen Werth mit dem absoluten zu verwechseln?

Es fällt uns nicht ein, diese Schwierigkeit zu leugnen, und wir würden uns für die Aufgabe bedanken, auf jeder Ausstellung ein solches Capitalwerk zu bezeichnen. Mannichfache Erfahrungen können darin bedenklich machen. Erst wenige Jahre ist es her, dass man es wagte, auf einer unserer Ausstellungen einem bekannten plastischen Werke*) einen solchen Ehrenplatz zu vindiciren; und abgesehen davon, dass die Verkündiger dieses Urtheiles selber unter dem nachhaltigen Einflusse einer concurrirenden Arbeit**) noch vor Schluss der Ausstellung an der Haltbarkeit ihres apodiktischen Wahrspruches zweifelhaft wurden, hat gerade dieses Hervorheben die Kritik gegen die augenfälligen Mängel des Werkes in sonst nicht nöthiger Herbheit heraufbeschworen und seiner unbefangenen Würdigung auch in den Augen des Publicums mehr geschadet als genützt. Andererseits erfährt in Paris, wo alljährlich eine oder zwei

---

*) Der in einem früheren Aufsatze besprochenen Gruppe „Venus und Amor" von Reinhold Begas, 1864.

**) Einer Gruppe ähnlichen Gegenstandes von Eduard Müller aus Coburg in Rom.

grosse Medaillen in allen Ausstellern ohne Ausnahme offener Concurrenz für *oeuvres hors ligne* zuerkannt werden dürfen (bei Leibe nicht müssen!), in der Regel kaum ein anderes Urtheil der Jury strengere Kritik und geringere Zustimmung als dasjenige, welches diesen Hauptpreis vergiebt.

Dennoch ist es möglich, dass unter den trefflichen Werken einer Ausstellung sich eines befindet, welches in den allgemeinen Vorzügen es mit jedem anderen aufnehmen kann, das durch die einmal unvermeidlichen Mängel hinter keinem anderen zurücksteht, und das einen allgemein menschlichen Inhalt mit so packender Wahrheit und solcher Wucht der Gestaltung zur Darstellung bringt, dass es dadurch alle übrigen überragt, in jedem Beschauer einer mitklingenden Saite der Empfindung begegnet und durch die Congruenz von Idee und Form jede noch so vorlaute Kritik zum Schweigen bringt. Mit einem Worte: es giebt Werke, deren Geburt der Genius bewacht hat, und die als Marksteine dastehend in weitem Zeitraume vorher und nachher nicht ihres Gleichen finden.

Als ein solches seltenes Meisterstück des Genie's, so ein rechtes Sonntagskind der Kunst, standen und stehen wir keinen Augenblick an, Rudolph Henneberg's »Jagd nach dem Glück« zu bezeichnen, unbesorgt, dass künftiger kühlerer Betrachtung solche Werthschätzung extravagant erscheinen könnte.

Viel eher sind wir schon jetzt auf einen Einwand gefasst, den wir aus manchen vor dem Bilde belauschten Bemerkungen deutlich heraushören. »Was ist denn das?« so wird gefragt. »»Nun,«« lautet in gleichgültig oberflächlichem Tone die Antwort, » das ist so eine Allegorie.«« Und welcher gesetzte Bürger, der sich auf Kunst versteht, wüsste nicht, dass die Allegorie der Tod aller wahren Kunst ist, die man eben so sorgfältig vermeiden und verachten wie die grossen Historienbilder als die Blüthe der

Kunstübung herbeiwünschen und bewundern muss! In der That ist ja lange genug nach solchen feststehenden Rubriken mit officieller Werthtaxe Kunstkritik fabricirt worden, und das gläubige Publicum hat wohl allmählich die überdies bequemen Kategorien annehmen müssen.

Man hätte indessen nicht glauben sollen, dass bei dem fortgeschrittenen Stande der Kunstwissenschaft und der gesicherteren Grundlage der heutigen Kritik aus dem blossen allegorischen Vorwurfe ein verwerfendes Urtheil über die ganze Kunstleistung hätte abgeleitet werden mögen; und in der That hat es längere Zeit gewährt, bis der allgemein ausgesprochenen Bewunderung die apodiktische Verwerfung, selbst in der Form des »Protestes« sich gegenüberstellte*). Der Schwerpunkt der Entscheidung über das Bild liegt also darin, ob allegorische Darstellungen absolut verwerflich, oder ob und in welcher Form sie zulässig sind, und ob den hier sich etwa ergebenden Bedingungen Henneberg's Darstellung entspricht.

Wie steht es also mit der Allegorie? Ist ihr unbedingter Verruf berechtigt? oder ist viel Vorurtheil und Mangel an Unterscheidung Grund ihrer zum Dogma gewordenen Verketzerung?

Die Allegorie ist die Darstellung von Begriffen und deren Beziehungen, also eines Stoffes, der wesentlich der Dichtung anheimfällt, durch sinnliche Gegenstände, meistens Personen, und deren Verhältnisse zu einander; — wobei übrigens zu bemerken, dass auch die Dichtkunst Allegorisches schaffen kann, wenn sie nämlich auf ihr eigenstes Vorrecht, mit Begriffen zu operiren, verzichtet und dafür Personificationen und Bilder substituirt. Während im Symbol und in der mythischen Gestalt ein Allgemeines ganz naiv und unmittelbar, man kann sagen gläubig, unter einem Besonderen

---

*) S. Kunstchronik, 1869, S. 106 ff.

gedacht und angeschaut wird, dergestalt, dass Idee und Bild, Gedanke und Zeichen, Inhalt und Form sich vollständig decken und ganz in einander aufgehen, der Begriff schon gar nicht anders als in sinnlicher Individualisirung zum Bewusstsein kommt, das symbolische oder mythische Gebilde bereits die äusserste verallgemeinerte Abstraction repräsentirt, die überhaupt vollzogen wird, entsteht die Allegorie, wenn der Glaube wankend, die Unmittelbarkeit der Anschauung durch die skeptische Betrachtung durchbrochen wird, wenn aus dem Bilde der pure Gedanke, der abstracte Begriff kritisch abdestillirt, und das formlos vorgestellte Allgemeine bewusst und willkürlich wieder in irgend eine besondere Form gefasst wird.

Dergleichen geschieht, wenn eine Weltanschauung, die in ihrer Kraft und Blüthe immer naiv und gläubig ist — jede glaubt an ihre Ideale —, dem Zweifel anheimfällt und zu Grunde geht, in Verfalls- und Uebergangszeiten. Da zersetzt sich, was Leben gebendes Geblüt einer Epoche gewesen, in seine Bestandtheile und geht todt zurück in sein Element; und die aus dem organischen Zusammenhange der lebendigen Anschauung losgerissenen und isolirten Begriffe hüllen sich nothdürftig in die hergebrachte, ausgelebte Formensprache. Wie Eigenschaften und Fähigkeiten durch Gestalten bezeichnet werden, die nie etwas mit ihnen zu thun gehabt, so werden diese Gestalten wiederum mit Personen und Namen in Beziehung gesetzt, die an sich die Vorstellung der angefügten Vortrefflichkeit nicht erwecken würden. Kein Wunder, dass diese allegorischen Mummenschänze in Misscredit gekommen sind. Wenn in solcher Weise Inhalt und Form des Kunstwerkes auseinander fallen und nur eine äusserliche, scheinbare, auf Convention beruhende Verbindung eingehen, so hat die Kunst freilich ihre lebendige Wesenheit eingebüsst. Ein Herscher, der die Milde und Gerechtigkeit durch sein ganzes Wesen bethätigt, ein Staatsmann, dessen Thun Weisheit und Vaterlandsliebe kennzeichnet, ein Dichter, dessen Verse Phantasie und Leidenschaft athmen, braucht nicht den Tross dieser personificirten Qualitäten leibhaftig mit sich zu schleppen; den Mangel der Eigenschaften selber kann kein noch so schmeichlerischer Pomp mit diesen verdecken; daher ihre Frostigkeit und Langweiligkeit. Werden diese Schemen nun noch in Action versetzt und zu allegorischen Handlungen gezwungen, so wird der Spuk gar unheimlich: diese Art von Allegorie ist für die wahre Kunst in der That nicht zu retten.

Indessen bleibt zu fragen, ob jede Personification, jede Handlung, in der Personificationen mitwirken, sofort und ohne Weiteres dieser verwerflichen Kategorie zugehört.

Das Aufkommen solcher neuen, aus der Anschauung herausgeschälten Begriffe ist ein nothwendiges Product unserer fortschreitenden geistigen Cultur. Immer mehr wird dasjenige, was sonst Anschauung war, in Begriffe aufgelöst; die bisherigen Allgemeinheiten werden zu Besonderheiten und als solche höheren Allgemeinheiten subsumirt. Dieser Verstandesprocess ist der ästhetischen Bildsamkeit der betreffenden Gegenstände keineswegs günstig, und Vieles, was in früheren Zeiten lebendiger Kunststoff war, verliert dadurch die Fähigkeit zur künstlerischen Gestaltung, weil ihm fortan die Haupteigenschaft des Schönen, die bedeutungsvolle Sinnlichkeit der Erscheinung, abgeht. In dem Vorhandensein oder dem Mangel dieser Eigenschaft allein aber liegt das Kriterium dafür, ob ein gewisser Stoff künstlerisch oder unkünstlerisch ist; immer natürlich nur im Verhältniss zu dem Gedankenkreise und dem Bildungsstande einer gewissen Zeit. Lebt ein bestimmter Inhalt noch in sinnlich concreter Gestalt im Gefühl und im Bewusstsein der Menschen, ohne von begrifflicher Reflexion angekränkelt und zersetzt zu sein, so ist er auch zu künstlerischer

Gestaltung noch vollkommen fähig. Selbst Vorgänge der antiken Mythologie, wofern sie nicht beanspruchen, eine allgemein gültige Offenbarung des Göttlichen zu sein, sondern nur als Offenbarungen des schönen Lebensgefühles, allgemein menschlichen Gebahrens und Empfindens in erhöhter Form gelten wollen, haben noch vollkommen auf das Verständniss und die Theilnahme des modernen Publicums zu rechnen; und nicht im Mindesten anders steht es mit dem Kreise der christlich religiösen Stoffe, die ebenso unverwüstlich und unvergänglich nach ihrem menschlich wahren Inhalte sind, wie die Verlebtheit derselben nach der Seite ihrer mystisch-kirchlichen Bedeutsamkeit sich in dem kläglichen Fiasco der religiösen Malerei in dem späteren XVII., mehr noch seit dem XVIII. Jahrhundert documentirt. Es gilt hier als unumstösslicher Grundsatz, was Platen sagt:

> Schön ist die Fabel, die allein
> Als Fabel gilt dem Sinn,
> Doch wenn sie Wahrheit möchte sein,
> So wird sie Mörderin —

Mörderin im Leben, wenn sie dessen Formen nach ihren Normen zuschneiden will, Mörderin in der Kunst, wenn sie mehr sein und gelten will als ein schönes Erzeugniss der Phantasie.

Von einer unkünstlerischen Intention kann also offenbar gar nicht gesprochen werden, sobald die Darstellung mehr mythischen Charakter hat, nicht dem klügelnden Verstande, sondern unmittelbar der schaffenden Phantasie entspringt, nicht gemacht, sondern geglaubt ist. Es giebt phantastische, mystische Vorstellungen, die so tief in der menschlichen Natur ihre Wurzel haben, dass sie eine den religiösen Vorstellungen ähnliche mythologische oder symbolische Form angenommen haben, und dass keine noch so aufgeklärte Bildung ihre Existenz gefährden, ihre Herrschaft über das Gemüth er-

schüttern kann, Vorstellungen, die genau in dem Grade
mächtiger wirken als verständig richtige Erörterungen, wie
überhaupt der Weg durch das Herz directer zum innersten
Menschen geht als der durch den Kopf. Ohne sich einer
dämonischen Macht über das Leben und den Einzelnen an-
zumassen, befestigen sie sich in ihrer Herrschaft über die
Gemüther durch die sinnliche Form, welche sie in der Einbildungskraft angenommen. Diese Form selbst ist unmerk-
lichen, aber nicht unbeträchtlichen Schwankungen unterworfen, weil sie sich unbewusst dem Gemeingefühle jeder besonderen Zeit anbequemt; und wiewohl die Grundidee unverändert dieselbe bleibt, kann sie sich nur in ihrer modificirten
Form als künstlerisch lebensfähig und zeitgemäss bewähren.

Wenn die Kunst sich solcher Vorstellungen selbst glau-
bend bemächtigt, kann auch bei allegorischen Personificationen von Kälte des Gefühles und Mangel an Leben keine
Rede sein. Mag Jemand kaum an Gott, geschweige denn
an Götter glauben, wenn Schiller singt:

>Aus den Wolken muss es fallen,
>   Aus der Götter Schoss das Glück,
>   Und der mächtigste von allen
>   Herschern ist der Augenblick, —

wer würde da nicht sofort ein Gläubiger der neuen Götter-
lehre? — Was Lessing vom dramatischen Dichter bei Gelegenheit der Geistererscheinung im Hamlet sagt: »Mögen
wir in gemeinem Leben glauben, was wir wollen; im
Theater müssen wir glauben, was er will,« — das gilt in
seinem Kreise von jedem Dichter und von jedem Künstler
überhaupt. Er selber nur muss — wenigstens für den
Moment und in dem Zusammenhange — glauben und uns
überzeugen können, dass er glaubt; und dies wird ihm
nicht allzuschwer werden, wenn er an eine jener beregten
unveräusserlichen Vorstellungen in geschickter Weise anzuknüpfen versteht.

Hierin würde also die Antwort auf die oben gestellten Fragen in dem Sinne gegeben sein, dass eine allegorische Darstellung — das Wort jetzt allgemeiner gefasst, für die sinnliche Ausgestaltung irgend einer abstracten Vorstellung — gestattet ist, wenn die fragliche Vorstellung im allgemeinen Bewusstsein lebendig geblieben ist, und wenn die Darstellung den lebendigen Inhalt in der ihm entsprechenden, je nach Bedürfniss so oder so gestalteten Form zum Ausdruck bringt.

Hier dürfte mithin auch der Punkt gefunden sein, von dem aus sich uns der Zauber der Henneberg'schen Allegorie erklärt. Bevor wir dieser aber näher treten, sei es gestattet, über die ästhetische Frage noch bestätigend kurz einen Mann von ausgezeichnetem Feingefühl in künstlerischen Dingen reden zu lassen, dem die Philosophie der Kunst mehr verdankt, als wir jetzt in lebendiger Erinnerung uns vergegenwärtigen: Karl Philipp Moritz. Er sagt (in seinen »Vorbegriffen zu einer Theorie der Ornamente«): »Insofern eine Figur sprechend ist, insofern sie bedeutend ist, nur insofern ist sie schön. — Das wahre Schöne besteht darin, dass eine Sache bloss sich selbst bedeute, sich selbst bezeichne, sich selbst umfasse, ein in sich vollendetes Ganze sei. — Soll nun ein schönes Kunstwerk bloss deswegen da sein, damit es etwas ausser sich andeute, so wird es ja dadurch selbst gleichsam zur Nebensache — und bei dem Schönen kommt es doch immer darauf an, dass es selbst die Hauptsache sei. Wo die Allegorie stattfindet, muss sie immer untergeordnet, sie muss nie Hauptsache sein — sie ist nur Zierrath — und bloss allegorische Kunstwerke sollten eigentlich gar nicht stattfinden. — Die allegorischen Vorstellungen sollen das Ganze nur umgaukeln, nur gleichsam an seinem äussersten Rande spielen — nie aber das innere Heiligthum der Kunst entweihen. — Sobald sie auf diese Weise untergeordnet bleiben und in ihre bescheidenen Gränzen treten, sind sie schön. Sobald die Allegorie auf die Weise (wie z. B. bei der vorher angeführten Figur der Gerechtigkeit, in der ein Symbol dem anderen widerspricht, sobald die Figur an und für sich selbst kunstmässig betrachtet wird,«) jedem Begriffe von Schönheit in den bildenden Künsten widerspricht, verdient sie gar keinen Platz in der Reihe des Schönen, und hat, ohngeachtet alles Aufwandes von Fleiss und Mühe, weiter keinen Werth, als der Buchstabe, mit dem ich schreibe. Die Fortuna von Guido (Reni, im berliner Museum) mit fliegenden Haaren, mit den Spitzen der Zehen die rollende Kugel berührend, ist eine schöne Figur, nicht deswegen, weil das Glück dadurch treffend bezeichnet wird, sondern weil das Ganze dieser Figur Uebereinstimmung in sich selber hat. — Eben so wenig wird man die Aurora von Guido (bekannter Meisterstich von Raphael Morghen) betrachten, um dadurch den Gedanken an die eigentliche Morgenröthe in sich zu erwecken; — sondern der Gedanke an die Morgenröthe wird nur hinzugebracht, um das Gemälde selbst zu erklären, welches hier das Herschende ist und für sich allein die Aufmerksamkeit fesselt. Durch die Macht des Pinsels ist die Idee untergeordnet — sie dient dem Kunstwerke, das Kunstwerk dienet nicht ihr.« —

Eine schärfere Verurtheilung der »blossen« Allegorie ist, wie man sieht, nicht wohl möglich. Ganz berechtigt wird daneben aber ein erlaubter Gebrauch allegorischer Vorstellungen behauptet, eine Distinction, die vielleicht noch schärfer und überzeugender wäre, wenn für die zulässige Art der Allegorie — wie von uns oben — die Bezeichnung »symbolische und mythische Gestalten« gewählt wäre. Die für die unbedingt schöne Allegorie beigebrachten Beispiele sind durchaus treffend; doch ist der innere Gegensatz gegen die verpönte »blosse« Allegorie bei ihnen noch lange nicht so scharf wie in der »Jagd nach dem Glück«.

Denn eine Vorstellung der vorher gekennzeichneten unbedingt künstlerischen Art ist unzweifelhaft diese von der Jagd nach dem Glück, von dem Rennen und Laufen der Menschen nach einem immer entweichenden und doch nur immer lockenderen Ideal ihrer Wünsche, von einem hastigen Ringen, das erst mit dem Erlöschen des Lebensfunkens ruht, von einem unablässigen vergeblichen Bemühen, dem oft selbst die sich bietenden und erreichbaren Genüsse geopfert werden. In dem Bildervorrath aller Sprachen findet sich diese Vorstellung, das Bild ist Jedem geläufig, und es harrt scheinbar nur der Verkörperung. Dennoch lag die Gefahr, wiederum der frostigsten Allegorisirung zu verfallen, näher, als man hätte ahnen sollen. Manchem der Leser wird aus Reproductionen ein französisches Bild eben dieses Gegenstandes in der Erinnerung sein: eine bunte tobende Menge jagt dem Phantome nach, das Alle in's Verderben lockt; ein colossaler Geist mit Flügeln schwingt in der Luft das Schwert der Vernichtung über dem Haufen. Da haben wir sofort die kalte Berechnung, das frostige Dociren, die gefühllose Nutzanwendung. Der Maler fühlt sich mit seinem Stoffe nicht eins, er experimentirt, und so ist sein gefährliches Glück — wie das von Lessing meisterhaft ironisirte Gespenst in Voltaire's Semiramis — »auch nicht einmal zum Popanze gut, Kinder damit zu schrecken«.

Ganz anders Henneberg. Er zeigt uns nicht die wüste Masse; einen Einzelnen führt er uns vor, und stempelt ihn gewissermassen zum Gattungsmenschen. Der Reiter ist nicht nur ein Mensch, sondern der Mensch, und für ihn sind die umgebenden Gestalten keine Phantasiegebilde, vermummte Abstractionen und Begriffe, sondern greifbare Wesen, die zu der Welt seiner Gefühle in lebendigster Beziehung stehen, Neigung und Abneigung, Furcht und Hoffnung in ihm erregen können; und so sind sie es consequenter Weise auch für den Beschauer, der bei natürlicher

Empfindung und vorurtheilsloser Hingabe sich unwillkürlich mit dem Reiter identificirt. Nicht jedem Einzelnen hält der Künstler sein eigenes jämmerliches Zerrbild vor, sondern er überlässt es jedem Beschauer, sich in tiefster Ergriffenheit zu gestehen: „Der Mann bist du!" — wie er selbst unverkennbar sein innerstes Denken und Empfinden in dieser Figur ausgelebt hat. Wir sehen dafür (das dürfen wir wohl verrathen) ein äusseres Zeichen in der gewiss unwillkürlichen, aber unverkennbaren Typusähnlichkeit des Kopfes mit dem des Künstlers. Indem es ihm aber gelingt, den Betrachtenden solchergestalt in das Interesse für den Hergang hineinzuziehen, ist der Standpunkt der Allegorie überwunden, das Werk ist nicht bloss entsprungen aus dem Glauben an seine Idee, es ist ein Zeugniss für diesen Glauben, ein offenes Bekenntniss, ein Selbstbekenntniss: daher die unbeabsichtigte Annäherung an das Selbstportrait. Nur ist in dieser Gestalt das Individuelle ausgelöscht, sie ist ein Typus geworden; das Glaubensbekenntniss, dass eine ewig unerfüllte Sehnsucht den Menschen einem Ziele zutreibt, an dem sich's doch nur scheitern lässt, ist abgelegt namens der ganzen Gattung, und da das Wort einmal gesprochen ist, erkennt die Gesammtheit es an und freut sich seiner von Herzen: daher der unmittelbare, der allgemeine, der nachhaltige Erfolg dieses einzigen Werkes. Nunmehr aber lebt dem Gefühle Alles in dem Bilde, von der üppigen Glücksgöttin bis zu dem klappernden Knochenmann; ein Sturm warmer Empfindung braust durch das Ganze.

Wir berufen uns für die Richtigkeit unserer Auffassung und Deutung auf die Entscheidung eines Tribunales, das in den Streitfragen zwischen Kopf und Herz — wie hier zwischen allegorischer Steifheit und künstlerischer Schönheit — unbestritten die höchste Instanz bildet, auf das unbewusste, unbeabsichtigte, gar nicht einmal ausgesprochene Urtheil der Frauen. Der Verfasser hat noch nie eine beträchtliche Wirkung von eigentlichen Allegorien, und wenn es die meisterhaftesten Malereien eines Rubens waren, bei Frauen beobachtet; wohl aber erinnert er sich mehrfacher Erfahrungen an ihm nahe stehenden weiblichen Gemüthern, deren unbestechlicher Tact und bei ungeahnter Tiefe wunderbar unbefangener und offener Sinn ihn oft mit Staunen und Rührung erfüllt hat, — Erfahrungen, die ihn beinahe ebenso ergriffen und erschüttert haben wie jederzeit das Bild selbst. Der erste Eindruck desselben veranlasste hier einen Andrang der Gefühle, dessen Tumult sich deutlich an den bewegten Zügen erkennen liess, und mit dem die Rücksichten der Wohlanständigkeit einen momentan schwankenden Kampf zu bestehen hatten.

Dergleichen ist in solcher Frage entscheidend. Also nichts von Allegorie! Ueberhaupt nichts von jener Gewürzkrämermanier der Kritik, die den Dingen Ehre genug angethan zu haben glaubt, wenn sie sie in ihrem geaichten Fachwerk untergebracht und mit officieller Werthtaxe versehen hat. Wer hier nicht fühlt, dass er sich einem Kunstwerke der seltensten Art gegenüber befindet, dessen Erscheinung epochemachend ist, der zerbreche getrost seinen Federkiel und sei überzeugt, dass für ihn die staubgeschwängerte Atmosphäre der Actenstube, nicht aber die reine Luft auf den lichten Höhen des Genius und der Kunst geschaffen ist.

Ist so der Mann zum natürlichen Repräsentanten der Menschheit geworden, wie anders soll sich ihm in unserer auf den Geschlechtsunterschied basirten Welt das höchste Glück des Lebens darstellen als unter dem Bilde des tadellosen Weibes, das ihm den Vollgenuss seiner Schönheit verheisst und Macht und Reichthum darbietet, diesen Besitz mit allen Reizen des glücklichsten Lebens zu umgeben. Hierbei aber lag dem Künstler des XIX. Jahrhunderts noch eine besondere Verpflichtung ob, die er erfüllen musste, wenn er verstanden werden wollte. Leeren Phantomen, luftigen Hirngespinnsten läuft der moderne Mensch, so lange er bei gesunden Sinnen ist, nicht mehr nach: dazu ist er zu praktisch geworden. Sein Ideal muss greifbare Gestalt, zweifellose Körperlichkeit, untrügliche Existenz haben, um ihn zu reizen. So wurde der Künstler durch die Aufgabe selbst — woraus nur beschränkte Urtheilsfähigkeit ihm einen Vorwurf machen konnte — zum entschiedensten Realismus gedrängt.

An einem sagenhaften Stoffe hat Henneberg vor Jahren in kleinerem Massstabe dasselbe versucht, in der Darstellung des »wilden Jägers« in der Galerie des Freiherren von Schack zu München. Coloristisch steht der Letztere zwar wohl höher, aber die ganze klare Natürlichkeit ist erst in unserem Reiter erreicht. Es darf ja freilich nicht verschwiegen oder beschönigt werden, dass in den specifisch malerischen Qualitäten, der Gegeneinandersetzung der Farbenwerthe, der Abstufung der Pläne, der Heraushebung der Silhouetten die schwächste Seite des Bildes von der Jagd nach dem Glücke liegt. Aber zweierlei ist bei alledem in der Farbe geleistet, was zu vereinigen fast unmöglich erscheint: die unverhüllte Realität der Erscheinung und der dämonische Hauch. Durch die realistische Farbe wird dem Beschauer der Glaube an die Wahr- und Leibhaftigkeit des Vorganges mit unwiderstehlicher Gewalt gleichsam aufgezwungen. Diese Gestalten sind keine leeren Schemen, sind Geschöpfe von blutsverwandtem Schlage. Dennoch verräth sogleich der erste Anblick in der Haltung des Ganzen wie des Einzelnen das Ungewöhnliche, Bedeutungsvolle. Es war das wohl die schwierigste Forderung der gewählten Aufgabe, und ist das wesentlichste Verdienst der Leistung.

Das Glück ist zu einer kräftigen Gestalt von blühender Lebensfülle mit gesundem Fleisch und Bein geworden;

und der prosaische Gedanke, dass eine solche Leiblichkeit am schnellen Fliegen im Wettlaufe mit dem Reiter hindern könnte, hat die Ruhe des Künstlers sicher nicht gestört. Das Fliegen muss immer als ein Wunder einer anderen Welt geglaubt werden, und ausserordentliche Schnelligkeit ist hier nicht erforderlich. Das Ideal erscheint in der Ferne, zunächst in verschwimmenden Umrissen; es gewinnt Gestalt; immer näher, immer bestimmter winkt es, es scheint erreicht, — da sinkt der Vorhang über die herzbrechende Katastrophe der fürchterlichen Enttäuschung. — Für die Glaubhaftigkeit ihrer Existenz hat der Maler sogar auf ideale Schönheit ihrer Formen, wenigstens des Kopfes verzichtet; ein ganz individueller Zug nähert sie verwandtschaftlich ihrem Verfolger.

Auch die Zuspitzung der Handlung erscheint uns in hohem Masse bedeutsam und verdienstlich. Nicht dass die »Jagd nach dem Glück« zu einer Scene von lebhafter Action geworden ist, was sie nothwendig sein musste — denn man konnte den realistischen Maler der Neuzeit unmöglich auf den gemessenen Anstand und die würdevollen Bewegungen etwa der Todten-»Tänze« früherer Jahrhunderte als Vorbilder verweisen —, sondern dass er die Handlung dramatisch entwickelt und im Momente der auf engstem Raume zusammengedrängten Katastrophe vergegenwärtigt hat, das zeugt von seinem künstlerischen Tact und seinem tiefen Verständniss. Unter den vielen Vorzügen des meisterhaften Bildes ist die dramatische Pointirung, die Vereinigung aller interessanten Punkte der Handlung in einen überschbaren Moment von gewaltiger Fruchtbarkeit einer der bedeutendsten. Nur der noch unvollendete Sprung des Pferdes trennt das Leben vom Verderben, und das Geschick aller vier Personen gipfelt und entscheidet sich in diesem Momente.

Dies führt uns auf die Composition, die bewunderungswürdig ist. Eine schauerlich romantische Landschaft mit einem Schloss auf der fernen Höhe, vor dem sich eine tiefe Kluft öffnet, bildet die Scenerie. Wir sehen den Anfang einer schmalen Brücke, deren vom Feuer zerstörte Fortsetzung über den gähnenden Abgrund führte. Auf dem verkohlten Balken, der noch in's Leere hinausragt, rollt die gläserne Kugel, über der das schöne nackte Weib, die Göttin des Glückes, schwebt. Im Motive ganz entfernt beeinflusst von der Fortuna des Guido Reni im berliner Museum, hält sie in der vorgestreckten erhobenen Rechten eine Krone, während die Linke auf das Gold weist, das reichlich aus den Falten ihres niedersinkenden, vom Luftzuge und der schnellen Bewegung aufgebauschten Seidengewandes in die Tiefe rollt, und das rückwärts gewandte Gesicht, von goldenem langem Haar umweht, zur Nachfolge ermuntert. Auf gewaltigem falbem Rosse jagt der unselig verblendete Jäger hinter ihr her: im nächsten Momente muss er sie erhaschen; schon beugt er sich gierig über den Bug des Pferdes vor, sie zu ergreifen. Ein Sprung noch, und er ist im Besitz. Aber auch er wird gejagt, und auch sein Verfolger hofft im nächsten Augenblicke sein habhaft zu werden: es ist der Tod auf elender Mähre, eine rothe Fahne siegesfroh in den Knochenhänden schwingend, während an dem dürren Fusse die Spuren des wilden Rittes hängen geblieben sind. Rechts aber, am Anfange der Brücke, liegt hingesunken eine zarte weibliche Gestalt, über die der schäumenden Rosse Hufe unbekümmert hinweggehen; eine Idee, poetisch wie keine. So hat vor dem letzten unwiderruflich entscheidenden Schritte die hingebende und aufopfernde Liebe, das bescheidene Glück, das Jedem einmal an seinem Lebenswege blüht und den Genügsamen beseligt, und das zu geniessen und zu preisen für den Weisen Pflicht ist, vergeblich gewarnt, das buhlerische, aber falsche Phantom stürzt den Rasenden in den Abgrund. Ueber vernichtete Hoffnungen und gebrochene Herzen hinweg stürmt die wilde Begierde, und schon vollendet sich das Geschick: der Moment, in dem die drei Jagenden zusammentreffen, ist der Triumph des Verderbers, der dargestellte flüchtige Augenblick der letzte des Strebens, der letzte vor der entsetzlichen Vernichtung.

Dem Verdienste der Composition ebenbürtig steht die Durchbildung des Einzelnen da. Den ächten Künstler verräth schon die knappe, aber deswegen um so gehaltreichere Oekonomie des Werkes. Keine überflüssige Zuthat, nicht das geringste von der Idee nicht durchdrungene und geforderte Beiwerk verunziert das Werk, indem es die Aufmerksamkeit zerstreut und die Empfindung ableitend theilt.

Das bewusste, ruhige Schweben in der Glücksgöttin, die Aufweisung der Schätze, die schmachtende Haltung des Kopfes sind unübertrefflich. Verführerisch lockend und doch mit einem unverkennbaren Zuge der Wehmuth, des Mitleidens mit dem Schmerze, den zu erregen ihr Beruf ist, vollendet sie in Götterruhe ihre Aufgabe.

Der Reiter nach dem Glücke selber kann als vollendeter Typus verblendeter Begierde angesprochen werden. Jeder Zoll an ihm ist Gier, ist gespannte Erwartung; und doch fühlen wir ihm den tieferen Ernst seines Wesens ab. Eine glühende Leidenschaft durchdringt sein ganzes Wesen, keine blosse leichtfertige Begehrlichkeit reisst ihn ungestüm fort. Unübertrefflich ist die vorgestreckte rechte Hand, wunderbar ausdrucksvoll und sprechend trotz des bekleidenden Handschuhes. Die Mütze mit der Feder ist ihm beim scharfen Ritt auf den Rücken gefallen, jedes Stück losen Riemen- und Bandwerkes fliegt im Winde; das edle Ross keucht vor Anstrengung seiner Kräfte.

Und nun der Tod! Hei! wie der Knochenmann mit höhnischer Freude aus den hohlen Augen auf sein Opfer blickt! Wie lustig er die Fahne schwingt, und wie wacker er reitet! Wie scheusslich ist seine schwarze Mähre; abgetrieben, kahl, hinfällig und hartmäulig! Wie geschickt wird ihre Natur gezeigt, und wie ist noch geschickter und geschmackvoll der grösste Theil ihrer Masse hinter dem prächtigen Rosse des anderen Reiters versteckt! Wenn man die gesammte Poesie der deutschen Todtentänze in der Quintessenz anschauen will, man sehe diesen Knochenmann. Die ganze Schauerlichkeit und grausame Gutmüthigkeit, der satirische Ausdruck bis zum Hohn und die emsige Geschäftigkeit und unermüdliche Rüstigkeit in liebgewordener Schreckensarbeit, Alles, ein wunderliches, in seiner Gesammtheit tief ergreifendes Gemenge liegt darin.

Aller Gestalten Preis und Krone — wie ja oft dem Helden des Dramas eine höchst ausgeführte Gestalt zugleich als Gegensatz und als Folie beigegeben wird — ist aber das am Boden liegende junge Weib. Ein ganzes Klagelied klingt aus dieser Figur. Nicht aufdringlich, wie ihre Rolle im Drama eine mehr leidende ist, aber mit hohem Werthe für die Empfindung und für die Ergänzung des Gedankens nach der Seite hin, wo er gewissermassen in die Unendlichkeit weist, während hinter der Katastrophe selber das leere Nichts gähnt, fügt sie sich in die Darstellung ein. Sie ist nicht todt, ist nicht von den Pferden überrannt; diese billige und ästhetisch wirkungslose Roheit hat uns der Künstler tactvoll erspart und durch die Darstellung des im innersten Mark erschütterten Lebens ungeahnte Tiefen der Empfindung erschlossen. Dicht vor der Brücke, wo der sichere Pfad sich verliert, hat das Weib sich warnend vor den Abgrund gestellt, mit hoch erhobener Rechten dem wahnwitzigen Reiter Halt geboten; vergebens. Als sie Alles verloren sieht, sinkt sie ohnmächtig hin; wie zur Abwehr der Rosseshufe und um den Blick gegen das hereinbrechende Verderben zu verschliessen — wie die Alten vor dem Tode das Haupt verhüllten —, legte sich der linke Arm mechanisch, instinctmässig über das Gesicht, während die noch nicht gesunkene Rechte mit gelöstem Muskelspiele, dem Gesetze der eigenen Schwere folgend über das Brett in den Abgrund hineinragt. — Aber nicht bloss als Gegenbild zu der Glücksgöttin, sondern mit grosser psychologischer Feinheit dem Gedanken in seiner tiefsten Fassung entsprechend, hat der Künstler die überhörte Warnungsstimme in weiblicher Gestalt verkörpert. Das rechte Weib ist seiner Natur nach der gute Engel des Mannes in schwierigen Momenten. Mit unbestechlichem Tacte fühlt es die Gefahr des Weges, wo der Mann in weit aussehenden Plänen nur das Ziel im Auge hat; und wie oft rechnet das Gefühl sicherer als der Verstand! Aehnliche Gedanken und Beziehungen haben Vautier die köstliche Figur jener besorgt dreinschauenden, vor der Entschliessung des Mannes zitternden Frau in seinem bekannten vortrefflichen Bilde »der Bauer und der Makler« erfinden lassen. — Doch auch die Gestaltung ist dem Gedanken ebenbürtig: ein schönerer Fluss der Linien, eine sprechendere Stellung, ein bewegteres Athmen der Empfindung in der fast entseelten Gestalt scheint kaum möglich: es ist eine Betäubung, aus der zu erwachen fürchterlicher als der Tod ist; aber die Unglückselige wird erwachen: die erste unklare Ahnung künftiger Seelenschmerzen klingt noch in der spontanen Haltung der vollendet schönen Glieder nach.

Sehr fein ist die Glücksgöttin in ein Meer von Licht getaucht, während die Region hinter dem Reiter je ferner desto düsterer wird. Ahnungsvolles Grauen ist über die Landschaft mit dem fernen Schloss auf der Felsenkuppe gebreitet, und einem Irrlichte gleich hebt sich die Gruppe aus dem allgemeinen Grau heraus.

So steht denn das Bild da als eine der bedeutungsvollsten Schöpfungen unserer Tage, ein Meisterwerk der

Kunst, zugleich aber ein elegisches Bekenntniss der Zeit; keine romantische Klage, kein weltschmerzliches Verzagen, sondern klares, bewusstes Zugeständniss der Nothwendigkeit persönlicher Aufopferung im Streben, im hastigen, nimmer aufgegebenen Streben nach dem höchsten, vielleicht nie erreichten Ideale, eingedenk, doch ungeachtet des ewigsten und (im besten Sinne) modernsten Ausspruches Goethe's:

Es irrt der Mensch, so lang' er strebt. —

Sehen wir hier einen Künstler die tiefsten Ideen und Empfindungen, welche die Menschheit bewegen, mit realistischer Wahrheit und doch in idealster Verklärung in einem Werke grossen Stiles mit hinreissender Gewalt zur Darstellung bringen, ein Bekenntniss gleichsam für die Gattung ablegen, das Kunde von ihren edelsten Regungen und ihrem tiefinnersten Sehnen giebt, so hat der zweite Künstler, dessen nunmehr zu betrachtendes Werk im wahrsten Sinne des Wortes ein »Ereigniss« wurde, seine Motive der Nachtseite der menschlichen Gesellschaft entlehnt, und zwar nicht, um, wie einst Couture in seinen berühmten »Römern der Verfallzeit«, wenn auch ohne Kraft und Erfolg, die Geissel der Satire im Stil eines Juvenal darüber zu schwingen, sondern um sie zum Substrat zu nehmen, an dem er alle Reize einer ungezügelten Phantasie und eines glühenden Farbensinnes entfalten wollte.

Als das Bild oder vielmehr die friesartige Composition in drei Abtheilungen unter dem Titel »die sieben Todsünden« in München an's Licht trat, hatte sein Autor, der junge Schüler Piloty's, Hans Makart, in weiterem Kreise kaum mit einem bemerkenswerthen Werke debutirt: die allgemeine deutsche Kunstausstellung zu Wien 1868 brachte einen Entwurf zu einer Wanddecoration und die lebensgrosse Ausführung dreier für dieselbe bestimmten Panneaux zur Ansicht. »Moderne Amoretten« war der etwas sonderbare Titel dieser Bilder, in denen junge Mädchen in noch unreifem Alter, in das phantastischeste Modeluxuscostüm gekleidet und mit sehr zweifelhaftem Ausdrucke reigenschlingend sich von einem Goldgrunde abhoben. Ein blühendes Colorit, eine ungewöhnliche malerische Totalwirkung und der decorative Charakter der Werke liessen die sich etwa aufdrängenden Bedenken schweigen und selbst die incorrecte verwaschene Zeichnung zumal der Köpfe übersehen. Jedenfalls manifestirte sich in der Wandskizze ein ungewöhnliches decoratives Talent und ein ganz eminenter Sinn für Ton und Haltung in der Farbe.

Der Gedanke, in einem neuen Werke die sogenannten sieben Todsünden in einer friesartigen Composition darzustellen, hat an sich, zumal bei einem katholischen Künstler, nicht nur nichts Ungewöhnliches, sondern selbst etwas Ansprechendes, und wenn man aneinander gereihte allegorische Einzelgestalten als Vorgang gelten lassen will, so hat es selbst nicht an ähnlichen in der Vergangenheit der Kunst gefehlt. (In ganzen Compositionen hat man die sieben Todsünden immer nur in Cyklen von Einzelbildern, nicht mit einander verbunden dargestellt.) Dass derartige Darstellungen über die Gränzen moderner Wohlanständigkeit in der Regel hinausgehen, kann nicht Wunder nehmen und ist hergebracht, und von der Schilderung der Ausschweifung in ihrem höchsten Grade mochte man sich die gewünschte Wirkung des abschreckenden Beispieles allenfalls versprechen. Es musste also eine eigenthümliche Bewandtniss mit diesem Bilde haben, als sich gegen dasselbe ein wahrer Sturm in der Presse, und zwar nicht bloss der klerikalen, sondern auch der liberalen erhob, und es innerhalb des münchener Kunstvereines zu einem wohlformulirten Gesammtproteste gegen die Wiederholung ähnlicher Schaustellungen kam. Unbeirrt durch die lärmenden Stimmen suchten dagegen namhafte Kunstkritiker das Bild nicht nur zu retten und zu vertheidigen, sondern ihm selbst einen ungewöhnlich hohen Rang der Werthschätzung zu vindiciren. Inzwischen machte dasselbe seinen Weg nach den bedeutendsten Kunstplätzen, überall der Gegenstand lebhaften Interesses und noch lebhafterer Discussion, von den Einen übermässig gepriesen, von den Anderen rücksichtslos verworfen.

Um sich besser über seine Existenzberechtigung ausweisen zu können, war bald die officielle Benennung geändert: das nunmehr »historische« Bild hiess »die Pest von Florenz«. Da aber wegen des unrichtigen Zeitcostümes und des mangelnden Hinweises auf jenes Ereigniss dieses Beglaubigungsattest zurückgewiesen wurde, hat der Künstler das Kind seines Genius neuerdings zum dritten Male getauft und es den »Traum eines Wüstlings« genannt.

Am Eingange eines pomphaften Gebäudes erblicken wir eine junge Frau von einem Cavalier lebhaft zurückgehalten, während laxere Gesellen über seine moralische Anwandlung zu lachen und ihn von dem Weibe abzuwenden scheinen. Vorbei gelangen wir an einem Tische von Wechslern, die jungen Leuten Gold darleihen. Die zerlumpte Armuth im Vordergrunde und das gebrechliche Alter im Hintergrunde bilden zu Reichthum und Jugend den ironischen Contrast. Rechts blicken wir bereits in die inneren Hallen des Hauses und werden durch Scenen theils kalt zur Schau getragener, theils scheu in Halbdunkel gehüllter Sinnlichkeit über die Natur des Ortes belehrt und auf das Kommende vorbereitet. Dies der erste Cyklus. — In dem zweiten öffnet sich vor uns der phantastische Hauptsaal von märchenhafter Pracht, zauberischem, unenträthselbarem Licht und unbeschreiblicher Architektur. Ein Wasserbassin des Vordergrundes nimmt die nackten Gestalten, die sich in bacchantischem Taumel des Genusses umfassen, sich in wilder Brunst an Statuen klammern oder in wollüstigen Verrenkungen ihre Schönheit zur Schau stellen, zum Bade auf. Verführungs-, Liebkosungs- und Genussscenen der verschiedensten Art, im Dufte der Ferne mehr zu errathen, als zu erkennen, entfalten sich dahinter, und ein widerlicher alter Mönch ist geschäftig, für schnödes Gold die Gesellschaft zu absolviren. Gegen das Ende bricht auf üppigem Lager der Sinnenrausch in entnervter Erschlaffung zusammen. Unberührt aber von dem wüsten Treiben um sie her steht in der Mitte eine stolze Schönheit mit dem Spiegel in der Hand, ganz versenkt in den Anblick ihrer Reize. — Aus dem Hauptraume führt uns das dritte Bild wieder in einen engeren Kreis zurück. Die Freuden der Tafel haben bei der bunten Gesellschaft ihre Schuldigkeit gethan; stumpfsinnige Trunkenheit, unersättliche Gier beherscht die Einen, die Anderen wissen in toller Laune kaum, wie sie mit ihren Gliedern, mit Früchten und Geräthen hantiren sollen. Einige fröhnen der Lust am Spiel, und während der Würfel unerwünscht fällt, bricht Streit aus, der den Männern den Stahl in die Hand drückt: nichts Ungewöhnliches, wie es scheint, in diesen Hallen, denn sehen wir recht, so wird gegen das Ende hin ein verhüllter Leichnam heimlich fortgeschafft.

Dies die ungefähre Skizze dessen, was sich mit einiger Mühe und Phantasie etwa als der »Stoff« der Bilder bezeichnen liesse.

Doch keine Beschreibung, und wäre sie noch so ausführlich, und scheute sie noch so wenig das treffende Wort, ist fähig, einen ungefähren Begriff von dem eigentlichen Wesen dieses merkwürdigen Werkes zu geben. Nur wenn man eine sehr rege Phantasie auf's Aeusserste anstrengt, dieses Gerippe mit dem üppigen Fleisch unzähliger Figuren, Scenen, Nebensachen aller Art zu umkleiden, sich ein Meer von Farbe von einem Glanz und einer Sensibilität ohne Gleichen darüber ergossen zu denken und das Ganze sich in ein magisches, räthselhaftes, überall effectvoll spielendes Licht getaucht vorzustellen, kurz wenn man das Ganze umsetzt in eine rauschende Symphonie von Licht und Farben, in der selbst, was von Formen leidlich bestimmt ausgeprägt ist, verschwimmt und gleichgültig wird, — nur dann kann man glauben, sich einen annähernden Begriff von diesem Werke gemacht zu haben. Alles, was in der Malerei zugleich reizend und betäubend auf die Sinne wirken kann, ist hier nicht zur Markirung der Lichter, gewissermassen zur Hervorhebung der Hauptpointen benutzt, sondern ausschliesslich zu einem künstlichen All unerhörter Reize zusammengethürmt. Vor Allem aber dominirt die Farbe, welche den Grundton für das Ganze abgibt, die ganze Composition begründet, trägt und entfaltet. Und zwar eine Farbe von einer sinnlichen Gluth, von einem prickelnden Reize, wie Aehnliches in der grossen Kunst kaum oder nie dagewesen. Es ist ein Reiz, demjenigen nicht unähnlich, welchen die coloristischen Meisterwerke der decorativen Kunst oftmals hervorbringen, in denen die Töne so wunderbar durcheinander klingen, dass man sich des einzelnen Eindruckes kaum bewusst wird, und der Zusammenklang die Sinne in traumhaftem Zustande gefangen hält. Nimmt man hierzu, was wir über die wiener Bilder gesagt haben, und was eine Betrachtung der reichen decorativen Einzelheiten auch dieser neueren Gemälde, der Wandflächen, der Geräthe, der Drapirungen, ja selbst und fast in erster Linie der Rahmenverzierungen auf's Neue bestätigen würde, so scheint die vorwiegend decorative Begabung des Künstlers ausser allem Zweifel.

Es kommt noch Eins hinzu. Niemand kann die Virtuosität, die absolute Meisterschaft dieses Farbenvortrages in Abrede stellen, noch auch seiner Wirkung sich entziehen; aber es wird meist übersehen und ist doch unendlich wichtig und bedeutungsvoll, dass dieser ganze Licht- und Farbenzauber rein nach der Willkür des Künstlers über seine Gegenstände gebreitet ist. Das erste Gesetz des darstellenden Künstlers ist die Wahrheit. Die schöne Wahrheit; ja wohl! Aber auch diese ist Wahrheit. Wahr muss der Künstler sein, wie in der Form und im Ausdrucke, so auch in der Farbe. Auch sie gehört zu den charakteristischen, ohne Fehler nie zu verfälschenden Eigenschaften der Dinge, und wenn der Künstler nach coloristischer Haltung, nach farbiger Wirkung strebt, so kann ihm die Auswahl und Zusammenstellung seiner Gegenstände als Mittel zu diesem Zwecke dienen, nicht aber die Veränderung ihres eigenthümlichen Farbencharakters.

Ganz anders steht es bei dem ornamentalen Künstler. Er bildet nicht etwas Vorhandenes nach, sondern schafft etwas selbständiges Neues, und diejenige Farbe und Farbenzusammenstellung, die seinem Phantasiegebilde am meisten entspricht, ist für ihn die richtige. Wenn aber Makart seinen nackten Leibern eine grünliche Verwesungsfarbe andichtet, wenn er Wasser gelegentlich rosenroth, Blätter und Blüthen fahlgelb und Krebse himmelblau malt — was bloss als Farbenfleck betrachtet freilich Alles an seiner Stelle trefliche Wirkung thut —, dann hat er sich von der nothwendigen Wahrheit des Künstlers unwiderruflich entfernt, auch wenn man es gar nicht mit in Anschlag bringt, dass seine Gestalten unmögliche Stellungen einnehmen, grosse Schalen mit Früchten auf dem Wasser stehen, und was dergleichen Widernatürlichkeiten mehr sind.

Wir wollen in diesem Zusammenhange gar nicht urgiren, was an sich zwar schon wichtig genug wäre, dass diese ganze üppig wuchernde Farbenphantasie doch im Grunde recht einseitig ist, dass sie ihren prahlenden Haushalt mit wenigen Haupttönen bestreitet, ganze Farbenreihen aber ausschliesst. Genug einerseits, dass sie es versteht, auch so eine blendende und unwiderstehliche Wirkung zu erzielen, und andererseits, dass wir wissen, dass diese Art der Farbenbehandlung den Grundbedingungen der grossen, darstellenden Kunst nicht entspricht.

Die neue unerhörte Bravour in der Farbe scheint es uns aber auch nicht zu sein, was dem Werke zu so schneller und allgemeiner Berühmtheit verholfen hat. Der Widerspruch würde sich dadurch nicht erklären, denn die zulässigen, soeben erörterten Bedenken auch dem bewunderten Colorit gegenüber sind unseres Wissens bisher kaum angedeutet; sie würde aber auch die Anerkennung nicht genügend motiviren, denn für Nichts ist unser Publicum, Dank der langen Entwöhnung, weniger empfänglich und verständnissvoll und also auch weniger dankbar als für die Farbe. Den Widerstreit veranlasste vielmehr das Sujet, das die Einen zu retten suchten, weil der Künstler es so meisterhaft zu gestalten verstanden, und das die Anderen so abscheulich und verwerflich fanden, dass sie keiner Schönheit der Darstellung davor gewahr wurden.

Nur eine alberne Pruderie kann dem Künstler das Recht streitig machen, auch den sinnlichen Genuss der Schönheit, deren Dasein zu verherrlichen seine Aufgabe ist, in den Bereich seiner Darstellungen zu ziehen. Wahrlich nicht die schlechtesten und unbeliebtesten Meisterwerke der grössten Renaissancekünstler bewegen sich auf diesem Gebiete, und wer möchte ihnen die Existenzberechtigung bestreiten oder sich in philisterhafter Sittenrichterei vor ihnen bekreuzen?! Was ihnen aber den Werth giebt, das ist die naive Freude an der Natur, die gesunde Hingabe an den Gegenstand als ein natürlicher Tribut an natürliche Verhältnisse. Die nackte Schilderung der Sinnlichkeit aber um ihrer selbst willen und als Reizmittel führt die Kunst aus ihrem keuschen Kreise heraus und erniedrigt sie zur Handlangerin einer entnervten, selbst zur Genusssucht und Genussfähigkeit erst künstlich aufzustachelnden Sinnlichkeit.

Was soll man nun dazu sagen, wenn ein Künstler sich unterfängt, seiner Zeit mit einem Pfuhle sinnlicher Ausschweifungen unter die Augen zu treten, in dessen Miasmen jede edlere Regung des menschlichen Gemüthes erstickt wird?! Eine solche Auflösung aller Bande frommer Scheu ist — zur Ehre des menschlichen Geschlechtes sei es gesagt — niemals dagewesen, und der Künstler, welcher eine solche Ausgeburt seiner Phantasie mit allen Künsten einer eminenten malerischen Begabung aufgeputzt dem Publicum auftischt, muss entweder seine Zeit solcher sittlichen Verkommenheit zeihen, dass ihr Derartiges genehm sein kann, oder er versündigt sich auf's Schwerste an der Kunst und dem gesunderen Bewusstsein seiner Zeitgenossen, indem er statt des Ideales zu erstrebender Vollkommenheit das Ideal möglicher oder — hoffen wir es vorläufig noch — unmöglicher Verkommenheit vorführt. Auf diesem Wege seiner Zeit vorauszueilen, ist ein Ruhm, den noch kein Künstler erstrebt hat, und jedes sittliche Gefühl muss und wird sich dagegen empören, solche Ideale aufgestellt und mit einem gewissen monumentalen Aufwande von malerischen Mitteln verkörpert zu sehen.

Es darf wegen der Wahl eines solchen Stoffes über den Menschen nicht der Stab gebrochen, und dem Künstler nicht eine bessere Zukunft abgesprochen werden; aber bedenklich bleibt das wiederholte Verfallen auf mehr oder weniger anrüchige Stoffe immerhin. Das blosse malerische Vermögen, selbst wenn es bedeutender wäre, als es sich bis jetzt im grossen Stoffe bewährt hat, kann darüber nicht hinweghelfen, kann für den Mangel sittlicher Vollkraft nicht entschädigen und die ruchloseste Verleugnung menschlichen Adels nicht menschenwürdig, nicht der Kunst würdig erscheinen lassen. —

Eine eigenthümliche Ironie des Schicksales ist es zu nennen, dass die verwerfliche Richtung auf sinnlichen Reiz und unsittliche Vorwürfe, deren Herrschaft in der französischen Kunst Niemand emphatischer gebrandmarkt hat als der beredteste Lobredner Hans Makart's*), ihre höchste Blüthe oder besser ihren schlimmsten Auswuchs in Deutschland hervortreibt, und dass dieses Werk in Paris mit Abscheu und Entrüstung zurückgewiesen wird. —

In München ist die ideale Kunst eines Cornelius in die Programmmalerei eines Kaulbach verlaufen. Der farbenfrohe Realismus, durch Piloty eingebürgert, schwingt sich auf den verlassenen Thron, und seine nur zu leicht ideelose Routine verläuft in die Farbenparoxysmen eines Makart. Natürliche Gegner, wie sie sind, stehen sich die Richtungen in ihren Hauptvertretern kalt, beinahe feindlich gegenüber. Aber ihre Ausläufer, von ihren Lehrmeistern desavouirt und mit ihnen zerfallen, vereinigen sich wiederum in schwerverständlicher Freundschaft. Kaulbach, der Maler der Gedanken und der Meister schön geschwungener, wenn auch leerer Form, der Matador in der regelrechten Composition und Idiot in der Sprache der Farben, und Makart, der sich in Farbenfülle badet, aber die Composition verachtet, die Form vernachlässigt und der Gedanken baar ist bis zu dem Punkte, dass er nicht einmal weiss, was er sich unter seinen coloristischen Träumereien gedacht hat, — was haben sie Gemeinsames, welcher andere Kitt hält die heterogenen Naturen, die so verschieden, ja gegensätzlich begabt sind, dass sie scheinbar kaum Verständniss Einer für den Werth und die Wesenheit des Anderen haben könnten, zusammen als die frivole Grundstimmung ihrer Anschauung, die bei dem Einen durch die seelenlose Form den Verstand, bei dem Anderen durch die gedankenlose Farbe das Gefühl besticht, um sie zu vergiften?!

---

*) „Die kritische Windfahne der Allgemeinen Zeitung" (Lübke; s. Deutsche Warte, Bd. VII., 1874, S. 705 ff.), Herr Fr. Pecht.

Idealismus und Realismus in der Kunst, vertrauend bloss auf das untrügliche Machwerk und die nie versagende Routine, laufen gemeinschaftlich darauf hinaus, die Kunst zu prsotituiren.

Nur wo der Geist lebendig und das Gefühl gesund erhalten bleibt, da vermählt sich die schöne, die erhabene Idee der schönen, der wahren Form.

So stehen sich die leuchtendsten Spitzen der vorjährigen Kunstübung charakteristisch gegenüber: den »Sieben Todsünden« — der »Reiter nach dem Glück«.

Max Lohde und die Sgraffitotechnik.

Unter dem Titel: „Das Sgraffito und sein neuester Bearbeiter" in den Ergänzungsblättern zur Kenntniss der Gegenwart, Bd. IV., 1869, Heft 12, S. 706 ff.

Unter den verschiedenen Arten zeichnender Darstellung auf der Fläche ist, obwohl im Allgemeinen seltener geübt, diejenige wohl schwerlich die jüngere, welche dem gewöhnlichen Verfahren, durch Auftrag irgend welcher farbigen Mittel auf eine einfarbige gleichmässige Unterlage ein Bild hervorzubringen, entgegengesetzt ist. Man kann nämlich auch, wo zwei Schichten von verschiedener Färbung übereinander liegen, eine Zeichnung dadurch hervorbringen, dass man auf irgend eine Weise die obere Schicht stellenweise entfernt, so dass die darunter liegende zum Vorschein kommt.

So findet man bei verschiedenen Völkerschaften Lederarbeiten, welche dadurch ornamentirt sind, dass man die gefärbte glänzende Oberfläche des Leders entfernt hat; dies ist sicher eine uralte Technik. — Auf orientalischen Lackarbeiten sind oft mehrere Schichten verschieden gefärbter Lacke übereinander aufgetragen, und dann sind durch Wegnahme einer oder mehrerer Schichten verschiedenfarbige Muster erzeugt. — Auch die ältesten griechischen Vasenbilder zeigen dasselbe Verfahren. Nach dem ersten leichten Brande werden auf dem röthlichen Thone die Figuren in ganz ausgefüllten Contouren mit schwarzer Farbe aufgetragen, und hernach die innere Zeichnung mit einem scharfen Instrumente eingeritzt; die Linien erscheinen dann in der Farbe des Thones. Darauf erst folgt der letzte und Hauptbrand. — Nicht weniger lässt sich das Damasciniren des Stahles in Waffen und dergleichen gewissermassen hierher rechnen. Die Zeichnung wird mit unterschnittenen Rändern in den Stahl eingravirt, wodurch schon ein Gegensatz der tiefer liegenden körnigen Theile und der glänzend polirten Oberfläche hervortritt. In der Regel wird dann in die vertiefte Zeichnung ein anderes Metall, meist Gold, eingeschlagen und mit der Oberfläche gleich polirt. — Hiermit ganz verwandt ist das *Email champlevé* oder der Grubenschmelz. Auch hier wird der von der Zeichnung eingenommene Raum aus der Metallplatte ausgehoben, und gelegentlich bleibt das Product in diesem Zustande, indem nur dem Grunde der Felder durch das sogenannte Oxydiren, durch Versilbern oder sonst wie ein gegen die Oberfläche abstechendes Ansehen gegeben wird. Für gewöhnlich aber werden die Aushöhlungen mit einem farbigen Glasfluss ausgefüllt. — Die Zeichnung auf den etruskischen Spiegeln wurde durch Eingraviren in die Bronzeplatte hervorgebracht, und indem man ähnlich angefertigte Zeichnungen mit schwarzem Schmelz ausfüllte, entstand das sogenannte Niello, jener Stolz der mittelalterlichen Goldschmiedetechnik, aus dem sich — einer freilich sehr unglaubwürdigen Sage nach — die Kupferstecherkunst entwickelte.

Ob in alten Zeiten diese Art der Technik ausser in verschiedenen Zweigen der Kleinkunst auch zur Ornamentation grosser Wandflächen Verwendung gefunden hat, lässt sich bei der Lückenhaftigkeit der monumentalen und der literarischen Ueberlieferung nicht bestimmen. Auch für das Mittelalter ist die Anwendung im Grossen nicht mit einiger Sicherheit und in beträchtlicher Ausdehnung nachweisbar. Nur von einem 1865 durch Renovation der Façade verschwundenen Monumente aus spätgothischer Zeit, an einem Hause zu Florenz, haben wir eine zuverlässige Nachricht und Beschreibung. Man wird kaum fehl gehen, wenn man an einer grossen Verbreitung des Verfahrens im Mittelalter und vollends ausserhalb Italiens zweifelt.

Erst die Periode der Renaissance, der es vorbehalten war, in allen Zweigen künstlerischer Technik das Höchste zu leisten und jedes Material in der glänzendsten und stilvollsten Weise zu gestalten, entwickelte die auf diesem Principe der Behandlung beruhende Technik zu einem Mittel der künstlerischen Decoration getünchter Wandflächen, deren billige Herstellbarkeit, reiche Wirkung und grosse Dauerhaftigkeit ihre häufige Anwendung und schnelle Ausbreitung leicht begreiflich macht. »Diese Technik empfiehlt sich überall,« sagt Gottfried Semper, »wo die Baukunst gezwungen ist, zur Bekleidung der äusseren Mauerflächen den Putzmaurer zu gebrauchen. Zunächst und ganz besonders dadurch, dass sie recht eigentlich dem Bereiche dieses Baugewerkes angehört, dessen im Allgemeinen gering geachteter Antheil am Bauen dadurch Bedeutung erlangt und der Kunst sich nähert.«

Soll nämlich die Kalktünche einer gemauerten Wand

stilgemäss sein, so darf nicht der angepinselte Kalkputz, wie bei unseren modernen Verschmierbauten, das wahre Material, in der Regel Backstein, verhehlen und ein falsches, etwa Sandsteinquadern, erheucheln, wo dann der erste kleine Schaden durch Wind und Wetter dem Heuchler die Maske vom Gesicht reisst; sondern die Tünche muss sich als solche, d. h. als bergender Ueberzug darstellen und ihr eigenes Material, d. h. den mit Maurersand vermischten Kalk, zur Geltung bringen. Die Technik des Sgraffito, die beiden Anforderungen genügt, stellt sich somit als die **absolut stilvollste Behandlungsart der kalkverputzten Mauerfläche** dar.

Die Sgraffito-Technik besteht in Folgendem. Eine durch und durch dunkel gefärbte Kalkschicht wird mit einer helleren bedeckt, die nur gerade dick genug ist, die dunkle Unterlage nicht durchscheinen zu lassen. Alsdann wird mit verschieden geformten stählernen Griffeln die lineare Zeichnung, welche zur Verzierung der Fläche dienen soll, und die auf irgend eine Weise auf dieselbe gepaust ist, in den hellen Ueberzug eingeritzt, so dass in den Linien die dunklere Farbe der unteren Kalkschicht zu Tage tritt und die Zeichnung auf der hellen Fläche darstellt. Es ist ein bestimmter Grad von Feuchtigkeit des Kalkes bei allen Manipulationen erforderlich, damit weder die nöthige Bindekraft zwischen den verschiedenen Lagen — schon der dunkle Grund besteht in der Regel aus mehreren Schichten — vermisst werde, noch auch die Farbe der unterliegenden durch die darüber gebrachte durchschlage. Auch das Sgraffiren selbst geschieht im nassen Kalk — also „*al fresco*" —, weil nach vollständigem Trockenwerden der Kalk zu hart und spröde für die Behandlung wird.

Der Anwurf wird so nach dem Bekleidungsprincip (Semper) als eine vor das feste Gerippe des Baues gebreitete schützende oder deckende Hülle behandelt, und der

Kalk, der Stoff des Putzes, zeigt sich ganz in seinem eigenthümlichen Gefüge, in seiner feinkörnigen Textur, untermischt mit glänzenden krystallinischen Gebilden.

Die eigentliche Geschichte des Sgraffito beginnt mit dem fünfzehnten Jahrhundert, als man in Italien anfing, grosse Façadenflächen mit Putzmörtel zu bekleiden. Es breitete sich von Italien nach dem Norden aus, besonders nach Deutschland, wo sich bis nach Schlesien hin Spuren dieser Technik zugleich mit der Ueberlieferung von der Einwanderung italiänischer Künstlerfamilien erhalten haben. Wir wollen hier die wegen mangelnder zusammenhängender Forschungen noch ziemlich lückenhafte Kunde von den Sgraffitoarbeiten der Renaissance nicht reproduciren, sondern verweisen auf die einschlägigen Werke, hauptsächlich: »Die Anwendung des Sgraffito für Façadendecoration« von Emil Lange und Joseph Bühlmann, München 1867, bei E. A. Fleischmann. Für die Lombardei bringt Lewis Gruner's »The Terracotta-Architecture of North-Italy« sehr schätzbare Beiträge. Die ganz vergessenen und unbeachteten Reste in Schlesien haben zwei Aufsätze von Max Lohde, von denen der zweite auch interessante Studien von Salzenberg zum ersten Male veröffentlicht, in Erbkam's »Zeitschrift für das Bauwesen« (1867 und 1868) wieder an's Licht gezogen. Einzelnes findet sich zerstreut an verschiedenen Orten, so z. B. in den »Architektonischen Motiven für den Ausbau und die Decoration von Gebäuden aller Art nach beendetem Rohbau« von Ernst Lottermoser und Karl Weissbach, Leipzig 1868, bei E. A. Seemann.

Das allgemeine Ergebniss ist dahin zusammenzufassen, dass das Sgraffito nur in der kurzen Periode der Renaissance blühte, mit dem Auftreten des Barockstiles aber in Vergessenheit zu gerathen begann, was mit der gesammten Tendenz dieses Stiles im Zusammenhange steht.

Der genialen Behandlung des Flachreliefs in der Renaissance lag die Cultivirung eines solchen Mittels der Flächendecoration nahe, während das schwülstige, übermässige Relief des Barockstiles mit dem bescheidenen Mittel des Sgraffito nichts anzufangen wusste.

In der Regel waren die Sgraffiten einfarbig, d. h. schwarz auf weiss; auch findet sich an einfachen Bauernhäusern in der südlichen Schweiz bis nach Italien hinein der gewöhnliche mit grobem grünlichem Kiessand zubereitete Putz mit Kalkweisse überzogen und als Grundlage sehr geschmackvoller Zeichnungen benutzt, die wie Damastmuster wirken. Es sieht dies milder aus als der gewöhnliche harte Contrast zwischen Schwarz auf Weiss. In Prag kommen auf grauem Kalkgrunde auch historiirte Sgraffitonachahmungen vor. — Es sind jedoch auch zwei- und dreifarbige Sgraffiten bekannt, ja Lohde beschreibt nach Salzenberg sogar ein fünffarbiges, dessen Theile nach dem häufig, z. B. auch bei Glasfenstern, beobachteten Principe des rhythmischen Wechsels in den verschiedenen Farben mit umgekehrter Responsion der gleich gelegenen Felder gehalten sind. Vereinzelt finden sich auch Beispiele von Innendecoration mit Sgraffito vor; es sind tapetenartige Muster, mit denen die Wandflächen zwischen den eigentlich statisch wirksamen Theilen des Baues überzogen sind.

Dem genialen Architekten, der theoretisch und praktisch für Erweckung und Bethätigung geläuterten Stilgefühles mehr als irgend Jemand nach Schinkel gethan hat, und dessen sorgsam musterndem Scharfblicke schwerlich irgend ein dankbares, stilgerechtes Verfahren entgehen konnte, das irgendwo einmal und besonders in der Renaissance zur Geltung gekommen war, Gottfried Semper war es vorbehalten, nach Jahrhunderte langer Pause die in Vergessenheit gerathene Sgraffito-Technik wieder zu beleben. Zuerst brachte er sie zur Anwendung bei der decorativen Ausstattung der oberen Wandflächen des 1869 durch eine Feuersbrunst zerstörten dresdener Theaters, und bald nachher an dem Privathause seines Bruders in Hamburg. Grossartige Gelegenheit zu reicherer Entfaltung der Sgraffito-Decoration fand er bei der Ausschmückung der Façade am eidgenössischen Polytechnikum zu Zürich (ein Bericht darüber mit Abbildung in der »Zeitschrift für bildende Kunst«, Jahrgang 1866) und an der Sternwarte daselbst. Ueber seine Technik hat Semper in der »Kunstchronik« (dem Beiblatte zur »Zeitschrift für bildende Kunst«) im Jahr 1868 ausführlich berichtet. Zugleich als Färbe- und Verglasungsmittel der unteren Schicht benutzt er Steinkohlenschlacke und zur Vertiefung der Farbe Holzkohlenstaub und Frankfurter Schwarz. Statt des gewöhnlichen Maurersandes mischt er seinen Kalk mit schwarzem scharfem Flusssande.

Dresden, woselbst die ersten modernen Versuche in der Sgraffito-Decoration mit erwünschtem Erfolge hervortraten, lag zu nahe, als dass nicht auch Berlin der gegebenen Anregung hätte folgen sollen. Zwei grosse öffentliche Gebäude erhielten sgraffirte Friese, das Stadtgericht nach Däge's und das Kriegsministerium nach Rosenthal's Entwurf. Aber man war hier nicht glücklich und fühlte sich schnell enttäuscht. Sei es, dass man das Material nicht richtig zu behandeln verstand, sei es, dass man die Technik zu kleinlich und penibel handhabte, sei es auch, dass die Compositionen selbst, an sich sehr rühmlich, für ihren hohen Standort ungeeignet waren: die Wirkung blieb geringe, und das Verfahren rechtfertigte, wie man sich noch heute davon überzeugen kann, nicht die Erwartungen, die man auf seine Dauerhaftigkeit gesetzt hatte. Durch solchen Misserfolg zurückgeschreckt, liess man in Berlin das Verfahren ferner unbeachtet, obgleich bei dem fast durchgängigen Gebrauch des Kalkanwurfes bei den berliner Bauten in seiner reichlichen Anwendung vielleicht noch das einzige Mittel hätte gefunden werden können, die Aussendecoration der Gebäude bei jener Sitte vor der jetzigen absoluten Stillosigkeit und schablonenmässigen, unorganischen Ueberladung zu bewahren. So bedurfte es also der erneuerten Anregung durch Lohde's oben angeführte Berichte, um die Aufmerksamkeit der berliner Baumeister wieder auf die seitdem aufgegebene Technik zu richten, und durch den Hinweis auf die nachhaltigen guten Erfolge der Semper'schen älteren und neueren Arbeiten musste das Vertrauen in die Zuverlässigkeit derselben wieder hergestellt werden, um auf's Neue einen Versuch mit dem Sgraffito wagen zu lassen, und zwar in grossartigem Massstabe.

Da der junge hoffnungsvolle Künstler, dem diese Wiedereinführung des Sgraffito in Berlin in überraschender Weise gelang, der Kunst durch einen allzu frühen Tod mitten auf dem Wege zu immer grösseren Erfolgen entrissen ist, so gestaltet sich naturgemäss unsere fernere Darstellung durch Einschaltung der wichtigsten Daten aus seinem Leben zu einem Nekrologe, den wir dem Andenken des Freundes zum Jahrestage seines schmerzlich betrauerten Ablebens widmen.

Max Lohde ist als der Sohn des Professor Ludwig Lohde, der sich durch Herausgabe von Gailhabaud's Denkmälern der Baukunst und anderen Werken einen geachteten Namen in der Kunstwissenschaft erworben hat, zu Berlin am 13. Februar 1845 geboren. Von dem Vater früh mit der Antike nach Bötticher'schen Grundsätzen vertraut gemacht, brachte er zur Kunst, die er nach gründlicher Vorbereitung zu seinem Lebensberuf erwählte, einen ernsten Sinn und eine hohe Auffassung mit. Nachdem er einige Zeit bei Julius Schnorr von Carolsfeld in Dresden gearbeitet, erfreute er sich auf dessen besondere Empfehlung der Bevorzugung, von Peter von Cornelius ausnahmsweise noch als Schüler aufgenommen und mit besonderer Hingebung von ihm unterwiesen und gefördert zu werden. Daneben besuchte er die berliner Akademie der Künste und trug 1866 mit einer für sein Alter merkwürdig tiefen und reifen Darstellung der letzten Scene aus Schiller's »Braut von Messina«, der man die strenge Zucht unter der Hand seines grossen Lehrmeisters anfühlte, in der Compositionsklasse den Preis davon.

Eine Studienreise in Schlesien erweckte sein lebhaftestes Interesse für die aufgefundenen Reste alter Sgraffitomalereien, so dass er dieser wirkungsvollen und dauerhaften Decorationsmanier, die er nicht unzutreffend als die »monumentale Zeichnung« — gegenüber der monumentalen Malerei — zu benennen liebte, seine Kräfte zu widmen beschloss. Mit der ganzen Leidenschaft eines strebsamen und begabten Jünglings gab er sich dieser Aufgabe hin und begann die Lösung derselben mit nichts Geringerem als einer vollständigen Neuerfindung. Er wünschte das Sgraffito von allen nicht in der Natur des Materiales bedingten Beschränkungen zu befreien, und zu dem Zwecke suchte er in erster Linie die in den modernen Sgraffiten ganz unverbrüchliche Herrschaft des Schwarz und Weiss zu beseitigen. Er fühlte sehr wohl, dass derartige Sgraffiten, wenn sie nicht nur, wie bisher die neueren durchgängig und die älteren zum allergrössten Theile, an den Aussenwänden von Gebäuden, sondern auch zur Ausschmückung von Innenräumen benutzt werden sollten, welche Erweiterung des Anwendungsgebietes ihm durchaus wünschenswerth erschien, einen zu kalten, unbelebten Eindruck gemacht haben und schwer mit der übrigen farbigen Ausstattung in Harmonie zu bringen gewesen sein würden. Auch schwebte ihm wohl schon die Aufgabe vor, das Sgraffito neben dem im norddeutschen Tieflande, besonders in Berlin allmählich wieder zur Herrschaft gelangenden Backsteinrohbau verwendbar zu machen. — Es handelte sich also darum, andere, wärmere Farbentöne aufzufinden, die mit dem besonders zubereiteten Kalk vermischt keiner Zersetzung unterworfen sind.

Nach gründlichen Studien über die Natur der Materialien und die in Frage kommenden chemischen und physikalischen Processe und nach zahlreichen Versuchen gelangte er zu einem Verfahren, welches er in allen seinen Theilen als seine eigene Erfindung in Anspruch nehmen durfte. Die Chemie lehrte eine rationelle Zubereitung und Mischung des Kalkes, die demselben eine ausserordentliche Härte und damit möglichste Widerstandsfähigkeit gegen klimatische Einflüsse giebt, und in gewissen Eisenoxyden und anderen für den Kalk unangreifbaren Substanzen Färbemittel kennen, die den Erfordernissen der Sgraffitotechnik vollkommen entsprechen.

Die Einzelheiten von Lohde's Verfahren sind noch Geheimniss, und falls nicht schriftliche Aufzeichnungen sich in seinem Nachlasse befinden [*]), so wird Niemand als sein Freund und Gehülfe, der Maler und Lithograph Karl Becker in Berlin, Aufschluss darüber geben können, und vielleicht auch der nur in beschränktem Umfange. Das, was dem Referenten davon bekannt geworden, hier mitzutheilen ungeachtet der Zusammenhangslosigkeit und Unvollständigkeit, hält er sich weder für berufen, noch befugt; nur was Lohde mit seinem System erreichte, lässt sich feststellen und berichten. Derselbe war im Stande, den Kalkgrund für seine Arbeiten fast in allen Farben herzustellen, ohne dass zu befürchten gewesen wäre, dass der Kalk ihrer Beständigkeit auf die Dauer gefährlich werden könnte, oder umgekehrt. Sodann vermochte er, nicht, wie man beim ersten Anblicke glaubt, durch Uebermalen mit

---

[*]) Es ist nichts Derartiges bekannt geworden.

dem Pinsel, sondern durch Kratzen und Schaben mit dem Griffel einen Mittelton zu erzeugen, der sich mit grossem Vortheil zur inneren Zeichnung verwenden lässt und selbst in breiten Halbschattentönen sehr wirksam wird. Endlich zeichnet sich seine Kalkmischung durch grosse Dauerhaftigkeit aus. Schon nach 24, ja mitunter 12 Stunden war ohne Anwendung von Gewalt keine Veränderung an der Kalkoberfläche mehr vorzunehmen. Eine nach seiner Manier gemalte Probe ist seit August 1867 an einer Aussenwand Wind und Wetter ausgesetzt gewesen und hat sich noch nicht verändert, nicht einmal in den Halbtönen; während die in der früheren (Semper'schen) Methode unmittelbar daneben ausgeführte Probe ohne Mitteltöne, dadurch an sich schon weit im Eindrucke nachstehend, in derselben Zeit bereits etwas gelitten, namentlich sich in der Textur der Kalkschicht gelockert hat.

Die erste Aussicht, den Erfolg seiner Studien und die Kraft seines Künstlergenius im Grossen zu erproben, eröffnete sich dem 22jährigen Künstler Anfangs 1867, als man damit umging, das Treppenhaus in dem neuerbauten städtischen Sophiengymnasium zu Berlin künstlerisch zu verzieren, und der Stadtbaurath Gerstenberg die Aufmerksamkeit auf die ihm bekannt gewordenen Bestrebungen Lohde's lenkte. Da die im Vergleich mit eigentlicher Malerei ausserordentliche Billigkeit des Sgraffito dasselbe bei den verhältnissmässig schmal zugemessenen Mitteln in hohem Grade empfahl, wurde dem Künstler unter vollkommener Respectirung seiner Freiheit in der Wahl der Gegenstände der Auftrag zur Ausmalung des Raumes ertheilt.

Das Tactgefühl, das seine Wahl leitete, verdient unter Erwägung aller Umstände die höchste Anerkennung. Er ergriff den unerschöpflichsten und für den Zweck passendsten Stoff, der ihm nur hätte empfohlen werden können, den troischen Sagenkreis, jenen gewaltigen Mythencyklus, dessen Haupttheil in der erhabensten Dichtung des Alterthumes, ja aller Zeiten einen Angelpunkt der classischen Vorbildung ausmacht, welche das Gymnasium seinen Zöglingen übermittelt. Schon dem Anfänger ist als köstliche Sage dieser hehre Stoff vertraut; immer klarer werden dem Fortschreitenden aus eigener Bekanntschaft mit den alten Dichtern die Personen des Drama's, bis Homer die jugendliche Seele mit unvertilgbarer Liebe zu seinen Helden entflammt. So fehlt auf keiner Stufe das Verständniss für ein Kunstwerk, das diesen Inhalt in deutlicher Sprache vorträgt. Es hilft dem noch kindlichen Geiste bei der schweren Arbeit der klaren Vorstellung in der Phantasie, bis es dem Reiferen die Ideale seiner Seele in festen Umrissen vorüberführt.

Auch die Auswahl der Momente, da aus dem umfangreichen Stoffe doch nur eine sehr beschränkte Anzahl von Bildern gezogen werden konnte, verräth grosse Einsicht und Verständniss. Die Untreue der Helena führt als nächste Veranlassung die ganze unheilschwangere Gewitterwolke des trojanischen Krieges herauf. Sehr fein wird hier durch die Einführung der drei Göttinnen, welche einst um den Preis der Schönheit gestritten, an die weiter zurück liegenden Ursachen des unseligen Geschickes erinnert. — Erst die Zurückführung der Helena sühnt den ersten Frevel, und nichts kann stärker die ewige, furchtbare Wahrheit bekräftigen, dass »böse Früchte trägt die böse Saat«, als die schönste der Weiber inmitten der Verwüstung auf beiden Seiten zu sehen, wo des Freundes und des Feindes Weh ihrem Herzen gleich bitterer Schmerz und Vorwurf ist. — Doch mit der Zerstörung der Troerstadt endigt noch nicht das Verhängniss: wie an Ilias und Iliupersis sich das Epos der Nosten, der abenteuerlichen Rückfahrten schloss, so folgen auch hier zwei Heimkehrscenen, als die Spitzen unglücklichen und glücklichen Wiedersehens des heimischen Herdes Typen für die Xosten der Helden überhaupt: **Agamemnon** liegt von seinem Weibe erschlagen, — und **Odysseus** bestraft den Uebermuth der schwelgerischen Freier.

Noch kurz Einiges über die Compositionen im Einzelnen. Sie sind in überlebensgrossem Massstabe auf vier Wandflächen von 7' 8" (2,41 M.) Höhe und 26' 5" (8,29 M.), beziehentlich 25' 3" (7,93 M.) Länge (je zwei gleich lang), *allo sgraffito* ausgeführt, und zwar ist für die untere Schicht ein kräftig warmer braunrother Ton, für die obere ein sehr schön damit harmonirender röthlich gelber gewählt*). Das gestreckte, breite Format der Bilder wies den Künstler mit Nothwendigkeit auf friesähnliche Compositionen hin, und er hat daraus die Berechtigung für sich abgeleitet, die Einheit von Zeit und Raum bei der Gliederung und Ausdehnung der darzustellenden Scenen mit idealer Freiheit zu behandeln, woraus ihm gewiss kein Vorwurf gemacht werden kann.

Im Kahne, der von Pothos und Himeros gelenkt wird, und auf dem Eros schelmisch versteckt kauert, sitzt Paris, die Geliebte zu erwarten. Aphrodite selbst führt die Bangende aus der Thüre des Hauses ihm zu, den Dank abtragend für den Schiedsspruch, der ihr den Sieg im Wett-

---

*) Die Compositionen sind publicirt unter dem Titel: „Die Sgraffito-Bilder im Treppenhause des Sophiengymnasiums zu Berlin, entworfen und ausgeführt von Max Lohde. Berlin, Springer'sche Buchhandlung (Max Winkelmann) 1868, Royal-Format, vier chromolithographirte Blätter nebst Text. Die Reproductionen sind gezeichnet und lithographirt von Karl Becker und im Farbendruck ausgeführt von Winkelmann und Söhnen in Berlin. Die Publication verdient von Seiten des Technischen uneingeschränktes Lob; sie ist sauber, correct und giebt den Charakter der Originale mit möglichster Treue wieder. Der junge Künstler hat dieses Erstlingswerk pietätvoll „den Manen seines grossen gewaltigen Meisters, des Cornelius," gewidmet.

kampfe der Eitelkeit verschafft hatte. Den sonst treuen Wächter hat die Göttin auf der Schwelle eingeschläfert; im Hintergrunde aber erheben sich die immer wachen Erinnyen, den Frevel erspähend, um zur Rache aufzubrechen. — Die rechte Seite des Bildes zeigt den Entschluss der griechischen Fürsten zum Rachezuge. Die beiden durch Paris beleidigten Göttinnen Here und Athene treten in den Saal, wo den versammelten Helden eben noch der Sänger zum Becher gesungen hat, ihnen erzürnt das Geschehene zu melden. Menelaos springt in äusserster Erregung in die Höhe, während der thatkräftigere Bruder Agamemnon Rache schwört, und der feurige Diomedes seinen Beistand anbietet. Theilnahmvoll blickt der greise Nestor zu dem hintergangenen Gatten empor, Peleus schaut nachdenklich auf die Göttinnen, und Odysseus, in tiefes Sinnen versunken, scheint die verschlungenen Wege künftigen Geschickes bangend zu ahnen.

Im zweiten Bilde schreitet Menelaos an der Seite des »neuerrungnen Weibes« durch die Trümmer. Links, woher ihr Schritt sie trägt, sitzt am Fusse einer Säule »die bethränte Hecuba«. An ihrem Schoos und Busen lehnen die Leichen ihrer Liebsten, des greisen Gatten Priamos und ihres jüngsten Sohnes Polites. Hinter dieser Gruppe schleudert Kassandra dem stolzen Siegerpaare ihren Seherfluch nach. Rechts, wohin dieses schreitet, ruht am Fusse einer anderen Säule über Leichen und Trümmern die edle Andromache und hält im tiefsten Schmerz ihr zerschmettertes Söhnchen Astyanax den Nahenden entgegen. Gefangene troische Frauen harren am Ufer in Trauer ihrer Bestimmung, während ganz rechts auf hochgeschnäbeltem Schiffe der Steuermann das Königspaar erwartet, es in die ersehnte Heimat zu führen. — Hinter der Andromache ruht Agamemnon vom Waffenwerke aus. Neben ihm steht Odysseus, hinter dem das hölzerne Pferd sichtbar wird, und heftet voll trüber Gedanken den Blick auf Helena. In jähem Schmerz über den Verlust, den ihm dieses Weibes Götterschönheit noch jüngst durch den Tod des geliebten Sohnes verursacht, wendet sich Nestor heftig ab, und kann doch nicht unterlassen, den gramumwölkten Blick auf der Urheberin so vielen Jammers ruhen zu lassen. Hinter der Kassandra erscheinen die beiden gerochenen und befriedigten Göttinnen, Athene und Here. Kaum kann diese es verschmerzen, dass es ihrer Todfeindin, der Aphrodite, gelingt, ihren Sohn Aineias mit dem Vater Anchises auf dem Rücken und dem kleinen Sohne Iulos an der Hand unter ihrer Obhut aus Tod und Trümmern zu entführen, und doch muss der Unglückliche sein Weib Kreusa hülflos in den Armen eines gierigen Griechen zurücklassen. — An Reichthum und Kraft der Motive, an schlagender Wahrheit der Charakteristik, an kühnem und doch wohlthuendem Rhythmus der Linienführung in der Composition steht dies Bild allen anderen voran.

In dem dritten nimmt der in der Wanne erschlagene Agamemnon und die neben ihm ermordete Kassandra die Mitte ein. Zu ihren Häupten steht der feige Aigisthos, in der Hand das Diadem, das er nur durch Treubruch erwerben und nicht einmal durch eine mannhafte That behaupten konnte. Links schreitet Klytaimnestra, das Mordbeil auf der Schulter, von dem Schauplatze ihrer That hinweg, sie dem versammelten Volke unter rühmender Beschönigung zu verkünden. Doch mit Abscheu wendet sich Alles, Unheil ahnend, von der Frevlerin hinweg. Nur Orestes (es schadet nichts, ist im Gegentheil für die malerische Behandlung viel geeigneter, dass Orestes hier älter gedacht ist, als er aus den alten Dichtern nachgewiesen werden kann, wo nicht er der Elektra Beistand leistet, sondern diese ihm Schutz und Rettung angedeihen lassen muss, um den Rächer zu erhalten,) — nur Orestes vermag dem

Fürchterlichen in's Auge zu schauen und in höchstem Entsetzen einen Blick auf den ermordeten Vater zu werfen, während er, fast unbewusst und zu ernstlicher Hülfe unfähig, die ohnmächtig hingesunkene Schwester kniend in seinem Arme auffängt. Wir ahnen in ihm den Rächer; und äusserst wirkungsvoll correspondirt mit dieser Gruppe auf der entgegengesetzten Seite die auch an sich compositionell hochbedeutende der Schicksalsgöttinnen, der Parzen, der Nemesis und der Erinnyen, die sich zur Verfolgung und Sühne aufmachen.

In dem Schlussbilde hat soeben Antinoos, der unverschämteste der Freier, den ersten Todespfeil des Odysseus in die Kehle bekommen. Sterbend sinkt er zusammen, während die Freunde Furcht und Entsetzen ergreift, und sie eine ungenügende Deckung hinter Tischen und Gewändern suchen. Aber wie ein Gott auf der Schwelle des Hauses steht ihnen Odysseus gegenüber, den Bogen in der Rechten, den gefüllten Köcher zu seinen Füssen; ihm zur Seite der blühende Telemachos mit dem Speere bewaffnet. Wir fühlen, es bereitet sich ein Kampf, der nicht lange dauern wird, und wir sehen sein Ende voraus. Unnütz auch würden die Waffen sein, die der pflichtvergessene Melantheus den Freiern noch zu holen gegangen, während die Strafe, die draussen vor dem Saale die treuen Hirten Eumaios und Philoitios an ihm vollziehen, als der gerechte Lohn seines Thuns erscheint. Links aber sehen wir Penelope, das ewige Ideal weiblicher Treue, von der schirmenden Athene gütig in festen Schlummer versenkt. Tiefer, süsser, seliger Friede ruht über der Gestalt; sie scheint im Traume den lieben Gedanken fortzudenken, den der fremde Bettler ihr in die Seele gepflanzt, den Gedanken an die Wiederkehr des »göttergleichen Odysseus«. — Es dürfte das höchste Lob für den ganzen Cyklus sein, wenn man es ausspricht, wie es durchaus der Wahrheit gemäss ist, dass diese treffliche Composition von allen vieren die am wenigsten geglückte ist. Dass die Situationen alle, so wie sie vorgestellt sind, besonders aber die beiden ersten, freie Nachdichtung des Malers sind, bedarf kaum der Erwähnung, ebenso wenig wie es nöthig ist, auszusprechen, dass er darin überaus glücklich gewesen. Was den Stil der Composition und der Zeichnung betrifft, so hätte nur ein arges Verkennen des Wesens der vorliegenden Aufgabe einen anderen als den idealen selbst mit einer gewissen Herbigkeit wählen lassen können. Die Gestalten sind ungemein markig, die Köpfe durchweg von grossartigem Schnitt und bedeutendem Ausdruck, die Gewandungen voll und fliessend, aber einfach in den Faltenmotiven.

Von kleinen Fehlern und Härten der Zeichnung bei einem derartigen Werke reden zu wollen, scheint uns durchaus falsch, wenngleich Lohde selber mit Recht nichts weniger als nachsichtig in dieser Hinsicht war und der Verpflichtung eingedenk blieb, auch der correcten Durchbildung aller Formen seine Aufmerksamkeit zuzuwenden. Den Treppenhausbildern gegenüber aber hat man füglich zu bedenken, dass man es mit dem ersten selbständigen Versuch eines 22jährigen Künstlers in der Composition und in der Anwendung einer neuen, selbstgeschaffenen Technik zu thun hat; dass ferner von dem ersten Entwurfe bis zur fertigen Ausführung noch nicht volle sieben Monate verflossen; und dass überhaupt in Sachen der Correctheit der einzig correcte Massstab der von Schiller angegebene ist:

> Frei von Tadel zu sein, ist der niedrigste Grad und der höchste:
> Denn nur die Unmacht führt oder die Grösse dazu. —

Diese Kunstschöpfung erregte wie seit lange kein künstlerisches Ereigniss in Berlin bis in die höchsten Kreise hinauf Aufsehen. Nicht nur, dass dem Künstler sofort der 8' hohe und einige 60' lange Fries an der Façade übertragen wurde, auch der Kriegsminister von Roon liess die beiden Giebeldreiecke im Inneren der neuen Reitbahn, die gerade im Parke des Ministeriums erbaut wurde, durch Lohde mit Sgraffiten schmücken; und der Minister des Inneren machte mittelst Circularschreibens die Regierungen auf das neue Verfahren zu einer billigen und würdigen künstlerischen Ausstattung öffentlicher Gebäude aufmerksam. Kaum hatte Lohde die Treppenhausbilder vollendet, als er nach Paris aufbrach, um auch dort den Spuren des Sgraffito oder verwandter Manieren nachzugehen. Zurückgekehrt arbeitete er rastlos an den Cartons für seine neuen Arbeiten und widmete sich daneben ernsten Studien, die seine kunstwissenschaftlichen Kenntnisse fördern und zur Verbesserung seines Verfahrens beitragen konnten, und trat in die akademische Concurrenz ein, um durch sie sich den Weg nach Italien zu bahnen. Da wurde ihm auf den Antrag des Ministers vom Könige ein ausserordentliches Reisestipendium zum Behufe von Studien in Italien gewährt, und so trat er von der Concurrenz zurück, um seine Kräfte gänzlich seinen Aufträgen zu widmen, die er vor der Reise noch zu erledigen gedachte.

So schuf er mit unglaublichem Eifer bis in die letzten Tage vor seiner Abreise. Zunächst führte er die **Giebel in der Reitbahn** aus. Die Vorwürfe waren wieder wie im Treppenhause sehr passend für den Zweck des Gebäudes gewählt: der **Kampf der Kentauren und Lapithen** bei der Hochzeit des Peirithoos auf der einen, ein **Pferderennen zu Olympia** auf der anderen Seite. Dort tobt der Kampf mit all dem Grimme, den der Meister des phigalischen Frieses in einigen seiner Motive wildgewaltig wiedergegeben hat. Mit grossem Geschicke fügt sich die Composition willig unter die ansteigende Begränzungslinie des Giebels und culminirt geistig und räumlich in der Mitte, wo die Braut von einem Kentauren entführt wird. — In dem zweiten Giebel ist die Ankunft der Renner am Ziele dargestellt, wo der Kranz des Siegers wartet. Sein bei der schnellen Parade hoch ansteigendes Pferd bildet das Centrum der Composition, deren beide Seiten, links verschieden bewegte Zuschauer und die Preisrichter, rechts die zum Theil gestürzten Pferde der im Laufe Ueberholten, an sich gute Gruppen machen, sich jedoch nicht recht genügend entsprechen.

In geistiger Hinsicht stehen die Bilder aus dem Treppenhause unbedingt höher. Der Stoff bot eine grössere Mannichfaltigkeit bedeutsamer Motive dar, und dieser Vorzug ist auf's Glücklichste ausgebeutet. Dagegen zeigt sich hier ein nicht unwesentlicher Fortschritt in der **stilgerechteren Durchbildung der Composition**, in der streng reliefartigen Anordnung der Figuren und Gruppen, die eine Vertheilung in mehrere Pläne nach der Tiefe hin sorgfältig vermeidet, da eine solche in dieser Technik, ohne die Möglichkeit, das Zurückweichende abzutönen, immer bedenklich und gewagt bleibt.

Die sgraffirten Giebel mit ihrer von innen heraus leuchtenden energischen Farbe (wieder gelb auf braun) treten hier in eigenthümlichen Contrast gegen die fade und unkräftige Haltung der hell getünchten Wände, so dass die Gesammtwirkung des Innenraumes etwas unharmonisch ist. Dagegen ist gerade die Uebereinstimmung mit dem Ganzen, in das es sich einfügt, der Hauptvorzug bei dem zuletzt ausgeführten Werke Lohde's, dem **Fries an der Façade des Sophiengymnasiums**. Das Gebäude ist, wie fast alle neueren städtischen Bauten in Berlin, im Backsteinrohbau errichtet, und mit dem kräftigen Tone der gebrannten Steine gehen die Sgraffiten trefflich zusammen. Der Fries selber, in dessen allegorische Figuren viel sinnige Bedeutung hineingeheimnisst ist, zeugt nicht von dem frischen, freien Schwunge der Einbildungskraft wie die früheren Werke. Er stellt die Gymnasialdisciplinen in weiblichen Figuren dar, die in Arabesken endigen, und denen immer je zwei Schüler unter der Leitung von zwei gleichfalls halb zur Arabeske gewordenen Adepten oder, wenn man will, Lehrern zugethan sind. In der Mitte des ununterbrochen fortlaufenden Hauptstreifens sieht man die Religion, ihr zu beiden Seiten die Erd- und Himmelskunde und die Geschichte, weiterhin die Mathematik und die Logik; und an einem Risalit über dem Thorwege auf einem kürzeren Streifen in etwas reicherer Composition — weil mehr Raum als für jede einzelne der anderen Disciplinen vorhanden ist — als sechste Figur die Kunst. — Sehr auffallender Weise fehlt — zumal bei einem Gymnasium — die Sprachwissenschaft. — Doch macht sich trotz Allem, was sich im Einzelnen einwenden lässt, der Fries in decorativer Hinsicht ganz stattlich und gereicht dem Gebäude sehr zur Zierde. Vor allen Dingen aber bekundet auch er wie die früheren Arbeiten das Walten eines Talentes, dem die grossen Verhältnisse und die grossen Mittel ganz von selber zur Verfügung stehen, gleichsam angewachsen sind, das in gleicher Weise von Kleinlichkeit und von Armseligkeit entfernt ist, und das sicher erreicht, was die Aufgabe erheischt, und was das Schwerste ist: die Grösse.

Leider war dies das Letzte, was Lohde schuf. Noch im Juni 1868 ging er nach Italien — um nicht wiederzukehren. Blicken wir in der Kürze noch auf seine übrigen Werke, deren Zahl und Gediegenheit bei seiner grossen Jugend unsere Bewunderung erregt. Neben seinen ersten Sgraffiten entstand, in der Farbengebung der Bilder noch beeinflusst durch die grössere Arbeit, ein Lampenschirm mit fünf Bildern aus der Prometheussage (bei Stobwasser in Berlin verlegt), der wegen der Grösse des Sinnes, der stilvollen Behandlung, der glücklich gewählten und durchgeführten Idee und, was nicht unwesentlich ist, der massvollen und doch kräftigen und harmonischen Farbengebung (in der Einfassung der Hauptbilder) überall freudige Anerkennung gefunden hat. — Im Winter zwischen seinen Hauptarbeiten leistete er die Ausmalung der Decke des sogenannten »griechischen Saales« in Hiller's Restaurant unter den Linden zu Berlin, mythologisch-allegorische Gruppen in Wachsfarben gemalt, frisch und solide zugleich.

Bei seinem Abgange liess er noch zwei beträchtliche Werke im Carton vollendet zurück, ein Altargemälde für die St. Martinikirche zu Heiligenstadt im Regierungsbezirke Erfurt, das er nach seiner Heimkehr *al fresco* ausführen wollte. Es stellt Christus und Thomas nebst mehreren Jüngern dar und gehört einiger Uebertreibungen und entschiedenen Unschönheiten wegen nicht zu seinen gelungeneren Leistungen, obwohl gewiss noch auf günstige Veränderungen zu rechnen gewesen wäre. Nächstdem waren die Cartons zur Façadenausschmückung des Universitätsgebäudes zu Rostock (einer neuen Sgraffitoarbeit) fertig. Sie wurden im Laufe des Sommers 1868 von dem schon mehrfach genannten Karl Becker selbständig auf die Mauer übertragen, der sich durch die Beihülfe bei Lohde's eigenen Ausführungen mit den Erfordernissen der Technik gründlich vertraut gemacht hatte. Die Composition besteht nur aus decorativen Frucht- und Blumengehängen und soll wegen der gewählten matteren Töne — in einer gelblichgrauen Gesammtstimmung — keinen so guten Eindruck machen wie die berliner Sachen.

Schliesslich möge auch noch der literarischen Thätigkeit Lohde's in Kürze gedacht werden. Dieselbe beginnt mit den schon erwähnten Berichten in der »Zeitschrift für das Bauwesen«. Es folgt der Text zu der Publication seiner Treppenhausbilder. Sodann hat er in Karl von Lützow's »Zeitschrift für bildende Kunst« dem innigen Verhältnisse zu seinem hochverehrten Lehrer ein schönes Denkmal durch Mittheilung seiner »Gespräche mit Cornelius« pietätvoll errichtet. Endlich ist er unermüdet thätig gewesen, selbst bis kurz vor seiner letzten Krankheit Reiseberichte mit Illustrationen an die Lützow'sche Zeitschrift einzusenden, die davon eine ganze Reihe veröffentlicht hat. Sie geben keine oberflächlichen Schilderungen von Reiseeindrücken, sondern enthalten wirkliche Studienergebnisse, zum Theil sehr werthvolle. So wird in dem dritten Berichte u. a. Grundriss und Durchschnitt nebst genauer Beschreibung der Kirche Giulio Romano's in S. Benedetto unweit Mantua mitgetheilt, an deren Vorhandensein selbst noch kurz zuvor gezweifelt wurde.

Anfangs ging Lohde's Studienreise glücklich von Statten und war an Ausbeute auch für seinen speciellen Zweck überraschend reich. Aber er bot seinem jugendlichen Körper zu grosse Anstrengungen. Aus der Aufregung der eiligen Arbeit ging er in die aufreibende Vielgeschäftigkeit seiner Studien auf der Reise über, und wurde dadurch ausnahmsweise empfänglich für schädliche Einflüsse und unkräftig, ihrem Angriffe erfolgreich zu widerstehen. In Rom befiel ihn ein klimatisches Fieber, welches seine Kraft in Kurzem so brach, dass er selbst schrieb, noch nie habe er sich so angegriffen und hinfällig gefühlt. Von einer Luftveränderung Heilung erhoffend, ging er nach Neapel; aber anstatt sich zu erholen, zog er sich bei einem Ausfluge nach Sorrent eine Erkältung zu, in Folge deren er am Typhus erkrankte. Trotz der sorgsamsten Pflege widerstand sein geschwächter Körper nur kurze Zeit: am 18. December 1868 verschied er im *ospedale di Gesù e Maria*.

Hildebrandtiana.

Unter diesem Titel sind hier alle erheblicheren Aufsätze und Bemerkungen über Eduard Hildebrandt zusammengestellt, welche ich von 1866 bis 1870, während der letzten Lebensjahre und nach dem Ableben des Künstlers, veröffentlicht habe. Gegenüber dem albernen Triumphgeschmetter, zu welchem Hildebrandt bei Lebzeiten und nach dem Tode Veranlassung gegeben, dürften diese Aufzeichnungen um ihrer kritischen Besonnenheit willen fast allein den Werth brauchbarer zeitgenössischer Beurtheilungen haben; und es ist wohl die Hoffnung nicht ausgeschlossen, dass jetzt selbst unter den zahlreichen Hildebrandt-Fanatikern einigen ein Schimmer von der Berechtigung des hier vertretenen Standpunktes aufleuchtet. Jedenfalls wird für jeden Urtheilsfähigen hieraus erhellen, mit welchem Fug von der Gegenseite wider mich bei verschiedenen Gelegenheiten das *anathema sit!* geschleudert worden. —

I. Zwei Tropenlandschaften.

Spener'sche Zeitung vom 12. Januar 1866. —

Die Kunst des Malers ist eigentlich die Kunst, regelmässig und schön zu sehen, sagt einmal Novalis in seinen geistvollen ästhetischen Aphorismen, ein gewiss zuvörderst mehr blendender als einleuchtender Satz. Doch Angesichts Hildebrandt'scher Landschaften lernt man seinen Sinn verstehen, und es offenbart sich darin eine eigenthümliche tiefe Wahrheit. Wer sieht wohl mit gewöhnlichem Auge die Natur, und wäre es auch die allerherrlichste, wäre es die üppigste, glänzendste, bezauberndste Tropennatur, so, wie Hildebrandt sie sah und empfand, als er diesen »Abend in den Tropen« und diesen Frühmorgen »an den Ufern des Ganges« mit künstlerischer Versenkung beobachtete, und die Harmonie der Naturerscheinung sich seinem Sinne erschloss, deren malerischer Wiederhall mit Macht die

Seelen aller Beschauer in gleiche gehobene Stimmung versetzt!

Es ist bekannt, dass in Hildebrandt's Bildern von jeher das Element der Formschönheit, der Grossartigkeit oder Lieblichkeit der Landschaft an sich in auffallender Weise zurücktrat, so zwar, dass in manchen seiner Werke die absichtliche Leerheit, das gesuchte Nichts des landschaftlichen Gegenstandes theilweise lebhaften Widerspruch gegen seine Art zu malen hervorrief, die bereits bedenklich an Manier zu streifen schien und für diese nicht immer ganz durch ihre sonstige Trefflichkeit zu entschädigen im Stande war. Denn allerdings in der Auffassung und Darstellung der Farbenwirkungen, richtiger gesagt der Lichteffecte, that es ihm Niemand zuvor, selten einer gleich. Seine Landschaften badeten sich in einem Meere von Licht, das, gleichsam nach der alten Theorie zum Stoffe geworden, tausendfach gebrochen und reflectirt jeden Punkt wie hüpfend durchzitterte, und solchem Zauberspiel als Mittel zu dienen, mussten dann die brillantesten, glühendsten Farben in überbotener Leuchtkraft und strahlendem Schimmer über alle Theile des Bildes ergossen werden.

Die heimatliche Natur, deren unübertroffene Pflanzenformen als charakterbestimmend hervorzutreten verlangen, und deren ganze Eigenthümlichkeit auf Tiefe und Ruhe der Farbentöne hinweist, deren Grundtypus wir als einen überwiegend verständigen bezeichnen möchten gegenüber dem mehr Phantastischen, das sich in Hildebrandt's Darstellungen geltend machte, — die heimatliche Natur trat in Zwiespalt mit dieser ihr heterogenen Auffassungsweise, und den Meister selbst scheint ein richtiger Sinn in weite Fernen geführt zu haben, um dort die Stoffe zu suchen und zu finden, die seiner Künstler-Individualität entsprechen und die Behandlung nicht nur ertragen, sondern erfordern, auf die seine Anlage und sein Können gerichtet ist.

Die Welt des fernen Orients, Indien, China und Japan, die der Künstler in den Jahren 1862—64 bereiste, und deren in Form von Skizzen fixirte Eindrücke er in überraschendem Reichthum und origineller Schönheit nach seiner Rückkehr vor unseren Augen entfaltete, jene Regionen, deren zauberische Pracht seit den ältesten Zeiten ihre Bewohner zu phantasievoller Anschauung der Natur und phantastischer Reproduction der gewonnenen Eindrücke in Kunst und Religion begeisterte, sie zeigen sich als der Stoff, den Hildebrandt für seinen Pinsel lange gesucht hat, sie finden in seiner Kunst den Interpreten, der vielleicht allein ihrer wunderbaren Schönheit ganz gerecht werden, der ihren Genuss Anderen in vollkommener Weise vermitteln kann.

Es kann vielleicht paradox scheinen, wenn wir die Tropenwelt in ihrer formalen Erscheinung für einförmiger und monotoner erklären als unsere Gegenden des gemässigten Himmelsstriches: scheint doch die Fülle der verschiedenen Pflanzenarten, der bunte Reichthum vegetabilischen Lebens, die Gewalt der Fauna jener Zone diese Behauptung lügen zu strafen. Und dennoch kann sich in der That die vielgepriesene tropische Vegetation mit unseren edeln Laub- und Nadelhölzern an wahrhafter Schönheit kaum vergleichen; es ist in der Flora der Tropen auch neben der Uniformität des Typus ein gewisses ungezügeltes, extravagantes Wesen, das ebenso der ruhigen, besonnenen, massvollen Schönheit fremd ist, wie es zu dem phantastischen Charakter der orientalischen Völker in ihrem äusseren und inneren Leben stimmt und ihn mit Nothwendigkeit bedingt. Dazu kommt das entschiedene Vorherschen der Entwickelung in grossen Dimensionen: breite, unabsehbar dahinfliessende Ströme, deren Herkunft sich der Mythus nicht anders als durch ein Herniedersteigen aus dem Himmel erklären konnte, durchziehen unendliche

Strecken reich und mannichfach bewachsener Niederungen, die kaum in blauer Ferne ein zackiges Gebirge mit schneeigen Häuptern abschliesst. Diese Natur erregt im höchsten Grade das Gefühl der Erhabenheit, einer stillen feierlichen Würde, vor welchem das Einzelne, die individuelle Form zu nichts verschwindet. Aber ein strahlender Himmel und ein blendendes Licht lagern über diesen Fluren und tauchen das Ganze in magische, unglaublich schnell wechselnde, glühende Tinten, die in fast betäubendem und doch namenlos anziehendem Glanze die Formen verschwimmen lassen, indem sie sie umspielen, und Schimmer durch noch intensiveren Schimmer zu taumelndem Genusse des betrachtenden Auges reizend überbieten.

Das ist der natürliche Vorwurf für Hildebrandt's Kunst, und es kann nur die besorgte Frage laut werden, ob denn solchem Gegenstande das Material der Farbe gewachsen sei. Das Licht in seiner höchsten Schönheit durch die Farbe wiedergeben zu wollen, die dem Lichte erst ihre Entstehung verdankt, die es nur geschwächt zurückwirft, welches Unterfangen! Aber einem Hildebrandt scheint in der That in dieser Art nichts unmöglich. Die beiden jetzt vollendeten Bilder scheinen wirklich mehr mit Licht als mit Farbe gemalt zu sein, eine solche Leuchtkraft und Gluth ist in allen Tönen, so gipfelt sich die Intensität bis zu einem Grade, der fast gleich dem hellen Sonnenlichte für das Auge unerträglich wird. Die Landschaften sind vollkommene Pendants, das eine Morgen, das andere Abend, Beide mit der vollen Sonnenscheibe über dem Horizonte mitten in der Tiefe des Bildes, Beide eine von majestätischem Gewässer durchschnittene Ebene. Aber in der Wirkung wie verschieden, wie einander gerade entgegengesetzt! In der Morgenansicht von Benares, von dem nur die Moschee mit ihren spitzen, schlanken Minarets hoch in die Luft ragend sichtbar wird, während die an dem heiligen

Strom entlang liegenden Häuser noch in Schatten gehüllt sind, bricht sich das Licht der Sonne triumphirend Bahn durch die noch leichten Widerstand leistenden nächtlichen Wolken und die thauige Luft. Doch in der aus Siam entnommenen Abendlandschaft ist der in feuriger Gluth scheidende Sonnenball selbst bereits durch dunkle Abendwolken verschleiert, während je höher am Himmel hinauf um so mächtiger in den Reflexen von tausend zerstiebenden Wolkenflöckchen die Wirkung der Königin des Tages sich zeigt.

Doch was sagen wir von Schatten und dunklen Wolken? Hier ist eigentlich von gar keiner Dunkelheit die Rede; denn das ist das besonders Staunenswerthe, zu sehen, wie diese Bilder gemalt, wie diese Lichteffecte erreicht sind. Dass die intensiven Leuchtfarben pastos aufgetragen sind, um die höchsten Lichter, ja den Glanz der Tagessonne selbst nachzubilden, versteht sich von selbst; wunderbar ist dabei nur einmal das Mass des wirklich erreichten Eindruckes, sodann die trotzdem gewahrte Leichtigkeit und Duftigkeit des Vortrages in den Licht- und Luftpartien. Der Effect des höchsten Glanzes wird durch eine unübertrefflich angeordnete Scala von Uebergängen erreicht, welche nicht durch scharfe Gegensätze der äussersten Enden, sondern durch unendlich feine Abstufung die Täuschung ungeheurer Steigerung hervorruft. Selbst in den Theilen beider Bilder, welche als dunkel erscheinen, sind die brillantesten Farben, um der Pracht der tropischen Pflanzen zu entsprechen und schimmernde Reflexe anzudeuten, dick über und nebeneinander gesetzt und vereinigen sich, in der Nähe betrachtet, unverständliche bunte Flecke, schon in geringerer Entfernung zu bestimmter und prächtiger Wirkung, so dass Kenner selbst die einzelnen Pflanzengattungen ohne Mühe unterscheiden wollen, was wir erwähnen, um zu zeigen, dass die Studien des Künstlers, obgleich mit Vorliebe dem

Zauber der Beleuchtung zugewendet, doch nicht einseitig dabei stehen geblieben sind, sondern auch die Formen der tropischen Natur in ihren Kreis gezogen haben.

Bei der completten Hinterbeleuchtung sollte nun ein schwankendes Spiel von tiefen Schatten und transparenten Lichtern entstehen; aber in so hellem Lichte werden die ganzen Formen von Glanz durchdrungen und umflossen und verschweben selbst leuchtend geworden mit unsicheren Contouren im Lichtmeere. So sind die Bäume unmittelbar vor der Sonne auf dem einen Bilde (Siam) ganz roth, auf dem anderen (Benares) ganz gelb gemalt, und doch wirken sie als Bäume und als dunkle Gegenstände, aber freilich durch eine flimmernde Beleuchtung verklärt und zu höherem Lichtglanze das Auge vorbereitend. Eine so grelle Helligkeit bringt natürlich alle Farben zusammen, ja man merkt kaum die Anwesenheit irgend einer anderen als der Localfarbe, obgleich weder in dem einen, noch in dem anderen Bilde auch nur eine der brillantesten Farben fehlt. Vortrefflich unterstützen auch die grossen Wasserflächen den Totaleffect. Einen breiten mächtigen Reflex zeigt besonders das Wasser in dem Abendbilde, wo er in eigenthümlicher Weise auch auf dem Lande im Vordergrunde sich, gemildert freilich, aber noch auffällig genug fortsetzt: auch eins der dem Bewusstsein des Beschauers sich leicht entziehender Mittel, die Stärke des Lichtes erkennen zu lassen; denn wie hell muss die Sonne scheinen, wenn ihre Strahlen von dem nicht spiegelnden Erdboden so gesammelt reflectirt werden!

Das stoffliche Interesse an den Bildern ist, wie aus allem Vorangeschickten hervorgeht, mässig, die ganze Kraft liegt in der Darstellung, so sehr, dass der Gegenstand ohne Schaden für das Bild und ohne in seiner Art etwas zu ändern, ein anderer sein könnte, vorausgesetzt, dass der tropische Charakter im Grossen und Ganzen gewahrt bliebe.

Wir können uns daher auch nicht wundern, wenn die Staffage ganz zurücktritt. Dies ist besonders in der Ansicht von Benares der Fall, wo drei kleine Schiffe eine untergeordnete Rolle spielen und nur einige scharf angeschienene Vögel sich in der Luft wiegen. Auf dem anderen Bilde fehlt zwar jede Spur menschlicher Hand, dagegen ist das Thierreich ausser durch Vögel durch einen grossen Elephanten, der ganz im Vordergrunde aus dem Bilde herausschreitet, vertreten. Wir unserntheils können diesem philosophischen Wanderer nicht allzuviel Geschmack abgewinnen. Uns scheint, er ist nicht blos einsam in der Landschaft, sondern, was schlimmer ist, er steht allein in dem Bilde. Diese grauschwarz überzogene Fleischmasse hat selbst Hildebrandt trotz der meisterlich angebrachten Streiflichter nicht in sein ideales Farben- und Lichtreich entrücken können, und sie schwächt eher die Wirkung, als dass sie — man könnte etwa denken, durch den Gegensatz — dieselbe förderte.

Beim Vergleichen kommt gewöhnlich nicht viel heraus; dennoch fordern Pendants zu sehr dazu auf, als dass nicht auch wir vor den Bildern uns hätten die Frage vorlegen sollen, welches von beiden das vorzüglichste sei. Bei zwei so sehr ausgezeichneten Gemälden ist die Entscheidung wirklich schwer. Selbst wenn unsere Abneigung gegen den Elephanten nicht bloss von rein subjectivem Gewichte ist, kann er doch allein nicht den Ausschlag geben. Wenn wir uns schliesslich doch für die Ansicht von Benares entschieden haben, obwohl sicher die Lichteffecte der Abendsonne malerischer und mannichfaltiger sind, und man uns wohl beistimmen wird, wenn wir die Malerei in dem »Abend in den Tropen« noch bewundernswerther als in jenem Bilde finden, so ist es schwer, dafür sofort den Grund einzusehen; dennoch wissen wir, dass wir mit unserem Urtheil keineswegs allein stehen. Wir glauben, es so erklären zu können:

In dem »Abend in den Tropen« ist etwas Unfertiges; natürlich meinen wir nicht in der malerischen Ausführung, sondern in dem Charakter der Gegend. Dieselbe hat etwas Urweltliches, dem man noch den Kampf der Entwickelung anzusehen meint. Gewiss hat den Künstler dieser Charakter auch zur Einführung jenes unter allen noch existirenden am meisten an die Vorwelt gemahnenden Thieres gerade auf diesem Bilde veranlasst. Das andere Gemälde dagegen zeigt bei aller keuschen Ursprünglichkeit der Natur doch bereits die ordnende Hand des Menschen, die Anzeichen der Cultur. So nebensächlich und oberflächlich auch Schiff und Moschee behandelt sind, sie zeigen, dass eine fühlende Brust den Reiz dieser Schöpfung zu geniessen vorhanden ist, und das giebt ihr erst die rechte Weihe, darin erst findet die Darstellung ihre genügende, vollgültige Idee. Wenn nicht in der Philosophie, in der Kunst ist sicher der Mensch das Mass der Dinge, und die Wildniss ohne jede Spur menschlicher Thätigkeit wird daher wohl ein interessanter, nimmer aber ein künstlerisch recht befriedigender Vorwurf der Malerei sein. Der Gedanke, »die Welt ist vollkommen überall, wo der Mensch nicht hinkommt mit seiner Qual,« ist als Grundsatz für die Landschaftsmalerei sicher verwerflich.

Hierin scheint jedoch noch etwas Weiteres zu liegen. Weit entfernt, der künstlerischen Richtung Hildebrandt's ihre Berechtigung absprechen zu wollen, und ohne uns in durchaus überflüssigen Erwägungen darüber zu ergehen, ob wir es im Vorliegenden mit wirklichen Kunstwerken zu thun haben — wir sehen nicht einmal ein, wie man daran nur zweifeln kann —, glauben wir doch so viel sagen zu müssen, dass die Landschaftsmalerei noch etwas Höheres leisten kann und soll. Auch diese Seite der Virtuosität, so lange sie sich dünkelhaft in Bewunderung und Verherrlichung ihrer eigenen Vorzüge gefällt, ist auf falschem

Wege; auch sie erfüllt erst ihre Bestimmung, wenn sie sich als Mittel für höhere Zwecke erkennen lernt und sich ihnen unterordnet. Dieses Schwelgen in seligem Farbenentzücken kann wohl augenblickliche Freude und Staunen ob der Schwierigkeit des Vollbrachten erzeugen, aber auf dauernden Bestand und bleibende Anerkennung kann es erst rechnen, wenn es sich einer Idee dienstbar gemacht hat, und das geschieht nicht, so lange die landschaftliche Form als der gleichgültige Klotz behandelt wird, um den der bunte Flitter magischer Licht- und Farbenwirkungen überwuchernd sich ansetzt. Der Eindruck solcher Gemälde ist am besten dem eines schönen Feuerwerkes zu vergleichen, das Auge und Sinn erfreuend plötzlich aufschiesst, um bald wieder in Nacht versinkend beide leer zu lassen oder sich in Monotonie zu wiederholen. Ewig aber ist nur der tiefe Gehalt, der sich mit würdiger schöner Form umkleidet.

Wir haben gerade bei zwei in ihrer Art tadellos vollendeten Gemälden diese tieferen Bedenken über eine Richtung nicht verschweigen können, deren Bedeutung wir in keiner Weise unterschätzen, die wir aber noch weniger überschätzt wissen möchten, wozu in der durch ihre Erzeugnisse abgeforderten staunenden Bewunderung die Verführung nur zu nahe liegt. —

Die Bilder sind im Besitze des österreichischen Consuls Herren Caro in Berlin.

II. Aquarellen von Karl Werner.

Spener'sche Zeitung vom 21. März 1866. —

Dieselben Ideenverbindungen werden durch Gleichartiges und durch Entgegengesetztes hervorgerufen. So erinnerte uns ganz kürzlich Eduard Hildebrandt selbst durch seine beiden grossen tropischen Landschaften an seine ihnen vorangegangenen, neuerdings in Paris und London mit Enthusiasmus aufgenommenen Aquarellstudien und unsere Gedanken über dieselben. Jetzt führte uns beim ersten Anblicke die Sammlung der Werner'schen Aquarellen im Locale des Kunstvereines dieselben Vorstellungen in die lebendige Gegenwart des Geistes zurück. Liess uns dort die Gleichartigkeit, ja Identität zurückblicken, so ist es diesmal der schneidende Contrast, ein Contrast, wie er zwischen dem blossen Namen nach so nahe verwandten künstlerischen Productionen kaum gespannter gedacht werden kann. Hildebrandt's Art, die Charakteristik der Landschaft dem blendenden Spiele der Lichteffecte zu opfern, das Formelle des landschaftlichen Aspectes nur in so weit sich im Bilde erhalten zu lassen, wie es zur Ermöglichung des Hauptzieles seiner Bilder nöthig ist, haben wir jüngst ausführlicher charakterisirt und gewürdigt. Karl Werner zeigt uns die entgegengesetzte Richtung. Treue im Kleinen, Achtung vor der Form, Liebe zu den Dingen sind die charakteristischen Eigenthümlichkeiten seiner Darstellungsweise. Die Wiedergabe der geringsten architektonischen Details, selbst schadhafter Stellen im Materiale des Mauerwerkes, die Darstellung bunt durcheinander liegender Trümmer, die Anbringung aller möglichen gerade in der Landschaft anwesenden Staffage, lebendiger und todter, kurz die Aufnahme des Zufälligen im vollsten Umfange gemahnt fast an die exacteste der Reproductionen, die Photographie, oder wenigstens an die ängstliche Sorgfalt des Stilllebenmalers; und den dem entsprechenden Charakter des Unlebendigen trägt auch mitunter die figürliche Staffage, während gerade diese anderwärts wieder durch ihre Frische und Originalität einen ganz besonderen Reiz verleiht.

Durch diese ihre Eigenschaften bekommen Werner's Aquarellen einen hohen Werth als **Lebens- und Sittenbilder**. Denn er führt uns Land und Leute in der grössten Mannichfaltigkeit vor Augen: Moschee und Bazar, Haus und Strasse, Café und Bad, des schlichten Mannes Arbeit und des begüterten Behaglichkeit; die Vergangenheit in verfallenen Ruinen und die Gegenwart in den imposantesten wie in den bescheidensten Bauwerken geht an uns vorüber, und wir fühlen uns behaglich und heimisch in dieser fremden Welt, die der Maler mit solcher Hingebung und Liebe behandelt. Man würde aber nur den geringsten Theil des Verdienstes an den vorliegenden Arbeiten erkannt haben, wollte man hierbei stehen bleiben; sie wären alsdann nichts weiter als gute wissenschaftliche Abbildungen; sie sind aber mehr, sie sind wirkliche Bilder, sind Kunstwerke. Wir sehen ganz ab von der meisterhaften Handhabung der Aquarelltechnik, die sich hier den Intentionen des Künstlers auf's Vollkommenste bequem und gefügig zeigt. Vielmehr wollen wir darauf hinweisen und es rühmend hervorheben, dass der Künstler es überall verstanden hat, die sorgfältig durchgearbeiteten Details zu einer einheitlichen Gesammtwirkung zusammenzufassen, dass die minutiöse Arbeit, die den Nähertretenden unwiderstehlich in die Betrachtung des Einzelsten hineinzieht, schon in geringer Entfernung aufhört, den Eindruck zu beherschen; dass die Bilder, weit entfernt, unkenntlich oder schwächlich zu werden, mit der wachsenden Entfernung des Beschauers an Kraft und Harmonie gewinnen. Sehr störend sind leider, zumal an hellen Tagen, die Spiegelungen in den Gläsern und ermüdend und verwirrend für das Auge das viele weisse Papier der Cartons. Es empfiehlt sich deshalb hier besonders, die einzelnen Bilder für die Betrachtung zu isoliren, indem man sie durch die Hand beschaut. Es werden alsdann auch erst die vortrefflichen Perspectiven mit eigenthümlichen und wechselnden Beleuchtungen der vom Auge durchmessenen Räume, wodurch sich mehrere Bilder ganz besonders auszeichnen, recht klar. Mitunter geht allerdings die Detaillirung zu weit, wie in der fast mit Manier hervorgehobenen Faserung des Holzes an Mobilien und Gebäudetheilen; für die Betrachtung in der Nähe gewinnen auch häufig die im Hintergrunde, zum Theil sehr weit zurück liegenden Gegenstände eine zu grosse Deutlichkeit; aber Alles in Allem genommen, gewähren die Aquarellen einen reinen, bei wiederholtem Besuche sich beständig steigernden Genuss, und sie dürfen zu den anziehendsten der jetzt dargebotenen künstlerischen Gaben gerechnet werden.

Da wir häufig Urtheile gehört haben, die nur in einer falschen Voraussetzung ihren Grund haben, als ob alle diese Bilder von gleicher Vollendung sein müssten oder könnten, machen wir darauf aufmerksam, dass sehr Vieles nur flüchtige, kaum für Jemand anders als den Maler verständliche Skizze, Manches nur wenig ausgeführte Bearbeitung ist. Einen Massstab für den Abstand zwischen einem solchen ersten Entwurf und der späteren Ausführung kann die Skizze zu dem daneben ausgestellten »Eingang eines arabischen Palastes in Kairo« geben, der mit seiner interessanten Architektur, seiner wirkungsvollen Perspective und dem lebendigen Treiben der die Staffage bildenden Menschen zu den ausgezeichnetesten Nummern der Sammlung zählt; auch zu dem »Barbierladen in Kairo«, einem trefflich ausgearbeiteten Lebensbilde, findet sich dicht daneben die Skizze; und der schön ausgeführten und ausgezeichneten »Hebron-Moschee mit den Gräbern Abraham's und Sarah's in Jerusalem« (links an der schmalen Wand) entspricht eine grössere und noch viel schönere Wiederholung. Es ist überflüssig, auf einzelne Blätter genauer einzugehen; fast allen liesse sich in einer oder der anderen Hinsicht ein Vorzug nachrühmen. Als die Perlen der Sammlung sind uns neben den beiden schon erwähnten Architekturen erschienen: »Der Eingang zur Asra- oder Universitäts-Moschee in Kairo« mit dem mächtig gefügten Portal und dem charakteristischen (und wie vortrefflich gemalten!) Einblicke in das Innere, und »der heilige Felsen (einst Mittelpunkt des Salomonischen Tempels) in der Omar-Moschee in Jerusalem«, mit ihrer fast überwältigenden, ohne Aufgebot extravaganter Mittel erreichten Wirkung; ohne dass wir die Grossartigkeit und Vorzüglichkeit u. A. mehrerer der altägyptischen Bauwerke, deren mit reichem Koilanaglyphenschmucke bedeckte Wände in wunderbarer Treue nachgebildet sind, und die zum Theil die schönsten Reproductionen hinter sich lassen, damit in Abrede stellen. Unter den zahlreichen Lebensbildern, zu denen wir auch das Portrait einer keinesweges verführerischen ägyptischen Schönheit, der Tochter Abdallah's, Custoden der Insel Philae, rechnen müssen, ragt durch Grösse und Sauberkeit, durch Frische und Gemüthlichkeit, durch charakteristische Auffassung und malerische Wirkung der »Hof im Hause des Scheich Bender, *vulgo* Abu Antica in Damaskus« hervor.

Kehren wir zum Schlusse noch einmal zu der Parallele zurück, von der wir ausgegangen. Zwei bedeutende Künstler, Beide Meister in derselben dankbaren Technik, Beide auf Jahre in den Orient gegangen, um seine Motive für ihre Kunst auszubeuten, haben uns ihren Gewinn vorgelegt. Welchem sollen, welchem können wir dankbarer sein? Denjenigen, der in der Ferne das Substrat suchte, über dem er seine Farbenphantasie frei spielen lassen konnte, oder demjenigen, der im schönen Osten seine Phantasie mit neuen Stoffen, neuen Anschauungen zu erfüllen strebte? Demjenigen, der auch die Natur selbst immer nur in — so zu sagen — künstlichen Momenten und um dieser künstlichen Elemente der Naturerscheinung willen erfassen wollte, oder demjenigen, der Natur und Menschenwelt, Land und Leute, Leben und Sitten vor Allem natürlich schaute und natürlich darstellte? Demjenigen, der, noch so weit geflohen, nur sich selbst suchte und fand, oder demjenigen, der Herz und Auge offen hielt für alles Schöne und Liebenswürdige, das sich ihm bot? Die eminente Farbenvirtuosität Hildebrandt's geht Werner ab, aber mit bescheidenerem coloristischen Können gönnt er seinem Gegenstande selbständiges Leben. Dafür steht man auch vor seinen Bildern nicht mit dem kalten, unfruchtbaren Staunen, wie doch das nur zu machen möglich sei, über das man bei Hildebrandt schwer hinweg kommt, sondern mit dem warmen Antheile, den die ideale Wahrheit des Kunstwerkes erweckt.

Freuen wir uns deshalb, dass Werner, der den berliner Kunstfreunden nur durch seltene Proben seiner Kunst bekannt geworden, uns diesmal nicht vorbeigegangen ist. Hildebrandt aber wird sich hoffentlich durch seinen neuesten Triumph bei dem englischen Kunstpublicum, den Kinkel sich herbeigelassen hat in schwunghafter Rede zu inauguriren, nicht verblenden lassen und nicht vergessen, wo richtiges Urtheil und guter Geschmack zu suchen ist.

III. Ein Landschaftsgemälde.

Kunstchronik, Bd. III. (1868), Nr. 7 u. 8 vom 31. Januar, S. 59 ff.

In Sachse's permanenter Gemäldeausstellung bildet gegenwärtig (Anfang Januar 1868) den Hauptanziehungspunkt eine Landschaft von Eduard Hildebrandt: ein heiliger See in Birma. Es gelingt Hildebrandt in der Regel, was er in erster Linie zu wollen scheint, uns Bewunderung vor den überraschenden Phänomen südlicher Natur abzunöthigen; so auch hier. Hinter schmalem, flachem Vorgrunde breitet sich der See aus. Elende Häuschen, halb versteckt, erheben sich am jenseitigen Ufer; hinter ihnen ragt ein Palmenhain auf, aus dessen Grün eine hohe Pagode mit vier schlanken Eckthürmen majestätisch in die Luft steigt. Rechts im Hintergrunde ist die Sonne eben hinter den Horizont gesunken, und ihre Strahlen beherschen noch die rechte Hälfte des Himmels. Hoch aber in der Mitte der klaren, tiefblauen linken steht die Sichel des zunehmenden Mondes in falbem, hartem Glanze, umgeben von einem weiten grünlichen Hof. In der Mitte verschmelzen sich die beiden Theile in schnellen und doch sanften Uebergängen unmerklich und wunderbar mit einander, und im ruhigen Wasser wiederholt sich in abgetönter Pracht das Farbenspiel der Atmosphäre. Am diesseitigen Ufer kauert ein brauner Mann, in's Anschauen des hehren Naturschauspieles versunken.

Vor allen Bildern Hildebrandt's, die seit langer Zeit bekannt geworden sind, gebührt diesem der Vorzug. Wenn man dennoch dem Bilde gegenüber nicht zu wirklichem Kunstgenusse durchdringt, so liegt der Grund offenbar in dem Gegenstande selbst. Diese unvermittelte Theilung des Himmels zwischen Sonne und Mond ist als Naturphänomen gewiss interessant; als Kunstobject aber ermangelt sie der künstlerischen Einheit. So wenig die vollkommenste Abbildung in einem anatomischen Atlas ein erfreuliches Kunstwerk wird, so wenig wird jede bloss interessante Naturerscheinung selbst durch bewundernswerthe Virtuosität des Darstellers zu einem Kunstwerke. Das Feuerwerk überrascht, blendet und — wird vergessen.

IV. Eduard Hildebrandt als Aquarellist.

Spener'sche Zeitung vom 18. April 1868. — Aus einem längeren Berichte über die zu jener Zeit in der berliner Akademie veranstaltete Aquarellen-Ausstellung. —

Eduard Hildebrandt hatte in der Zeit, deren Producte uns vorliegen (bis zum Jahre 1856), schon fast die ganze Erde bereist, und Niemand wird behaupten, dass er künstlerisch seit jener Zeit Fortschritte gemacht oder neue Höhen erstiegen hätte: er ist seitdem lediglich vom Stil zur Manier übergegangen. Doch das können wir hier bei Seite lassen, da wir ihn glücklicherweise nur in seiner besten Zeit vor uns sehen. Aber wer, wenn er unvorbereitet vor diese Wand mit etwa vierzig Bildern träte, würde wohl empfinden, dass hier die Erde vom Pol bis zum Aequator, in ihren beiden Hemisphären vor seinem Blicke steht? Wo steckt das Charakteristische so scharfer Verschiedenheiten? Was hat der Künstler durch die äusserliche Erweiterung seiner Anschauungen gewonnen und erreicht? Die schneidige Kälte des Nordcaps und die nebelige Trübe England's, die tropische Sonne Rio Janeiro's und der gemässigte Himmel Potsdam's, die Mitternachtssonne der Polargegenden und die Abendgluth des Harzes haben einen unmerkbar verschiedenen Ton. Es ist immer dasselbe Haschen nach frappanten Licht- und Lufttönen; aber gerade was durch diese sonst in der Landschaft erreicht wird, die Stimmung, das musikalische Element gleichsam, das das Gemüth gleich in den Gegenstand sich zu versenken antreibt, es in der Betrachtung festhält und einen nachhaltigen Eindruck hervorbringt, dazu kommt es bei Hildebrandt selten oder nie; er bleibt in der Vedute stecken, und wenn wir wie ein Bilderbuch ganze Reihen davon durchmustert haben, so wissen wir, wie es da und dort aussieht, aber wir sind fast so kühl, als wenn wir vom Genuss einer nach Kräften interessant gemachten geographischen Lection kämen, und wir fühlen es dem Künstler an, dass er selber für die Gegenstände nicht wärmer geworden ist, als er uns macht, dass ihm der Gegenstand gleich gilt, wenn der und der bewusste Effect sich nur bei ihm erreichen lässt; und der Effect wird schliesslich mit dem Gegenstande erreicht, er mag sich von Natur mit ihm zusammenschicken oder nicht.

Der Effect ist Hildebrandt's Ideal, und ihn hat er gesucht unter allen Himmelsstrichen, und weil er ihn gesucht hat, hat er ihn gefunden; denn was wird leichter gefunden, als das Aeusserliche! Nicht bloss nach dem Pol und nach Indien, bis in's Reich der Märchen und der Phantasie würde Hildebrandt dem Effecte nachgereist sein, wenn Eisenbahnen und Dampfschiffe dahin trügen: der Flügelschlag der eigenen Phantasie vermochte ihn in dieses Reich nicht zu erheben. Er konnte nicht erfinden, sondern nur nachbilden, und er bildete das Verschiedenste nach, aber er sah Alles mit seinen Augen wie durch eine gefärbte Brille; die Formen wurden für ihn mehr und mehr gleichgültig: wir haben es erlebt, bis zu welchen Unformen sich seine letzten nicht mehr Effect-, sondern Knalleffectbilder verirrt haben.

Und sein Erfolg? höre ich lakonisch, fast unwillkürlich den aufmerksamen Leser endlich einwerfen. Sein Erfolg freilich ist unbestreitbar, und würde unerklärlich sein, wenn jede geschichtliche Erscheinung gleich und von Jedem so gewürdigt werden könnte, wie sich das Urtheil fixirt, wenn das Phänomen in sich vollendet rückwärts mit Ruhe überschaut wird, und — wenn nicht drei sehr triftige Gründe vorhanden wären, die Hildebrandt's Bildern den Erfolg sichern mussten, um so mehr, als bei dem einzelnen Werke jene wesentlichsten Erwägungen den Gründen für die rückhaltlose Anerkennung nicht gegenüberstanden. Ich möchte diese Gründe als den historischen, den stofflichen und den technischen bezeichnen.

Historisch folgte Hildebrandt auf die Zeit der heroischen, der romantischen, der historischen, mit einem Worte der idealen Landschaft. Dass diese Richtung berechtigt war und ist, dass sie Grosses und Edles hervorgebracht hat, dass sie glücklicherweise noch jetzt nach dem Tode Rottmann's und Schirmer's in einem Hoffmann, einem Zimmermann, einem Preller ihre trefflichen und hoch zu feiernden Repräsentanten findet, darf als bekannt und zugegeben angenommen werden. Es ist aber an sich klar, dass dem Idealismus in der Landschaft der Realismus folgen musste: die allgemeine geistige Strömung, die Neigung der Künstler, der Geschmack des Publicums drängte dahin. Unter den Meistern der realistischen Landschaft aber steht Hildebrandt durch scharf ausgesprochenen Charakter mit in erster Linie, das kann und wird ihm nie bestritten werden; daher sein Erfolg. — Mit der realistischen Richtung ist jedoch ein Vorwiegen des Stofflichen, eine selbständige Geltung des Gegenstandes untrennbar verknüpft. Hildebrandt gab verständlichen Stoff, er gab viel Stoff, er gab neuen Stoff; daher sein Erfolg. — Aber das gebildete Publicum sieht lehrhafte Bilderbücher und künstlerische Schöpfungen doch mit verschiedenem Gefühl. Warum begaffte es Hildebrandt nicht als abenteuerlich streifenden Reisenden, sondern schätzte ihn als Künstler? Weil seine Darstellungen vorgetragen waren mit einer seltenen, glänzenden, schlagenden Meisterschaft der Technik. Wie das hingeworfen ist, rasch, fest und sicher! und wie prägnant, wirkungsvoll, ja blendend das auftritt! wie überraschend, wie staunenswerth, wie unbegreiflich die Fülle der Production ist! — Daher sein Erfolg.

Freilich, wenn man sieht, wie die Technik eben zum Werkzeug einer wohl nur einseitig zu nennenden Kunstrichtung geschult worden; wenn man beobachtet, wie sich die frappanten Wirkungen mit einer gewissen Monotonie wiederholen; wenn man endlich erfährt, dass die Productivität nur der Fertigkeit der Hand, nicht der Schöpferkraft des Kopfes zu danken bleibt, — dann verliert diese bewunderte Meisterschaft viel von dem Nimbus ihrer Aussergewöhnlichkeit und Unerklärlichkeit; aber vorhanden bleibt sie doch, und ihrer Wirkung im einzelnen Falle wird und kann sich doch Niemand entziehen.

So soll denn auch Hildebrandt nicht verlassen werden, ohne dass auch wenigstens auf einige der uns vorliegenden Bilder hingewiesen wäre, die durch geringere Grade oder gänzliche Abwesenheit der specifisch Hildebrandt'schen Schwächen in hohem Masse ansprechen und Anerkennung verdienen. So sind durch den Respect vor der Form und durch treue Wiedergabe des Charakteristischen ihrer Gegenstände ausgezeichnet die Giralda (maurischer Thurm) zu Sevilla und der Palazzo Vecchio zu Florenz; durch seltene Objectivität der Darstellung und die Grossartigkeit des Sujets empfiehlt sich die Ansicht der Prince-Street zu Edinburg mit dem stolzen Walter-Scott-Monument; als eine tüchtige Einzelstudie verdient bemerkt zu werden ein colossaler Baum bei Pernambuco, u. s. w.; aber der Monotonie, nicht der Gegenstände, sondern der Auffassung im Ganzen entgeht man trotzdem nicht.

V. Nekrolog.

Kunstchronik, Bd. IV. (1869), Nr. 3 vom 19. November 1868, S. 20 ff.—

Eduard Hildebrandt, der gefeierte Landschaftsmaler und kühne Reisende, ist am Sonntag den 25. October 1869, Abends 11 Uhr noch im rüstigen Mannesalter zu Berlin gestorben.

Indem wir uns die eingehende Würdigung dieses trotz Einseitigkeit und vielleicht absoluter Verirrungen zweifellos bedeutenden, ja schöpferischen Künstlers für grössere Musse aufsparen, geben wir vorläufig nur den flüchtigen Abriss seines äusseren Lebens. Er ist am 9. September 1817 als der Sohn eines armen Stubenmalers zu Danzig geboren. Schon früh erwachte in ihm die Neigung zur Kunst, und in dem Knaben bereits entwickelten die ihn umgebenden Reste einer grossen Vergangenheit und der Anblick des weiten Meeres die Sehnsucht, ferne Menschen und Länder zu sehen, die ihn später unaufhörlich zur Wanderschaft trieb und ihn endlich zum Weltumwanderer machte.

Doch waren die ersten Schritte seinem Ziele entgegen für ihn sehr schwer zu vollbringen. Im 19. Jahre gelang es seiner Energie, entschieden die Künstlerlaufbahn zu beschreiten. Zu Fuss pilgerte er nach Berlin, um an der Akademie Lehre und Unterricht zu suchen. Doch sollte er hier zunächst arg enttäuscht werden. Gottfried Schadow wehrte grundsätzlich jungen mittellosen Leuten den Zugang zur Kunst, wenn er sich nicht von dem Vorhandensein eines seltenen Talentes überzeugte. Wie zweifelhaft und unsicher eine solche Diagnose aber bei noch ungeschultem Können ist, liegt auf der Hand, und oft mag geirrt worden sein. Auch Hildebrandt's Bitten vermochten den gestrengen Akademiedirector nicht zur Gewährung freien Unterrichtes, seine vorgelegten Zeichnungen und Naturstudien fanden keine Gnade. Glücklicherweise erschienen die Blätter dem damals auf der Höhe seines Ruhmes stehenden Marinemaler Wilhelm Krause, dem sie zufällig zu Gesicht kamen, beachtenswerth genug, um dem strebsamen Kunstjünger in uneigennützigster Weise in seinem Atelier ein Asyl zu gewähren. Unter seiner Leitung gelangte Hildebrandt bald dahin, kleine verkaufbare Bilder zu malen, von deren Erlös er nicht nur seinen Lebensunterhalt bestreiten, sondern auch so viel erübrigen konnte, um im Jahre 1840 eine erste Studienreise nach Skandinavien und den britischen Inseln zu unternehmen.

Der Schule Krause's fühlte er sich nun entwachsen, obgleich er nie vergass, wie viel er ihm zu danken hatte; er begab sich, ganz neue und verschiedene Anregungen in sich aufzunehmen, nach Paris zu dem ihn jetzt überlebenden Genre- und Marinemaler Eugène Isabey in das Atelier. Von ihm lernte er die eben von den modernsten Koryphäen der französischen Kunst, einem Delacroix und Decamps und ihrer Gefolgschaft, geschaffene glänzende Technik und coloristische Bravour, die schon im folgenden Winter die staunende Vaterstadt an einem heimgesandten Hafenbilde als etwas Neues und Unerhörtes zu bewundern Gelegenheit hatte. Im Jahre 1843 errang er auf dem pariser Salon seine erste öffentliche Auszeichnung, die Medaille der dritten Klasse. Gleichzeitig verliess er Paris und wandte sich nach Berlin zurück: seine Lehrjahre waren zu Ende.

In der Heimat eröffnete sich ihm in ungeahnter Weise der Weg zur Verwirklichung seiner Wünsche. Alexander von Humboldt lernte ihn schätzen und gewann Interesse für seinen Hang zum Reisen. Er empfahl ihn an den König Friedrich Wilhelm IV., der, durch seine Arbeiten höchlich befriedigt, ihn noch in dem nämlichen Jahre auf Reisen schickte. Hildebrandt ging über den Ocean nach Brasilien und den vereinigten Staaten und kehrte erst nach zwei Jahren wieder. Der grösste Theil der heimgebrachten, unmittelbar vor den Gegenständen in schnellen, charakteristischen Zügen in Aquarell ausgeführten Studien befindet sich auf dem Berliner Kupferstichcabinet, gleich werthvoll in künstlerischer wie in ethnographischer Hinsicht. Aus manchen dieser Studien wurden im Laufe der folgenden Jahre Oelgemälde; daneben entstanden jedoch auch heimische Landschaften, zum Theil mit bedeutender figürlicher Staffage, die ihnen fast die Geltung von Genrebildern giebt, und europäische Marinen. Für die realistische Richtung der berliner Kunst und die Ausbildung der Farbe war diese von allgemeinem Beifalle gekrönte Thätigkeit Hildebrandt's nicht ohne Einfluss, während er in seinem eigensten Genre ohne Nachfolge blieb.

Lange litt es ihn nun nicht mehr zu Hause. 1847 bereiste er abermals England und Schottland und ging über die canarischen Inseln, Portugal und Spanien zurück. Das wesentlichste grössere Ergebniss dieser Reise waren seine Darstellungen der Insel Madeira, die seinen Ruf in noch weitere Kreise trugen. Im Jahre 1851 war er wieder in königlichem Auftrage in Aegypten, Palästina, der Türkei und Griechenland; 1856 unternahm er eine Nordpolfahrt und bereicherte das Repertoire der schon seit lange mit fast ausschliesslicher Vorliebe behandelten Farbenphänomene der Atmosphäre durch die Mitternachtssonne und andere Wunder der arktischen Welt.

Die Hauptmasse der von diesen Reisen mitgebrachten meisterhaften Aquarellstudien erstand der König. — Die grosse Anzahl von Oelbildern, gross und klein, die er bei rastlosem Schaffen in eiserner Beharrung und nie verminderter Liebe zur Arbeit aus seinem Atelier hervorgehen liess, kann hier nicht im Einzelnen betrachtet werden.

Mit dem unermesslichen Reichthum der schon gesammelten Anschauungen nicht zufrieden, verlangte er noch mehr, noch grössere Wunder der Schöpfung zu sehen, und er rüstete sich im Jahre 1862 zu seiner letzten, der grössten und gefahrvollsten Reise, der Weltumwanderung, die er in zwei Jahren vollbrachte. Ueber Suez und Aden nach Bombay, durch Vorder- und Hinterindien, durch die östlichen Länder Asien's bis nach Japan hinauf, über den stillen Ocean, Californien, Centralamerica und die Vereinigten Staaten ging sein Weg. Er selbst hat im Vereine mit seinem humoristischen Freunde Ernst Kossak die Erlebnisse seiner an Abenteuern reichen Reise nach seinen Tagebüchern für das Feuilleton der Berliner »Montagspost« geschildert (des allgemeineren und dauernden Werthes dieser unterhaltenden und lehrreichen Aufzeichnungen wegen 1867, Berlin bei Otto Jancke, auch als dreibändiges Buch herausgegeben und seither in wiederholten Auflagen erschienen).

Unmittelbar nach seiner Rückkehr veranstaltete Hildebrandt in Berlin eine Ausstellung von dreihundert gesammelten Aquarellstudien, die sich ungewöhnlichen Beifalles zu erfreuen hatten und, von einem Privatmanne erworben und in Paris und London ausgestellt, dort und noch mehr hier einen wahren Sturm der Begeisterung hervorriefen [*]). Ein Mann wie Kinkel hielt es nicht für unwerth, sich zum Herolde ihrer Vortrefflichkeit zu machen.

---

[*]) Eine Auswahl dieser Aquarellen in meisterhafter chromolithographischer Darstellung von R. Steinbock ist bei R. Wagner in Berlin erschienen.

Hildebrandt's künstlerisches Interesse hatte sich immer mehr auf die Lichtwirkungen und Farbenspiele auffallender und aussergewöhnlicher Naturerscheinungen concentrirt und ihnen zu Liebe alles Detail der Formenwelt aufgeopfert. So lag der Schwerpunkt auch bei den nach jenen letzten Studien gemalten Staffeleibildern in den wunderbaren Lichtschauspielen, in deren Darstellung er vor keiner scheinbaren Unmöglichkeit der Lösung zurückschreckte, und die er mit staunenswerther Technik und uneingeschränkter Beherschung der modernen Kunstmittel zur Erscheinung brachte. Dieser Art sind die ihrer Zeit besprochenen Pendants »Benares am Ganges im Frühlicht« und »Sonnenuntergang am Chom-Phya-Flusse« (beim Konsul Caro in Berlin); alsdann »ein heiliger See in Birma«; endlich die drei Bilder der 1868er berliner Kunstausstellung: die Pendants »ein Sonnenblick auf Jersey« und »ein Abend auf Ceylon« (damals dem Dr. Strousberg in Berlin gehörig), zwei der schönsten Schöpfungen seines Pinsels, namentlich das Erstere von jenen Eigenschaften frei, die sehr häufig die Kritik selbst in herber Weise gegen die Extravaganzen in Hildebrandt's Kunstrichtung in die Schranken gerufen haben; — und sein letztes vollendetes Werk »unterm Aequator«. Die in Berlin versammelte Kunstgenossenschaft wollte dem Verblichenen dadurch eine Huldigung darbringen, dass sie diese letzten Werke seiner Hand mit Trauerflören und Lorbeerkränzen decorirte, wonach selbst in den Zeitungen eine sehr berechtigte Stimme allsobald verlangt hatte. Indessen der mit der Wahrnehmung der Geschäfte eines Vicedirectors (bekanntlich besitzt die Akademie seit Jahren nicht einmal einen solchen!) beauftragte Professor D a e g e [*]) verhinderte und verbot dies, und erst

---

[*]) Mag diese *non levis nota* einer glücklicherweise verflossenen Aera hier zu schauderndem Gedenken stehen bleiben!

im Ministerium musste erwirkt werden, was jedem gesund Empfindenden Bedürfniss schien. — Noch wurde alsbald von einem unfertig hinterlassenen Bilde berichtet, welches einen über einem See aus düsteren Wolken hervorbrechenden Regenbogen darstellt und wie ein Friedensgruss aus dem Jenseits über seinem Sarge leuchtete. — Wir zählen diese Hauptbilder der letztvergangenen Jahre auf, weil sie als Zeugen der reifsten Kunst des Meisters vor all seinen anderen Werken von Wichtigkeit bleiben.

Die Strapazen und Entbehrungen so vieler Reisen seitab von den bequemen Wegen der Civilisation, die Anstrengungen einer unermüdeten und bei stets auf's Aeusserste angespannter Phantasie aufreibenden künstlerischen Thätigkeit, die Aufregungen eines ausgebreiteten Verkehres, dem der gefeierte Künstler und der an geselligen Eigenschaften selten reiche Mensch sich nicht entziehen konnte und wollte, hatten allmählich seine ursprünglich harte Gesundheit erschüttert. Schon vor seiner letzten Reise hatte ihn ein heftiges Nervenleiden befallen. Jetzt warf ihn ein Gelenkrheumatismus, mit dem sich ein Nervenfieber verband, auf sein letztes Krankenlager, wo dann ein hinzugetretener Gehirnschlag seinem Leben nach kaum vollendetem einundfünfzigsten Lebensjahre ein Ende machte.

Die Leiche wurde nach Stettin befördert, wo von dem Hause des Bruders aus am Freitag den 30. October unter allgemeiner Theilnahme und mit grossem Geleite die Bestattung erfolgt ist. Der Verein der berliner Künstler und die deutsche Kunstgenossenschaft waren dabei durch Deputationen vertreten.

VI. Nachlassversteigerung.

Kunstchronik. Bd. IV. (1869). Nr. 12 vom 2. April 1869. S. 116 ff. —

Die Versteigerung des künstlerischen Nachlasses Eduard Hildebrandt's hat am 4. März und den folgenden Tagen in der Wohnung des Verstorbenen in Berlin stattgefunden. Wie bei dem Weltruf und der Beliebtheit des Künstlers vorauszusehen war, beschränkte sich seine Verlassenschaft auf unbedeutende Parerga oder angefangene Sachen; zumal da alles irgend Werthvolle an Aquarellen, namentlich was als Ergänzung seiner Weltreise betrachtet werden konnte, von dem Besitzer der Letzteren, Herren Goehde, bereits vor der Auction erworben war. Dazu kam dann freilich noch eine Anzahl fremder, auch älterer Bilder. Das Ergebniss des Aufstreiches kann in so fern ein erfreuliches genannt werden, als es gezeigt hat, dass doch auch in Berlin bei gegebener Gelegenheit verhältnissmässig bedeutende Summen für Kunstwerke gelöst werden können: die 183 Nummern des Kataloges (darunter einige Collectionen) brachten im Ganzen 11721 Thlr. Zur richtigen Würdigung dieser Zahlen muss man sich die Natur des Dargebotenen vergegenwärtigen. Hildebrandt's Bilder, an welche ja seine begeistertesten Verehrer selbst nicht den Anspruch erheben, dass sie über das Spiel des Lichtes und die Brillanz der Farben hinaus einen eigenthümlichen Werth haben, gewinnen naturgemäss erst ihre Bedeutung, wenn der Effect, auf den sie berechnet sind, (so zu sagen) glücklich erreicht ist. Seine Anlagen und Entwürfe haben nicht wie die eines bedeutenden Figurenmalers oder, in seinem Fache, die eines Rottmann, eines Preller, eines Lessing, eines Achenbach schon im Entstehen Interesse als angedeutete oder theilweise Ausgestaltung einer Idee, sondern sie bleiben bis nahe an die Vollendung in einem Foetalzustande, unter dem sich der absolute Verehrer des Namens möglicher Weise das Allerschönste, der harmlose, objective Beschauer aber wenig oder nichts denken kann. So müssen also die Summen, welche für ganz rothe oder ganz gelbe, ganz blaue oder ganz graue Stücke Leinwand, Holz oder Pappe — meist in Rahmen — bezahlt worden, als *prix d'affection* betrachtet und demgemäss gewürdigt werden. Diese Eigenschaft der Angebote ergab sich schon aus der Langsamkeit, mit der — wenige Nummern ausgenommen — die Zuschlagspreise erreicht wurden. Wir heben einiges Einzelne heraus: »Zwei Fruchthändler in Calcutta« und »ein Japanese in seinem Sommercostüm« (grösste Dimension 10 Zoll) waren als vollendet aufgeführt und konnten dafür gelten. Sie wurden mit 105, beziehentlich 115 Thlr. bezahlt. — Zwei kleine, gleichfalls fertige Landschaften, die eine mit einem Dörfchen, die andere mit einem Eisenbahnzuge, brachten 140 und 76 Thlr. — Die »Niagarafälle« (3 Fuss breit und einen Fuss hoch), in grauen Tönen unwirsch mit dem Spartel hingewirthschaftet, kamen auf 70 Thlr. — Eine Regenbogenlandschaft mit einem Esel im Vordergrunde (27 Zoll : 19$^1\!/_2$ Zoll) lockte ein Angebot von 161 Thlr. heraus. — Eine »schilfige Uferlandschaft« mit einem Esel brachte 71 Thlr. — Eine »Meeresküste mit Regenbogen«, nur angelegt, kam auf 50 Thlr. — Ein »tropischer Mondaufgang« über einem niedrigen schilfigen Flussufer mit einem Marabu, der auf einem Beine steht, nur erst angelegt, wurde 231 Thlr. werth gehalten. — Eine ganze Marabufamilie, Mutter und fünf Kleine, im hohen Schilf auf dem flachen Ufer eines tropischen Flusses, ging für 68 Thlr. fort. — Die beiden grössten Stücke des Nachlasses waren eine »Landschaft mit Mühlen«, der Himmel mit schwerem Regengewölk überzogen, und eine »Winterlandschaft mit Staffage«. Jene bezeichnete der Katalog, der von einem berufenen berliner Landschaftsmaler, dem intimsten Freunde Hildebrandt's, mit rühmenswerther Sorgfalt angefertigt war, ausdrücklich als »unvollendet«. Erst nachträglich hatte man entdeckt, dass das Bild bereits einmal auf einer Ausstellung geglänzt habe, also wohl für fertig zu halten sei: gewiss ein höchst charakteristischer Irrthum*). Das nunmehr »vollendete« Bild gewann 265 Thlr. — Das zweite der erwähnten hatte den glänzendsten Rahmen und machte auch ohnedies mit den fertigsten Eindruck. Es ging in überaus lebhaftem Angebote schnell auf 450 Thlr., den höchsten Preis, den ein Werk Eduard Hildebrandt's auf der Auction erreichte. — Eine »Mondnacht auf der See« nahe dem Strande, interessant wegen der im ersten Stadium der Anlage stehen gebliebenen Spiegelung im Wasser, fand einen Käufer um 250 Thlr. — Denselben Preis erzielte ein »Alpenglühen«, welches man durch eine dunkle Schlucht des Vordergrundes erblickte, und das ganz natürlich so aussah, als ob rothe Tinte in Strömen den Gletscher herabliefe. — Ein »tropischer Sonnenuntergang« in Gelb und ein anderer in Roth, beide erst angelegt und so, dass einem die Augen weh thaten, fanden Liebhaber, die 75, resp. 53 Thlr. daran wagten. — Eigen erging es einer »Landschaft mit Bäumen im Vordergrunde«, »anscheinend Birken«, wie der Katalog in sehr bezeichnender Naivität hinzugefügt. Die Begierde der Kauflustigen — oder in diesem Falle vielmehr voraussichtlich Kaufunlustigen — zu entflammen, trat man sogleich mit einem Minimalgebote von 100 Thlrn. auf: beredtes Schweigen antwortete von allen Seiten, und der Zuschlag erfolgte ohne Widerrede. — Das bedeutendste, wie in Hildebrandt's ganzer Kunstthätigkeit, so auch unter seinen

---

*) Unverändert stehen geblieben; zu vergleichen unten S. 435.

nachgelassenen Arbeiten, waren die Aquarell-Studien und Skizzen, die daher auch durchgängig gute und meist angemessene Preise hatten. Eine grosse Skizze zu einem Seesturm auf mehreren an einander geklebten Blättern, Aquarell, Gouache und Oel durcheinander, ($38^{3}/_{4}$ Zoll : $27^{3}/_{4}$ Zoll) holte 271 Thlr. — Zwei Wasserfälle in Aquarell (mit schwerem, flockigem Wasser, ohne charakteristische Lichtwirkung) brachten 85, resp. 250 Thlr., mehrere Rahmen mit vortrefflichen Studien, zum Theil noch aus seinen ersten Reisen, ergaben 155, 160, 175, 76 und 81 Thlr., und ein Convolut von achtzehn Cartons mit mannichfachen Studienblättern zusammen 905 Thlr. — Eine »Landschaft am Gosau-See« und ein »Feld mit Aloëpflanzen bestanden« wurden für 215 und 171 Thlr. erkauft. — Namhafte Preise erzielten auch vier Rahmen, in denen sich Hildebrandt's eigene Skizzen mit denen anderer Künstler (E. Isabey, J. A. Klein, A. de Noë u. A.) untermischt vorfanden: zweimal 100, 105 und 110 Thlr. Unter den Werken anderer Künstler erwähnen wir: eine bewegte See von Hildebrandt's Lehrmeister Eugène Isabey (186 Thlr.), recht schön, während drei andere Bildchen (Skizzen weniger ansprechend waren und auch geringere Preise eintrugen. — Die beiden Matadore unter den fremden, auch den Preisen nach zu urtheilen, die selbst die für Hildebrandt's Werke gezahlten Summen — bei dem einen alle, bei dem anderen mit nur einer Ausnahme — beträchtlich überragen, waren Nicolas Robert-Fleury (571 Thlr.) und Horace Vernet (350 Thlr.). Der Erstere war durch ein brünettes Mädchen vertreten, das fast entkleidet mit lang herabhängendem Haar im Waldesdickichte sitzt, mit den Füssen bereits in das Wasser des Waldbaches tauchend, in dem sie zu baden im Begriffe steht, und das einen Schmetterling betrachtet, der sich auf ihre Hand gesetzt hat. Ohne Schärfe der Zeichnung und besondere Tiefe der Charakteristik gewann dieses im Jahre 1846 gemalte Bild (ca. 2 Fuss breit und 2½ Fuss hoch) durch die trauliche Stimmung und das tiefe Colorit in der warmen Halbdunkelbeleuchtung in hervorragendem Masse das Interesse aller Besucher der Sammlung, so dass auch, bei der Unterstützung durch einen so klangvollen Namen, der materielle Erfolg desselben nicht zu verwundern ist. — Ueberraschender war die Wirkung des kleinen Vernet'schen Gemäldes (12 : 14½ Zoll): »der Ausbruch der Cholera auf einem französischen Kriegsschiffe«; denn ein fürchterlicherer Gegenstand ist doch kaum denkbar, und dass er mit markerschütternder Treue und Wahrheit dargestellt ist, braucht dem Namen Horace Vernet gegenüber nicht erst versichert zu werden. In der That ist das Bildchen nach dieser Seite ein vollkommenes Meisterwerk. — Von deutschen lebenden Künstlern waren gut vertreten: Wilhelm Gentz durch die Studienfigur eines Mannes in schwarzer Kreide (nur 8 Thlr.), und Charles Hoguet mit dem Bilde eines liegenden Neufundländer Hundes (1842, 62 Thlr.). — Böse wird es nun aber, wenn wir uns zu den älteren Künstlern zurückwenden, und es ist kaum verständlich, wie ein Künstlerauge sich zwischen so vielem Ausschusse wohl und heimisch fühlen konnte. Freilich im Kataloge stehen manche schöne Namen; aber wenn z. B. ein »Denner« für 20 Thlr. fortgeht, dann ist das selbst auf einer berliner Kunstauction ein bedenkliches Zeichen für die Zuverlässigkeit der Benennungen. Auf Einzelnes näher einzugehen, wäre daher überflüssig, auch wenn es der uns zugemessene Raum gestattete.

VII. Gedächtnissfeier.

Kunstchronik, Bd. IV. (1869), Nr. 12 vom 2. April 1869, S. 119. —

Was die berliner Künstlerschaft ihren bedeutenden Mitgliedern gegenüber bei deren Abscheiden an Ehrenbezeigungen bisher versäumt, was sie selbst bei einem Cornelius noch — sei es aus Mangel an Interesse für seine Persönlichkeit und seinen künstlerischen Charakter, sei es, was glaubhafter erscheint, aus Mangel an einer straffen Organisation ihrer Körperschaft — unterlassen hat, das scheint sie jetzt mit einem Male bei Ed. Hildebrandt nachholen zu wollen. Zwei Hildebrandt-Ausstellungen finden gegenwärtig in Berlin statt; jüngst hielt Herr Goehde einen Vortrag über Hildebrandt als Aquarellmaler, und am Mittwoch, den 24. März, wurde zum Besten der »Hildebrandtstiftung« im Saale der Singakademie eine Gedächtnissfeier für Eduard Hildebrandt veranstaltet.

Ein nicht sehr grosses, aber erlesenes Publicum war versammelt, die Koryphäen der berliner Kunst, nicht bloss die Maler, auch Bildhauer und Architekten, waren erschienen. Auch von der gegenwärtig hier versammelten Jury zur Beurtheilung der Dombau-Entwürfe bemerkte man Wilhelm Lübke und Gottfried Semper.

Zwischen Gewächsen erhob sich auf hohem Piedestale Hildebrandt's meisterlich getroffene Büste von Afinger; zu Füssen derselben auf schwarzem Kissen — ein verzeihlicher Tribut an den Ehrgeiz des Lebenden — seine zahlreichen Ordensdecorationen und gewonnenen Auszeichnungen. Der Domchor leitete die Feier mit einem Choralgesange (»Wenn ich einmal soll scheiden«) ein. Alsdann hielt Professor Ludwig Eckardt den Festvortrag, in welchem er die ganze bekannte »Freischützcascadenfeuerwerksmaschinerie« seiner Rhetorik spielen liess. Er lieferte ein Meisterstück enkomiastischer Beredtsamkeit, wenn schon nach dem bekannten Schulrecepte, das Object der absoluten Verherrlichung auf einen Isolirstuhl zu stellen und dann vor ihm auf die Knie zu fallen, wo es denn nicht verfehlt, Einem sofort hoch und bald auch erhaben zu scheinen.

Der Landschafter sei, so führte er einleitend aus, ein ächtes Kind des neunzehnten Jahrhunderts; wo die historische Kunst rückwärts in die Geschichte, greife er vorwärts (nicht noch weiter rückwärts?) in die Natur; er blicke nicht mit Schiller auf das Werden, sondern wie Goethe auf das Sein. (Kraft dieses hier übermässig zugespitzten Gegensatzes gilt uns Goethe aber als der vollendete Mensch des XVIII., Schiller dagegen als der Herold des XIX. Jahrhunderts!) Es folgte nun eine reich ausgeschmückte Erzählung von Hildebrandt's Lebens- und Entwickelungsgange, in deren Verfolg die Anknüpfung seines Ingeniums an alle ihm nahe gekommenen, seiner Natur homogenen Elemente nachgewiesen wurde. Den Schluss der Rede bildete eine doppelte Erörterung über die ästhetische Stellung Hildebrandt'scher Kunst. Man unterscheide epische, lyrische und dramatische Landschaft. (Wenn gleich ein diesen in der Dichtkunst hervortretenden Verschiedenheiten in gewissem Sinne analoger Unterschied — mit sehr verschwimmenden Gränzlinien — besteht, so ist der fundamentale Massstab für die landschaftliche Kunst ohne Frage in den Worten Vischer's gegeben (§ 698): »Ihr allgemeiner Charakter ist ein musikalischer oder lyrischer;« und »der Maler, dessen Landschaft nicht so auf uns wirkt, dass uns irgendwie zu Muthe wird, hat nichts geleistet.«) Preller, Lessing, Achenbach können als ihre Vertreter gelten. Hildebrandt sei auch ein Dramatiker, »freilich in einem ewigen Monologe«. (Ein bedenkliches Lob! Impotenz und Langweiligkeit müssten alsdann seine hervorstechendsten Eigenschaften, löblich allein der auf Grosses gerichtete Wille sein.) Ferner wurde sein Verhältniss zu Idealismus und Realismus untersucht. Er sei nicht Realist in dem Sinne, dass er die Natur trocken und geistlos abschreibe, er sei nicht Idealist, der ein geträumtes Licht über geträumte Formen giesse: sein Standpunkt sei der Ideal-Realismus (bekanntlich Herren Eckardt's salomonische Erfindung, um den Wortstreit über Idealismus und Realismus zu schlichten). Hildebrandt gehöre, so schloss in begeisterter Apostrophe an den Geist des Dahingeschiedenen der Redner, von nun an nicht mehr den Freunden, sondern als der Unsterblichen Einer der Kunstgeschichte, die über eines ihrer glänzendsten Blätter dereinst mit goldenen Buchstaben schreiben werde: »Eduard Hildebrandt, der Maler des Kosmos«. — Auf einige andere Gedanken des Vortrages zurückzukommen, wird sich uns vielleicht bald Gelegenheit darbieten.

Nach einem abermaligen Gesange des Domchores, der wohl etwas geschmackvoller hätte gewählt sein können, brachten die Freunde dem Verblichenen mit schlichten Versen drei Kränze: dem braven Manne einen Eichenkranz, dem treuen Freunde einen Rosenkranz, dem grossen Künstler einen Lorbeerkranz, mit dem das Haupt der Büste geschmückt wurde. Mit kurzem Gesange schloss die Feier, für deren Veranstaltung man den eifrigen Freunden des heimgegangenen Meisters zu Danke verpflichtet bleibt.

VIII. Ludwig Eckardt's Gedächtnissrede.

Kunstchronik. Bd. IV. (1869). Nr. 20 vom 6. August 1869, S. 195 ff.

Eduard Hildebrandt. Gedächtnissrede an der, von der deutschen Kunstgenossenschaft und dem Vereine berliner Künstler am 24. März 1869 in der Singakademie zu Berlin veranstalteten Hildebrandt-Feier von Ludwig Eckardt. Berlin, 1869. Verlag von R. Wagner.

Unter diesem ebenso geschmackvollen wie correcten Titel ist die bereits erwähnte und in ihren Grundgedanken beleuchtete Eckardt'sche Lobrede auf Eduard Hildebrandt im Druck erschienen. Nicht ihrer Bedeutung wegen, sondern weil ich mich einmal unbedachter Weise anheischig gemacht habe, auf mehrere Punkte des Vortrages zurückzukommen, und ich gleichwohl meine Schilderung Eduard Hildebrandt's nicht durch eine überflüssige Polemik gegen inferiore rhetorische Gauklerstreiche verunzieren wollte, nehme ich hier noch, so unerquicklich für mich und Andere diese Vierteljahrswäsche ist, von der Stilübung Notiz. —

Um mit der Gründlichkeit des Geschichtschreibers die Genesis des Genie's darzulegen, wird zunächst der Einfluss des Geburtsortes Danzig auf den jungen Hildebrandt geschildert. Da ist zuerst das Meer; es weckt Sehnsucht und Wehmuth in ihm, die »Kinder des Meeres, aber auch die ächten Musen des Landschafters; je mächtiger sie ihn erfüllen, um so tiefer trägt er den Horizont in seine Bilder«. Eine erklärende Anmerkung ist dieser »tiefen« Stelle leider nicht hinzugefügt.

Dann kommt in der Stadt die alte Architektur; da erbaut sich der Knabe neben dem Artushofe u. s. w. an dem Remter, der sein hohes Gewölbe von einer Granitsäule tragen lässt«; nämlich in Danzig!! Staunenswerthe Gelehrsamkeit eines ästhetischen Wanderpropheten! —

»Welche Eindrücke!« fährt er fort. »Wie herrlich, mit welcher unverkennbaren Liebe giebt er später die Bauten aller Stile, aller Länder wieder! Man kann aus seinen Bildern, deren meisterliche Perspective sich in den Photographien erst recht erweist, eine Geschichte der Baukunst zusammenstellen.« Es wäre für Hildebrandt sicher äusserst vortheilhaft, wenn es der härteste Vorwurf wäre, der ihn mit Recht träfe, dass dies nicht der Fall ist. Behaupten kann es aber doch füglich nur derjenige, der entweder Hildebrandt's ganze Malerei höchstens vom Hörensagen kennt, oder der keine Ahnung hat, was Architektur und ihre Geschichte ist. Da das Erstere bei dem officiellen Gedächtnissredner des Künstlers angesichts dreier Hildebrandt-Sammlungen eine fast unmögliche Annahme ist, so drängt Alles zur zweiten Alternative, die freilich durch die anschauliche Schilderung des »danziger« Remters kräftig unterstützt wird. —

Herr Eckardt citirt dann Alexander von Humboldt über Hildebrandt. Die Bescheidenheit, Andere für sich reden zu lassen, ist rühmlich im höchsten Grade. Wie schwer mag dem Meister der schwungvollen Rede die Anbequemung an die Ausdrucksweise eines gewöhnlichen Sterblichen geworden sein! Da wäre es nur zu wünschen gewesen, dass die angerufene Autorität wenigstens stichhaltiger wäre. Es ist aber leider allbekannt, wie freigebig Humboldt mit seinen Empfehlungen war, so dass er selber ihnen schliesslich keinen Werth mehr beilegte und keine mehr gab, wo er sie nicht bloss *pro forma* geben musste. Zudem war ihm jene specifische Gönnereitelkeit nicht gerade fremd, die an den Dingen zumeist die eigene Theilnahme bewundert und sie preist in dem Verhältnisse, wie das Maecenatenthum sich Einfluss auf dieselben beimessen kann. Wenn nun noch dazu kommt, dass Humboldt's Kunsturtheil nichts weniger als treffend war, so wird sein Lob beinahe bedenklich. Dass jenes aber wirklich der Fall ist, geht schon aus der angeführten Stelle des Kosmos hervor, die weit mehr auf die Erweiterung des Wissens, des Anschauungskreises als auf das wahrhaft Künstlerische und Malerische sicht, also doch dem didaktischen Elemente in der Kunst ein allzu grosses Gewicht beilegt. Zum Ueberflusse könnte ich aus einem mir vorliegenden, »A. v. H.« gezeichneten Artikel über einen entsetzlich manieristischen Landschafter, den in Berlin sogenannten »Maler Fürchterlich«, der da u. A. als der Ruysdael unseres Jahrhunderts bezeichnet wird, ein paar Kraftstellen als Beleg anführen, wenn ich diese gefällige Schwäche wohlverdienter Vergessenheit zu entreissen keinen Anstand nähme und es nicht für ausreichend hielte, Herren Eckardt für den Fall einer auch diesem einmal zu haltenden Gedächtnissrede unschätzbares Material an die Hand gegeben zu haben *).

In einer der Chronologie von Hildebrandt's Leben und Werken freilich naiv nicht achtenden Skizze seiner Entwickelung in der »Sturm- und Drangperiode des Colorits« — ein vorzüglich treffender Ausdruck, nur dass Hildebrandt nicht wie Goethe, sondern wie Lenz den Sturm durchgemacht hat! — begegnen wir überraschend richtigen Bemerkungen, die aber immer vage hingestellt und, in Floskeldunst gehüllt, die Deutung in jedem Sinne zulassen. »England zeigt ihm — ermunternd und warnend — in Turner einen verwandten Landschafter, der ebenfalls nach Farbe und Lichtwirkung ringt, zuletzt aber mit seinen phantastischen Lichteffecten alle Wirklichkeit unter sich verliert, alle

---

*) Von den beiden Oberfeuerwerkern hat glücklicherweise der unbrauchbarere, bezichentlich gemeingefährlichere, Herr Eckardt, zuerst die Luft durch sein Verschwinden gereinigt.

Bestimmtheit der Zeichnung gegen ein Colorit der Manier.« Hat er sich warnen lassen? Oder klingt das nicht vielmehr wie eine von bimmelnder Schönrednerei befreite Charakteristik Hildebrandt's selbst? Hätte dieser unter seinem Nachlasse gleich Turner ein Bild bezeichnen können, das mit Ehren einen Platz neben Claude Lorrain behauptete? Doch es ist wohl zu viel, überhaupt vorauszusetzen, dass Herren Eckardt von Turner mehr als der Name bekannt geworden. —

»Wie er überhaupt in der Skizze immer am mächtigsten ist« — daher eben die Vorzüglichkeit seiner Aquarellen, die nichts weiter zu sein brauchen, und die Unzulänglichkeit seiner Gemälde, die mehr sein müssten! —, »bleibt er auch mit manch späterem Oelbilde hinter der auf der Reise rasch geschaffenen Aquarelle zurück und vermag hier die zarten Nuancen des Himmels und des Wassers nicht ähnlich wiederzugeben.« Sehr wahr! Aber von solchem Künstler macht man doch nicht solch Aufheben, als hätte er die Kunst aus dem Nichts geschaffen und auf seinen Schultern zu schwindelnden Höhen der Vollendung emporgetragen! —

»Sie (die Riesenansicht Madeira's) erhebt sich freilich nicht über die Vedute und hat ihren Werth nur in der Technik.« Kleinigkeit! Und auf wie viele seiner Bilder passt das Urtheil nicht? —

Dergleichen bedenkliche Concessionen, die Hufschläge gleichsam, mit denen der Hippogryph des Lobredners gelegentlich den Boden der Wirklichkeit berührt, müssen alsbald wieder ausgeglichen werden. So heisst es denn: »Er war der Maler des Lichtes. Schon die alten Arier — sahen die Gottheit im Lichte.« — Darauf eine gelehrt scheinende Notiz aus der Sprachvergleichung; denn so etwas macht Wirkung! — »Daher zog es den Meister Hildebrandt zum Lichte.« — »Effecthascherei nannten sie oft, was — Sie sehen — aus heiligsten Quellen kam. Sie meinten, er coquettire mit dem Lichte, und er betete zu ihm...« *(sic!)* Sonst hält man allerdings im Allgemeinen dafür, dass der Standpunkt der Feueranbeter kein hoher und zweifellos ein überwundener ist. Jedenfalls hat Hildebrandt die Wahrheit des Goethe'schen Sinnspruches an sich erfahren: »Anbete du das Feuer hundert Jahr, dann fall' hinein, dich frisst's mit Haut und Haar!« —

Bald lesen wir: »Seine Technik schreitet bis zum letzten Werke fort.« Ist doch nur in sehr bedingter Weise wahr! »Während er früher tiefdunkle Stellen, namentlich Vordergründe brauchte — d. h. natürliche und erlaubte Mittel anwendete! —, um mit seinem Lichte zu wirken, bedarf er später hierzu immer geringerer (!!) Mittel und weiss noch im Schatten das Licht spielen zu lassen. Das thaten nun freilich die sogenannten Meister des Helldunkels auch schon; nur hatten sie auch Schatten, während Hildebrandt seinem Lichte alle Gegenstände des Anstosses aus dem Wege räumte und damit auch die Schatten los wurde. —

»Er hat das Universum nicht ohne Weihe, aber auch nicht straflos gesehen.« — »Immer mehr drängte es ihn, fast fieberhaft, die Natur in ihrer Ganzheit zu erfassen. Mit diesem Zuge des Künstlers correspondirt nur der Zug der ganzen lebenden Menschheit, die Erde mit eisernen Schienen und mit dem beflügelten Drahte (!) zu umspannen, den Begriff der Ferne zu vernichten.« (Das *tertium comparationis* nachzuweisen, wäre wohl einer zierlichen gelehrten Anmerkung werth gewesen!) — »Aehnlich schwebt ihm der Kosmos als Stoff vor, das Ganze der Erscheinungen, nicht die einzelnen.« Nicht weil er den Baum etwa nicht zeichnen könnte — er bewies es in seinen Studienblättern (was?) — oder weil er das Einzelne missachtet — er that es nie.« Und da Herr Eckardt bekanntlich nie Redensarten macht, so ist das Alles richtig und schlagend! — »Aber was ist ihm dieses Einzelding, wenn er ein Stück Weltall, wie Kaulbach ein Stück Weltepoche, in seinen Rahmen zwingen, uns in die Stimmung, dem Universum gegenüber zu stehen, versetzen will?« Man wird sich diese zur rechten Zeit beigefallene Parallelisirung mit Kaulbach gefallen lassen, daraus den Schluss ziehend, dass das vorgebliche Ziel Hildebrandt's ebenso unmöglich, weil unmalerisch gewesen wie das Kaulbach's, und dass gewisse Leute mit demselben wohlgekräuselten Floskelkram alle möglichen und unmöglichen Wunderdinge in seine Landschaften hinein reden können wie in Kaulbach's gemalte Culturgeschichte der Menschheit. —

Er sagte ausdrücklich: Die Natur im Einzelnen nachahmen kann auch die Photographie. Was kann da die Landschaft noch? Sie muss auf das All blicken. So lehrte er. Freilich ein Ziel, das auch zum Scheitern führen kann.« Weiss Gott, wir haben's erlebt! Und wohin kann eine solche fixe Idee denn sonst noch führen? Wohin anders hat die verwandte Richtung einen Kaulbach geführt? Die Landschaft hat die Natur nachzuempfinden und nachzubilden, um sich über die Photographie zu stellen, die sie — noch dazu ohne Farbe — bloss nachahmt. Aber Stimmung und Composition waren Hildebrandt's schwächste Seiten. — »An das All erinnert am ehesten das unendliche Meer, die weite Ebene, die Welt des Lichtes. Der Wald verengt (!), und der einzelne Baum hemmt den in die Ferne fliegenden Blick.« Als wenn die Nähe nicht auch zum All gehörte und es ahnen liesse! und als wenn die weiteste sichtbare Ferne nicht noch immer nur ein beschränkter Bruchtheil des Alls wäre!

»Während andere Maler den Baum leicht und schlank halten, dadurch aber ihre Luft schwerer machen (?!), lässt der spätere (?) Hildebrandt eher den Baum, wenn er ihn nicht vermeiden kann (*sic!* Den Baum zu vermeiden, als das Ideal eines Landschafters! Herr Eckardt ist nämlich auch Urheber eines eigenen Systemes der Aesthetik; man denke!), schwerer erscheinen, um der goldigen Luft das Leichte in verstärktem Masse zu geben. Armer Kopf, halte noch ein wenig aus! Wenn die Leute erst auf dem Kopfe gehen, dann wird das vielleicht ihre Logik sein. Die »anderen Maler« machen, wie ich bemerkt zu haben glaube, Luft und Bäume, wie sie sie in der Natur sehen, jene durchsichtig, ungreifbar, klar, diese in fester, solider, wenn auch graciöser Form und als widerstandsfähige Masse. Hildebrandt thürmt seine Luft aus Farbenbergen auf und macht sie dadurch massiv. Da bleibt dann kaum ein Ausweg, als die irdischen Gebilde auf die soliden Formen von Hauklötzen oder Prellpfählen zurückzuführen. Oder vielmehr, um aus diesen trübseligen Versuchen, den Widersinn in Sinn zu verkehren, herauszukommen: Die »anderen Maler« fassen wie Männer die Welt der Erscheinungen in's Auge, um durch ihre Form in ihre Seele zu dringen. Hildebrandt starrt wie ein Kind in das glänzende Licht und weiss von den Dingen weiter nichts, als was das geblendete Auge durch die Nachbilder der Sonne hindurch an phantomartig erscheinenden und wieder verschwindenden Form-Andeutungen weit mehr als Formen erkennen kann. —

»Indem er auf das Ganze sah, stellte er auch das Einzelne nur so dar, wie es nach optischen Gesetzen (welchen, wenn's erlaubt ist?) im Ganzen erscheint: nachdem er es zuerst ganz genau gemalt hatte, machte er es später in dem erforderlichen Masse (!!) undeutlich, wie es die Stimmung (?!) des Ganzen forderte. Er ist immer wahr, wenn wir ihn aus dem Ganzen beurtheilen. Wenn er zu jenem Thiermaler (Brendel, wenn ich nicht irre,), der die Beine der Kühe »»unter den Weiden«« zu dick fand, sagen konnte: »»Aber findest Du nicht, dass die Beine der Kühe überhaupt zu dünn sind««, so beweist auch dieser scheinbar (bloss?!) paradoxe Satz seinen grossen Sinn für das Harmonische in der Welt der Erscheinungen.« —

Und ich habe mich zu entschuldigen, dass ich einer Auseinandersetzung, die durch wahre Koboldstreiche von Gedanken- oder vielmehr Wörter-Combinationen sich in diesen Abgrund von Paradoxie und Widersinn verliert, eine ernsthafte, oder überhaupt eine Betrachtung gewidmet habe. Ich will es auch nimmermehr wieder thun! Nur der Umstand, dass die Glaubensartikel des Hildebrandt-Cultus sich hier *in nuce* zu einem handlichen Glaubensbekenntnisse vereinigt vorfinden und in dieser Fassung von Seiten der Gläubigen staunende Bewunderung, ja selbst rauschenden Beifall (!!!) bei der Todtenfeier gefunden haben, konnte mich von vorn herein dazu veranlassen, diesem Mosaik von Stichwörtern irgend welche Wichtigkeit beizulegen. — Sollen wir uns der unliebsamen Arbeit noch weiter unterziehen? Es sei, um nichts Unvollständiges zu geben. Also noch einige Gedanken des Schlusses! —

»Mit diesem Zuge zum Universum tritt er an sein letztes vollendetes Werk. Wie die sixtinische Madonna im Busen Raphael's, ruhte das Meer, das blaue Meer, im Grunde der Seele Hildebrandt's.« Der Vergleichungspunkt ist natürlich nur in dem Bedürfniss einer schallenden rhetorischen Wendung zu suchen; zwischen dem genialen Impromptu Raphael's und dem studirten, mit Foltern und mit Schrauben hervorgepressten Parforce-Stücke Hildebrandt's, zwischen der absoluten Vollendung der Sixtina und dem glänzenden Fiasco des »blauen Wunders« ist sonst kein Berührungspunkt. — »Freunde, welche das Werk in den ersten Tagen des Entwurfes gesehen, schwärmen von dieser Rückerinnerung, hinter der das vollendete Werk weit zurückgeblieben sei. Es liegt das schon im Stoffe.« O über den Meister der Lobrednerei! Man bedenke! Es liegt schon im Stoffe, dass das Hauptwerk eines Künstlerlebens verunglücken muss! Wie viel Theil hat dann die Kunst an der ganzen Richtung und diesem ihrem letzten Ausläufer? In der That, das blaue Meer verhält sich zur landschaftlichen Kunst wie die Gladiatorenspiele und die Stierkämpfe zur Gymnastik. Der Vergleichungspunkt wird hoffentlich nicht unfindbar sein. —

Von der Kunst Hildebrandt's aber sagt Herr Eckardt schliesslich: »Er bringt in der schönen Form (gar keine kann nämlich wenigstens nicht unschön sein!) die leuchtende Idee (d. h. die Vorstellung von leuchtenden, glänzenden Naturphänomenen; denn sonst ist doch von ,Idee« bei diesen Bildern keine Rede!). Er hasst eine Kunst, die nur in der Form besteht (darum vermeidet, ja vernichtet er sie; oder wenn »Form« im Gegensatze zu »Idee« gesagt sein soll, — worin besteht Hildebrandt's Kunst? Seine grellen Farben sind auch nichts als in diesem Sinne ,Form«!), in hübscher Copie der Wirklichkeit (hübsch und den Schein der Wirklichkeit gebend ist immer noch angenehmer und künstlerischer als blendend und überraschend bei zweifelhafter Wahrheit!), die in einem seidenen Kleide gipfelt, (das wenigstens vollendet dargestellt werden kann, während die Kunst, die in einer gelben oder rothen Sonnenscheibe gipfelt, immer Nachhülfen von der Phantasie erbetteln muss!), diese Demimonde in der Kunst.« Das wurde — nicht zu vergessen — vor einer Versammlung gesprochen, deren überwiegender Theil aus Künstlern, darunter vielen Genremalern bestand! Es geht Nichts über die Begeisterung für den Gegenstand, selbst nicht das gewöhnlichste Schicklichkeitsgefühl! —

Zum Schluss noch eine Sammlung der historischen und mythischen Analogien, die Herr Eckardt für seinen Helden aufgefunden. Die erstaunliche Reichhaltigkeit dieser Specialsammlung wird einen Begriff davon geben können, wie scharfsinnig Herr Eckardt darin ist, alle Bonmots, Schlag-

wörter und anderen werthlosen Ballast aufzuheben, der
irgend von seinem Wege erreichbar ist, und gelegentlich
zur Augenverblendung des »werthgeschätzten« Publicums,
wäre es selbst das der »Metropole der Intelligenz«, verwendbar erscheint. — Also: Nach mannichfachen Gefahren
auf der See »betritt der junge Maler, der wie Arion (I.)
das Meer zuletzt doch bändigen soll,« die schottische Küste.
In seinem Bilde vom Nordcap ist es, als ob Ossian (II.)
sänge«. Er entsagt der Ehe für die Kunst, »ein Weltfahrer, ein neuer Odysseus (III.) ohne den Schmerz um
die ferne Penelope«. Er theilt mit dem alten Hildebrandt (IV.) (sonst wohl ohne t geschrieben!) der deutschen Sage das Loos des Wanderns«, er, »der wie ein
zweiter Josua (V.) die Sonne still stehen hiess«, »der in
die Ferne greifende Freiligrath (VI.) unter den Malern«,
er, das künstlerische Seitenstück zu Alexander von Humboldt (VII.), Eduard Hildebrandt, der Maler des Kosmos«.
— *Sapienti sat!*

IX. *Entwickelungsgang und Kunstcharakter.*
(Hildebrandt-Ausstellung 1869.)

Zeitschrift für bildende Kunst. Bd. IV. (1869), Heft 10 und 12.
S. 261 ff. und 336 ff. —

»Der Maler malt eigentlich mit dem Auge; seine Kunst
ist die Kunst, regelmässig und schön zu sehen«, wirft Novalis in den Fragmenten zur Aesthetik und Literatur hin.
Hat dieser Ausspruch den Sinn, dass es vor Allem darauf
ankomme, das Auge zu einer eigenthümlichen, ungewöhnlichen Art, die Dinge anzuschauen, auszubilden, zu dressiren

gleichsam, und ist der Gedanke richtig, so unterliegt es keinem Zweifel, dass die neuere Zeit keinen grösseren Maler hervorgebracht hat als Eduard Hildebrandt.

So frappant Neues in der Natur zu sehen und als künstlerischen Vorwurf sich gefügig zu machen, ist nicht leicht einem anderen Sterblichen beschieden gewesen; und was noch wunderbarer ist: ein grosser Theil seiner Kunstgenossen, und nicht die unbedeutendsten, vergessen so weit jenen allgemeinen, mit Recht berüchtigten Künstlerneid, dass sie ihn geradezu als ihren Lehrmeister anerkennen, der ihnen die Augen geöffnet und sie sehen gelehrt hat; und die gebildete Laienwelt ist im Allgemeinen ganz ihrer Ansicht und verehrt den Meister in mehr oder minder bewusster und aufrichtiger Bewunderung.

Jedoch hat es schon seit langer Zeit nicht an solchen gefehlt — und sie sind meist nicht zum Schlechtesten für das Kunsturtheil legitimirt —, die dem überlauten Beifalle gegenüber sich in kühlerer Reserve verhielten und Hildebrandt's Kunst nicht diejenige Bedeutung zugestehen wollten, die seine Verehrer für dieselbe in Anspruch nahmen. Wurde den Vertretern solcher Anschauung von den Verfechtern der gegenüberstehenden Ansicht oft gereizt und hochfahrend begegnet, und über sie der Bann der Geschmacks-, Urtheils- und Gefühlslosigkeit ausgesprochen, so konnte es nicht fehlen, dass jene ihr Verdict, je besser es auf Gründen und klarer Einsicht beruhte, dagegen immer präciser und selbst mit einer gewissen Schroffheit formulirten: verhielt sich — ganz abnorm — die Bewunderung polemisch, so wurde die Kritik apologetisch, die abweichenden Meinungen aber traten einander mit der schneidigen Schärfe des principiellen Widerspruches entgegen. So — kann man von Hildebrandt sagen — »von der Parteien Gunst und Hass verwirrt, schwankt sein Charakterbild in der Geschichte«, die sich jetzt nach dem Ableben des Künstlers seiner künstlerischen Thätigkeit zu bemächtigen beginnt, und es wird nicht so leicht und schnell die noch schwankende Wage fest stehen.

Unter solchen Verhältnissen ist es ungewöhnlich schwierig, jetzt und an dieser Stelle einen zusammenfassenden Bericht, der zugleich ein Urtheil, Versuch wenigstens zur Begründung eines festen historischen Urtheiles sein muss, über die Leistungen dieses merkwürdigen Meisters zu erstatten; und nur die dringende Aufforderung zu einem solchen durch mehrere Ausstellungen eines bedeutenden Theiles seiner Werke zu Berlin (seiner Gemälde im Marstallgebäude, seiner Weltreise-Aquarellen in Karfunkel's Central-Ausstellung, einer Collection von Aquarellen bis zum Jahre 1856 in den Gemächern der Königin-Wittwe im kgl. Schlosse, während die Aquarellen von seiner ersten grösseren Reise im Kupferstichcabinet vorliegen,) mag das Unternehmen rechtfertigen, wenn auch vielleicht der Erfolg berechtigten Anforderungen allzuwenig entspricht. —

Orientiren wir uns zunächst ganz unbefangen über den Thatbestand, und zwar, da die Aquarellen nach ihren Hauptgruppen, wie sie den einzelnen grösseren Reisen als Studien-Ausbeute entsprechen, im Ganzen bekannt, im Einzelnen für den Zweck dieser Uebersicht gleichgültig sind, durch eine der chronologischen Folge sich möglichst genau anschliessende Betrachtung seiner Oelgemälde, wobei wir uns, da wir dabei kein charakteristisches oder irgend einmal besonderes Aufsehen erregendes Werk zu übergehen haben, auf die in jüngster Zeit in Berlin ausgestellt gewesenen Bilder beschränken. Es gewährt dies den seltenen Vortheil, dass sich unser Urtheil durchaus auf ganz frische Anschauungen und meist unmittelbare Vergleichung gründet.

Das älteste uns vorliegende datirte Bild, »Am Bollwerk« (Besitzer: Hauptmann Heitz), stammt aus dem Jahre 1838. Es ist noch durchaus Schülerarbeit, ebenso bescheiden dem Werthe wie der Ausdehnung nach. — Demnächst beginnt, wenn nicht unter einigen kleinen undatirten und herzlich unbedeutenden Bildchen sich solche befinden, die weiter zurückgehen, die Reihe mit dem Jahre 1840, in dem Hildebrandt seine Lehrzeit unter Wilhelm Krause's Leitung absolvirt hatte und die ersten selbständigen Schritte wagte. Hier stösst uns sofort ein umfangreiches Bild auf: »Leicht bewegte See mit Schiffen«, Motiv von Swinemünde.*) Hier sehen wir die grauen, kurz bewegten, gleich Lämmern sich drängenden Wellen der Schule, die figürliche Staffage am Strande ist ungelenk und hart bunt, sonst das sauber und klar — gänzlich ohne Luftton — gemalte Bild kühl grau, ohne Freiheit und ohne Leben. Noch keine Spur von einem schöpferischen Talent ist in irgend einer selbständigen, eigenartigen Regung zu entdecken. — Ein kleines schmutzig graues »Bollwerk am Strande« (Besitzer: Herr Raabe) verräth aber schon, obgleich im Ganzen noch sehr conventionell, den Versuch, natürlich zu werden. — Obgleich nicht datirt, dürfte auch ein grösseres Bild aus der Verlassenschaft König Friedrich Wilhelm's IV., »Fischerboote den Hafen verlassend«, hier oder wenig später anzuführen sein. Die bleigrauen Wellen gemahnen an den Einfluss Krause's, die Bewegungen des Wassers aber sind schon gut beobachtet, und das Ganze hat einen gewissen frischen Zug. — Eine sehr bescheidene Aquarelle, »Fischer an einem Seile ein Boot an's Land ziehend« (Bes.: Prof. Hosemann), vollendet das Bild von dem jungen Künstler, wie er damals, mit dem nothdürftigsten Hausrathe der ma-

---

*) Da für die Hildebrandt-Ausstellung weder ein Katalog angefertigt, noch auch durchgehends für correcte und vollständige Bezeichnung der Bilder gesorgt war, so sind wir an manchen Stellen in Verlegenheit um die Daten; namentlich fehlt uns oft — wie eben hier — der Name des Besitzers.

lerischen Technik ausgestattet, »noch ungewiss, ob ihn der Gott beseele,« von geheimnissvollem Drange getrieben in die weite Welt hinauszog. — Aus dem folgenden Jahre 1841 ist uns nur eine kleine »Marine« (Bes.: Prof. Hosemann), hellgrau, auffallend glatt und geleckt, bekannt geworden.

Eine merkwürdige Veränderung vollzieht sich nun in dem Künstler binnen Jahresfrist. Nicht sowohl, dass er die Natur gesehen und mit Hingebung studirt hat, fördert ihn und löst die Fesseln seines Genius, als vielmehr die Bekanntschaft mit einer Welt neuer malerischer Mittel. Die Schule Isabey's wandelt seine ganze bisherige Kunstübung von Grund aus um. An die Stelle einer pedantisch trockenen Naturnachbildung will sich ein frischer malerischer Sinn setzen, der mit mächtigen Mitteln den gewaltigen Zauber der Naturerscheinungen zu bannen unternimmt: das Leben der Farbe geht ihm auf, aber nicht ohne ihn durch grosse Anstrengungen und fast heillose Verwirrungen zu führen. Mitten in den Kämpfen zur Bewältigung des ungewohnten und störrischen Machwerkes belauschen wir ihn in einem grossen Bilde des Jahres 1842: »Bewegte See mit heimkehrenden Fischerbooten«. Man sieht, wie er mit Mühe der Schwierigkeiten Herr wird, über der farbigen Wirkung die Natürlichkeit und Wahrheit des Eindruckes, über der Arbeit am Einzelnen den Zusammenhang aller Theile, die Tendenz zum einheitlichen Ganzen einbüsst. Die Bewegung des Wassers bleibt ohne alles Verständniss; der Himmel ist eine gemalte spanische Wand unmittelbar hinter den Booten, nur diese selbst mit ihrer Bemannung in der Mitte eine Gruppe, die Farbensinn und malerisches Gefühl bekundet. Das Bild hätte schon bedeutend gewonnen, wenn nur der gleichgültigen Bildfläche weniger wäre, so dass der malerische Effect concentrirter zur Wirkung käme. — Kein Zweifel übrigens, dass dieses oder ein ähnliches Bild, vor bald dreissig Jahren nach Berlin oder gar nach Danzig geschickt, als ein wahres Weltwunder von unerhörter Schönheit angestaunt werden musste. Es wich zu stark und in einer entschieden vortheilhaften und erfreuenden Weise von dem Gewohnten ab.

Bald gelang es Hildebrandt, der Weise seines neuen Meisters Herr zu werden. Er lernte die farbige Erscheinung als einheitliche anschauen und wiedergeben und gefiel sich nun in malerischen Ansichten, die an Isabey in der auffallendsten Weise erinnern. Eine Strasse in Lyon (1843) und als Pendant dazu eine Strasse in Rouen (1847 gemalt, aber sicher nach früheren Studien; beide im Besitze des Geh. Commercien-Rathes L. Ravené) sind dafür vielleicht die bezeichnendsten Stücke. Auch eine andere »alte Strasse«, wohl nicht weniger aus einer französischen Altstadt, (1846) giebt ein meisterhaftes coloristisches Bild, nach Isabey's Vorgang, unverfälscht und wohlverstanden.

Doch noch immer fühlt der Künstler zwei Seelen in seiner Brust. Gelegentlich fällt er wieder in den Ton der Krause'schen Schule zurück, wie in zwei Ansichten von Helgoland (1843, Bes.: Herr Raabe), die, ganz ohne Natur und Farbe, unglaublich gegen die erwähnten gleichzeitigen Bilder abstechen. Namentlich in Portraits — ausschliesslich in kleinem Massstabe, besonders ein Knabe mit einem Hunde (1843) und ein sitzender Mann (1846; Bes. beider: Herr Raabe), mehr noch ein alter Mann mit schwarzem Käppchen (Bes.: Maler H. Eschke), — bewegt sich sein Pinsel so linkisch und steif in trüben und harten Tönen ohne jede Spur von geistiger Zuthat zum Werke, dass es schwer wird, diese Gemälde, wenn sie auch ausserhalb seines specifischen Genre's liegen, in der Epoche eines hervorbrechenden Genies entstanden zu denken.

Bei anderen Anlässen wieder versucht er — gewiss mehr unwillkürlich als bewusst experimentirend — auf derselben Tafel Compromisse beider heterogenen Richtungen, wie in seinen »Fischerkindern am Strande« (1842; Bes.: Frau Commercien-Räthin Brüstlein), wo neben dem sehr unnatürlichen Wasser die Figurengruppe frisch und schön in der Farbe erscheint; oder in tastende, unsichere Versuche, die fast seiner unwerth sind, verirrt sich eine Partie von ungleich schönerem Schlage. So ist es mit einem grossen Wintergenrebilde von 1843, gegen dessen verblasene landschaftliche Theile die Genregruppe selbst recht erfreulich contrastirt.

So hatte Hildebrandt wohl schon viel gelernt, aber der Fleiss, mit dem er suchte, war noch nicht durch glückliches Finden und Ergreifen belohnt und gekrönt: er hatte ausgelernt, aber er war noch nicht Meister, — als das Jahr 1843 ihn im Auftrage des kunstliebenden Königs Friedrich Wilhelm IV. auf Veranlassung Alexander's von Humboldt in die Ferne führte, wo er zwei Jahre den Continent der neuen Welt durchmass. Wohl eine köstliche Gelegenheit, zum Manne in der Kunst zu reifen, und für die Richtung Hildebrandt's epochemachend und entscheidend! Die jugendliche, fast excentrische Sehnsucht in die Ferne, sich selbst des Zieles nicht bewusst — denn sie hörte auf, hätte sie ein bestimmtes, und das fernste ist ihrem kühnen Fluge noch zu nah —, diese Sehnsucht, die nur zu leicht in begabten Naturen, zumal unter engen, drückenden Verhältnissen entsteht, wie sie auch Hildebrandt's Jugend umdunkelten, fand vorübergehend ein Genügen, und die neue Welt von Formen und Farben, von Licht und Luft wurde die Lebenssphäre seiner Kunst. Das Ungewöhnliche und Ueberraschende der ihn umgebenden Erscheinungen, das Blendende und Effectvolle der Naturphänomene erfüllte seine Seele. Er als der Erste unter den Meistern der modernen Landschaft that einen Blick in dieses Reich. Konnte er sich von einer glänzenderen Mission träumen lassen, als der Verkünder dieser frisch entdeckten landschaftlichen

Schönheiten zu werden? Hier hatte er eine dankbare Aufgabe und ein ausgiebiges Feld zur Entfaltung einer selbständigen Kunst gefunden.

Sofort nach seiner Heimkehr geht er daran, sich dieser Aufgabe gewachsen zu machen; denn es wollte etwas heissen, dieses neue Gebiet für die Kunst zu erobern. Der erste uns vorliegende Versuch, Ein tropischer Regen» (1845; Bes.: König Friedrich Wilhelm IV.), muss beinahe als ein gescheiterter angesehen werden. Die Grösse der Terraindimensionen, der Reichthum an Formen, die Wuchtigkeit der Naturerscheinungen ist noch nicht beherrscht; die Mittel als solche treten noch zu sehr hervor. Nur dadurch ist das Bild ausgezeichnet, dass man deutlich erkennt, wie der Blick des Künstlers auf das Ganze des Eindruckes in seiner prägnanten Wesenheit gerichtet ist. — Einen ganz anderen Weg betritt er in einem zweiten umfangreichen Bilde desselben Jahres, dessen Vorwurf vermuthlich auch der Tropenwelt America's angehört. Wir sehen eine Stadt am breiten Wasser, dahinter Berge mit pittoresken Silhouetten. Heller Himmel wölbt sich darüber hin. Dies Bild steht in seiner Manier fast einzig da und kann als eine Probe gelten, wie weit sich die nüchterne, sparsame Malerei seiner ersten Schule, durch reichlichere Farbenmittel erweitert, auf die neuen Gegenstände anwenden lässt. Es ist ganz glatt und dünn gemalt, in breiten, verhältnissmässig schwachen Tonmassen, fast geleckt, aber nicht peinlich in den Einzelheiten. Der Eindruck ist freundlich und ansprechend, aber unbedeutend, fast langweilig. Hildebrandt fühlte wohl selbst, dass er damit das Wesen der Sache nicht getroffen, dass er das fremdartige Neue nicht in seinem eigenen Charakter, nicht in dem frappanten Effecte, der seinen Sinn sogleich gefangen genommen, wiedergegeben, sondern in den Bereich bekannter Vorwürfe hineingezogen hatte.

Das Jahr 1846 sah neben den schon erwähnten Bildern, in denen er sich wiederum mit dem Kreise seiner früheren Studien befreundete, ein grösseres Bild entstehen, den Marktplatz einer americanischen Stadt — irren wir nicht, den S. Domingo-Platz in Mexico — darstellend, mit reicher figürlicher Staffage. Die Aufgabe war hier leichter, insofern nicht die tropische Natur, sondern nur die tropische Sonne in ihrer Wirkung zu malen war, und der Gegensatz schwarzer und weisser Menschen und eine reiche, bunte Tracht treffliche Handhaben für eine bedeutende coloristische Behandlung darbot. So ist das Bild frisch, kräftig und besonders in der Farbe glänzend, wogegen nicht beschönigt werden kann, dass die Composition keinen rechten Zusammenhalt hat.

Inzwischen fuhr der Anschauungskreis Hildebrandt's fort, sich zu erweitern, und die verschiedensten Himmelsstriche verlangten seinem Pinsel ihren charakteristischen Ton ab. Es ist eigenthümlich anzusehen, wie er sich anfangs mit dieser Schwierigkeit auseinandersetzt. Dem Jahre 1847 gehören wunderbar abweichende Bilder an: die Strasse in Rouen in Isabey's Weise ist bereits erwähnt. Ein Wintergenrebild mit heimischem Motive, Holzfäller und -Sammler, unter denen ein Alter sich das Pfeifchen anzündet, der Composition nach recht hübsch, bleibt kühl im Ton und verfällt in den Schatten in harte Schwärzen. — Ein Ostseestrand (Bes.: König Friedrich Wilhelm IV.) verleugnet beinahe die französische Schule mit bleischwerem Himmel und lehmigem Wasser; nur ein Häuschen links und davor ein Boot mit Mannschaften ist gut zusammen in einem tiefen, kräftigen Farbentone, wird dadurch aber ein Bild im Bilde und fällt aus dem Ganzen heraus. — Ganz anders in dem Breitbilde des *Pic de Teneriffa*. Hier wendet er die Virtuosität seiner Technik auf, aber die Massen präsentiren sich in wenig gegliederter Anordnung, die Pläne sind mangelhaft gegen einander abgesetzt, nichts tritt dominirend hervor, es fehlt die Einheit. — Wie um kein Mittel unversucht zu lassen, sich über seinen Stoff zu stellen, thut er es räumlich, und malt St. Gloria, Rio Janeiro (Bes.: Herr Ravené) von einem sehr hohen Standpunkte genommen, mit dem Blick über das Meer; ein recht gutes Bild, aber kein gutes Motiv und durch den gewählten *point de vue* nichts weniger als verbessert.

So war er bei mannichfachem Guten, das er erstrebte, und vielem Schönen, das er erreichte, noch nicht mit sich selbst und seiner Kunst im Klaren. Hätte er sich Zeit zum Besinnen, zum Verarbeiten des Aufgenommenen, zur Herausbildung seiner Eigenthümlichkeit gelassen, kein Zweifel, dass seine noch schwankende Darstellungsart sich abgeklärt und befestigt hätte. Statt dessen drängte es ihn, sich mit immer neuem Materiale zu überladen; wie in fieberischer Hast suchte er nach immer stärkeren Reizmitteln, sann auf immer drastischere Effecte, bis er allmählich dazu gelangen musste, über all das widerspenstige und hemmende Detail zur Tagesordnung überzugehen und den gewünschten Effect rein und ausschliesslich darzustellen. Der Weg, der ihn bis dahin führte, ist interessant genug zu beobachten.

Nach einer grossen Reise durch den Westen Europa's und bis nach Madeira, von welcher Insel er 1848 jenes bekannte, wohl acht Fuss lange Panorama in Aquarell ausstellte, das wegen der Sorgfalt der Studien und der Neuheit der Darstellungsform allgemeines Aufsehen erregte, treffen wir ihn mit der Gestaltung seiner neuen Reiseeindrücke beschäftigt. Eine Ansicht von Lissabon in breitem Formate, mit schlechtem Vordergrunde, aber sorgfältig gemalt (Bes.: Herr Albert Arons) und das Fort Belem bei Lissabon (Bes.: Herr W. Wittig) sind anspruchslose und schlichte Bilder und, wiewohl weder hervorstechend noch specifisch, doch ansprechend (beide 1849). — Gleichzeitig beginnen nun aber, erst vereinzelt und schüchtern, später immer häufiger und prätentiöser, jene Gemälde aufzutreten, welche die Darstellung der glänzendsten atmosphärischen Licht- und Farbenphänomene anstreben und bald den Haupttitel seines Ruhmes ausmachen sollten. Cap Vincente bei Madeira (Bes.: Herr W. Wittig) versucht es nur erst mit scharfer Sonnenuntergangsbeleuchtung von der Seite her, bleibt zwar in den einzelnen Partien, besonders dem unkräftigen Wasser rechts und den Wolken darüber, ungleich, spricht aber im Ganzen angenehm an. Dagegen giebt eine Küste von Madeira (Bes.: Herr Commercien-Rath Borsig) das crasse Schauspiel eines blutrothen Sonnenunterganges, trägt aber noch durchaus den Charakter einer Studie, der alle Abrundung zum Bilde fehlt.

Während des nächsten Jahres (1850) nehmen die Versuche mit den Wirkungen des Mondlichtes die Thätigkeit des Künstlers vorwiegend in Anspruch. Sie fallen zunächst nicht erfreulicher aus als die mit der Sonne. Eine Küste bei Mondschein (Bes.: Herr W. Wittig) und ein Mondschein bei Madeira (Bes.: Herr Krieger) gemahnen uns unwillkürlich an Jean Aivazowsky, und man weiss, welche Ueberfülle von berechneter, kalter und verfehlter Effecthascherei die Berufung auf diesen Namen bezeichnet. (Ein Pendant zu letzterem Bildchen, einen Sonnenuntergang von carmoisinrother Farbe, besitzt Herr Borsig.) — Ein Mondaufgang (Bes.: Herr Borsig), klein und sehr verschmolzen gemalt, zeigt hinten in der Mitte der dicken schwarzen Nacht die mächtig grosse, intensiv gelbe Mondscheibe; das Bild sucht zu wirken durch den effectreichen Gegensatz, aber es bringt zur Entzweiung nicht die Versöhnung: das Licht durchdringt und belebt nicht die Finsterniss. — Ungleich gelungener stellt sich uns ein grösserer Mondschein an der schottischen Küste dar (Bes.: Herr Commercienrath R. Prätorius). Rechts erblicken wir Fischerboote und Fischer um ein Feuer. Das

Bild ist zwar auch etwas trocken und bleiern in den Tönen, eine Eigenart, von der sich Hildebrandt's Mondschein nie ganz zu emancipiren vermochte, aber die Wirkung mit den beiden Lichtquellen ungesucht und gut behandelt. — Hier ist wohl auch der Ort, zwei undatirte Bilder gleichen Gegenstandes, eine grössere und eine kleinere »schottische Küste mit Pinguinen bevölkert« (Bes.: Herr W. Wittig, resp. Herr Borsig), anzuführen; zwei in einem in's schwärzliche fallenden Tone solide durchgeführte Arbeiten von ernstem und treffendem Charakter.

Von anderen Motiven, die Hildebrandt in demselben Jahre (1850) behandelte, erwähnen wir eine irische Genrescene (Bes.: Herr L. Ravené), eine Bauernfamilie bei ihrer elenden Hütte in zwei Gruppen vereinigt, gut, wenn auch in der Composition unruhig; und eine Ansicht von Rio Janeiro (Bes.: die Königin-Wittwe Elisabeth von Preussen). Von sehr hohem Standorte blicken wir über jähe Felsen hinab bis auf das Meer. Aber das Unkünstlerische der Vogelperspective, die Verzerrung und Schiefheit derjenigen Linien, nach denen wir uns im Raume zu orientiren gewohnt sind, macht sich hier bei der Nähe des Vordergrundes besonders fühlbar. Zwar erkennen wir links im Terrain und in den Pflanzen und Ziegen ein auffallend sorgfältiges Detailstudium, und dieser Theil des Bildes kommt auch zu guter Wirkung. Um so weniger harmoniren aber die übrigen Theile damit, besonders das rechts zwischen den Felsen und dem Rahmen eingeklemmte indigoblaue Wasser: von Einheit hat dies Kunstwerk Nichts.

Dennoch ist es ein unvergleichliches Juwel gegen das Rio Janeiro vom Jahre 1851 (Bes.: Fürst Carolath), in dem sich zu der tropischen Naturschönheit der brasilianischen Hauptstadt und ihrer Umgebung der directe Glanz der tropischen Sonne gesellt. Zur Linken erhebt sich ein gigantischer Felsen hinter einem Bouquet herrlicher tropischer

Pflanzen, für sich betrachtet eine vortreffliche Gruppe in jeder Beziehung. Daneben aber in der Mitte der Bildfläche steht die blendend weisse Sonnenscheibe und bringt einen verticalen Lichtstreifen durch das ganze Bild hervor, in dem alle Formen verschwinden, wie in Photographien, die gegen das Licht aufgenommen sind. Rechts von dieser Lichtzone schwimmt und verschwimmt das Meer in ihrem Abglanze. Man wird versucht, den Standpunkt dem Bilde gegenüber zu verändern, weil man unter Blendungen durch den Reflex vom Firnisse zu leiden glaubt, aber es hilft kein Suchen: die Blendung bleibt, die Zerreissung der Bildfläche bleibt, und mit ihr bleibt die Unruhe und die Unerfreulichkeit des Eindruckes.

Noch drei kleinere Bilder mit Sonnen-Effecten sind aus demselben Jahre zu bemerken. Das Bildchen »Bei Palermo« (Bes.: Herr Borsig) versucht eine andere grelle Farbe, das Gelb, für den Sonnenuntergang zu verwenden, welche es scharf gegen den dunklen Vordergrund absetzt. Als Studie ganz leidlich, würde das Bild als solches angesehen an einem zu starken sich Vordrängen des Materiales laboriren, vor dem die malerische Pointe zurücktritt. — Indessen scheint die selbstgewählte Aufgabe an sich zu einer massigeren Behandlung des farbigen Mittels gedrängt zu haben. Nur ganze Berge von Farben in den intensivsten Tönen konnten dem Probleme, von welchem Mirza Schaffy als von einem selbstredend unmöglichen spricht, zu genügen scheinen. Aber eben auch so nur scheinen. Die helle Sonne, strahlend im mittägigen Glanze, wie sie das kleine »Madeira« (Bes.: Herr Geh.-Rath Nietz) zu schildern unternimmt, will sich trotz der in dieser überpastosen Studie aufgehäuften Farbenmassen in ihrer lichten Herrlichkeit nicht darstellen lassen. Und in einem »Abend auf Madeira« (Bes.: Herzog von Ratibor) bemühen sich dicke Farbenflocken von fiebrischem Colorit, die angeschienenen Wolken am blauen

Himmel nachzuahmen. Vergebens! Der Versuch, die glänzenden Himmelserscheinungen zum Mittel- und Schwerpunkte der Malerei zu machen und diese Absicht durch massenhaften Aufwand drastischer materieller Mittel zu erzwingen, scheint misslungen.

Aber statt sich an den kleinen Versuchen genügen zu lassen, geht Hildebrandt bald zu grösseren und zu den grössten Wagnissen vor, und um sich freie Hand zu verschaffen, entledigt er sich je mehr und mehr »von jenen Fesseln allen, die wohlgemuthet er bisher getragen,« der Sorge um die Formen des Detail, der Rücksicht auf Reichthum und Abrundung der Sujets, ja endlich der Achtung vor der Wahrheit seiner Darstellungen. So, vermuthlich schon in demselben Jahre, in dem Fort St. Elmo bei Neapel (Bes.: Herr Magnus Hermann) mit schreiendem Sonnenuntergangseffect und einer Behandlung der Form, die ein wahrer Hohn auf Alles ist, was Zeichnung heisst, und in diesem Sansculottismus selbst in den spätesten Bildern wenigstens nicht übertroffen wird: das Fort sieht aus wie ein sich gestaltender Feuerwerkskörper, wenn nicht selbst dieser Vergleich noch zu viel Präcision einschliesst.

In demselben Masse, wie diese verderbliche Richtung sich seiner bemächtigte, kehrte ihm der gute Genius seiner Kunst den Rücken; doch nur zögernd und nicht ohne unter seinem Pinsel noch einige Werke hervorgehen zu lassen, die den wahren Künstler in ihm bekunden. Auch noch aus dem Jahre 1851 bleibt ein kleines niedliches und liebliches Bildchen »Pferdeliebe« (Bes.: Herr von Jakobs), zwei Pferde, von denen das eine den Kopf auf den Hals des anderen legt, als eine, wenn auch unbedeutende, so doch erfreuliche Leistung zu erwähnen; und ein Mondschein an der schottischen Küste (Bes.: Herr Nietz) mit sehr düsterem Vordergrunde und »blauer« Ferne, verschmolzen gemalt. zeigt einen so schönen, poetischen Lichteffect, wie er zugleich mit solcher Masshaltigkeit bei Hildebrandt nur selten wieder angetroffen wird. — Eine wenig abweichende Wiederholung dieses Bildes vom Jahre 1853 (Bes.: Gräfin Lüttichau) fällt in den dunklen Partien mehr in's Schwärzliche und wirkt daher im Ganzen schwer.

Noch eines italiänischen Motives, Neapel mit dem Vesuv, dessen Bearbeitung wohl auch ungefähr in diese Jahre zu fallen scheint, gedenken wir hier, schon weil noch mehr als unter Hildebrandt's Aquarellen unter seinen ausgeführten Bildern Ansichten von Italien selten sind: »Was Alle sahen, reizt ihn nicht, sagt einer seiner Lobredner. Wir lassen das Motiv gelten, jedem die Nutzanwendung auf das Urtheil über die künstlerische Richtung Hildebrandt's und jenem die Sisyphus-Arbeit überlassend, diesen Mühlstein auf die Spitze des vermeintlich errichteten Ehrendenkmales zu wälzen. Weisse Häuser in Zuckerwerkmanier, ohne Form und Charakter, ziehen sich um den Golf; ein Park im Schatten links, ohne den langweiligen nächsten Vorgrund, wäre ein Bild. Dem Ganzen fehlt wieder die ruhige Einheit der überlegten Composition.

Auch aus dem Jahre 1852 stellen wir zwei dem Umfange nach bescheidene und auch ohne alle Prätention vorgetragene Bilder von einnehmender Wirkung voran. In einer flachen Ebene bei Kairo sehen wir an einem ruhigen Wasser, einer Teichbucht etwa, drei storchähnliche Geschöpfe; hinter dem Wasser einzelne hohe Palmen, weiter hin einen hohen Wald, über den zur linken eine Moschee herüberragt. Ein höchst reizvoller Abenddämmerungston ist über das Ganze gegossen; das massvolle Impasto drängt das Material dem Beschauer nicht auf. Man kommt zur Versenkung in den Gegenstand, das Bild hat Stimmung. Aehnlich einfach, schlicht und wahr, wenn auch nicht so trefflich, behandelt das zweite Bild (Bes.: Frau Humbert) die Bai von Madeira. — Dagegen scheint es, als ob eine

Küste von Madeira (Bes.: Herr Borsig) bloss dazu da wäre, dem feinen Lufttone zur Folie zu dienen. Das Meer, mit einigen Booten besetzt, ohne eine Spur seiner eigenthümlichen Beweglichkeit und Klarheit, von schwerer Bläue, gemahnt an die Imitationen der Bühne. Man sieht deutlich, es ist mit Nonchalance behandelt.

Aus dem Jahre 1853 heben wir drei Bilder als bezeichnend heraus. Zwei davon behandeln das Marmormeer. Ein grosses Bild (Bes.: Herr Anker) zeigt uns in gelber Tönung einen Sonnenuntergang hinter schlanken Cypressen. Die Mitte nimmt ein Fort oder Castell ein, rechts im Schatten ruht die kühle Bläue des Meeres. Die Zeichnung fällt durch Schärfe und Klarheit auf. Die Wirkung der Beleuchtung ist etwas übertrieben, doch noch nicht geradezu unwahr; wiewohl die wunderbar bunten Reflexe auf dem Gebäude nur einer raffinirten Berechnung auf einen frappanten Effect ihren Ursprung verdanken. Doch sind diese bunt durcheinander glitzernden Glanzlichter, das Vorspiel zu späteren outrirten Effectstücken, hier noch gemässigt und beherscht innerhalb der Gränzen des Schönen und Erlaubten, zu einem Gesammteindrucke von harmonischer Fülle verbunden, zu dem nur das Wasser in störendem und unvermitteltem Gegensatze steht. — Das andere Bild Bes.: Herr B. Gerson) zeigt rechts Schloss und Park, oben ganz schlichten Himmel, weiter herab die brandrothe Sonnenscheibe. Dass hier auf diesem Wege etwas Besonderes erreicht oder gefördert wäre, lässt sich eben nicht sagen. — In einem Genrebilde, Kinder um einen Schlitten auf dem Eise, nimmt er die schon früher beliebten Wintermotive wieder auf, die er bald auch ganz in die Sphäre seiner Lichteffectstudien hineinzuziehen verstand. Hier bricht, mit dem alten Gegenstande, auch der frühere bleigraue Ton wieder durch.

Das folgende Jahr 1854 bezeichnen uns zunächst zwei

wirklich schöne Bilder mit Seemotiven. »Fluthzeit« (Bes.: Herr Albert Wolfs), ziemlich gross, müsste nur in dem Wasser natürlicher, beweglicher, flüssiger sein, um vortrefflich zu heissen. Bei der grossen Scenerie tritt auch die Grossartigkeit der Meeresnatur herrlich in die Erscheinung. Diesem sehr ähnlich, aber noch vorzüglicher ist der »Strand« (Bes.: Frau Brüstlein). — Auf einer riesigen Leinwand »Am Gosau-See« (Bes.: Herzog von Ratibor) hat er dagegen einen ganz geistlosen Abklatsch der Wirklichkeit in Decorationsmalermanier gegeben, eine unerquickliche Arbeit, deren Wirkung selbst aus weiter Ferne noch ohne Rundung und Vertiefung bleibt. — Ganz dasselbe gilt von dem gleich grossen »Alpenglühen« (Bes.: Frau Fallou), nach der neulich erwähnten Studie von der Auction. Von dem Haupteffecte kann nicht anders geurtheilt werden als bei Gelegenheit der Studie. Die ungeschlachten Kühe aber, die im dunklen Vorgrunde den abschüssigen Gebirgspfad daherwandeln, tragen gar wenig dazu bei, mit dem Ganzen zu versöhnen. Unter der Veranda eines öffentlichen Gartenlocales gleich dem Vorigen ganz brauchbar, verliert es jeden Anspruch auf Schonung in der Beurtheilung, sobald es sich anmasst, als Kunstwerk zu gelten. — S. Giorgio zu Venedig bei Mondschein (Bes.: Herr Borsig), ganz blau oder blaugrau, tonlos, ohne jede Bewegung, ist, wenn schon nicht ohne einen gewissen unheimlichen Reiz, nur als Experiment zu betrachten und als solches verfehlt.

Dagegen giebt ein »Mondschein an der schottischen Küste« vom Jahre 1855 wieder Anlass, den Künstler in einem glücklichen Momente des Gelingens zu bewundern. Hier ist er wahr, gemässigt, voll Respect vor der Einzelform; und wenn das Bild auch nicht gerade tiefe Stimmung hat, so besitzt es doch einen klangvollen Ton. — Auch ein braungrauer Mondschein — Andreas Achenbach hat jüngst ein paar Mal dasselbe Problem zu lösen versucht —

wirkt angenehm. Das sehr einfache Motiv — ein mässig breites Wasser mit einer oder mehreren Mühlen auf einer leichten Erhöhung und mit einigen Bäumen — muss ihm besonders zugesagt haben. Die Ausstellung im Marstall wies allein vier Wiederholungen desselben auf. Bei zweien aus dem Jahre 1860 (Bes.: Herr M. Wolff und Herr Commercien-Rath Wilh. Friedeberg, das Exemplar des Letzteren von der Gegenseite,) ist eine Winterlandschaft mit Schlittschuhläufern daraus geworden, mit hellgelber Luft und Spiegelung auf dem Eise, nach dem Universalrecepte, das für die in den letzten Jahren sehr häufigen, besonders für den Kunsthandel gearbeiteten Winterlichteffectstücke stereotyp geworden. Die Formen, namentlich die der Bäume, werden dabei auf's Aeusserste vernachlässigt, plump und missgestaltet. Das letzte Bild dieser Gattung war das grosse, fast fertige aus dem Nachlasse, welches den höchsten Preis bei der Auction erreichte (Bes.: Herr Göhde, während ein anderes, besonders hervorstechendes Bild, welches sich — nach unserem Berichte — bei der Auction unter der Hand aus einem unfertigen in ein vollendetes verwandelte*), die grosse Landschaft mit Mühlen (Bes.: Herr Hermann Eschke), noch eine letzte, wiewohl stark ver-

---

*) Zu diesem Berichte sind wir verpflichtet, hier zwei Berichtigungen zu geben. Der Verfasser des Auctionskataloges war nämlich nicht Herr Eschke, sondern der als Zeichner und Feuilletonist bekannte Herr Ludwig Pietsch (beiläufig einer der überschwänglichsten Vergötterer Hildebrandt's); und die Erklärung, die Herr Eschke bei der Auction zu dem in Rede stehenden Bilde gab, und die allgemein in dem von uns wiedergegebenen Sinne aufgefasst worden, bezweckte vielmehr, zu constatiren, dass unter diesem unvollendeten Bilde ein fertiges Sonnenbild steckte, das bereits ausgestellt gewesen, aber des Meisters Zufriedenheit nicht hatte und deshalb von ihm einfach gleich einer frischen Leinwand von Neuem übermalt wurde, das aber natürlich — mit Aufopferung der in ihrem jetzigen Stadium noch ziemlich werthlosen Uebermalung — wiedergewonnen werden könnte.

änderte Version jenes Lieblingsthema's darstellte. — Dasselbe Genre repräsentirt auch schon eine Winterlandschaft des Jahres 1855 (Bes.: Herr Borsig). — »Am Brienzer See« Bes.: Herr B. Gerson) erhält durch den sehr hochgenommenen Standpunkt wieder eine mangelhafte, unbefriedigende Linienführung. Die uncharakteristischen Flächen und die zerfahrenen Töne sind zudem mit derselben decorationsmässigen Flüchtigkeit behandelt wie bei dem Gosau-See, was hier um so unangenehmer wirkt, als das Format beträchtlich kleiner ist.

Eine eigenthümliche Gattung von Bildern, die gleichsam wie in Parenthese innerhalb seiner Kunstentwickelung steht, beginnt in diesem selben Jahre mit den beiden Ansichten von Bethlehem und von Jerusalem von Nordost, denen im folgenden Jahre der Teich Bethesda und Nazareth von Südost folgten (Bes.: König Friedrich Wilhelm IV.). Ziemlich gross und streng objectiv, aber trocken und ohne jeden Reiz, lassen sie es sich allzusehr abmerken, dass sie bloss auf Bestellung des hohen königlichen Gönners gemalt sind; sie nehmen keinerlei weiteres Interesse in Anspruch als dasjenige, welches ihnen die dargestellten Oertlichkeiten kraft ihrer religiös-historischen Weihe mittheilen.

Noch bleibt eines der erfreulichsten und wohlthuendsten Werke Hildebrandt'scher Kunst, welches gleichfalls diesem Jahre — 1855 — angehört, zu erwähnen: »Morgenfrühe mit spielenden Kindern« (Bes.: Herr M. Reichenheim), höchst glücklich in dem kühlen, scharfen Morgenhauche des Strandes, wenn der klare Luftton auch vielleicht etwas zu massiv, zu sehr Farbe ist. Das Figürliche, Kinder, die sich auf einem Brette schaukeln, zeigt schon etwas gedrängte Verhältnisse, hat aber doch noch feste, klare Formen und ist voll Leben und Bewegung, kindlicher Unschuld und graciöser Laune. Das Ganze ist in der Composition freilich wieder nicht recht concentrirt und abgerundet: das untere rechte Viertel der Leinwand oder wenig mehr enthält eigentlich das Bild; das Uebrige ist eine Erweiterung, die für denjenigen, der dem geistigen Schwergewichte menschlicher Lebensregungen eine vorzügliche Empfänglichkeit entgegenbringt, verhältnissmässig leer und überhängend ist, für denjenigen aber, der den Landschafter und zumal den Maler des Lufttones vorzugsweise liebt und bewundert, die Figurengruppe aufhebt und erdrückt. Wohl zu verstehen: es ist das Missverhältniss der Theile in der Bildfläche, was wir zu rügen finden, nicht etwa ein Herausfallen der Gruppe im Ton; im Gegentheil, in Bezug auf das Hineinwachsen der Figuren in das Terrain und in den Luftton, eine bei eigentlichen Figurenmalern oft vermisste Schönheit, steht das Bild, wie fast alle Staffagen in Hildebrandt's Gemälden, über allem Tadel erhaben da, und überhaupt soll das anfangs ausgesprochene Urtheil, dass dies eine seiner vorzüglichsten Leistungen ist, in vollem Umfange aufrecht erhalten bleiben. — Fügen wir hier gleich, unbekannt mit der Zeit der Entstehung, die aber sehr wohl mit der hier betrachteten zusammenfallen kann, ein Bild an, das gleichfalls zu den vollkommensten Schöpfungen seines Pinsels gehört, eine Stürmische See (Bes.: Herr A. Meyer) mit einem segelnden Boot und Möven. Den gewöhnlichen zu schweren Himmel nehmen wir hier gerne in den Kauf: er ist bei dem bewölkten düsteren Wetter nicht gerade unnatürlich. Die Wellen aber und der spritzende Gischt sind vortrefflich und das Streiflicht auf dem Segel höchst wirkungsvoll.

Das nun folgende Jahr 1856, zugleich bemerkenswerth als das Jahr der Nordpolfahrt Hildebrandt's, ist der traurige Zeitpunkt, in dem Hildebrandt's Kunst Banquerott macht. Bisher ist ein Ringen nach dem Besten, ein häufiges Erreichen von mannichfachem Guten, ein Schwanken nur zwischen ernsten Kunstaufgaben und einem gewissen Gaukelwerke der Pinselfertigkeit erkennbar gewesen. Jetzt vollzieht sich der Bruch. Jetzt kommt der Hercules an den Scheideweg, und er entscheidet sich — nicht für die Schönheit, sondern für den Effect. Er kommt aus dem Schwanken heraus, er gelangt zur Einheit, aber es ist die todte Einheit der Manier, die mit selbstbewussten Mitteln nur sich selber will, nicht die Kunst.

Selten schneidet bei einem Künstler eine Epoche seiner Entwickelung so scharf ab wie hier bei Hildebrandt, und noch seltener findet es sich, dass, wie ebenfalls hier, ein einzelnes hoch bedeutendes Werk, die gesammten Strebungen und Anlagen des Künstlers in höchster Vollendung zusammenfassend und den Zug des zu Erwartenden andeutungsweise vorwegnehmend, an der Gränze steht. Dies ist das als einzelnes vielleicht berühmteste und jedenfalls dazu berechtigteste Werk Eduard Hildebrandt's, das poesievolle »Am Weiher« (Bes.: Herr Albert Wolfs). Am seichten Wasser im weiten Flachlande, das von wenigen gekröpften Weiden in der Eintönigkeit seiner unabsehbaren Erstreckung unterbrochen wird, stolziren einige Störche. Ein heller, weisslicher Himmel ruht darüber her. Ein Gegenstand, so einfach, dass es fast eine Kühnheit scheint, ihn zum Vorwurfe eines so grossen Bildes zu wählen; und doch hat Hildebrandt ihm Bedeutung genug — sagen wir besser abzugewinnen oder zu verleihen? — gewusst, um keinerlei Missverhältniss empfinden zu lassen; ja kein zweites unter allen seinen Bildern befriedigt so vollständig und nachhaltig das Gemüth und genügt so sehr allen Ansprüchen, wie gerade dieses. In diesen fein abgewogenen, massvoll gegen einander abgesetzten, in grossen, einfachen Massen concentrirten Stimmungstönen, die aus Luft und Terrain und selbst der — wenn schon sehr geringfügigen — belebten Staffage gleichmässig sprechen, liegt eine Kraft und ein Zauber, der in gleichem Grade nirgend wieder bei ihm zu Tage tritt, in sehr wenigen seiner Werke nur als seiner Begabung und Neigung erreichbar ahnend begriffen werden kann.

Mag sein, was die Kritik seiner Zeit betonte, dass keine rein elegische Stimmung der Conception zu Grunde liege, sondern ein mehr weltschmerzlicher Humor sich darin mit der ihm eigenen Selbstgefälligkeit bespiegele: auch diese Stimmung hat ja ihre Berechtigung, und wir möchten behaupten: nirgends mehr, als da, wo sie sich in der Kunst zur Natur flüchtet, wie sie denn den wesentlichsten und Grundton der specifischen »Stimmungs«-Landschaft ausmacht. Enttäuscht von der Welt, dem Getriebe der Strebungen und der allgemeinen Arbeit, sieht der Mensch seine unerfüllt gebliebenen Ideale in die willig sich dazu dargebende Natur hinein; und wer möchte ihm diese Erholung, diese Entschädigung, wenn sie den Einfluss seiner verdüsterten Stimmung auf die Sphäre seines Handelns paralysirt und ableitet, verargen! Der Maler des *„paysage intime"* kommt dieser Neigung entgegen; er bringt ihr ihren besten Ausdruck, das reinste Mittel zu ihrer Befriedigung entgegen. Wie sollte daraus dem Künstler ein Vorwurf geschmiedet werden können, wenn sein Bild zumal die Aufgabe so vollendet und grossartig löst, wie Hildebrandt's »Am Weiher«?!

Aus diesem Bilde allein schon könnte man schliessen, was die aufmerksame und vorurtheilsfreie Beobachtung seiner gesammten Kunstthätigkeit uns bestätigt, dass die »Stimmung«, die durch die Spiele von Licht und Luft über die Formen der landschaftlichen Natur ergossen wird, Hildebrandt zunächst auf die Beobachtung und Wiedergabe der Lichteffecte führte, dass er, nur weil der überfluthenden Empfindung kein beobachtetes Mittel des Ausdruckes genügte, immer mächtigere Stimmungsreizmittel gewissermassen aufsuchte, und dass er schliesslich in Ueberreizung das Mittel für den Zweck nahm und lediglich durch prächtige Farbenschauspiele die Stimmung auf's Mächtigste erregen zu können meinte, während er nicht bemerkte, dass nur seine ganz individuelle Disposition mit diesen abstracten Phänomenen etwas Anderes als kalte Neugierde und allenfalls etwas derb sinnlichen, materiellen Kitzel verbinden konnte. Mag der Ausdruck »Effecthascherei« für das, was nach dieser Auffassung ein — allerdings nicht allzufeiner — Selbstbetrug war, zu hart erscheinen; jedenfalls verdient ihn fast schon jenes unbefriedigte, sich selbst überbietende und überreizende Jagen nach den energischesten Ausdrucksmitteln, und in der Wirkung kommt sein künstlerisches Auftreten, zumal so, wie es sich von nun an ausschliesslich gestaltete, jenem Charakter so nahe, dass eine Unterscheidung kaum mehr möglich ist. In diesem seinem *chef-d'oeuvre* aber dominirt der rein künstlerische Gedanke, und das blendend scharfe zerstreute Licht, das durch dünne helle Wolkenschleier bricht, giesst in poetischer Wahrheit seinen zauberischen Stimmungston über alle Erscheinungen.

Und doch liegen hier neben und unter so grossen Vorzügen für das Auge, das durch die Bekanntschaft mit dem Späteren darauf aufmerksam geworden und daher geschärft ist, die deutlichen Keime aller späteren Ausschreitungen und manieristischen Unarten verborgen. Um von der ziemlich undurchsichtigen, wie gemauerten Luft zu schweigen, sehen wir das eigentliche landschaftliche Motiv hier schon zu einem Minimum von Umfang und Bedeutung herabgedrückt, zu Gunsten einer möglichst grossen Erstreckung der Himmelsfläche, auf der seine Kunst nunmehr den ausschliesslichen Schauplatz ihrer virtuosen Parforcetouren aufschlägt. Und nur in möglichst breiten, an's Formlose streifenden Terrainformationen ergeht er sich, Einzelformen vermeidet er oder findet sich mit ihnen in flüchtiger Andeutung ab. Zwar passen sie hier gerade günstig in die trostlose Stimmung hinein; aber selbst trotzdem bleibt die Wahl von Kropfweiden, dieser wahren Persifflage auf Bäume und auf Natur, als einziger Unterbrechung des flachen, sumpfigen Terrains in hohem Grade bezeichnend. Hier brauchte er sich mit Baumgerippen und Blättern nicht abzugeben; später that er es nicht, auch wo er es gesollt und gemusst hätte.

Eines anderen Bildes aus demselben Jahre wollen wir beiläufig gedenken, einer Winterlandschaft mit seinem beliebten Motive der Mühlen am Wasser, mit Kindern staffirt, die Schlitten fahren wollen (Bes.: Herr M. Reichenheim). Hier sind die Bäume schon — man kann es anders nicht treffend bezeichnen — besenartig, die Kinder in der gedrungenen, balgartigen Manier, in der sie von jetzt an gleich Gnomen erscheinen. (Aehnlich, nur noch mehr in einem kleinen Winterbilde mit Schlitten fahrenden Kindern [Bes.: Herzog von Ratibor] vom selben Jahre.) Im Ganzen aber ist das Bild einheitlich und tonvoll. — Nicht dasselbe kann den »Holzsammlern« (Bes.: Herr Commercien-Rath Mendelssohn) — gleichfalls mit winterlichen Motiven — nachgerühmt werden. Abgesehen von den wunderlichen Bäumen im Hintergrunde, ist hier wieder nur die Gruppe das eigentliche Bild im Bilde, die Composition des Ganzen aber geradezu ungeschickt.

Doch über diese Parerga des verhängnissvollen Jahres eilen wir hinweg zu dem zweiten, gleichfalls sehr grossen Hauptwerke desselben, das neben dem »Am Weiher« auf der berliner Kunstausstellung des Jahres 1856 eine viel bewunderte und viel angefochtene, jedenfalls eine auffallende und hervorragende Rolle spielte: »Unter den Weiden« (Bes.: Herr M. Reichenheim).

Wie jenes betrachtet werden kann als ein wehmüthiger Abschiedsgruss des Künstlers an sein besseres Selbst, seine wahre künstlerische Mission, als eine Quintessenz seines Strebens und seines Vermögens, so bricht er mit diesem

Bilde alle Brücken hinter sich ab und springt mit beiden Beinen — das Bild ist angesichts der Thatsache nicht trivial zu schelten — in die Manier hinein. Gleich den beiden Gesichtern des Januskopfes blickt das eine Werk mit edlem Gefühl und Ausdruck in die einst vielversprechende Vergangenheit zurück, das andere mit orgiastisch verzerrtem Satyrgrinsen in eine aufgegebene Zukunft hinein, mit dem Motto: „*Après nous le déluge!*" Diese mächtigen buschigen Bäume können alles Mögliche sein, nur nicht Weiden; die Kühe an dem flachen Wasser stehen auf wahren Säulen von Beinen und sind überhaupt ungeschickt und colossal; die scharf hellblaue Luft lässt nicht ahnen, dass wir dem Sonnenuntergange nahe sind. Aber die Art, wie er sich anderweit bemerklich macht, ist kaum minder sonderbar als hier die Abwesenheit seiner Wirkung. Das mit kurzen, ruckweisen Pinselstrichen in intensiven kleinen Farbenflecken gemalte Bild ist überall, in Wasser, Thieren und Bäumen, durchsetzt mit brandrothen Tönen, die wie fliegende Fieberflecken unruhig und beängstigend, vor Allem unnatürlich und gesucht absichtlich wirken. Von Einheit und Concentration, von einem geschlossenen Totaleindrucke natürlich keine Rede. Mag Etwas daran subjectiv sein, Etwas, — ja bei der ernsten Bemühung, ganz ruhig und objectiv anzuschauen und nachzuempfinden, sicher Viel davon — muss im Bilde liegen, wenn uns dies Gemälde stets wie die Phantasie eines Fieberkranken, ja stellenweise wie der Paroxysmus eines Irren berührt hat. Die fixe Idee des gewaltsamen Effectes *à tout prix* hat ihn ergriffen und beherscht ihn, ja knechtet ihn von nun an ohne Nachlassen, ohne Ruhepause. Sie jagt ihn ohne Rast fort und fort. Noch einmal treibt sie ihn hinaus, um die ganze Welt! Vergebens! Der Wechsel der Erscheinungen fesselt vorübergehend seine Sinne, beschäftigt wie spielend die dienstgewohnte Hand: er ist nur äusserlich dabei. Innerlich erfasst er nur ein paar Motive, die er heimgekehrt mit dem Pinsel in der Hand zu bewältigen unternimmt. Einige zwingt er, wohl oder übel; an dem letzten, dem schwierigsten, dem unmöglichsten geht er in einer wahrhaft tragischen Katastrophe zu Grunde.

Es ist nicht nöthig, die Production der Folgezeit in gleicher Ausführlichkeit in's Auge zu fassen; es kommt auf ein Effectstück mehr oder weniger, einen Quasi-Triumph der Technik von stärkerem oder minderem Glanze nicht an. Nur einige der Hauptbilder dürfen eingehender betrachtet werden, und mit besonderer Vorliebe werden wir bei den leider sehr spärlichen Lichtblicken seines Genies während dieser letzten Epoche des Verfalles verweilen.

Zwei kleine Pendants, »Mondschein« und »Sonnenuntergang« (1857), jener in gelbem Tone, dieser in feurigem Roth gehalten, beide mit den Himmelskörpern an derselben Stelle, einem grossen Wasser davor mit Booten und Spiegelung der Lichter, sind Effectproben und können nur als Studien gelten; sie sind sehr virtuos gemacht und nicht überboten. Die Wolkengebilde sind schwer.

Eine kleine undatirte »Tropenlandschaft« (Bes.: Herr Louis Perl), Wasser zwischen Bergen, im Hintergrunde die gelb untergehende Sonne, ohne eine Spur von durchgebildeten oder nur erkennbaren Formen, mag hier gleich die ganze Sippe dieser sehr häufigen Art von Bildern vertreten.

Das »Nordcap« (1857; Bes.: Herzog von Ratibor) in seiner Vierkantigkeit bietet gar kein Motiv. Das Meer, mit vielen Seevögeln belebt, hat etwas Massives, das ganze Bild etwas Trockenes, Düsteres, Seelenloses. — Eine kleinere Wiederholung vom Jahre 1859 ist nur noch düsterer und schwerer, das vom Winde gepeitschte Wasser wie Eierschaum. Doch erfreuen trotz auffallender Schwächen beide Bilder dadurch, dass sie sich einer gewissen Mässigung befleissigen und dem Charakter des Motives gerecht zu werden suchen.

Das Nordcap, mit einem Schiffe, das in den Eisblöcken festgekeilt ist (ohne Datum, aber zweifelsohne hierher gehörig; Bes.: Herr Magnus Hermann), in der röthlichen, blendenden Beleuchtung, vermuthlich Mitternachtssonne, mit den eisig kalten Schatten, vergegenwärtigt mit grosser Kraft und Wahrheit die eisumstarrte, lebenmordende Luft der hohen Breiten. Dass dieser sehr überzeugende Ausdruck des Bildes aber — auch nur malerisch — etwas besonders Erfreuliches hätte, lässt sich füglich eben nicht behaupten.

Durch das Hervorbrechen seelischer Regungen zeichnet sich ein Bild des Jahres 1860 aus: »Am Dorfe« (Bes.: Herr R. Prätorius). An dem hell reflectirenden Wasserspiegel — er ruft ein Lieblingsmotiv Hildebrandt's in die Erinnerung — spielen Kinder, links Häuser, Kirche, Mühlen und ein Boot, rechts eine Brücke und Bäume. Die Gegenstände sind nicht scharf und prägnant, doch erkennbar charakterisirt in der Erscheinung; was dem Bilde aber einen sonderlichen Werth verleiht, das ist die weiche elegische Stimmung von grosser Kraft, die aus demselben hervorklingt.

In einer »Küste mit Leuchtthurm« (1860; Bes.: Herr Magnus Hermann) mit dem glührothen Sonnenballe, der gewöhnlichen Spiegelung im Wasser, dem Himmel, der unmittelbar über dem Feuerballe wieder ganz hell erscheint, und den kühlen Tonmassen zur Linken tritt wieder der blosse Effect auf, der, wie meist, unfähig, ein nicht ganz einfaches Motiv gleichmässig zu durchdringen, die Composition einheitlos auseinanderfallen lässt.

Die Weltreise lässt eine lange Pause in der Production von grösseren Staffeleigemälden eintreten. Nach der Heimkehr sehen wir Hildebrandt auf frühere Studien zurückgreifen und auch alte Reminiscenzen in den Bann seiner jetzt ausgeprägten einseitigen Anschauungsweise hineinziehen. So malt er die Höhle zu Staffa in Schottland (1865; Bes.: Herr E. Becker), beleuchtet durch einen gelbrothen Sonnenuntergang, der das zerstreute und unbildmässige Terrain nicht interessant zu machen vermag. — Auch ein gelber Sonnenuntergang mit Spiegelung im Wasser unter einem fast weissen Himmel, gleichfalls als schottisch bezeichnet (Bes.: Herr Consul Maurer), scheint in diese Zeit zu gehören, und vielleicht auch eine etwas graue schottische Landschaft (Bes.: Herr Dr. Rudolph Löwenstein); wenigstens ermangelt sie aller erkennbaren Einzelformen, und dafür ist die Luft dick weisslich mit sehr sichtbaren breiten Pinselstrichen gemalt, was bei dem kleinen Formate die klare, durchsichtige Wirkung nothwendig aufheben muss.

Es folgen dann die bereits im allerersten Hefte der Zeitschrift für bildende Kunst (von Alfred Woltmann) besprochenen beiden grossen Pendants: »Benares am Ganges im Frühlicht« und »Ein Abend in Siam« (1866; Bes.: Herr Consul Caro; zu vergleichen oben S. 376 ff.). In jenem ergiesst sich die endlos breite Masse des heiligen Stromes nach dem Vordergrunde her. Palmenhaine, aus denen menschliche Niederlassungen am Wasser hin hervorzutreten scheinen, eine Moschee mit spitzen Minarets in der Ferne wird sichtbar. Darüber aber wölbt sich die unendliche Weite des mit glitzerndem, verzitterndem Frühlichte durchleuchteten Aethers. In dem zweiten Bilde haben wir einen flachen Vordergrund, auf welchem ein Elephant dahertrabt, nachdem er an dem Wasser dahinter, wie es scheint, seinen abendlichen Labetrunk zu sich genommen. In der Ferne zieht sich ein tropischer Wald hin. Darüber senkt sich als enormer feuriger Ball die Sonne ihrem Niedergange zu (nach der jetzt durch die chromolithographische Reproduction von R. Steinbock sehr bekannten Aquarelle). Ausser dem Elephanten, der mit seiner hart umrissenen plumpen schwarzen Masse die künstlerische Einheit unmöglich macht und wie das Schönheitspfläsperchen in dem glänzend bemalten Gesicht einer Rococodame nur dazu da ist, durch den Contrast den gesteigerten Effect noch zu potenziren, ist keine Form erkennbar, kein Gegenstand mit seiner charakteristischen Farbe begabt, nur breite Massen, besser Tonflächen hingesetzt, um dem Lichtschauspiel in der Atmosphäre zur unvermeidlichen und dann wenigstens noch zum hebenden Contrast auszubeutenden Unterlage zu dienen. Auf jenes aber concentrirt sich alle Virtuosität, alle Vertrautheit mit den Geheimnissen der Mache, alle Kenntniss der ausgesuchtesten Hülfsmittel, welche die moderne Technologie dem Maler darbietet. Kein charakteristischeres Merkmal für das Selbstbewusstsein, mit dem der Künstler auf diese Eigenschaften pocht, welchen Werth er auf dieselben legt, als die ausdrücklich zu den Bildern bestellte Einrahmung. Kein Pünktchen an den breiten, wenig energisch profilirten, daher für Schattengebung nicht angelegten Leisten hat mattirt werden dürfen. In vollem, ungeschwächtem Goldglanze strahlen die Rahmen dem Beschauer entgegen; und doch erscheinen sie matt wie Erde, so überstrahlt sie der Glanz der ungebrochen bis zu den äussersten Pointen ausgenutzten Farben in den Bildern. Dergleichen setzt allerdings viel voraus, am Meisten aber Resignation des wahren Künstlers, der sich bescheiden muss, mit Erfolgen zu prunken, deren eigentlicher Urheber und Schöpfer der Farbenfabricant ist; mit Erfolgen, die nur dem Mittel, nicht dem Zwecke der Kunstarbeit zu danken sind; mit Erfolgen der Hand, statt des Kopfes und des Herzens; — mit Virtuosität und Manier kurzum, statt mit Kunst und Genie. »Was glänzt, ist für den Augenblick geboren.« Es ist das ewige Dilemma, das an jeden grossen Geist zu einer Zeit herantritt, jene tiefsinnige Schicksalsfrage, die an den jugendlichen Helden Achilleus gestellt wurde: Glanz und Genuss oder ehrendes Fortleben im Andenken der Menschen; Beifall oder Ruhm. Hildebrandt hat nicht ohne Schwanken und Zögern, zuletzt aber mit unheilvoller Entschlossenheit das kürzere Loos gezogen. Die Geschichte wird ihm seinen Willen thun; sie spricht zu Zeiten nicht bloss von den Menschen und ihren Leistungen, sondern auch mit kaltem Berichterstatterton von ihrem Beifalle, den sie, ohne ihn zu theilen, als Zeichen der Zeit verzeichnet: die Träger des Beifalles haben ihren Lohn dahin, ihres Namens Ewigkeit vorweg genommen.*)

Im Jahre 1867 trat der »Heilige See zu Birma« (Bes.: Herr E. Becker) auf (vergl. Kunstchronik 1868, Nr. 7 und 8; s. oben S. 390 ff.). Die eben untergegangene Sonne und der schon hoch stehende Mond haben sich in den Besitz der Bildfläche getheilt, und der Kampf ihrer Lichter in der Höhe spiegelt sich in dem See. Bemerkenswerth an dem Bilde ist der Umstand, dass hier einmal ein Mensch zu sehen ist, und sogar einer, der selber sich die Natur anzusehen den Anschein hat. Es ist merkwürdig, wie viel näher dadurch das Bild unserer Empfindung tritt, und noch merkwürdiger, wie Hildebrandt diese Bedeutung der menschlichen Staffage so gröblich verkennen konnte, dass er auf seinen Effectstücken fast nie ein menschliches Wesen auch nur ahnen liess. »Das Interessanteste für den Menschen bleibt ewig der Mensch« (Matthisson), und die herrlichste Natur und die prächtigsten Himmelserscheinungen sind todt für unsere Empfindung, wenn sie nicht zu Menschen in Beziehung stehen, auf Menschen wirken, von Menschen genossen werden. Trotzdem, dass der heilige See, schon der gehalteneren Effecte wegen, weit über den vorher betrachteten beiden grossen Pendants steht, können wir doch nur unser früheres Gesammturtheil wiederholen: diese unvermittelte

---

*) W. Bürger, Galérie Suermondt, S. 57, über A. van der Werff u. A.: „Ces faux artistes ont eu leur temps. Après deux siècles de gloire, que l'oubli leur soit léger!"

Theilung des Himmels zwischen Sonne und Mond ist als Naturphänomen gewiss interessant; als Kunstobject aber ermangelt sie der künstlerischen Einheit. Wir können wohl zum Anstaunen genöthigt werden, aber nicht zum Genusse gelangen. — Viel erträglicher ist eine kleine Farbenskizze zu dem Bilde, schon aus dem Grunde, weil die Skizze an uns und wir an sie nicht so viele Ansprüche machen. — Ein »Mondschein bei Makao (China)« fällt durch sein merkwürdig gelbes Licht auf, das gegen die tiefschwarzen Wolken grell absticht (Bes.: Herr Heudtlass). — Das Anmuthigste und Gewinnendste, was Hildebrandt's grosse Kunst seiner letzten Reise verdankt, sind die chinesischen Fischer (Bes.: Herr Hertz). Das ist klar, ruhig, verständig, einfach und wahr; in der militairischen Gleichheit der Bewegung, die beide Fischer auf ihren parallel gestellten Booten beobachten, ist vielleicht der barocken Uniformität des Chinesenthums etwas mehr Tribut gezollt, als sich mit der freien malerischen Schönheit wohl vereinigt, doch wirkt diese Steifheit noch nicht unangenehm. Das Bild aber ist charakteristisch, glänzend gemalt, erfreulich im Ensemble und massvoll in jeder Hinsicht. So weit uns Hildebrandt's grössere Arbeiten während dieser Zeit bekannt geworden, ohne Frage und ohne Einschränkung das schönste Bild, das er seit dem Jahre 1856 gemalt hat.

Wir kommen zu dem Jahre seines Todes. Die Freunde unterrichten uns, dass er den Plan gefasst, einen ganzen Cyklus von Sonnenbildern aller Zonen zu malen; eine Aufgabe, die, weiter durchgeführt, als es ihm zu thun vergönnt war, zweifelsohne gezeigt haben würde, wie monoton das Grundthema auf die Dauer werden muss, wenn man die Lichteffecte von der specifischen Natur der verschiedenen Himmelsstriche isolirt, und wie wenig Hildebrandt fähig war, gerade die feinen charakteristischen Unterschiede, auf die es hier ankam, zu empfinden und wiederzugeben. So aber sind nur zwei Bilder dieses Cyklus fertig geworden: ein Sonnenblick auf Jersey (das er noch bei einem kleinen Ausfluge vor der Weltumsegelung besucht hatte) und ein Abend in Siam (damaliger Bes.: Herr Dr. Strousberg; von dem Besitzer der Hildebrandt-Ausstellung verweigert; zu vergleichen oben S. 399), und sie dürfen unbedenklich als das Beste bezeichnet werden, was Hildebrandt in dem Genre der Lichteffectstücke geliefert hat. Namentlich Jersey ist so klar in der Zeichnung, so massvoll und wahr im Effect und so empfunden im Tone, dass man darin keine Spur von Manier, sondern nur das Werk eines bedeutenden Künstlers erkennen kann; bloss das Gewölk ist wieder wie gewöhnlich zu massig und materiell. Viel weniger sagt Siam zu. Es neigt stark zu der Formvernachlässigung der letzten Zeit und beruht mit einer gewissen Ausschliesslichkeit auf dem rothen Sonneneffecte. Doch, kann man sagen, überzeugt das Bild von der Wahrheit seines Gegenstandes und ist selbst nicht ohne Stimmung, eine Eigenschaft, die sonst kein einziges unter den Tropenbildern Hildebrandt's erreicht.

Neben der Arbeit an diesen Bildern aber brütet sein Geist über einem neuen riesigen Probleme. Das Meer unter dem Aequator in seinem tiefen, gesättigten Tone, diese »wogende blaue Unendlichkeit« will er schildern; nur Meer und Himmel und dazwischen ein majestätisches Schiff, das die endlose See einsam stolz durchfurcht. Zwei Jahre beschäftigt ihn die Aufgabe, deren Lösung ihm nimmer genügt. Er häuft Blau auf Blau, er probirt die Scala der erprobtesten Effecte aus, vergebens: das Bild seiner Phantasie bleibt unerreicht; doch schliesst er endlich ab und stellt das letzte Schmerzenskind seines Genius vor die neugierigen Augen der herzlosen Masse. Sie sieht das Misslingen, aber sie ahnt nicht das heisse Ringen, das dazu geführt. Kalt wendet das Publicum sich ab, lacht über die tolle Idee, oder — nimmt die Zumuthung des Künstlers gar als Beleidigung auf. Denn so nur ist es zu erklären, dass Hildebrandt mit einer Fluth anonymer Zuschriften bestürmt wurde. Eines glänzenden Triumphes gewärtig, der verzogene Sohn des geblendeten Publicums, unfähig eine Beurtheilung zu ertragen, die seine Eitelkeit demüthigte, nahm er sich das Fiasco seines Bildes allzusehr zu Herzen. Die geistige Affection coincidirte mit einer körperlichen, und in die letzten Fieberphantasien seiner bald tödtlich verlaufenden Krankheit spielen die verunglückten Anstrengungen zur Vollendung des »blauen Wunders« verwirrend und anstachelnd hinein: er erliegt, den Schmerz im Herzen, mit dem letzten Werke, dem Preisstücke seines Lebens, von einem sonst nur zu dankbaren Publicum verkannt und abgewiesen zu sein. — Er hatte sich hier von allem lästigen Beirathe von Formen befreit, alle Nothwendigkeit der »Composition« gänzlich umgangen. Kaum durfte die Bewegung des Wassers auf Naturwahrheit Anspruch machen, Wasser war sicher nicht zu erkennen, sondern ein ungeheurer Wust von tiefem, dickem Blau. Wenn man eine Satire auf Hildebrandt machen wollte, hätte man nichts Besseres thun können, als dieses compositionelle Nichts, diesen absoluten Mangel an Form in Holz schneiden, wie in »Ueber Land und Meer« geschehen. Da kann ebensogut ein Farbenhändler seine Probentafel photographiren lassen. — Das Bild fehlte auf der Hildebrandt-Ausstellung, und nur eine Skizze (Bes.: Frl. Helbrecht) erinnerte an dieses unselige »letzte Bild«. Ohne das Schiff, viel gemässigter und wahrer, beinahe durchsichtig im Wasser, zeigte sie dasjenige Stadium des Bildes, das vor langer Zeit die Freunde in staunende und erwartungsvolle Bewunderung versetzte. Das fertige Gemälde hat nicht gehalten, was die Anfänge versprachen, und konnte es nicht halten. Die mit Verachtung durchbrochenen Gränzen der Kunst rächten sich an dem Werke — und seinem Meister.

Von den weiteren Plänen und Entwürfen, deren Vollendung der Tod abgeschnitten, der Regenbogenlandschaft, die über seinem Sarge stand, den verschiedenfarbigen Sonnenuntergängen aus dem Nachlass u. s. w., braucht hier nicht gesprochen zu werden, da darüber bereits zur Zeit das Erforderliche beigebracht ist, und das damals Gesagte hinreicht, das Bild von dem unwiderstehlich hereinbrechenden Verfalle seiner Kunst bis in die Perspective über seinen Tod hinaus in niederschlagender Consequenz zu vervollständigen.

Blicken wir nun zusammenfassend und abschliessend zurück. Wir haben sicher die Ueberzeugung gewonnen, dass wir einem consequenten, energischen Streben gegenüberstehen, das seine Impulse einem wirklichen Talente verdankt und demzufolge auch zu selbständigen Bildungen gelangt. Freilich aber tritt neben der hohen Begabung auch Einseitigkeit und Masslosigkeit in seltenem Grade hervor und äussert sich in den Werken durchgehend und auf ziemlich übereinstimmende Weise. Eine lebhafte Hinneigung zu überraschenden und mitunter gewaltsamen Wirkungen mit den farbigen Mitteln thut sich schon früh kund und steigert sich nur mit den Jahren. Der allgemeine Eindruck, den in Folge davon Hildebrandt's Production hervorbringt, ist der, dass er mit den beabsichtigten Wirkungen in dem Materiellen der Farbe stecken geblieben ist. Was wir oben wohl gelegentlich als »gemauerten Luftton« bezeichnet haben, dass die Farbe sich selber vorträgt mit ihrer Massenhaftigkeit und Körperlichkeit, statt die Dinge in ihrem eigensten Naturtone zur Erscheinung zu bringen und sich als Darstellungsmittel lediglich unterzuordnen, das können wir nicht nur an den Lufttönen der meisten Hildebrandt'schen Bilder, sondern auch an anderen Gegenständen, am Wasser, am Mauerwerk u. s. w. beobachten. Nur unter der Voraussetzung einer solchen Gleichgültigkeit seinen Gegenständen gegenüber, welche in denselben schon von Anfang seiner Laufbahn an mehr oder weniger nur den Vorwand oder im günstigeren Falle die Veranlassung zu gewissen Farbenwirkungen, die indifferenten Träger bestimmter farbiger Erscheinungen suchte und erkannte, wird das Versinken in die vollkommene Formlosigkeit, bezichentlich Unform der Dinge erklärlich, welche wir allmählich bei ihm Regel werden sehen. Wenn es eben nur auf die oder jene Farbe ankommt, so lohnt es allerdings nicht der Mühe, dem betreffenden Farbenflecke scharfe, charakteristische Contoure zu geben. Doch verlangt das Auge einen sicheren Anhalt durch die Form. Es muss also über den Mangel solchen Anhaltes getäuscht werden: ein schlagender, gewaltiger Effect übertönt das Detail und zieht die Aufmerksamkeit von seinen nichts bedeutenden Linien ab. So führt die Einseitigkeit seiner Kunst Hildebrandt mit innerer Nothwendigkeit auf die höchstgesteigerten Effecte in der Natur. Wir sind unempfänglich für die subtilen Beschönigungen der hier zusammengestellten Thatsachen; ein Aufgeben der Form für etwas Anderes als unkünstlerisch zu halten, sind wir ausser Stande; und das Hineinflüchten in allerwärts zusammengelesene und zusammengeraffte Haupteffecte als Entschädigung und Bemäntelung für das künstlerische Deficit — gleichwie man die *„ultima ratio regum"* ihren Mund öffnen lässt, wo die Gründe der Vernunft fehlen und verstummen, — deutet für Jeden, der beobachtet ohne vorgefasste Meinung und reflectirt ohne Rücksicht als die auf Wahrheit, einen entschiedenen Mangel an schöpferischer Phantasie an. In ihm hat auch zum nicht geringen Theil jener Heisshunger nach immer neuem von aussen zugeführten Anschauungsstoffe seinen Grund. Unfähig, zu erfinden, und doch auf die überraschendsten Wirkungen sinnend, musste er den Kreis seiner Anschauungen unendlich zu erweitern bestrebt sein, um unter tausend empfangenen, zum Theil auch interessanten und überraschend neuen Eindrücken einen oder ein paar mitzunehmen, die seinen überspannten Ansprüchen an ihre Wirkungsfähigkeit genügten. Aber auch so liess sich der Mangel der Phantasie nicht ersetzen, nicht einmal verbergen. Er konnte natürlich durch kein noch so ausgebreitetes Studium sich ohne Phantasie und Compositionstalent über den Standpunkt der Vedute, des landschaftlichen Portraits erheben. Aber selbst für die diesem nothwendige freikünstlerische Zuthat reichte sein selbständiges Gestaltungsvermögen nicht aus. Seine unabsehbaren Pläne und Fernen durch einen schicklich angeordneten Vordergrund zum künstlerisch geschlossenen Bilde abzurunden, worin der Vedutenmaler sonst mit Recht eine Hauptaufgabe seiner Kunst sieht, gelingt ihm in befriedigender Weise selten oder nie; ja, wo er sich in der Composition versucht oder selbst nur einen an Motiven und Theilen nicht ganz einfachen Gegenstand aus der Wirklichkeit aufgreift, da beherscht er nicht das Ganze in gefälliger Abrundung und schönem Gleichgewichte der Partien, sondern stets treten Stücke in den Bildern hervor, welche die eigentlichen Bilder sind und mit dem Uebrigen nicht zur Einheit zusammenwachsen. So bleibt er denn auch bei der reinen Vedute in der Regel stehen und hält an ihr fest bis zu ihren unkünstlerischesten, am meisten mechanischen Ausläufern, dem Panorama und der Vogelperspective, das Erstere von vorn herein auf Einheit verzichtend, und die Zweite, meist auch nichts Anderes als ein Panorama, zu dessen Einheitlosigkeit nur noch den verwirrenden Standpunkt fügend.

Bei dem Suchen nun nach ihm zusagenden, seinen künstlerischen Tendenzen gemässen Stoffen fällt er immer wieder auf dieselben, an sich zwar schönen, aber doch bei ihrer Einfachheit eben so künstlerischer Durchbildung bedürftigen, wie ohne sie auf die Dauer ermüdenden Vorwürfe: die spiegelnde Eisfläche, das Wasser mit dem Sonnen- oder Mondreflex, den Hügel am Bach mit ein paar Mühlen u. s. w.,

Gegenstände, die er unermüdlich wiederholt, ohne ihnen doch wesentlich neue Reize abgewinnen zu können, und die dem Ensemble seiner Thätigkeit, wie es die Hildebrandt-Ausstellung mit annähernder Vollständigkeit übersehen liess, unleugbar den Stempel der Eintönigkeit aufprägen. Wo dann das Suchen nach Bildern in der Wirklichkeit insofern glücklich ist, als das Gefundene ohne künstlerische Zuthat eine abgeschlossene Wirkung hervorbringt, da bietet die Natur eben kein Bild dar, sondern ein Schauspiel. Das ist der Hauptgrund, weswegen Hildebrandt's »Sonnenbilder« als Gemälde so wenig befriedigen und, wie es scheint, der Natur der Sache nach befriedigen können. Nicht der oder jener Moment ergötzt uns, wenn wir dem Naturphänomen selber gegenüber stehen, sondern der unaufhörliche Wechsel in Form und Farbe. Davon sehen wir im Bilde aber nur einen Uebergang vor uns. Es ist ein Ton aus einer Melodie, der uns von deren Schönheit keinen Begriff giebt, sondern eben so gut zum Einstimmen der Instrumente angegeben sein könnte: das Vorwärts und Rückwärts ergänzt sich nicht, wie bei einem dargestellten Momente — dem »fruchtbaren« — einer menschlichen Handlung, mit Nothwendigkeit in unserer Phantasie. So bleibt er zusammenhangs- und damit reizlos; ganz davon abgesehen, wie gut oder schlecht die farbigen Pigmente, die doch ihren Glanz nur dem auf sie fallenden Lichte verdanken, dazu geeignet und im Stande sind, die Wirkung dieses Lichtes selber bis zur Illusion nachzuahmen; denn bis zur Illusion muss der Effect gesteigert werden, wenn er die Seele — und nicht wie bei anderen Künstlern die Würze — des Kunstwerkes ist; und auch davon zu schweigen, ob es eines wahren Künstlers würdig ist, seine Conception auf ein Material zu basiren, dessen Haltbarkeit so wenig erprobt und selbst so wenig wahrscheinlich ist wie die der modernen gewaltig schreienden chemischen Farben. In allen diesen Beziehungen bleibt doch wohl das classische Wort wahr: »In der Beschränkung zeigt sich erst der Meister«; und als Motto des Verdictes über diese ganze Kunstrichtung drängt sich das Warnungswort Lessing's von selber auf: »Nicht Alles, was die Kunst vermag, soll sie vermögen.« Das ewige Hinspielen an den äussersten Gränzen des Darstellbaren mit dem unvermeidlichen Hervorbrechen der Disharmonie zwischen Mittel und Zweck, zwischen Technik und Absicht hält auch den virtuosesten Künstler in dem Banne des Dilettantismus, dessen schlimmster Fluch die Ueberschätzung der eigenen Kräfte, die Ungleichheit der Leistungen in sich und untereinander ist; und wenn man der Natur immer nur da der Darstellung würdige Stoffe abzugewinnen weiss, wo sie gewissermassen mit Pauken und Trompeten wirkt, so entsteht ein ganz falsches Bild von ihr: statt wie ein guter Schauspieler ernst, würdig und charaktervoll, erscheint sie wie ein Coulissenreisser polternd, eintönig und überboten. Und kaum hat sich der Künstler gewöhnt, sie so anzusehen und aufzufassen, so mischt sich ihm unversehens die Persifflage in die erhabensten Scenerien. Er ironisirt und parodirt die Natur, statt sie zu schildern und darstellend zu feiern. Ob etwas davon nicht schon in dem »Abend in Siam« mit dem plumpen Elephanten vorliegt, überlassen wir dem Ermessen jedes Einzelnen. Wenn aber in Hildebrandt's letztem Bilde, der »Landschaft mit dem Regenbogen«, als einziges lebendes Wesen die unwiderstehlich komische Figur eines Marabustorches erscheint, so müssten wir uns sehr irren, oder der Schritt vom Erhabenen zum Lächerlichen ist in dem Bilde selber bereits gethan; und schneidender noch klingt dieser Misston aus einem ziemlich weit vorgerückten Bilde des Nachlasses, gleichfalls einer Regenbogenlandschaft: ein mächtiger Esel kehrt dem Bogen des Friedens sein Hintertheil zu und glotzt mit philosophischer Ruhe den bewundernden Beschauer an, indem er mit einem seiner grossen Ohren in die leuchtende Himmelserscheinung hineinragt. In solchen Conceptionen, die keineswegs isolirt dastehen, wird Hildebrandt zu dem Heine der Malerei; nur dass der satyrhaft vorbrechende, zersetzende und zerfetzende Humor hier der Natur der Sache nach um so viel rücksichtsloser und heilloser das Ganze zerstört, als das Nebeneinander der Theile in der Malerei nicht gestattet, sich wie in der Dichtkunst des schönen Gedankens bis zu dem Punkte rein zu erfreuen, wo die boshafte Caprice seines Schöpfers ihn vernichtet.

Der bildende Künstler kann durch zweierlei wirken, durch den Stoff und durch seine Auffassung desselben, der Landschaftsmaler insbesondere also durch die »schöne Gegend« und durch die Empfindung, mit der er dem Naturmotive gegenübertritt. Der Vedutenmaler, je nachdem er mehr oder weniger einseitig ist, verzichtet auf das Letztere oder sucht dem landschaftlichen Portrait durch einen Stimmungshauch seinen Charakter aufzuprägen. Hildebrandt hat dies nur ausnahmsweise versucht und auch dann nur bedingungsweise erreicht. Man konnte lange oder kurze Zeit unter seinen Werken verweilen, sie mit flüchtigem Blicke betrachten oder kritisch prüfen, sie im Ganzen auf sich wirken lassen oder sich dem Eindrucke des Einzelnen hingeben, — der Erfolg in Bezug auf die Empfindung war und blieb derselbe: kühl bis an's Herz hinan. Ging man, was die der Chronologie ziemlich genau folgende Aufstellung ermöglichte, von den älteren Sachen zu den späteren, so wurde das Gefühl immer beklemmender und erkältender; verfolgte man den umgekehrten Weg, so brachten zwar einzelne Werke eine Art von freudiger Ueberraschung und wohlthuender Abwechselung hervor, aber zu einer rechten Erwärmung kam es nun und nimmer. — Ein Vergleich lag zu nahe, um nicht gemacht zu werden. Wir können den Enthusiasmus für den kürzlich verstorbenen französischen Hauptmeister des „*paysage intime*", Théodore Rousseau, nur in einem sehr bedingten Grade theilen, in seinem gewöhnlichen kaum verstehen. Nichtsdestoweniger, als wir 1867 eine bedeutende Anzahl seiner Werke zu Paris im *Cercle de la rue Choiseul* vereinigt fanden, konnten wir uns der Einwirkung auf die Empfindung nicht erwehren: sein Geist bannte den unsrigen wie mit Zaubergewalt in seine Kreise. Eine ähnliche Wirkung wird man von Hildebrandt vergebens erwarten. Er wirkt nur stofflich. Er unterhält uns, er überrascht uns, er belehrt uns auch, wenn wir uns überwinden können, ihm Glauben zu schenken; aber er bewegt uns nicht im Innersten. Das Interessante und Stupende ist nicht das Künstlerische und Schöne, selbst wenn es tadellos und mit Bravour vorgetragen wird. Wenn aber nun gar jene Eigenschaften so sehr überragen wie bei Hildebrandt, dann ist sicher die Vernachlässigung der charakteristischen Formen geradezu unverzeihlich und unverantwortlich. Wenn wir schon staunen sollen, so wollen wir doch wenigstens ordentlich wissen, worüber. Aber die Unklarheit Hildebrandt'scher Formengebung verweigert darüber die gewünschte Auskunft und damit nicht genug, sie hüllt die unkenntlichen Formen in effectvolle, aber nicht charakteristische, sondern gleichförmige Lichtmassen, ohne Rücksicht auf Zone und Himmelsstrich, und verwischt damit die letzte Spur derjenigen Unterschiede, die den Darstellungen für uns noch irgend einen Werth geben könnten, sollte er auch mit der Kunst wenig zu thun haben.

In diesem Lichtgewande aber erscheinen uns Hildebrandt's Darstellungen in erster Linie unglaublich, weil unnatürlich. Was hilft es, dass weitgereiste Männer gleich ihm diesem oder jenem seiner Bilder ein Beglaubigungsattest ausstellen? Die Wahrheit des Schönen, die darin besteht, über allen Anzweifelungen erhaben zu sein, schlagend, unwiderstehlich sich zu verkündigen, gewinnen sie damit nicht. Das Ungewöhnliche und das Schöne stehen nicht auf dem besten Fusse mit einander, und nur dieses fällt in den Bereich der Kunst. Zu lehren ist nicht ihre Aufgabe, und wie jeder unberufene Lehrmeister erntet sie schlechten Dank, wenn sie es thut.

Wir haben einmal den sonderbaren Einwurf zu hören bekommen: man müsse zehn Jahre nach der Natur gemalt haben, um Hildebrandt's Kunst recht zu verstehen. Wunderliche Verwirrung! Um die Schwierigkeit seiner Wagnisse und die verhältnissmässig unglaubliche Virtuosität seines Vollbringens voll zu würdigen, dazu mag es nicht unvortheilhaft sein, sich selbst eine Weile mit ähnlichen Versuchen abzuquälen. Aber auch zu nichts mehr. Wohin, in welche Absurditäten würden die Consequenzen des Satzes führen, dass nur der Maler wissen könne, was schön und was wahr sei! »Zwar nicht Jeder vermag das Erhabene vorzuempfinden; aber ein Tropf, wer's nicht nachzuempfinden vermag.« Es wäre übel bestellt, wenn Jeder ein solcher Tropf wäre, der nicht zehn Jahre in seinem Leben Farben verquistet hat!

Viel scheinbarer, aber im Grunde nicht minder unhaltbar ist eine andere Bemerkung über die Sonnenbilder Hildebrandt's: »Der Lichteindruck und der poetische fielen bei ihm zusammen. Wer den letzteren leugnen und das ‚Effecthaschen' nennen will, was doch ein heisses, leidenschaftliches Ringen seiner innerlich tiefernsten, wahrheitsdurstigen Künstlerseele war, die Sonnenherrlichkeit und den Mondesglanz, die flammende Wolkengluth und den Wogenazur, der da hinter seiner Stirne in Märchen-Poesie und -Schöne leuchtete, mit den armen materiellen Mitteln derber Pigmente auf der Leinwand wieder zu erzeugen, der — hat ihn eben nicht verstanden und jedenfalls mehr verloren mit seiner eingebildeten Weisheit, als der Verstorbene durch deren Aussprechen. Zugleich ein anmuthiges Pröbchen von jenen Eingangs erwähnten Donnerkeilen und Bannstrahlen, die, von dem Gepolter und Geprassel hochstelziger Phrasen begleitet, die Abwesenheit reifen, seiner Grundsätze sich mit Ueberzeugung bewussten Urtheiles schlecht verhehlen und denjenigen, der sich bewusst ist, recht viele und recht vielartige Kunstwerke mit grossem Genusse und mit genügendem Verständnisse zu betrachten und in vollkommener Uebereinstimmung mit anderen gescheidten und geschmackvollen Leuten zu beurtheilen, schwerlich veranlassen werden, sich für einen Barbaren zu halten.

Den Gedanken selber angehend, liegt es auf der Hand, dass tiefernstes Streben, wie wir selbst es bei Hildebrandt gefunden und rückhaltlos anerkannt haben, nicht der Massstab für die Beurtheilung eines Künstlers ist. Schwerlich hat je ein Mensch ernsteres Streben an die Durchbildung seiner Ideen gesetzt als die Erfinder des *perpetuum mobile* und der Quadratur des Cirkels, und doch steht man keinen Augenblick an, sie sämmtlich für verrückt zu erklären, weil mathematisch, d. h. auf die denkbar sicherste Weise, ausgemacht ist, dass die Lösung beider Aufgaben zu den Unmöglichkeiten gehört. Ueber die Zulässigkeit eines Kunstideales ist nun freilich nicht mit so apodiktischer Gewissheit *a priori* zu entscheiden; aber doch lässt sich der Sache unter aufmerksamer Beobachtung der thatsächlichen Ergebnisse *a posteriori* näher kommen; und von der Seite der Erfolge, nicht der des Strebens her, muss das Urtheil festgestellt werden. Das Streben ehrt den Menschen, macht aber nicht den Künstler.

In seinen Gemälden hat Hildebrandt — dabei wird es trotz aller Rettungen wohl bleiben — durch seine Einseitigkeit und seine Manierirtheit die Aufgabe, die er sich gestellt, uns die Tropen näher zu führen, nicht gelöst. Er verkündigt uns immer wieder eine Seite der tropischen

Natur, und entwerthet das Bild, indem er auch der heimischen Welt in gleichnamigen Erscheinungen das Gewand der fremden andichtet. Wirklich der Lösung näher gekommen ist er nur in seinen Aquarellen, und als Aquarellist wird er auch auf unvergänglicheren Ruhm zu rechnen haben denn als Oelmaler. Freilich ist er auch hier nur strenger Vedutenmaler, Portraitist der Gegend; aber bei dem Skizzen- und Studiencharakter der Aquarelle hat ein solches Aufnehmen des Vorliegenden nichts, was irgend einen Vorwurf involvirte, auch wenn es, ebenso wie bei den Gemälden, an der persönlichen Zuthat fehlte. Dagegen ist der Künstler aber in seinen Studien weniger berechnet. Er gönnt dem Gegenstande häufiger sein Recht, besonders auch das über die eigene Empfindung, und so sind — im Vergleiche zu dem Facit einer ähnlichen Revue unter den Gemälden — auffallend viele Blätter von einem höchst feinen Stimmungstone. Freilich leiden auch die Aquarellen an der Undeutlichkeit der Form; jedoch in sehr verschiedenem Grade und im Durchschnitt viel weniger als die Gemälde. Man glaubt, ihnen anzusehen, dass aus ihren Andeutungen — gleichwie aus abgerissenen Wörtern einer Tagebuchnotiz — das Erinnerungsvermögen des Autors die ganze Fülle und Bedeutung der Formen herausgelesen hätte. Und sie sind grösstentheils unter geschickter Begränzung auf ein wirklich in sich abgeschlossenes Sujet auf den malerischen Totaleffect hin gearbeitet, in dem selbst mit den Blättern zweiten und dritten Ranges unter ihnen nicht einmal die besten Gemälde rivalisiren können. Dazu trägt aber vor Allem die Eigenthümlichkeit des Materiales bei. Es ist gewissermassen stofflos, und so war der Hauptfehler der Gemälde, die Massigkeit und das sich Vordrängen des farbigen Mittels, hier unmöglich. Nur in dem ewig blauen Himmel zieht sich ein solcher empfindlich materieller Ton hindurch. Sonst ist eher die Transparenz der Töne zu bewundern. Und diese Technik fällt dadurch zu seinen Gunsten besonders schwer in's Gewicht, dass sie im Wesentlichen im eigenen Gebrauche herausgebildet ist. Es ist Voreingenommenheit, zu glauben und zu behaupten, dass jetzt nicht Maler existirten, die die Aquarelltechnik mit derselben Leichtigkeit, mit derselben Wirkung und vielfach mit grösserer Kraft und feinerer Detaillirung behandelten: jede Aquarellenausstellung kann das Gegentheil beweisen. Aber an der Begründung dieser ganz modernen Technik mit geholfen zu haben, das ist den Anderen nicht gleich ihm vergönnt gewesen. Er hat allerdings auch in England schon achtbare Vorarbeit gefunden und mit dem Guten auch ein gut Stück der englischen — specifisch Turner'schen — Manier in sich aufgenommen. Aber doch hat seine Aquarelle neben den englischen ein ganz eigenthümliches, selbständiges Gepräge; nur nicht für die verschiedenen Charaktere der Landschaft, in denen ein uniformer Zug und Ton die feineren, ja selbst oft die gröberen Unterschiede verwischt. Wenn man aber den Reichthum und die Mannichfaltigkeit der in diesen Hunderten von Studienblättern aufgehäuften Motive, diese dankbaren, ergiebigen und malerischen Vorwürfe überschaut und sie in Gedanken zusammenhält mit der Production im Grossen, so fehlt Einem der Schlüssel zu einer der merkwürdigsten Thatsachen. Hunderte von Malern werden noch seine Mappen zu Gemälden mit Erfolg ausbeuten; und er selbst hat ihnen gerade nur die unmalerischesten Vorbilder für seine eigene Arbeit entnommen. Wie wenn er nur die Zeit nicht ungenutzt hätte mögen verstreichen lassen, oder aus Curiositätsrücksichten irgend welcher Art, nimmt er alle möglichen Gebilde fest gebannt in seinen Studienmappen mit, aber seine Seele hängt nur an wenigen Blättern, die den Talisman des Effectes bergen. Ihn hat er gesucht unter allen Himmelsstrichen: das erzählen mit stumm-beredtem Munde auch seine Aquarellen; und was er suchte, das war er unglücklich genug zu finden. — Auf Einzelheiten unter den verschiedenen Sammlungen einzugehen, würde hier zu weit führen. Wir müssen uns mit der allgemeinen Charakteristik seines Standpunktes begnügen.

Indem wir unsere Betrachtung schliessen wollen, bemerken wir, dass unsere Rede »vom Tadel reichlich, wie die Reb' im Lenze, troff«, von den Vorzügen Hildebrandt's aber wenig die Rede war. In der Anpreisung dieser jedoch hat die unzeitige Begeisterung der Freunde so viel in so überschwänglichem Tone geleistet, dass damit zu concurriren nicht möglich und nicht rathsam war, und wir uns auf ein ruhiges, kurzes Urtheil nach dieser Seite hin beschränken mussten, sicher, in dem, was wir rühmend hervorzuheben haben, keinem Widerspruche zu begegnen. Jedes Wort der Anerkennung hat daher aber hier auch sein volles Gewicht und ist besonders schwer zu nehmen. Auch auf die Ueberlieferung konnte wenig Rücksicht genommen werden, weil diese Quelle durch die eilfertige Lobhudelei verunreinigt ist, und glücklicherweise jetzt so reichlich und voll an der Quelle der Thatsachen geschöpft werden konnte, dass auf die schriftlichen Nachrichten von Werken zu verzichten war. Die Unkritik und die Unklarheit der blinden Bewunderer hat sehr viel directe Mitschuld an Hildebrandt's Verirrungen, und sie hat ihm den schlechten Dienst erwiesen, den Widerspruch gegen masslose Ueberschätzung in herber Strenge heraufzubeschwören. Die Lobredner haben zwar seinen Wünschen gedient, indem sie seiner Persönlichkeit und seiner Kunst Beachtung erzwungen haben. Es kann aber kaum auffallen, dass bei so bewandter Sachlage auch die Fehler nur mehr bemerkt wurden. Einer gerechten Würdigung Hildebrandt's vorzuarbeiten, müssen auch die Schwächen seiner Kunst in gleicher Weise scharf beleuchtet werden, wie dies bisher fast ausschliesslich seinen

guten Seiten widerfahren ist. Wir haben kein Bedenken
getragen, diese allerdings undankbare Aufgabe zu übernehmen, mit dem Bestreben, ganz sachlich zu verfahren
und der Förderung dessen zu dienen, was das Ziel alles
Denkens und Forschens ist: der Wahrheit.

Die Freunde aber, denen die liebe Erinnerung des
Freundes an's Herz gewachsen ist, mögen den Künstler
Hildebrandt der Geschichte überlassen, der er mit seinen
Schöpfungen angehört, und dem Menschen das treue Andenken und die begeisterte Zuneigung bewahren, die sein
liebenswerther Charakter, die Leutseligkeit seines Umganges
und der Zauber seiner Persönlichkeit dem Lebenden erworben. Er stehe vor ihrer Seele in der verklärten Gestalt, wie sein Freund Gustav Richter ihn auf die Leinwand gebannt hat, in jenem lebensgrossen Portrait in ganzer
Figur, welches durch seinen künstlerischen Werth die Hildebrandt-Ausstellung schmückte — und fast erdrückte: im
bequem eleganten, malerisch nachlässigen Ateliercostüm,
mit Pinsel und Palette vor der Staffelei stehend, den feinen,
schönen Kopf mit dem grossen, hellen Auge dem Beschauer
zugewandt, ein Bild beneidenswerther Lebensfreudigkeit
und glücklichen Wohlgefühles, hingebenden und empfäng-
lichen Charakters, geistiger Regsamkeit und Beweglichkeit
und einer allzeit bereiten sprudelnden Laune.

---

*X. Hildebrandtiana von der internationalen Kunstausstellung
zu München 1869.*
a) Joseph Selleny.
Süddeutsche Presse Nr. 233, vom 6. October 1869. —

Eine hervorragende Stelle in unserer Betrachtung beansprucht, wie er sie in der Ausstellung einnimmt, Joseph
Selleny, der die österreichische Fregatte Novara auf ihrer

Reise um die Erde begleitet hat. Zwei grosse Bilder sehen wir von ihm, einen indischen Felsentempel und die Barre der Insel St. Paul mit Gewitter auf der See.

Die Naturwunder und Schönheiten der tropischen Natur uns künstlerisch nicht etwa bloss darzustellen, sondern nahe zu führen, muss eine eigenthümliche, in der Sache selbst begründete, uns ihrem Wesen nach zur Zeit aber noch nicht ganz aufgeklärte Schwierigkeit haben. Denn keiner der drei Künstler, die, alle von guter Begabung und tüchtiger Ausbildung, sich der Aufgabe gewidmet haben, Ferdinand Bellermann, Eduard Hildebrandt und Joseph Selleny, — keiner hat es vermocht, das, was er selbst geschaut hat, unserem ästhetischen Sinne als eine befriedigende Nahrung vorzuführen. Der Eine ist in dem wuchernden Formenreichthum stecken geblieben, den er ganz äusserlich reproducirt; der Andere ist über die Lichteffecte nicht hinausgekommen, mit deren abstracter Schilderung er die von Natur ungenügenden Mittel seiner Kunst einen ungleichen Kampf bestehen liess; und auch Selleny ist von Manier und Effecthascherei nicht frei geblieben. Der Grund dieses gemeinsamen Schicksales scheint zum Theil wohl auch der zu sein, dass die Künstler, statt das Schöne und für ihre Kunst Brauchbare aufzusuchen, sich durch das Neue und Fremdartige haben blenden lassen. So kommt es, dass sie nur da wahr und erfreulich sind, wo sie auch das Ungewöhnliche unter Umständen und in Zuständen antreffen, die gänzlich den Charakter seiner augenblicklichen Erscheinung bestimmen, und die ihnen an sich nicht neu sind. So ist Selleny's Gewitter ganz vortrefflich, machtvoll, stimmungsvoll, gewaltig und ergreifend. Bei dem Felsentempel aber sehen wir den Künstler mit verschiedenen Tönen, namentlich violetten, ein Spiel treiben, das dem künstlerischen Eindrucke gefährlich, ja tödtlich wird.

b) Hildebrandt's Portrait von Gustav Richter.

Süddeutsche Presse Nr. 252 u. 253, vom 28. und 29. October 1869. —

Unser Blick wird zunächst von einem Meisterwerke allerersten Ranges, in seiner Art dem ersten Werke der Ausstellung angezogen. Seine Art aber ist die des genrehaft aufgefassten und durch die Bedeutsamkeit der Haltung fast an's Historische streifenden Portraits, lebensgross in ganzer Figur. Wir meinen das Portrait des verstorbenen Malers Eduard Hildebrandt vor seiner Staffelei, von seinem Freunde Gustav Richter gemalt. Die ansprechende und liebenswürdige Persönlichkeit des Dargestellten ist hier in ihrem günstigsten Momente ergriffen. In frischem, fröhlichem Schaffen, nicht unterbrochen, sondern nur gewürzt, wie er es liebte, — so scheint es — durch heitere, sorglose Unterhaltung mit befreundeten Besuchern in seiner Werkstatt, so steht der Meister vor uns da, im sicheren, aber nicht aufdringlichen Bewusstsein seiner viel geschätzten persönlichen Vorzüge, strahlend in der ganzen anmuthigen Schönheit, mit der die verklärende Erinnerung eines begeisterten und hingebenden Freundes von bewährter Meisterschaft seine Gestalt nothwendig umgeben musste. Denn nach dem Tode Hildebrandt's ist das Bild in unglaublich kurzer Zeit gemalt, um zunächst zum Schmucke der in Berlin veranstalteten Hildebrandt-Ausstellung zu dienen, deren würdigen, den Eindruck des Ganzen erhöhenden und wohlthuend vollendenden Schlussstein es bildete, und um dann, wenn wir nicht irren, der Künstler-Portrait-Galerie im Versammlungslocale des berliner Künstlervereines als eine schöne Erinnerung an den Heimgegangenen einverleibt zu werden[*]. Uns scheint: wer dies Bild sieht, dem kann die künstlerische Natur und der künstlerische Erfolg Hilde-

---

[*] Ist nicht geschehen; es befindet sich im Atelier Richter's.

brandt's kein Räthsel mehr sein. Idealisirt, so viel nur irgend möglich, giebt das Bild den Künstler dennoch durchaus in seiner charakteristischen Erscheinung. Ganz mit dieser siegesfrohen Leichtigkeit, die aus dem klaren, hellen Auge leuchtet, trat er seinen Kunstaufgaben und mit seinen Lösungen dem Publicum gegenüber und verschaffte durch sein persönliches Erscheinen ungesucht und unbeabsichtigt seinem Auftreten denjenigen Nachdruck, der ihm einen nachhaltigen Eindruck sicherte.

Diese lebendige Erfassung der Persönlichkeit in ihrem innersten Kerne, dieses Zusammenfassen alles dessen, was sich untrennbar in ihr durchdrang, in der äusseren Erscheinung, dieser frische sichere Wurf, mit dem der ganze Charakter als Ganzes reproducirt ist, sichert dem Bilde einen hohen Rang und eine hohe Bedeutung. Man kann eigentlich nicht sagen, es komme dazu, dass die technische Behandlung nach allen Seiten hin auf der höchsten Höhe steht; denn wäre dies nicht der Fall, so wäre eine so glänzende Lösung des im mindesten nicht leichten Problemes schwerlich möglich gewesen. Nichts desto weniger werden wir doch auch der Kunst der Darstellung unsere besondere Anerkennung nicht vorenthalten dürfen. Die ganze Behandlung ist von einer freien, geistreichen Leichtigkeit sonder Gleichen, und die Farbe von einer kernigen Gesundheit und einer leuchtenden Kraft — bei grösster Bescheidenheit der Mittel im Einzelnen —, dass für gewisse coloristische Manieristen nichts dienlicher wäre als ein möglichst vorurtheilsfrei angestellter Vergleich zwischen ihrem sogenannten »Ton« und wirklichem Colorit. — Jedenfalls würde es dem Gesammteindrucke mehr Kraft gegeben haben, wenn die Farbe etwas pastoser aufgetragen wäre. Doch verbot sich dies wohl in Folge der nothwendigen Schnelligkeit, mit der das Bild der Vollendung entgegengeführt werden musste.

XI. Bernhard Fiedler auf der berliner akademischen Kunstausstellung des Jahres 1870.

Vossische Zeitung vom 13. November 1870. (Bruchstück des Kunstausstellungsberichtes.) —

Wie eine Ironie der Geschichte hat uns eines der landschaftlichen Hauptwerke der Ausstellung berührt. Vor zwei Jahren verhüllten sich die letzten Bilder des gefeiertesten berliner Landschafters, des »Malers des Kosmos«, wie ihn die Bewunderung der Freunde hochtönend benannt hat, mit Trauerflor. Der ruhmvolle Sitz, den er eingenommen, erschien den Nächststehenden nicht nur unbesetzt, auch unbesetzbar. In unbefangener Ferne Stehende hatten gut reden, dass solche emphatische Auslassungen im Allgemeinen und im speciellen Falle unangebracht seien. Aber schon die nächste Ausstellung, die sich hier eröffnet, bringt die unerbittliche Kritik der Thatsachen, und die Ironie zu steigern, muss ein Prophet, der in seinem Vaterlande nichts hat gelten können, der Träger dieser Kritik sein. Nur eifrige ältere Kunstfreunde erinnern sich noch mehr oder weniger dunkel, dass vor einem Vierteljahrhundert etwa ein junger berliner Künstler Bernhard Fiedler mit der gewöhnlichen, damals sogar noch unverbrüchlichen Erstlingsnahrung der Landschafter-Muse, mit italiänischen Veduten, ein ungewöhnliches Talent bekundet habe. Darauf war das junge Talent verschollen. Es hatte Gelegenheit gefunden, eigene Wege zu gehen, hatte den Orient, namentlich Aegypten, durchstreift und sich, wohl zu neuen Ausflügen gleich auf dem Sprunge zu sein, in

Triest niedergelassen. Es hat es verschmäht, uns sein Wachsthum zu zeigen; vielleicht nicht ganz ohne die Absicht, die taumelhafte Bewunderung des in conventionellem Ruhme Eingesessenen etwas auf Vernunft und Mass zurückzuführen, stellt es sich gerade jetzt der erstaunten Heimat als fertiger Meister vor. Und wie stehen wir vor seinen Werken? Mit einhelliger, uneingeschränkter Bewunderung, Referent nebst wenigen Anderen in der besonders erfreulichen Lage, seine stäten, ihm oft verübelten Hinweise auf die ewigen Gesetze der Kunst und die Möglichkeit, ja Nothwendigkeit, Alles, auch das scheinbar Schwierigste, ohne ihre Verletzung oder Deutelung künstlerisch zu gestalten, durch Kunstwerke allerersten Ranges in ihrer — für ihn freilich schon längst unzweifelhaften — Berechtigung bekräftigt und bestätigt zu sehen. Wo ist der Orient poetischer, wahrer und charakteristischer dargestellt, als hier in dieser grossen Ansicht von Kairo geschieht? Nicht als blaues Wunder — nur Kinder begnügen sich am Staunen über das Ungewöhnliche —, sondern als unwidersprechliche Wahrheit, durch die Schönheit beglaubigte Wirklichkeit tritt uns hier die Erscheinung der ägyptischen Welt entgegen. Im Glanze der Farben glüht diese Welt, in der Pracht der Töne schwelgt dieses Bild; und dabei welche zaubervolle Anmuth, welche milde Weiche, welche befriedigte Stimmung! Und in diesem Meere von Farben taucht eine ganze Welt charakteristischer Gestalten und Formen auf. Mit einer spielend erscheinenden Leichtigkeit wird das wechselvolle Detail in das Ganze aufgenommen, und mit vollendeter Meisterschaft ein vollendetes Bild, ein Bild in des Wortes prägnantester Bedeutung geschaffen. Mit wahrer Leidenschaft vertieft man sich in diese Gründe, die, wie sie immer weiter zurückweichen und dem entsprechend sich in den Duft der Ferne hüllen, nur um so wirksamer den klaren Vorgrund heben und auf die Harmonie des

Ganzen hinweisen. Das ist der höchste, absolut unübertreffliche Grad technischer Meisterschaft, der mit Verachtung auf die Bajazzosprünge Beifall haschender Virtuosität herabsieht, vereinigt mit wahrhaft künstlerischer Empfindung, der zu blenden und zu gefallen nicht Ziel, sondern der in ernstem Schaffen sich Genüge zu thun Zweck ist.

So vollendet wir aber dieses grosse Oelgemälde Fiedler's auch finden, beinahe interessanter und vollendeter noch wollen uns seine Aquarelle erscheinen, deren Placirung an der dunkelsten Wand im ganzen Raum eine absolute Schande ist. Für solche Sachen, selbst wenn sie nachkommen, muss guter Raum zu schaffen sein. — Es giebt keinen lebenden und keinen verstorbenen Künstler, der beanspruchen dürfte, der Aquarelltechnik in höherem Grade Herr zu sein, und sehr wenige, die sich an Feinheit des Tones, an Poesie der Stimmung, an Kraft des Helldunkels mit ihm messen könnten. Die schwierigsten Aufgaben finden wir in einer Weise gelöst, dass nichts als der einfache Ausdruck der Bewunderung dafür vorhanden ist. Wir weisen auf die venetianische Ansicht mit den Häusern im Schatten zur rechten Hand als auf ein wahres Wunder der Modellirung im dunkeln Schattentone hin; wir machen auf den bedeckten Gang (in Kairo ja wohl?), auf die Strasse mit dem schön gemalten, von reifstem Verständnisse für Wesen und Bedeutung der architektonischen Formen zeugenden Moscheeneingang im Hintergrunde, auf den Teppichbazar aufmerksam, ohne diesen Blättern vor den übrigen damit ein anderes Verdienst als das des schlagenderen Motives und der packenderen Meisterschaft der Behandlung zu vindiciren. Damit verglichen, treten selbst Karl Werner's Aquarelle ein wenig zurück; ihnen mangelt häufig der poetische Duft, der feine, einschmeichelnde Luftton, der die Formen umwebt. — Wir wollen hier beiher noch erwähnen, dass für eine der schönsten noch verkäuflichen

Aquarellen Fiedler's ein Preis von 34 Friedrichsd'or gefordert wurde, bloss um ein piquantes Streiflicht auf einige phantastische Ungeheuerlichkeiten fallen zu lassen, die wir jüngst hier haben erleben müssen.

XII. Der „Maler des Kosmos."

Kunstchronik. Bd. IV. (1869), Nr. 24, S. 219.

Eduardt Hildebrandt, der Maler des Kosmos, sein Leben und seine Werke, von F. Arndt. Verlag von R. Lesser in Berlin.

Das Stichwort des Herren Professor Ludwig Eckardt hat nicht lange auf die Beantwortung zu warten brauchen. Fräulein Fanny Arndt, die seit manchem Jahre zu dem vertrautesten Freundeskreise Hildebrandt's zählte, hat dem Künstler unter dem angegebenen emphatischen Motto ein biographisches Denkmal gesetzt. Das äussere Gewand des Büchleins kündigt ein Stück ächt moderner Reiselecture an; und so haben wir, eingedenk der Mahnung, dass jedes Wort seine besondere Stimmung fordert, uns dem Genusse der kleinen Schrift auf einer bequemen, ungestörten Eisenbahnfahrt, behaglich in die Ecke gedrückt, hingegeben; und wir freuen uns, berichten zu können, dass uns die Zeit angenehm dabei vergangen ist. Die Darstellung hat eine Wärme, die nur der persönliche Antheil an dem geschilderten Gegenstande ermöglicht; und werden auch alle die lange hergebrachten Huldigungspsalmen ziemlich unveränderter Art wieder gesungen, so vermisst man doch gern den meist dabei üblichen polemischen Ton, und das Interesse, ja selbst das Mitgefühl wird erregt, da der Darstellerin unter den Händen der Künstler verschwindet, und dafür der Mensch, der Freund um so liebenswerther hervortritt. Eine freundschaftliche Erinnerung an den von Vielen verehrten Heimgegangenen, dessen liebes Andenken kein Misston kritischer Anwandelungen stören soll, und um dessen Thun für die Näherstehenden der ganze Zauber seiner Persönlichkeit sich untrennbar verbreitet, so giebt sich uns die Arbeit der Freundin, und so nehmen wir sie dankbar hin. Wir machen uns auch keine Gedanken darüber, dass das Bild einen gar intimen, fast kleinbürgerlichen Anstrich bekommt; denn es ist nichts Geringes, auch nur in solchem Stile ein anziehender Mittelpunkt für Viele und die belebende Sonne eines grossen Kreises zu sein. Dass der Künstler als solcher nicht als Heros erscheint, könnte nur die Missgunst der Verfasserin verübeln; Material zu einer solchen Erscheinung, das, auch unbehauen und kunstlos geschichtet, den Eindruck des Gewaltigen hervorbrächte, lag nicht vor, und derjenigen Kunst der historischen Darstellung, die aus dem Vorhandenen hätte ein wirkungsvolles, lebenskräftiges Gebilde schaffen können, wird eine weibliche Hand vielleicht nie mächtig, zumal wenn die Empfindung der Kritik versagt, denjenigen Massstab zu Grunde zu legen, über den hinaus das Bild nothwendig leer werden muss. Wenn wir daher der Verfasserin etwas an ihrem Werke verübeln, so ist es der Umstand, dass sie ihrem Herzen auch nur bei einem einzigen Werke (»unter den Weiden«, S. 100) den Schmerz angethan hat, es mit anderen als den Augen der Freundin anzusehen und es nicht gleich allen übrigen auf dem Gipfel der Vollendung zu finden.

XIII. Aus der Ausstellung des berliner Künstlervereines.

Kunstchronik, Bd. V. (1870), Nr. 20, S. 170. —

Von den Gemälden, die in dem Locale des berliner Künstlervereines zur Schau gestellt sind, ein Curiosum; denn nachgerade fallen die Symptome des Hildebrandt-Paroxysmus nur noch unter den Gesichtspunkt der Lächerlichkeit. Von einer anderen Feder ist neulich*) — sehr glimpflich — über die Arbeiten aus Hildebrandt's früherer Zeit (um 1850) berichtet worden, die hier wieder zu Ansicht und Kauf ausgestellt waren. Gleichzeitig stand Adolph Menzel's »Jubiläumsblatt für den Messingfabricanten Heckmann« zur Ansicht. Ich konnte nicht umhin, mir ein einfaches Regel-de-tri-Exempel vorzulegen. Wenn Hildebrandt's Madeira-Studien gegen 30,000 Thaler kosten (à Blatt 500 Thaler, nur zusammen verkäuflich!), was gilt dann Menzel's Blatt? Ich habe kein rationelles Verhältniss auffinden können; also muss die Unvernunft wohl in den gegebenen Grössen stecken. Jetzt kommen nun zwei Stücke aus der Nachlass-Auction wieder zum Vorscheine, welche die Leser noch kennen (s. Kunstchronik 1869, S. 116; oben S. 403): die Winterlandschaft mit Mühlen, die mit 450 Thlr. ersteigert wurde, und die Landschaftsstudie mit »anscheinend« Birken, deren Zuschlag zu 100 Thlr. ohne weiteres Angebot erfolgte. Der glückliche Besitzer der ersteren bietet jetzt sein Juwel zu dem Schleuderpreise von 1500 Thlr. irgend einem bis jetzt leer ausgegangenen Liebhaber des Meisters grossmüthig zum Kaufe dar, während derjenige der anderen seinen Besitz noch immer für

---

*) Kunstchronik, Bd. V. (1870), Nr. 15, S. 130.

unschätzbar hält und daher nur vorübergehend wieder dem unglücklichen, Hildebrandt nicht besitzenden Publicum sein unverkäufliches „Bild' vor Augen führt. Nachgerade, scheint mir, wird die Sache zum Schämen! —

Eine Weihnachtsgabe für's deutsche Volk.

December 1860. — Bisher ungedruckt. —

Die schöne Zeit der Weihnacht mit ihrer festlich erhöhten Stimmung rückt wieder heran, und Jeder, vom Grössten bis zum Kleinsten, lebt in der freudigen Hoffnung, Andere durch eine angenehme Gabe der Liebe zu überraschen und selbst mit Wonne den willigen Tribut der Liebe zu empfangen. Es ist etwas Hohes und Schönes um eine solche Idee, die mit magischer und doch sanfter Gewalt sich zeitweilig aller Herzen bemächtigt, in Millionen Seelen das Gefühl der Erhebung aus dem alltäglichen Kreise der Sorge erweckt und alle Pulse in lebhafterem Tacte schlagen lässt. Welche schöne und lockende Aufgabe, dem allgemeinen Wunsche in irgend einer Form die Erfüllung entgegenzubringen! Halten wir uns fern von der banausischen Auffassung, als ob das Drängen und Treiben, die Fruchtbarkeit und Frequenz des Marktes zur Weihnachtszeit lediglich als ein Product der Speculation anzusehen sei. Dahinter wenigstens steht als das Bewegende der allgemeine Gedanke, die durchgehende festliche Stimmung, die alles Mögliche ersinnen und erdenken lassen, was dem Bedürfnisse des Zeitpunktes entsprechen könnte.

Wer Vieles bringt, wird Manchem etwas bringen, das bleibt jedoch die Losung der gewöhnlichen Weihnachtsproduction. Alles Schöne und Gute bietet sich zur Auswahl dar, hoffend dass es in dem Schwalle der Wünsche doch manchem Begehren sympathisch entgegentreten werde. Aber königlich taucht aus der Menge des gebotenen Alten und Neuen ab und zu einmal eine einzelne Gabe empor. Sie stellt sich nicht dem Uebrigen gleich, das nach Gunst und Neigung sich ergreifen oder zurückweisen lässt; sie kommt nicht individuellem Wunsche entgegen, sondern sie giebt sich dar zur Freude und Lust Aller, jedem Wunsche und der weihevollen Feststimmung als solcher gerecht. Wie selten auch, doch manchmal bringt der Genius selber dem festlich aufjauchzenden Volksgeiste eine Morgengabe zur Feier dar, die unübersehbar, unvergesslich, allgemein auf- und angenommen werden muss, weil die Geister in ihnen grüssend und gewaltig anziehend sich berühren.

Eine solche ganz aussergewöhnliche Erscheinung ist die soeben erschienene Prachtausgabe des Barfüssele von Berthold Auerbach, mit Illustrationen von Benjamin Vautier (Stuttgart, Verlag der J. G. Cotta'schen Buchhandlung). Unter denjenigen Haupthelden unserer gegenwärtigen Literatur, die frische, gesunde, lebendig und lange nachhallende Töne neu angeschlagen und mit Meisterschaft zum Klange gestaltet haben, steht Berthold Auerbach, als der Begründer der »Dorfgeschichte«, mit in erster Linie. Er hat geschöpft am nimmer versiegenden Borne des Volkslebens; und hat eine Menschenschilderung von grösster Tiefe und Wahrheit, Gemüthlichkeit und Gesundheit auf die Bahn gebracht, die, weit entfernt durch die vornehmliche Cultivirung örtlicher Typen in einseitiger Beschränkung befangen zu werden, vielmehr das allgemein Menschliche und ewig Wahre und Schöne in ihnen zu erkennen und nachzubilden vermochte und den Meister selbst, wie den neuen Roman in seinen Hauptvertretern befähigt hat, die künstlerisch gestaltende Hand auch an andere, höhere und verwickeltere Lebensformen zu legen, ohne in ihnen die häufig sehr verdunkelte natürliche und reine Menschheit zu dem Zwecke verkennen zu müssen.

Soll man aber auf ein einzelnes Werk Auerbach's hinweisen, das seine Legitimation zum Berufe eines bahnbrechenden Künstlers unwiderleglich dargethan, seine eigenthümliche Richtung zuerst und am Klarsten ausgeprägt und seinen Ruhm nicht bloss in Deutschland fest begründet, sondern über die ganze civilisirte Erde getragen hat, so ist dies zweifelsohne sein »Barfüssele«.

Es würde nicht leicht und einfach sein, alle Momente aufzuweisen, die gerade bei dieser Dichtung einen solchen Erfolg bewirkten; eines dieser Momente liegt klar am Tage und ist zugleich dasjenige, welches dem »Barfüssele« dauernd die Liebe und Bewunderung des Publicums erhalten und sichern wird: das ist die äusserst selten in diesem Grade wiedergefundene Anziehungskraft für alle Altersstufen. Die grösste Jugend findet kaum irgendwo erhebliche Schwierigkeiten des Verständnisses, und auch für das reifste Alter streift nichts an Trivialität und Bedeutungslosigkeit. Dazu kommt, dass jedes Alter anziehende, lebenswahre Persönlichkeiten in dem Lebensbilde findet, die ihm unmittelbar nahe stehen, und dass die Entwickelung der liebenswürdigen Heldin aus dem träumerischen Kindesalter bis zur Begründung des eigenen Hauses und Herdes in der schlichten, aber auf alles Wesentliche aufmerksamen Darstellung ein psychologisches Schauspiel von der höchsten Anziehung darbietet.

In diesem Sinne ist »Barfüssele« ein classisches Stück unserer Literatur, so eins von denen, die zu dem geistigen Besitzstande der gebildeten Welt gezählt werden. Die schönste Beglaubigung seines Werthes aber hat das Werk dadurch erhalten, dass ein Künstler allerersten Ranges wie Benjamin Vautier aus eigenem Antriebe dasselbe zu illustriren unternommen; es beweist, dass die Ideen der Dichtung befruchtend auf einen hervorragend veranlagten selbstschöpferischen Künstlergeist haben wirken können. Zugleich aber hat dadurch Auerbach's Arbeit eine äussere Gestalt gewonnen, die ihr vollends die Unvergänglichkeit sichert. Das macht, die Illustration ist so recht aus dem Herzen der Dichtung von selbst hervorgewachsen. Nicht als ob es nicht dem Verfasser und der Verlagshandlung Mühe und Ueberredung gekostet hätte, den Künstler zur Vollendung einer completten Illustration zu bewegen; aber der Hauptstock seiner Arbeit war aus dem Drange des bildenden Künstlers hervorgegangen, die in seiner Phantasie durch den Dichter erweckten Bilder äusserlich festzuhalten, gewissermassen gezeichnete Randglossen zum Texte zu machen, d. h. Illustrationen im eigensten und richtigsten Sinne des Wortes. Nicht auf selbständige Bilder war es abgesehen, obwohl Alles bis in die feinsten Details hinein künstlerisch durchdacht, entwickelt und abgerundet war, sondern nur auf sichtbare Gegenbilder für die Phantasiegebilde des Dichters, fähig und bedürftig, durch Zusammenhalt mit dem Worte zu erklären und erklärt zu werden.

Als Auerbach vor längeren Jahren zufällig die so entstandenen Hand- und Randzeichnungen zum Barfüssele in Vautier's Atelier kennen lernte, war er entzückt von der Schönheit dieser bescheiden geheim gehaltenen Entwürfe, und er fasste den Plan, dieselben in einer Prachtausgabe der Oeffentlichkeit zu übergeben. Die Cotta'sche Verlagshandlung bot in höchster Liberalität alle nöthigen Mittel dazu an, und so ging Vautier an's Werk, den bisher planlos entstandenen Cyklus zu vervollständigen. Anfangs waren 55 Zeichnungen beabsichtigt, doch häuften sich dem Künstler die Motive unter der Hand, und er lieferte 75 grössere und kleinere Zeichnungen, Initialen, culs-de-lampe u. s. w., die, von ihm selber auf den Stock gezeichnet, von Closs und Ruff in Stuttgart meisterhaft geschnitten sind.

Die Illustration Vautier's ist eben so aus einem Gusse

wie die Dichtung Auerbach's, obgleich er sich von jedem Schematismus — gleichmässiger Vertheilung der Bilder, bestimmter Grösse, übereinstimmendem Massstabe der Figuren, merkbarem Ueberwiegen eines besonderen Elementes oder dergleichen — vollkommen frei gehalten hat. Mit einer wunderbaren Vielseitigkeit, ja Universalität des Geistes hat er allen Motiven die dankbarste und ausgiebigste Seite für bildliche Gestaltung abgelauscht, und mit immer gleicher Vollendung Landschaftliches und Figürliches, einzelne Gestalten und reich componirte Gruppen, Ernst und Trauer wie Scherz und fröhliches Spiel, sinnige Stimmung wie energische Handlung zur Anschauung gebracht. Die Typen des Barfüssele, der schwarzen Marann' und des Krappenzacher sind mustergültige Schöpfungen eines in psychologischer Schilderung unübertroffenen Meisters, die schwarze Marann' am Bette des unruhig schlafenden Kindes, das ihre Hand nicht lassen will, das Ergreifendste und Poesievollste, Wahrste und Gefühlvollste, was jemals in dieser Art geleistet worden ist.

Doch indem wir Einzelnes hervorzuheben beginnen, gerathen wir mit uns selbst in Conflict: denn die Anzahl der Bilder, die ganz ausser Vergleich vorzüglich und von schlagendster Wirkung sind, ist so gross, dass jede Auswahl ungerecht erscheint. Dabei hält sich die darstellende Kunst von Anfang bis zu Ende auf gleicher Höhe, so dass Manches in den letzten Heften die Vorzüge der Bilder in den ersten noch übertrifft, so z. B. der Tod der schwarzen Marann', der liebliche Brautritt, die Vorstellung Barfüssele's in der Familie des Landfriedbauern u. a. m.

Von einer gewiss überraschenden Seite zeigt sich Vautier aber noch besonders in der mächtigen Stimmung seiner landschaftlichen Entwürfe. Die Gewitternacht, in der Marann' das Barfüssele nach Hause holt, athmet eine schaurige Erhabenheit. Das Dorf im Regen, wo die Landfriedbäuerin fortfährt, und das andere Dorf mit den durchziehenden Hochzeitsgästen sind von einer Poesie der Stimmung durchweht, der sich nicht widerstehen lässt. Ein unübertreffliches Meisterstück ist auch die Scene im mondbeglänzten Kornfelde, wo Barfüssele mit dem Johannes sich nach dem »einzigen Tanze« ergeht, reizend auch wegen der anmuthigen Unbefangenheit und Wahrheit der Empfindung in den beiden Figuren: man sieht, sie können für's Leben nicht wieder von einander getrennt werden.

Unter den grossen Compositionen wollen wir nur den Heimzug der Erntenden beim Brunnen auf dem Holderwasen hervorheben, der, das berühmte Bild der heimkehrenden Schnitter von Leopold Robert in die Erinnerung rufend, dieses doch an Wärme und Natürlichkeit des Gefühles weit übertrifft, — und Barfüssele bei der Hochzeit des jungen Rodelbauern auf dem Vorplatze allein unter den Kindern tanzend, ein Bild von solcher überwältigenden Schönheit in der Grazie der Bewegungen und der feinen Prononcirung des isolirten und in sich mit naiver Festigkeit beruhenden Gemüthslebens, dass die ganze rührende und liebenswürdige Scene, die der Dichter mit grossem Geschicke in wenigen Strichen gezeichnet hat, mit allen ihren Zügen vollkommen in sichtbare Gestalt übertragen erscheint.

So kennzeichnen sich alle Bilder und Bildchen als congeniale Schöpfungen, die den Dichter nachempfindend interpretiren; und besonders steht die gemüthvolle Zeichnung Vautier's vollkommen ebenbürtig neben der innigen Charakterschilderung Auerbach's. Da ist nirgends eine leere, bedeutungslose Form, sondern durchweg frisches, tüchtiges Gemüthsleben; keine Schablonenmenschen, sondern wirkliche Individualitäten treten uns entgegen, und doch sind sie von solcher Allgemeingültigkeit, dass sie als Typen gelten können, die ewig ihre Wahrheit behalten.

Nicht ohne rühmende Anerkennung dürfen wir die Ausführung der Holzschnitte übergehen. Dieselben sind nicht nach der Weise der Alten streng stilisirt, in einfachen, ernsten Strichlagen gehalten, sondern als treue Facsimile's geistvoller, flott und bewusst vollendeter Handzeichnungen gearbeitet. Es wäre thöricht, hiergegen principiellen Widerspruch zu erheben. Wenn der Holzschnitt früher auf einer mehr zeichnenden Kunst der Darstellung beruhte, so geht unser Kunstgefühl mehr auf die wesentlich malerische Erscheinung, Colorit und Haltung, und der Holzschnitt kann von einer solchen Wandelung und unzweifelhaften Bereicherung der Darstellungsmittel unmöglich unberührt bleiben. Andererseits hat ja auch die Technik selber eine durchgreifende Veränderung erfahren, die nach derselben neuen Richtung hinweist: der Holzschnitt ist eigentlich zum Holzstiche geworden und darf von der so gewonnenen Freiheit mit Einsicht Gewinn ziehen. In der malerischen Haltung dieser Holzschnitte aber liegt ein mächtiger Reiz, und sie passen dadurch so recht in die Dichtung mit ihrem farbigen, lebensfrohen Tone hinein. Gekünstelt ist dabei nichts, auf blosse Effecte ist nirgends hingearbeitet, und von Manier ist im Entferntesten keine Rede. Jede Stimmung findet ihren richtigen Ton anscheinend ohne Mühe und mit einer Art von Naturnothwendigkeit; man wird sich der Mittel nicht bewusst, ganz im Gegensatze zu der fremden Modewaare der Art, die uns gutherzigen Deutschen jetzt mit grossem Aplomb aufgehalst wird, und in der hinter dem ewigen Einerlei der augenfälligen Manier keine Seele lebt (Doré!).

So — als eine vollendete Schöpfung — stellt sich nun das illustrirte Barfüssele nicht als ein exquisiter Luxus den Vornehmen und Reichen vor, sondern es bietet sich bescheiden und freundlich dem Volke dar. Es ist ein persönlicher Vorzug von Berthold Auerbach — der aber durchaus demselben Boden entstammt, auf dem seine Kunst gewachsen ist — dass er immer an die Allgemeinheit denkt und jede seiner Ideen für die Gesammtheit fruchtbar zu machen strebt. So hat er auch sein illustrirtes Lieblingswerk, das er jetzt gewissermassen für neu geboren erachtet, zu einem Volksbuche bestimmt. Die Ausstattung ist auch abgesehen von der reichen und gelungenen Illustration glänzend; und dennoch soll das Werk, 26 Bogen stark, für zwei Thaler abgegeben werden. So wendet es sich zunächst und ausschliesslich an die Abonnenten der »Gartenlaube«, das heisst aber mit anderen Worten an die Deutschen unter allen Himmelsstrichen. Hunderttausend Exemplare müssen verbreitet sein, ehe die Herstellungskosten gedeckt werden. Das darf man ein königliches, nein, besser ein volksthümliches Unternehmen nennen, für das die Nation dankbar sein muss.

So erscheint es als ein ächtes Weihnachtsgeschenk für die Nation, für Alle und Jeden. Möge es reichlich dazu beitragen, den Sinn für das Schöne und Edle zu wecken und zu kräftigen, und ja nicht, wenn auch dieses nationale Unternehmen wieder an der Gleichgültigkeit und dem Stumpfsinne der Menge gescheitert wäre, die vorwurfsvolle Klage Lessing's wiederholt werden müssen, dass die Deutschen noch keine Nation sind, für die man etwas Nationales in's Werk setzen könne.

www.ingramcontent.com/pod-product-compliance
Lightning Source LLC
Chambersburg PA
CBHW021422300426
44114CB00010B/610